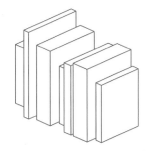

Readings in Criminal Justice Policy

リーディングス
刑事政策

朴 元奎・太田達也 編
Won-Kyu Park & Tatsuya Ota

法律文化社

長年、大学法学部・大学院法学研究科において刑事政策（犯罪学または刑事学を含む）を担当している者として、近年のわが国においては「刑事政策の冬の時代」ともいうべき状況が到来しているような、一種の危機感を抱くことが多い。学部学生などの間で、犯罪や刑罰に関する問題関心は高いにもかかわらず、2000年以降の旧司法試験において、刑事政策を含む「法律選択科目」が廃止されたこと、また、2006年以降の法科大学院制度下における新司法試験の「選択科目」においても刑事政策は含まれなかったことから、刑事政策などを受講する学生が従前よりも低迷傾向にあるように思える。加えて、既存の大学院法学研究科における研究者養成の面においても、実学重視の法科大学院制度の影響で、他の法学分野と同様に、刑事政策を専門とする研究者の養成が大変困難な状況に置かれている。このような厳しい状況の中で、なんとか刑事政策研究および教育を活性化するために何かしなければならないと思っていた矢先に、今回、法律文化社による新企画シリーズ『リーディングス刑事法（刑法・刑事訴訟法・刑事政策）』の一環として『リーディングス刑事政策』の編集を依頼されたことは、われわれ編者にとっては望外の喜びであった。
　しかし、本書の編集を快諾したものの、本シリーズの全体的趣旨を反映できるように、刑事政策の分野における基本文献を選別する作業は、われわれ編者にとっては、大変困難なものであった。日本の刑事政策（犯罪原因論を除く）が「これまで蓄積した知の財産目録を俯瞰し、現在までの到達点を示すとともに、刑事政策の基礎を示す（学部レベルで読んでいることが期待され、修士レベルでは必読の文献）」という編集方針の下で、刑事政策の主要論点を30項目（30作品）に絞り、それらを体系的に5部構成に分け、配列した。すなわち、「目次」では

1章から30章までの項目が通し番号のみで配列されているが、編者の意図としては、第Ⅰ部「刑事政策の基礎概念」(1章と2章)、第Ⅱ部「刑罰の理論と制度」(3章から7章まで)、第Ⅲ部「刑事司法手続段階の刑事政策」(8章から15章まで)、第Ⅳ部「犯罪者処遇制度」(16章から22章)、第Ⅴ部「21世紀における刑事政策の新動向と展望」(23章から30章)に体系的に分類しうるものとして配列したつもりであることを、ひとこと付言しておきたい。それはそれとして、当然に、本書で取りあげられなかった重要文献も数多く存在するが、それらについては、本書の中の「関連文献」または各執筆者の「解説」部分において参照文献として紹介されているので、ぜひともそれらの文献をも併せて読んでいただければ問題の理解に役立つことであろう。

　なお、本シリーズは「リーディングス」という新しい教材スタイルを採用したある意味日本では画期的な企画である。欧米の大学テキストなどでよく見られる犯罪学（criminology）や刑事司法（criminal justice）のReadings（著書の一部または論文の原典を収録したアンソロジー・タイプのもの）と同一のものを日本で出版することはわが国の出版社間における著作権法上の問題があって、現時点では実現はほぼ不可能な状況にある。よって、今回の『リーディングス刑事政策』では、各執筆者の方々には、次のような内容構成にすることでリーディングス「的」なものとするように、執筆していただいた。すなわち、各項目ごとに、基本文献の意義および文献解題的な説明を重点に執筆することを主目的としながら、その目的の範囲内で原典の直接引用は、必要最小限度にとどめることにするというものである。

　このような編集目的から、本書の各項目の内容構成としては、まず第一に、「原著者紹介」の見出しでは、原典執筆者の学問的背景をかいつまんで紹介する。第二に、「基本文献の意義と位置づけ」の見出しでは、なぜ基本文献が刑事政策の分野において重要な研究業績といえるのか、その意義と位置づけについて記述する。第三に、「基本文献（原典）」の見出しでは、基本文献のうち最も重要な部分または当該文献の特徴を最も示す部分を必要最小限度に引用する。第四に、「解説」の見出しでは、基本文献の理解に役立つよう、文献解題的な説明を重点的に展開する。最後に、「関連文献」として、関連文献を1つまたは2つ程度掲げ、その意義と内容を簡単に紹介する、というものである。

本書は、現在、刑事政策の分野において第一線で活躍中の刑事政策の専門家がナビゲータを務め、はじめて刑事政策を学ぼうとする学部学生にとっては刑事政策の入口として、また、これからの若手研究者あるいは研究者を志望しつつある学部学生・大学院生・ロースクール生などにとっては自分自身の学習やより理解を試す指標として格好の参考書となることを目的としている。とはいえ、本書を利用することだけで刑事政策の学習や研究が完結するわけではない。本書をきっかけとして、読者諸兄がさらに自分自身の基本文献リストを拡大しうるように勉学を深化させていくことを編者としては強く願っている。このような本書の新しい試みが成功するか否かは、読者諸兄の判断にゆだねざるをえないが、本書がわが国における刑事政策研究および教育の発展に少しでも貢献することができれば望外の幸せである。

　最後に、本書の企画編集の趣旨にご賛同していただき、名実ともに日本を代表する若手・中堅・ベテランの刑事政策研究者の方々が総力を挙げて、きわめて多忙な中、執筆していただいたことに編者として心より感謝申し上げる次第である。各執筆者による基本文献の分析の仕方にはそれぞれの問題関心が反映されており、きわめて興味深いところがある。刑事政策を学ぶ初心者の読者にとっては今後の学習および研究をしていく上で、各執筆項目は、ひとつの研究スタイルのモデルを提供するものといえよう。

　また、法律文化社編集部の掛川直之氏には、企画から出版に至るまで、多くの助言と励ましをいただいたことに厚く御礼申し上げる。掛川氏の斬新な発想力と企画力そして各執筆者との連絡調整役という大変な労苦をその粘り強い忍耐力と若いエネルギーで見事に大役を果たされ、われわれ編者をサポートしていただいた。とりわけ、校正原稿の編集時期の渦中に、編者の１人が長期の在外研究のため米国に滞在していたこともあって、編集部の掛川氏にはいろいろとご迷惑とご心配をおかけしたことを改めてお詫びするとともに、なんとか出版にまでたどり着けるようにわれわれ編者を忍耐強くリードしていただいたことに対して、この場をお借りして、改めて感謝申し上げる次第である。

2015年12月26日

朴　　元奎

太田 達也

目次

はしがき

1 | **刑事政策の概念** ……………………………… 朴　元奎　1
木村亀二「刑事政策の概念」『刑事政策の基礎理論』（岩波書店、1942年）3-91頁

2 | **刑事政策の主体・対象** ……………………… 朴　元奎　14
藤木英雄「現代刑事政策の課題」宮澤浩一ほか編『刑事政策講座　第1巻　総論』（成文堂、1971年）1-16頁

3 | **刑罰理論** …………………………… 中村悠人・松宮孝明　27
クラウス・ロクシン［宮澤浩一監訳］「国家の刑罰の意義と限界」『刑法における責任と予防』（成文堂、1984年）1-47頁

4 | **死刑** …………………………………………… 辻本衣佐　42
団藤重光『死刑廃止論〔第6版〕』（有斐閣、2000年）

5 | **自由刑** ………………………………………… 赤池一将　55
ミシェル・フーコー［田村俶訳］『監獄の誕生──監視と処罰』（新潮社、1977年）

6 | **財産刑** ………………………………………… 永田憲史　68
小野坂弘「罰金刑制度の再検討(1)〜（4・完）」法学29巻3号（1965年）64-101頁、29巻4号（1965年）77-100頁、30巻2号（1966年）19-77頁、30巻3号（1966年）19-50頁

7 | **保安処分** ……………………………………… 川本哲郎　80
中山研一『刑法改正と保安処分』（成文堂、1986年）

8 | **刑事司法のモデル論** ………………………… 葛野尋之　91
田宮裕「刑事訴訟におけるモデル論」松尾浩也・芝原邦爾編『内藤謙先生古稀祝賀　刑事法学の現代的状況』（有斐閣、1994年）355-381頁

9 | **刑事司法の日本的特色** ……………………… 小木曽綾　106
平野龍一「現代刑事訴訟の診断」平場安治ほか編『団藤重光博士古稀祝賀論文集　第4巻』（有斐閣、1985年）407頁

v

10	日本の警察の特色	田村正博	118
	宮澤節生『犯罪捜査をめぐる第一線刑事の意識と行動——組織内統制への認識と反応』（成文堂、1985年）		
11	微罪処分とディヴァージョン	服部　朗	131
	荒川雅行「ディヴァージョンと刑法に関する一考察——警察における微罪処分を中心として」法と政治38巻3号（1987年）421-466頁		
12	検察の特色	川崎英明	144
	デイビッド・T・ジョンソン［大久保光也訳］『アメリカ人のみた日本の検察制度——日米の比較考察』（シュプリンガー・フェアラーク東京、2004年）		
13	起訴猶予制度	岡本美紀	153
	三井誠「検察官の起訴猶予裁量——その歴史的および実証的研究(1)～（5・完）」法学協会雑誌87巻9・10号（1970年）1-48頁、91巻7号（1974年）37-81頁、91巻9号（1974年）1-47頁、91巻12号（1974年）1-46頁、94巻6号（1977年）98-151頁		
14	量刑理論	小池信太郎	167
	原田國男『量刑判断の実際〔第3版〕』（立花書房、2008年）		
15	執行猶予	太田達也	180
	正木亮「刑の執行猶予とその過去・現在および将来」『刑法と刑事政策〔増訂版〕』（有斐閣、1968年）117-144頁		
16	矯正処遇の基本理念	安部哲夫	193
	石原明「受刑者の法的地位考察の方法論——将来の行刑のために」刑法雑誌21巻1号（1976年）1-20頁		
17	受刑者の法的地位	石塚伸一	206
	フロイデンタール［小川太郎訳］「囚人の国法上の地位」亜細亜法学8巻1号（1973年）122-130頁		
18	刑務所社会	浜井浩一	218
	ジョン・ハワード［川北稔・森本真美訳］『十八世紀ヨーロッパ監獄事情』（岩波書店、1994年）		
19	刑務作業	本庄　武	230
	吉岡一男「刑務作業」法律時報48巻7号（1976年）31-36頁		
20	社会内処遇	金澤真理	243
	瀬川晃『犯罪者の社会内処遇』（成文堂、1991年）		

21	保護観察 …………………………………… 小長井賀與	256
	菊田幸一『保護観察の理論』（有信堂、1969年）	
22	仮釈放 ……………………………………………… 太田達也	269
	森下忠「仮釈放」平場安治・平野龍一編『刑法改正の研究 1　概論・総則──改正草案の批判的検討』（東京大学出版会、1972年）306-317頁	
23	少年法の理念 ……………………………………… 川出敏裕	281
	森田宗一『少年保護事件における調査審判の理論と実際』司法研究報告書4輯4号（司法研修所、1951年）	
24	少年矯正 ………………………………………… 後藤弘子	293
	広田照幸・古賀正義・伊藤茂樹編『現代日本の少年院教育──質的調査を通して』（名古屋大学出版会、2012年）	
25	少年法改正 ………………………………………… 武内謙治	307
	守屋克彦「少年法改正の歴史と少年法」斉藤豊治・守屋克彦編著『少年法の課題と展望　第1巻』（成文堂、2005年）1-36頁	
26	犯罪予防モデル ………………………………… 伊藤康一郎	321
	オスカー・ニューマン［湯川利和・湯川總子訳］『まもりやすい住空間──都市設計による犯罪防止』（鹿島出版会、1976年）	
27	再犯防止 ………………………………………… 辰野文理	333
	染田惠ほか『法務総合研究所研究部報告42　再犯防止に関する総合的研究』（法務省法務総合研究所、2009年）	
28	被害者学 ………………………………………… 太田達也	348
	宮澤浩一『被害者学の基礎理論』（世界書院、1966年）	
29	修復的司法 ………………………………………… 高橋則夫	362
	ハワード・ゼア［西村春夫・細井洋子・高橋則夫監訳］『修復的司法とは何か──応報から関係修復へ』（新泉社、2003年）	
30	比較刑事司法 ……………………………………… 朴　元奎	376
	ウィリアム・クリフォード［藤原藤一訳］「アジアにおける比較刑事司法の発展」犯罪と非行54号（1982年）59-79頁	

1 　刑事政策の概念

●基本文献
木村亀二
「刑事政策の概念」
『刑事政策の基礎理論』（岩波書店、1942年）3-91頁

朴　元奎

0　原著者紹介

　1897年生まれ。1921年東京帝国大学法学部卒業後、法学部助手となり、1926年九州帝国大学教授（法理学講座担当）となる。その後、法政大学、東北大学、明治大学、駒沢大学などで長く教鞭をとる（東北大学名誉教授、法学博士）。新派刑法学を代表する学者として師の牧野英一とともに活躍した。刑事政策分野における主要業績は、『刑事政策の諸問題』（有斐閣、1933年）をはじめ、とくに戦前から戦中にかけての時期に集中している。1972年死去。

1　基本文献の意義と位置づけ

　刑事政策とは何か。刑事政策学とはいかなる学問であるか。これらの問いかけは、刑事政策を研究する者にとって、その研究の出発点ともなるべき重要な課題である。それだけに従来より多くの議論がなされてきているにもかかわらず、わが国においては、刑事政策（学）の概念について、必ずしも研究者間において一定の合意が形成されているとは言えない状況下にある。
　基本文献の初出は、第2次大戦の戦前から戦中にかけて公刊されたものであるが、すでに当時においても、刑事政策の概念が多義的かつ曖昧であり、その概念内容を明確にしようとする問題意識が萌芽していた。基本文献は、わが国における刑事政策学発展の初期の時代において、上記のような問題意識を自覚しつつ、「科学的刑事政策の確立と遂行」を企図とする試みの中で、本書のラ

イトモチーフを次のように語っている。すなわち、「刑事政策の根本概念を体系的に把握し、それに対して科学的基礎づけを試みたい。刑事政策は単に統計的数字を並べたり、刑事法学研究の片手間に片づけられ得るがごとき安易なる学問ではない。それは、固有の領域と問題とを持つところの科学的対象を形づくっている。その刑事政策の発達を回顧し、その科学性を方法論的に確立し、さらに、刑事政策の最も重要な個々の問題を検討し、進んで、実際的結論をも導き出そうというのが、本書の意図である」と（序）。

　基本文献は、おそらくはわが国において刑事政策学を学問的に体系化しようとした最初の試みとして、画期的な研究業績といえよう。そして、次の3点において今日においても大変有意義な必読文献といえる。第一は、緻密な文献的考証をふまえて、刑事政策という言葉の由来が、ドイツのフォイエルバッハによって初めて用いられたことを明らかにしたこと。第二は、刑事政策という言葉がわが国に定着してまもない戦前・戦中の時期において、すでに刑事政策の概念について、当時から多くの議論が存在していたことをふまえ、従来試みられたさまざまな定義を詳細に分析・検討した最初の本格的な研究であるということ。そして、第三に、刑事政策の前提ないしは基礎として、犯罪の原因論的研究の必要性を強調し、犯罪原因論と犯罪対策論とを含む科学的刑事政策の方向性を明示したことである。

　いずれにせよ、わが国の刑事政策学がともすれば刑事法学者による思弁的、文献学的研究にとどまっている現状からすると、今からほぼ70年以上も前に執筆されたものだが、科学的刑事政策学の志向性を強調する木村亀二の主張は、その現代的意義を失なうものではない。むしろ、基本文献の意図する「科学的刑事政策の確立と遂行」という課題は、今日においても未完であり、将来に向かって引き継がれていくべき重要な作業であるといえる。

2　基本文献（原典）

1　刑事政策という言葉
　刑事政策（Kriminalpolitik）という言葉がドイツ的オリジンのものであることについてはフランス系統の学者が特にこれを主張している。例えば、ラジノビィッツは、

「刑事政策という言葉は疑いもなくドイツ的起源のものである」と言い、又、ドンヌデュー・ド・ヴァーブルも、それがドイツの学者によって「有名ならしめられた」となしているのである。（3頁）……

　イギリス語系統の著書においては、刑事政策といわれるものと同一内容の研究を対象とする場合には広い意味での「クリミノロジー」といわれるのが普通であって、ただ場合により「監獄改良」(prison reform) 又は「刑罰改良」(penal reform) 等の語が用いられていて、従来は、刑事政策の訳語に該当すると思われる言葉は、私の知る限りおいては、ほとんど存在しなかったようである。しかし、最近、オランダの刑事学者たるボンガーの著書のイギリス訳を見ると、その中にはcriminal policyの語が出てくる。これは、恐らく、刑事政策のイギリス訳に当たるものと解して差し支えないであろう。

　かくのごとく、刑事政策の語はドイツからきたものであるが、それが、ドイツでは、何時頃に、又、何人によって用いられ始めたかについては学説が分かれている。ラジノビィッツは、刑事政策の語は、「1823年に初めてドイツ刑法学者エドゥアルト・ヘンケによって用いられた」となし、これに対して、ドンヌデュー・ド・ヴァーブルは、「この言葉は1800年頃に現れた。そして、この学問（刑事政策）の最初の代表者はドイツ人フォイエルバッハである」となしているのである。ラジノビィッツの主張は、フェリーを通して、リストから来ているのであり、ドンヌデュー・ド・ヴァーブルの主張の根拠はヒッペルにあるのである。（5頁）
　……

　私は、……、フォイエルバッハにおいては、「刑事政策」の語は、その刑法教科書第2版の出た1803年に最初に用いられたのか、又は、それよりも前に1800年の雑誌論文において最初に用いられたのかを確定するにつき、差し当たり、正確に判断する資料を持たない。しかし、いずれにしても、刑事政策の語が1800年頃にフォイエルバッハによって最初に用いられたと解するのが妥当であり、したがって、その意味において、ドンヌデュー・ド・ヴァーブルが依拠するところのヒッペルの主張を大体において承認したく思っているのである。（7-10頁）

　わが国においては、明治30年代の終わり頃から刑事政策の語が有力なる学者の論著の中に盛んに用いられてきている。牧野博士の「刑事政策と労働問題」は明治39年の講演であるとせられ、大場博士の「最近刑事政策根本問題」は明治42年に出版せられ、爾来、古くは勝本（勘）博士、泉二博士、山岡博士などによって刑事政策が論ぜられ、今日に至っている。これらの学者の思想はほとんど悉くヨーロッパ特にドイツにおける刑法新派の理論的影響の下に形成せられたものである。(11頁)

2．刑事政策の概念

　刑事政策という言葉は誕生したが、その概念内容は必ずしも一定していない。刑事

政策の概念をいかに定めるかということは甚だ困難な問題であり、又、事実上も、刑事政策の概念は第19世紀以来における刑事政策の発達につれてその内容徐々に明確にしかつ豊富にしてきていると言い得るのである。従って、終局的に、その概念を決定するということはほとんど不可能かつ困難であって、将来の刑事政策の事実上の発達によって刑事政策の概念もまた批判修正せられねばならぬと言わねばならであろう。故に、ここでは、まず、従来、学者によって、刑事政策の概念がいかに理解せられてきたかを考察し、それを基礎として、今日これをいかに理解すべきかを一応論定することをもって満足せねばならぬ。

　まず、言葉の創始者たるフォイエルバッハの説いたところを考察して見るに、彼は、刑事政策をもって、「立法的政策学」（gesetzgebende Staatsweisheit）であるとなし、「単に刑罰の目的に適合するのみならず、更に、そのほかに、できる限りその他の人間的及び市民的目的を促進するために、刑罰をいかに定めかつその執行をいかに組織するか」という問題を論ずるものなりとしたのである。すなわち、フォイエルバッハによると、刑事政策の根本任務は、刑罰に関する立法と執行との問題に限られていたのである。しかるに、刑事政策の任務を、単に、「刑罰」に関係せしめるに止まることなく、更に、刑罰と区別せられる意味における「犯罪の予防」の上に拡充したのは、すでに述べたごとく、ベーマーである。すなわち、ベーマーは、刑事政策をもって、「刑罰及び犯罪に関する立法の原則」であるとし、その任務は、「単に犯罪の処罰ではなくして、その予防又は少なくとも困難化を対象とする」と言ったのである。これは、刑事政策の概念の構成に対し甚だ重要なる進歩を示したものだと言わねばならぬ。(12−13頁)……

　更に、刑事政策の基礎として犯罪の原因的考察を必要とすることを示唆したのが、すでに述べたるがごとく、ヘンケである。そして、このヘンケの思想を基礎として更に一歩進めたのがリストであると言い得る。すなわち、リストは、刑事政策の科学的基礎として、単に犯罪の原因的研究のみならず、更に、刑罰の効果に関する考察をも加え、又、刑事政策の領域をもって、単に立法に限らず、その他一切の政策の上に拡充したのである。それで、リストは、刑事政策を定義して、それは、「犯罪原因並びに刑罰の作用に関する科学的研究を基礎とするところの諸原則の全体であって、その原則によって、国家は、刑罰及びこれに類する諸制度を手段として犯罪に対する闘争をなすべきである」と言ったのである。リストの刑事政策の概念は、彼自身の思想の発展経過の中においても、相当重要な変化をうけているのであるが、われわれは、刑事政策の概念の論理的考察に際しては、先ず、リストの思想を出発点となすべきであろう。

　リストは、最初、その刑法教科書第3版においては、「刑事政策」を定義して、「国家が刑罰並びにこれに類する諸制度（すなわち教育・感化設備・労働所等）を手段として犯罪に対する闘争を行う場合によるべき諸原則の体系的全体」であるとなしてい

たのである。然るに、後に至っては、彼は、犯罪の闘争においては犯罪の原因及び刑罰の効果に関する認識が予定せられ、事実についての正確にして包括的なる認識によって得られた「確実なる科学的基礎を欠くならば、刑事政策家は単なるディレッタントに止まる」ことを自覚するに至った。そこで、リストは、刑事政策の基礎として、犯罪の原因及び刑罰の効果に関する科学的研究の必要を強調し、これを刑事政策の概念の中に明白に規定することになったのである。この点が、近代的刑事政策概念のもっとも根本的な要素であって、この要素によって科学的刑事政策と非科学的・常識的なそれとの区別がなされると言い得るのである。(14-15頁)……私は、以下においては、かかる科学的基礎が当然予定せられているものとして、まず、最近の学説の分類を試みることにしたい。

　今、刑事政策が、その出発点として、犯罪の原因・意味に関する説明的・理解的方法による諸研究、刑罰その他の犯罪対策の歴史的・社会的発生と効果とに関する諸研究、及び、その他の技術に関する諸研究を内容とするところの科学的基礎の上に建てられるべきものと前提して、その概念に関する諸家の説を分類してみると、大体、これを5つに区別することができるであろう。

　第1は、犯罪現象の予防及び克服に関するすべての方策をもって刑事政策なりとしている。この意味においては、刑事政策は、単に立法政策たるに限らず、その他、一切の犯罪対策特に社会政策・教育政策等のごときものをも包含し、又、刑法的対策のみならず刑法以外の方法による対策をも包含し、苟も、直接又は間接に犯罪の鎮圧・予防に関係ある方策はすべて刑事政策と称せされることになる。刑事政策をかかる最広義に解する者としては、初期のリスト、ベーリング、ラジノビィッツ、ガロー、ドンヌデュー・ド・ヴァーブル、ヴロブレヴスキーがあり、わが国においては、牧野博士、宮本教授等がこれに属する。(16-17頁)

　第2は、刑事政策をもって、犯罪人又は犯罪的危険者に対し個別化的方法によってなされるところの対策を意味するものとしてなしている。この見地を最も良く表示しているのは、リストの次の言葉である。いわく、「刑事政策とは社会的関係に対して働きかけることを意味するものではなくして、個人に対して働きかけることを意味する。それは、個人的生活の現象・事件としての犯罪を対象とする。しかし、それは、かかる目的に対する唯一の手段ではなくして、個人の改善的教育を任務とするすべての処分と共同して作用するものである」と。(17頁)……

　第3は、刑事政策をもって、犯罪に対する立法政策を意味するものなりとしている。これは、すでに、フォイエルバッハやベーマーの刑事政策の概念の中に表現されていた思想であることは右に述べたとおりであるが、最近にこの見地を採っている者としては、サルダーニャがあり、わが国では古く大場博士がかかる見地を採られていた。この見地の特色は、立法政策以外の政策を刑事政策から除外する点であるが、同時に、ここでは、立法の内容となる事項がいかなる範囲に及ぶかにつき全然不明である。従っ

て、刑事立法の他に、社会立法のごときをも包含するや否やが明白でない。(18-19頁)

第4は、刑事政策を必ずしも立法政策に限らないが、又、刑事政策と社会政策とを区別し、更に、刑法による犯罪対策を刑事政策から除外し、刑事政策の中心を刑法以外の方法の中に置くものであって、この見地においては刑事政策とは「直接に」犯罪の対策となるところの刑法以外の処分を意味するとせられる。犯罪に対する「直接の」対策たる点において、刑事政策をその他の保護的・教育的・社会的・人口政策的処分から区別せんとするのである。この見地を代表するのはグリュンフートであって、彼は、……これを次のごとく定義している。すなわち、……「刑事政策とは、刑法以外の処分であって、直接に犯罪現象の予防と克服とを目的とするところの特殊の手段である」と。(19頁)

最後に、刑事政策の概念を定めるにつき、これと刑法との関係を重要視するのが第5の学説である。この説の代表者はヒッペルとメッガーとであって、……私は、かつて、両者を総合する見地から刑事政策の概念を定めることを試みたが、それは根本思想においてはここに掲げた第5説と同じつもりである。すなわち、ヒッペルは、刑事政策をもって、「刑法の有効性（Wirksamkeit）を合目的性の見地から考察すること」なりとなし、又、メッガーは、刑事政策をもって、「刑法を有効なる犯罪闘争という目的的見地から考察し、かつ、運用することなり」となしているのである。私は、ヒッペル及びメッガーが、犯罪対策の手段としての「刑法」の有効性のみを考察の対象とするのは少々狭きに失すると考えるが故に考察の対象を現存刑罰制度なりとなした。また、ヒッペルとメッガーとは単に「考察」するというに止まるが、それは、結局、現に存在するものをいかに改めるべきかおよび現に存在するものをいかに補充すべきかの考察でなければならぬと私は考えた。それで、私は、かかる見地から、刑事政策をもって、「犯罪の原因を探究して、現存刑罰制度の犯罪対策としての価値を批判し、刑罰制度改造の諸原則及び刑罰制度を補充すべき犯罪対策の諸原則を確立することをいう」となしたのである。いずれにしても、第5の刑事政策の概念は、単に犯罪の対策をたてるのみではなく、合目的的な犯罪対策から見て現存の犯罪対策の価値を批判し、これを修正補充することをその中心的任務となさんとするものである。それは、現存の刑法又は刑罰制度の批判を刑事政策の中心に置かんとするのである。従って、この見地においては、広義の社会政策はこれを刑事政策の範囲外に置き、又、第4の刑事政策の概念のごとく、刑事政策を刑法以外の対策に限るがごときことがないのをその特色とするというべきである。(20-21頁)

……今これらの概念を批判的に考察し、そのいずれをもって、今日妥当なる刑事政策概念となすべきかを論ずることにしよう。

まず、第1説について見るに、これは、最も広い意義の刑事政策の概念として、概念決定の出発点と方向を限定したものとして是認せられねばならぬ。従って、リストが、社会政策をもって、「最善のかつ最有効の刑事政策」なりとなしたのもかかる最

広義の刑事政策概念を用いたものとして正当である。　しかしながら、この第1の刑事政策概念は、刑事政策を1個の理論的考察の対象とする場合においては、刑事政策とその他の政策すなわち社会政策・人口政策・経済政策・教育政策等とを区別するにつきなんら明確なる区別の標準を提供しないという欠陥がある。……今、その見地から第2の概念を採って見るに、これは、刑事政策が実現されるべき現実的基礎たる現行の法律その他の制度との関係を明白に考察していない点において不十分である。又、第3の概念は、刑事政策の方法として立法を重要視せんとするものではあるが、その他、立法以外の方法を除外する理由が明白でなく、又、立法における刑事政策的領域としからざる領域との区別について全然考慮が払われていないという意味で欠陥がないわけではない。それで、第4の概念においては、なぜに、刑法を中心とする政策が除外せられねばならぬかの意義が明白でない。……刑事政策の概念から刑法的方法による犯罪対策を除外することは、刑法が唯一の犯罪対策ではないにしても最も重要なる犯罪対策の一つであることの意味を没却せしめるに至るおそれがないではない。ゆえに、私は、第4の刑事政策概念も未だ十分根拠あるものではないと考えるのである。(22-24頁)

　そこで、最後に、第5の刑事政策概念が残ることになる。……私は、第5の刑事政策の概念を採る学者がその政策の「場」を刑法ないし刑事法に限ることは、すでに述べたるがごとく、あまりに狭隘すぎると考える。……又、私が以前に試みた如く、刑事政策の「場」を現存の「刑罰」制度となすことも、なお適当でなく、刑罰制度以外の予防制度をも包含すべきである。それで、私は、刑事政策の現実的基盤をもって、犯罪対策を直接の目的とするところの現存の諸制度と言い換えたい。犯罪対策は、必ずしも現になされたる犯罪に対する対策たるに限らず、更に、なされるおそれある犯罪の対策をも含むこともちろんであり、又、現存の諸制度は、現行の刑法ないし刑事法は言うまでもなく、未だ法律化せられるに至らないところの犯罪対策の諸制度をも包含し、かつ、その犯罪対策の諸制度は、刑罰制度に限らず、刑罰以外の保安処分その他の技術的制度をも意味すべきである。そして、これらの諸制度が犯罪対策を直接の目的として成立している場合に限り刑事政策の「場」とするという点において、間接に犯罪の予防又は除去の効果を有する諸種の社会政策的・教育的・人口政策的等の制度に関する政策と刑事政策との区別がなされるのである。かくて、私は、第5の刑事政策的概念の批判的考察の結果として、狭義における刑事政策をもって、合目的的なる犯罪闘争の見地から、犯罪対策を直接の目的とする現存の諸制度を批判し、これを改良し補充する方策を立てることなりと言うべきであると考える。もちろん、この場合、刑事政策が、その前提として、犯罪の科学的研究および刑罰その他の犯罪対策の歴史的社会的意義並びに価値に関する研究を内容とする科学的基礎の上に立てられるべきことは言うまでもないであろう。(25-26頁)

3　解　説

▶刑事政策という言葉の誕生

　「刑事政策」という言葉は、1800年頃（19世紀初頭）からドイツで用いられ、刑法学者のフォイエルバッハが最初に用いたといわれている。わが国においては、1900年頃（明治30年代）になって「刑事政策」の用語がドイツ語のKriminalpolitikの訳語として、有力な刑事法学者の間で用いられるようになった。とりわけ、1900（明治33）年に岡田朝太郎が、『明治法学』に「刑事政策」を執筆（1900〔明治33〕～1902〔明治35〕年）されたのが始まりとされている（小川太郎『刑事政策論講義　第1分冊〔改訂版〕』〔法政大学出版局、1975年〕2頁）。また、牧野英一は、1906（明治39）年「刑事政策と労働問題」と題して講演をしている。それ以降多くの研究者、実務家等によって「刑事政策」が論じられ今日に至っている。

　一方、大学において刑事政策が講じられるようになったのは1924（大正13）年のことであり、東京帝国大学法学部において「刑事学」という講座が設けられたことに始まるといわれている（藤本哲也『刑事政策概論〔全訂第7版〕』〔青林書院、2015年〕3頁）。「刑事学」という用語は、牧野によるフランス語のsciences pénalesの訳語で、東京帝国大学法学部において、刑法、刑事訴訟法とならぶ第三の講座とされたとき、原語のもつ広い意義とは異なり、犯罪原因論と犯罪対策論だけを指し示す便宜的な用語として用いられたものである。他方で、1930（昭和5）年に、高等文官試験司法科（旧司法試験）の試験科目として「刑事政策」が、犯罪対策論とともに犯罪原因論を含むものとして導入されて以来、大学の講義科目名としても「刑事政策」の用語が広く普及するようになっている。かくて、大学では「刑事学」であれ、「刑事政策」であれ、ほぼ同じ内容の講義がどこでも行われているようである。ただし、刑事政策とは別個に犯罪学を併設しているところでは、それぞれ、狭義の用語法に従って、「犯罪学」は犯罪原因論を中心に、「刑事政策」は犯罪対策論を中心に講義が行われてもいる。

　しかしながら、以上のように「刑事政策」という言葉がわが国に定着してか

らほぼ1世紀余りを経ている一方で、現在でも問題となっているのは、刑事政策の概念内容および用語法が、依然として必ずしも一定していないということである。このような用語法上の問題は、次のような背景に起因していると思われる。すなわち、①ドイツ語由来の「刑事政策」概念がもともと多義的であったということ、②刑事政策とほぼ相互交換的な概念として用いられている英米流の「犯罪学」(criminology)、フランス語由来の「刑事学」の用語が、論者によってそれぞれ広狭さまざまに、定義づけられているために、刑事政策、犯罪学、刑事学との関係についてしばしば概念的混乱が生じているということ、③たとえば、戦後の一時期においてドイツ語の Kriminologie（犯罪対策論は含まない）の訳語として「犯罪学」ではなく「刑事学」が使われたことも、一層の概念的混乱をもたらしたものと思われる。そして、最も重要と思われるのは、④わが国では伝統的に大学法学部の専門科目として「刑事政策」(「刑事学」ないしは「犯罪学」)が刑法および刑事訴訟法を専門とする刑事法学者たちによって講じられているために、刑事政策学の科学的方法論に習熟する研究者の教育、養成という点で今日においてもなお立ち遅れているということである。

▶なぜ「刑事政策」概念はドイツで生まれたのか

　基本文献においては、ドイツにおいて何時頃に、また誰によって用いられ始めたのかについて、「1800年頃にフォイエルバッハによって最初に用いられた」ことを緻密な文献的考証を加えた結果、明らかにしている。しかしながら、さらに一歩進めて、なぜこの用語がドイツにおいて生まれたのかについての言及はなされていない。この問題について、小川太郎は、次のような興味い見解を主張している。すなわち、刑事政策は「ドイツで発達をみた経済政策や社会政策などという一連の『政策』(Politik) と言葉の系統を同じくしている。ドイツは資本主義国としては比較的おくれて国際市場に出発した。自由貿易ということでは、国際市場に進出することができない。自由主義のもとでは、国民に対する保護干渉は害悪とされるが、すでに張りめぐらされた自由主義国群の勢力のなかに割り込むためには、政府の保護や干渉が必要になる。そこに『政策』や『政策学』という観念が生まれた。刑事政策という言葉もこの一連の傾向のうちに生まれたとすることができよう」と（小川・前掲書1頁）。このような歴史的および社会的背景をもって刑事政策の言葉が生まれたとすれば、それが刑

事政策の概念化にあたってどのような影響を及ぼしうるのかを検討することは、それなりに興味のある論点といえよう。

▶刑事政策の概念を議論することの意義・実益とは何か

一般論として、科学的研究において中心概念の定義の選択は、きわめて重要な意味をもっている。一定の定義の選択は、当該定義の範囲に当てはまる現象を研究するという意思決定を意味し、その概念に当てはまらない現象は研究から排除するということを意味する。つまり、刑事政策概念の定義は、刑事政策学研究の境界を画するという意味で、大変重要な役割を果たすのである。刑事政策学が他の学問領域とは別個のひとつの独立した学問であるならば、それは独自の対象と方法論をもつ必要がある。それゆえ、刑事政策の概念を議論することは、刑事政策学研究の出発点として重要な意味があるのである。さらに、一定の仕方で定義された刑事政策概念に対して研究者間において合意が形成されることで、研究者間において議論や相互批判を交わし、よって共通の理解を深めることを可能とするという点も指摘されよう。

▶刑事政策概念の分類

基本文献は、ヨーロッパ、とくにドイツ刑法学の有力な学者たちの議論を素材として、刑事政策の定義に関して、次の５つに分類している。すなわち、①犯罪現象の予防および克服に関するすべての方策であるとするもの（初期のリストなど）、②犯罪人または犯罪的危険者に対して個別化的方法によってなされるところの対策であるとするもの（後期のリスト）、③犯罪に対する立法政策であるとするもの（フォイエルバッハなど）、④直接に犯罪の対策となるところの刑法以外の処分であるとするもの（グリュンフートなど）、⑤刑法政策であるとするもの（ヒッペルなど）である。

これらの諸説のうち、いずれの概念が最も妥当であるのかについて、基本文献は、概念決定の規準として「刑事政策と刑事政策以外の諸政策との区別を最も明白にする」という観点から、各説を批判的に考察し、自説を展開している。すなわち、「刑事政策の基礎として、犯罪の原因及び刑罰の効果に関する科学的研究の必要を強調」することが、近代的刑事政策概念の最も根本的な要素であるとして、刑事政策を「犯罪の原因を探究して、現存刑罰制度の犯罪対策としての価値を批判し、刑罰制度改造の諸原則及び刑罰制度を補充すべき犯罪対

策の諸原則を確立することをいう」と定義している（基本文献21頁）。そして、「合目的な犯罪闘争の見地から、犯罪対策を直接の目的とする現存の諸制度を批判し、これを改良し補充する方策をたてること」を「狭義の刑事政策」としている（基本文献26頁）。

わが国における刑事政策の概念規定は、基本文献において紹介されているドイツなどにおける諸学説を参照しつつ、広狭さまざまに論じられている。一般的には、「犯罪の原因を探究して、その防止（防遏、防圧）対策を講じること」を広義の刑事政策とし、そのうち「犯罪対策を直接の目的とすること」や「刑事法ないし刑罰制度」などによって限定したものを狭義の刑事政策とすることが多い（吉岡一男『刑事政策の基本問題』〔成文堂、1990年〕2頁）。

その際また、「刑事政策」が「事実としての刑事政策」（活動・行為としての刑事政策ともいう）を意味しているのか、「学問としての刑事政策」（科学・理論としての刑事政策ともいう）を意味しているのかという問題に関連して、両者を区別することも多い（小川・前掲書5-28頁、藤本・前掲書6-9頁）。この問題の立て方は、かつてのドイツにおいて学説上争われたことに関係しており、それがわが国にも影響を及ぼしたものである（基本文献28頁）。「事実としての刑事政策」とは、犯罪対策のためになされる活動自体を意味する。一方、「学問としての刑事政策」とは、事実としての刑事政策（とくにその狭義のもの）を研究対象とし、一定の理念の上から、その価値を批判することによって、より合理的かつ有用な諸原則を究明しようとする学問（刑事政策論、刑事政策学ともよばれる）を意味する。両者の区別は、たしかに、議論において無用の混乱を避けるという意味では有用ではあると思われるが、近年ではこのような論争は用語の問題に過ぎず不要な議論であり、このような問題の立て方自体に対して疑問を呈する有力な見解も見られる（吉岡・前掲書8-9頁）。

この概念的区別は、根本的には刑事政策学の方法論的意義に関わる重要な問題であるが、ある意味特殊ドイツ的な発想に基づくものであり、むしろ英米における犯罪学や刑事司法学（criminology and criminal justice）の調査研究方法のあり方の見地からみれば、両者を区別することにそれほどの意味があるようには思われない。というのは、「刑事政策学と言われるものも、実は刑事政策的活動のうちの一部をなすものにすぎない。いわゆる学問的作業や研究活動及び

それらと切り離し難くそれらの成果の上に立ってなされる政策的提言なども、種々のレヴェルの実践主体による犯罪対策活動の中に現実化されることが予定されている。その点では、刑事政策学も（とりわけ行政責任を負った）実践主体による、犯罪原因解明作業や、対策活動の現状分析、改革案の検討等と異なるわけではない。刑事政策学においては、もちろん、こういった例えば行政機関による研究活動も検討対象になるであろうが、それら『刑事政策活動としての研究』を『刑事政策学としての研究』と区別する理由があるとは思われない。他方、批判的、学問的検討の対象ということでは、刑事政策学自体も含まれる。……刑事政策も、刑事政策学も、それら自体を対象とする、いわば、より高次の検討作業や研究活動に服すべきものであって、この点において違いはない」からである（吉岡・前掲書9頁）。これを簡単にパラフレーズすれば、刑事政策学は、方法論的には犯罪現象の分析、犯罪原因の解明、刑罰制度などの効果測定、刑事政策活動の現状分析および犯罪の防圧目的に照らした政策プログラムの評価研究などにおいて科学的客観的手法を必要とする一方で、これらの調査研究の結果を踏まえた一定の政策的含意および政策提言という価値選択をも期待されている。最近の表現でいえば、「科学的証拠に基づいた政策」（evidence-based policy）というのが、現代刑事政策学ないしは刑事司法学の方法論的基礎であるといってよいであろう。

▶本リーディングスの立場

最後に、本リーディングスのタイトルである「刑事政策」とは、その内容構成からみても明白であるように、「狭義の刑事政策」としての犯罪対策論を意図している。すなわち、犯罪の防圧（予防・鎮圧）を直接の目的とする犯罪対応策を対象とするものである。そして、近年における犯罪対応策の発展・拡大に伴って、犯罪被害者支援、および修復的司法なども新たな焦点として取り上げている。基本文献がともすれば伝統的な刑事政策の立場から、刑罰制度および保安処分制度ならびに各種犯罪および犯罪者の問題だけを主に取り上げていたのに対しては、本書においては基本文献では欠落していた犯罪および犯罪者を処理する刑事司法諸機関の活動にも分析の焦点を当てている。すなわち、犯罪対応策の要である刑罰・保安処分制度に加えて、それを実現・執行するための刑事司法制度（警察、検察、裁判、矯正、更生保護）の組織、機能、および作用

に関する研究領域をその中心課題とするものである。この意味で、本書の特色は、英米流の表現でいえば、criminal justice（刑事司法）政策を志向している点にあるといってよいであろう。

4　関連文献

▶小川太郎『刑事政策論講義　第 1 分冊〔改訂版〕』（法政大学出版局、1975年）
　本書は、大学の講義教材として執筆されたもので三分冊からなる。初版が出版された1960年代後半から改訂版へと版を重ねた1980年代にかけて、当時の刑事政策の代表的な基本書のひとつである。とくに第 1 分冊においては、刑事政策論の「序説的部分」を詳しく扱っており、刑事政策の基本概念に関しては、今日でも基本文献と並んで、その後の類書のレファレンスとして有益な知見を提供している。この部分だけでも刑事政策を初めて学ぶ者にとっては必読文献といえる。

▶長岡龍一「刑事政策の概念」東北学院大学論集（法律学）51・52合併号（1998年）7 -35頁
　本論文は、「刑事政策の概念」について、比較的最近における諸見解を含めて従来の議論を包括的に分析・検討しているという意味で、大変有益な論稿である。刑事政策、刑事学および犯罪学との用語法上の異同を検討した上で、基本文献と同様に、犯罪原因論と犯罪防止活動との関連性を明示し、刑事政策を広い意味に理解する立場を支持している。そして、最近のアメリカ犯罪学（原因論と対策論の両者を含む）の研究動向の影響を受けながら、刑事政策（学）の概念化を試みている点に特色がある。

2 刑事政策の主体・対象

●基本文献
藤木英雄
「現代刑事政策の課題」
宮澤浩一ほか編『刑事政策講座　第1巻　総論』
(成文堂、1971年) 1-16頁

朴　元奎

0　原著者紹介

　1932年生まれ。1953年東京大学法学部卒業後、同大法学部助手となり、1966年東京大学法学部教授となる。1977年に45歳の若さで夭折したにもかかわらず、その短い研究生活の間に、夥しい数の著書・論文を残した。刑事政策関連の代表的な著作としては、『経済取引と犯罪——詐欺、横領、背任を中心として』(有斐閣、1965年)、『経済犯罪——ビジネス社会のおとし穴』(日本経済新聞社、1966年)、『刑事政策』(日本評論社、1968年)、『現代と刑事政策』(成文堂、1970年)、『公害犯罪』(東京大学出版会、1975年) などがある。

1　基本文献の意義と位置づけ

　「刑事政策」の活動主体は国家に限定されるべきか個人をも含むべきか。刑事政策活動の対象、またはその具体的内容・課題は何か。これらの問題は、刑事政策の概念化における論者の問題意識、問題の視座によってそれぞれ広狭さまざまに議論されてきている。また、犯罪問題およびその刑事政策的対応策は、時代や社会の発展によってさまざまな影響を受け、新たな問題に直面することで、それに応じた新たな課題をわれわれに提起している。
　基本文献は、今から45年ほど前に執筆されたものであるが、これらの問題に対してきわめて時代の先を読んだ斬新な視点を提供している。まずは、刑事政策の活動主体（担い手）について、わが国においては国家や地方公共団体の活

動に限定する見解が従来から多くの論者によって主張されている。それに対して、基本文献では刑事政策の担い手として国家や地方公共団体の外、民間の諸団体や個人も含まれるとする見解を主張している点が特記される。刑事政策の現代的展開を犯罪者処遇策における施設内処遇から社会内処遇への拡大ということに見る視点から、「住民自治に基礎づけられた刑事政策」を志向するその基本姿勢は、執筆当時においてはきわめて斬新な着想であり、その後の議論において犯罪学・刑事政策学の研究者に対して一定の影響力を与えている。

次に、刑事政策の対象ないし課題については、基本文献では、刑事政策の対象領域が時代や社会の発展とともに推移していることを指摘しており、過去・現在・そして未来における刑事政策の課題について考察を加えている。基本文献において指摘されている近代的な自由刑制度の見直し、犯罪者処遇策における施設内処遇の問題とその対策、社会内処遇への重点の変遷と拡充、および事前の犯罪予防対策の進展といった論点などは、現代の日本社会がまさに直面している刑事政策的課題であるといえよう。その意味で、基本文献がその論点を先取りするような形で分析・検討していることは、現在の時点においても、十分に読むに値するものといえよう。そして、基本文献において検討されているさまざまな政策的提言が、たとえば、21世紀に入って新たに制定された「刑事収容施設法」（2007年施行）などにおいて導入されているさまざまな処遇制度として、それなりに具体化されていることに気づくであろう。もちろん、最近の当面する刑事政策的課題に照らして、基本文献においてまったく取り上げられていない問題領域もある。たとえば、犯罪被害者の諸問題、およびグローバル化社会や高度情報化社会の到来とそれに関連した犯罪問題およびその犯罪対応策の変化などがその典型例である。しかしながら、そのような不十分な点を差し引いたとしても、基本文献は、刑事政策の具体的内容および対象を考察する際の重要な基本的視点を提供するものとして大変有意義なものといえよう。

2 基本文献（原典）

1 刑事政策への関心
　犯罪とのたたかい、すなわちどのようにして犯罪をなくすことができるか、あるい

は犯罪をがまんできる程度にまで減少させることができるか、という課題の追及は、人間社会の発祥とともにはじまり、今日においてもなお、満足な結論に到達していない。しかも、今日の高度大量消費経済、大衆社会化の時代においては、犯罪とのたたかいにとってますます困難を増大させるような諸条件がうみ出されており、犯罪の鎮圧、防止に向けられた公的、組織的な施策としての刑事政策は、あらたな課題の解決を迫れている。

　刑事政策（論）は、伝統的に犯罪に対する施策のうちでいちばんきき目があるとして用いられてきた刑罰が、必ずしも所期の目的を達しえず、犯罪とのたたかいの手段としての効果が疑われたところから出発し、犯罪に関する科学の成果を基盤として、伝統的な犯罪防止対策である刑罰の効果を向上させ、あるいは、刑罰を補う犯罪者処遇策の展開のための、立法、行政両面における理論的基礎の定立を目的とするものである。（1-2頁）……

2　刑事政策の対象領域

　刑事政策は、犯罪学の発祥と進展とによって、科学的な裏付けを得た。（5頁）……犯罪学は、犯罪に対処するには犯罪対策としては刑罰がいちばんきき目がある、という素朴な伝統的な思惟に基づいて無自覚に刑罰を行っていたのでは犯罪の抑制はおぼつかない、ということを、はっきり認識させた。かくして、犯罪は、決して、偶然的に犯罪者の恣意によって遂行されるというものではなく、人が罪を犯すについては、その背景に種々の事情が絡み合っているという認識に立脚し、その原因に対応した、科学的知見に裏付けられた犯罪防止対策の考究が要請されるところとなった。（6頁）

　……刑事政策の主たる領域は、施設内処遇、社会内処遇、及び地域社会における犯罪予防活動の三者であるが、伝統的な刑事政策観においては、前二者のみが刑事政策の領域と考えられており、犯罪学の成果の応用という観点からみるときには、犯罪者の犯罪性、異常性に中心をおく犯罪精神医学、犯罪生物学、犯罪心理学の成果に依存することころが大であった。犯罪社会学的研究の成果は、犯罪者の処遇との関係では、主として、保護観察の実施に関して、犯罪者の円滑な社会復帰を阻害し、あるいはその者を再び犯罪に誘因するような家庭的、社会的環境について、犯罪者の人格的特性の研究と並んで、重要な役割を期待されるに止まり、その応用は、主として、刑事政策の第三の領域において期待されるものといえよう。（8頁）

3　刑事政策の展開

　そこで、次に、刑事政策の各領域においてその発展の基本理念と現代的課題を考えたい。

　まず、刑事政策の主流をなしてきた犯罪者の処遇、とくに自由刑を中心とする施設

内処遇についていえば、それは、まず、犯罪者の人道的処遇から出発し、かつ、犯罪者は、刑に処せられたことにより永久に社会から排除されてしまうのではなく、再び社会に復帰して市民の一員に加わる権利、社会復帰の権利を認められることを前提として、処遇の理念も単なるこらしめ、……、刑罰の感銘力による改過遷善という考え方を排して、社会復帰のための科学的処遇を行う、とするのがその本旨である。もちろん刑には、社会の犯罪者に対する非難感情、報復感情の満足という要素がなければならないことは否定できないが、いかにその処遇内容が受刑者自身の福祉に役立つものであったとしても、自由を拘束されること自体の苦痛を否定することはできない。……いかにその内容が福祉的であるとしても（rehabilitative ideal）、刑罰が、犯罪抑止のための必要最小限の半数に止まらなければならない、ということは否定できない。このようなわくの範囲内において、施設内処遇は、犯罪者の自発的な改善更生への意欲を基底におきつつ、その犯罪者の犯罪に陥った原因を洞察し、単にその犯罪性の除去ということだけではなく、社会に復帰したのちに社会の負担とならず、自立することを可能ならしめるよう、かれの必要とするものを施すことが要請される。この要請に応えるべく、精神医学、心理学の裏づけのもとに、近年の矯正技術の発展には刮目すべきものがあるが、このような科学的処遇を実現するためには、犯罪者の処遇方式の多様化、および処遇内容の多様化に応じて、個々の受刑者にもっともふさわしい処遇を可能とする処遇の選択の機構の整備、合理化が推進されなければならない。

　まず、処遇の多様化、という面では、一方では、自由刑について、旧来の多様な自由刑の種別、とりわけ、労役賦課の有無による懲役と禁錮との区別の廃止、自由刑の単一化、という、一見処遇の多様化と矛盾するがごとき主張が有力に唱えられているが、他面において、単一化された自由刑のわく内においては、画一化された処遇ではなく、犯罪者の科学的分類に基づいて、犯罪者の特性に応じた集団的処遇を行なう、というかたちで、処遇の多様化がすすめられつつある。さらに、自由刑に不可欠の要素である施設拘禁についても、開放処遇の採用、あるいは帰休制（furlough）、外部通勤制（work release）などが考案されることによって、自由刑の執行が、密室内の作業から脱皮して社会とのつながりを持つ方向に発展しようとしている。また、自由刑と並んで、「刑」という社会的スティグマをとり去った施設内処遇として、保安処分、および少年に対する保護処分等が、自由刑に代わる、自由刑を補充する施設内処遇として、とくに犯罪性のある治療あるいは社会復帰の理念に重点をおいて実行されることになるが、これらの処置についても、そのわく内で、できるかぎり合目的的な多様化が試みられて然るべきである。さらに社会内処遇の発達が、処遇の多様化をさらに推進させているが、保護観察についても、一時矯正施設ないし公私の訓練、補導施設に在所させる処置と合体して、開放処遇と社会内処遇との中間的な処遇を包含する方向にすすんでおり、また、その適用範囲も、執行猶予ないし宣告猶予を許された者、仮釈放対象者ばかりでなく、起訴猶予者、満期釈放者にもこれをおよぼすべきかどう

かが問題とされている。

　また、処遇の多様化ということは、必然的に、処遇決定についての裁量の幅の増大をもたらすが、その際、この裁量権の行使をいかに合理的に、とくに刑事政策的観点からみて合目的的に行わせるか、という問題を提起する。処遇の選択は、裁判所における刑の量定（実刑か執行猶予か、刑期の長短）の面において、また、矯正施設内における処遇分類の面において、また、仮釈放の決定の面において、それぞれ行われるが、とくに重視すべきは、刑の量定の問題である。刑の量定については、古くは、客観主義的見地、それに権力分立思想の影響から、法定刑の巾をせまくし、裁判官による裁量の巾をいちじるしく限定すべきものとされたが、しだいに、刑事政策の要請に応えて、刑の量定の巾を拡大する方向にすすんでいる。わが現行刑法は、量刑の巾のひろさという点においては、世界的にももっともすすんだものというべきである。しかし、問題は、この量刑上の裁量権の行使を、いかにして刑事政策的要請をみたすものとすることができるか、ということであって、犯罪諸科学に関する専門家とはいえない裁判官のみに量刑を一任してよいか、ということが問われなければならない。

　そこで考えられるのが、刑の量定に、犯罪諸科学に関する専門家を参与させることであって、判決前調査制度、ユース・オーソリティー構想として米国の一部の州で部分的に実施されている量刑委員会制度などが現実の問題として考察の対象とされなければならない。このうち、前者においては、量刑の決定権はあくまで裁判官にあるが、後者においては、裁判官による刑の量定という既成の通念をやぶり、裁判官は、有罪か無罪かだけを判断するか、あるいは執行（宣告）猶予か実刑かだけをきめて、刑の具体的内容は、分類、執行、仮釈放の決定のすべてにわたり法律家ばかりでなく、犯罪科学の専門家や地域の有識者を含めた委員会を組織して定める、という方式が採用されることになる。かような構想は、刑事司法の本質という面からみてにわかに受け入れることを躊躇せしめる面もつよいが、刑事政策的考慮だけからみたときには、処遇の科学化、多様化、個別化という刑事政策的要請をみたすうえでは、ひとつの理想的制度であることは否定できない。わが国においては、現にこのような制度は存在しないが、ただ、少年法における少年審判の制度が、家裁調査官および少年鑑別所というふたつの機関、就中前者に積極的な役割を認めており、実質的には、判決前調査制度を取り入れていると言ってよいことに注意すべきである。（9-12頁）

4　刑事政策の課題

　……。ここで問題とすべきは、刑事政策について、犯罪者処遇の施策、犯罪科学の発祥いらい一貫して追求してきた方向以外に、社会の発展に応じたあたらしい問題が提起されてはいないか、ということである。

　まず第一は、犯罪者の処遇に関し、その施策の対象となる犯罪者の性質が、これまでの刑事政策が前提としてきたものに限定されてよいのかどうか、ということである。

刑事政策上、科学的処遇による犯罪者の社会復帰、犯罪者の市民的改善ということがいわれる場合、その前提として考えられたのは、一身的に社会的適応性を欠如させるような何らかの異常性があり、市民的道徳的水準に引きあげるために積極的な福祉的処遇が必要とされる者であった。そのことは、犯罪は精神や人格に異常のある者、あるいは貧困者など、社会生活の落伍者によって犯される、という犯罪についての今日の社会通念とも、大筋では一致している。たしかに、殺人、放火、強盗などの自然犯中の自然犯ともいうべき犯罪については、犯人に、恒常的、あるいは一時的な異常性が認められる場合が多く、その対象者の処遇については、従来からの刑事政策的考慮が妥当するものということができよう。しかし、問題は、今日においては社会の価値基準の動揺とともに何が犯罪であるかについて旧来の典型的自然犯のような一致した了解を欠き、したがって、法律違反が当然には犯罪者の悪性の徴表とは認めがたい性質の違法行為の存在が顕著となってきているということである。これらの犯罪は、法定犯にかぎらず、自然犯のうちでも、ホワイトカラー犯罪に属する詐欺、横領、背任、贈収賄など、あるいは、わいせつ、堕胎などの風俗犯罪、それに、確信犯、政治犯的色彩を有する公安、労働事件に関する犯罪など、すくなからぬ例が見出されるのである。また、道路交通の高度化等にともなう過失犯なども、これに属する。これらの罪を犯す者の中にも、もちろん、人格や精神状態においては伝統的な自然犯の犯人とおなじく何らかの異常性が存在し、それが違法行為にはしらせる重要な背景をなしていると認められるものも含まれよう。しかし、一般的には、これらの行為者は、知的、社会的あるいは道徳的水準において一般市民の水準を満たしており、したがって、違法行為に相応する制裁としての不利益を受忍すべき地位にはあるとしても、その内容は、市民的改善更生とするのになじまぬものといわねばならない。現に、交通事犯の過失犯で禁錮の実刑に処せられ請願作業に従事する受刑者の集錮処遇の実績、経験を基礎として、検討がなされなければならない。とくに、この種の犯罪者に対しては、改善更生のための教育的、福祉的処遇という要求が後退し、むしろ、刑罰の執行における権利義務関係をはっきりさせるという面での処遇の改善が必要になるであろう。そして、このことを通じて、施設内処遇を受ける者の法的地位の明確化という要請が、刑事政策以前の基本的問題として登場するのである。

　つぎに、犯罪者の処遇策は、施設内から施設外の処遇へとその場をひろげ、社会から隔離された密室内の作業というワクを脱して、社会に基礎を置く矯正施策（community based correction）へと発展しつつあるが、そのためには、犯罪者の処遇をもっぱら権力主体としての国家の仕事として完結させるということはできず、多くの面において、地域社会、民間人の協力を必要とする。

　もともと、刑事政策の進歩、発展の原動力をなしてきたのは、多くの場合、天才・思想家でも、犯罪科学の専門家でもなく、純然たる民間の篤志家であった。監獄改良運動の原動力となったジョン・ハワード、および保護観察制度の産みの親となった

ジョン・オーガスタスのふたりの民間篤志家の熱意によって推進されたものの占める位置は大きい。刑事政策の組織化にともない。かつては篤志家によりささえられた制度の多くは、順次公的な専門機関の職務に組み入れられてきたが、それゆえに、篤志家の活動を、国家施策のおくれあるいは不足を補う補助的性格のものとして低く評価することは、短見である。開放処遇や半自由的制度の採用、それに社会内処遇の拡充がすすむとともに、犯罪者の社会復帰促進には、ますます民間人の協力が重視されねばならない。そして、その協力は、保護観察への協力とか構外作業の場の提供といった面ばかりでなく、社会一般の刑事施設および受刑者に対する偏見、敵対感を是正し、犯罪者の社会復帰を円滑にするという地域社会の受入態勢の整備という面において、とくに重視されなければならない。

このような推移にてらしてみると、刑事政策は、これまでしばしば説かれたような、犯罪の鎮圧、防止に向けられた「国家的な」「権力的施策」という観念から脱却し、地域社会との密着性、および民間人の自発的協力を主体とした施策という要素を、その中にとり入れてゆかねばならない。

この点で、まず第一に考えねばならないことは、これまでの犯罪者処遇策が、少数の民間篤志家は別として、一般市民にとっては、まったく国家機関たる矯正機関の仕事としてとらえられてきたということである。もとより、この観念がまったく誤りである、というわけではないが、ここでは、犯罪が、何よりもまず個々の市民、地域社会の住民の共通の利害に関する問題であり、国家施策という面に先立って、住民自治、地方自治上の問題としての側面をもつということが看過されていることを指摘しなければなるまい。刑事施設内における権力作用としての自由刑の執行自体は国家の権力施策として独占されていることは明白であるが、その管理については、たとえば開放処遇や構外作業の実施など地域住民の理解と協力を欠いては、まったくその処遇の成果を期することができない。この協力は、あくまでも国家権力により強制されるものではなく、住民の自発的意思により積極的になされることを必要とする。

さらに、近時あらたに刑事政策の主要分野のひとつとして認識されるに至った犯罪予防対策、すなわち、特定の潜在犯罪者に対するはたらきかけではなく、社会に現存する人を犯罪行動に勧誘する力を、開放的個人主義的民主主義社会の基本理念を害することなく排除しまたはすくなくとも無害化する施策については、権力施策として住民を命令、強制することにより行うに適せず、地域社会の自発的な市民運動や、公の機関の福祉的施策のかたちでおこなわれることがのぞましい。したがって、刑事政策の分野において、単に民間人が国家の施策に協力するという意味の受動的な民間人参与に止まらず、住民自治に基礎づけられた刑事政策という観念を確立してゆくことが、これからの刑事政策の重要な課題となるであろう。とくに、犯罪は決して異常者や社会生活の落伍者のみに特有な現象ではない、という観点から、刑事政策において、犯罪者へのはたらきかけよりも、犯罪の原因を供与するとともに犯罪抑止力の源泉でも

> ある社会へのはたらきかけを重視すべきだとする立場においては、このことがとりわけ強調されなければならない。(12-15頁)

3 解　　説

▶刑事政策の主体

　刑事政策の直接の目的が犯罪の予防・鎮圧にあることについては、ほぼ異論のないところであるが、この目的を実際に実施・達成すべき主体は一体誰なのかという点については、いくつかの考え方が対立している。これまでの議論を整理すると、わが国においてはほぼ以下の3つの見解に分類されうる（長岡龍一「刑事政策の概念」東北学院大学論集〔法律学〕51・52合併号〔1998年〕23-29頁）。すなわち、第一の見解は、犯罪防圧などの活動の主体者として、国家や地方公共団体をさすとするものである。この見解は、従来から多くの論者によって主張されている（最近では大谷實、森下忠、須々木主一、守山正など）。その主な理由としては、①ドイツ語に由来する刑事「政策」という言葉が使われていること、それが歴史的にはヨーロッパにおける近代化の後進国であったドイツにおいて、列強諸国に伍していくために国家主導による「政策（学）」が誕生したということ、②刑事政策の概念的中核に刑罰および刑事司法制度を置く関心からすれば、国家的強制力に基づく刑罰権の発動主体は当然に国家または地方公共団体に限定されるということである。

　第二の見解は、刑事政策の主体者として、国家や地方公共団体としつつも、弾力的に捉えようとする立場である（小川太郎、八木國之、木村裕三・平田紳など）。たとえば、小川太郎は、国の活動が立法、司法、行政にあらわれることから、刑事政策を国または自治体の活動であるとしつつも、「私人や私団体の活動でも、それが国の委託をうけて行うものであれば国の活動であって（更生保護会の運営のごとき）刑事政策の領域にはいるが、純然たる私の活動は刑事政策の領域にははいらない。」とされる（小川太郎『刑事政策論講義　第1分冊〔改訂版〕』〔法政大学出版局、1975年〕9頁）。この立場は、国や地方公共団体の活動だけが刑事政策とみる第一の見解を原則的に採用しつつも、国や地方公共団体に受託

された私人や私的団体の活動も、国や地方公共団体の活動と認定している点で弾力的に捉えているといえよう。私人や私的団体を国家的活動への協力者として、受動的ないし従属的に位置づけられている点に特徴がある。

　第三の見解は、刑事政策活動の主体として、国家や地方公共団体の外、個人や民間の諸団体も含まれるとする点に特徴がある（最近では澤登俊雄、所一彦、長岡龍一、藤木英雄、藤本哲也、吉岡一男など）。藤木英雄は、つとに「国家機関、公共的機関の行う活動はかりでなく、犯罪防止にむけられた地域社会の住民有志の積極的協力や自発的活動が、刑事政策の一環としてとらえられて然るべきである。……純然たる民間人の自発的活動であっても、刑事政策の視野から除外すべき理由はない。また、国家的権力施策としての保護観察にしても、社会内処遇としての所期の目的を達成するには、対象者に向けられた施策ばかりでなく、かれが復帰する地域社会の住民有志の積極的協力をあおぐことが不可欠であるが、保護観察担当者の地域社会に対する働きかけは、純然たる任意処分であり、これに協力する私人の行為も有志の自発的な私的行為に外ならないけれども、犯罪者の改善更生に不可欠の要素として、刑事政策の視野に包含されて然るべきである」として、私人の行為も刑事政策の主体たりえることを述べていた（藤木英雄『刑事政策』〔日本評論社、1968年〕5-6頁）。

　この立場からすると、刑事政策を国家または地方公共団体の活動にのみ限定する第一の見解は、刑事政策の最近の動向を考慮にいれていない古い考え方であり、国民の上に国家を置く考え方であるとの批判が加えられている（藤本哲也『刑事政策概論〔全訂第7版〕』〔青林書院、2015年〕9頁）。また、第一の見解に依拠しつつ、国または地方公共団体に委託された私人、私的団体の活動を含めて弾力的に捉える第二の見解に対しても、犯罪者処遇策が施設内処遇から社会内処遇への発展しつつある現状にてらすと、「犯罪者の処遇をもっぱら権力主体としての国家の仕事として完結させるということはできず、多くの面において、地域社会、民間人の協力を必要とする。」それゆえ、民間の「篤志家の活動を、国家施策のおくれあるいは不足を補う補助的性格のものとして低く評価することは短見である」（基本文献13-14頁）と批判されている。また、同様に、刑事政策における公衆参加を積極的に評価する立場から、「個人ないし民間団体などの活動を否定できないことは当然のこととして、国家活動への協力者と

して、受動的ないし従属的に位置づけるべきではなく、能動的、主体的なもとして捉えるのが現代の刑事政策の理念にマッチしたものとなろう」との主張も見られる（長岡・前掲論文22-23頁）。さらには、「犯罪対策の視点からは、刑事政策の主体を形式的に国に限る意味はない」とし、「刑事政策の課題を……そのうちの一部（国によるもの）だけを本来の刑事政策だとしたり、……不自然に線を引いて形式的な区別にこだわるよりは、その全体像を刑事政策としておく方が、幅広い分析と検討を可能にするであろう」としつつ、「私人による犯罪対応活動でも、対象者に対して一定の不利益や強制を与えるものであるときは、刑事政策的考察の中に含めることの必要性はいうまでもなかろう」と論じている（吉岡一男『刑事政策の基本問題』〔成文堂、1990年〕8頁、87-88頁）。

　刑事政策の中核として刑罰制度および刑事司法制度を位置づける伝統的な問題関心からすれば、刑罰が国家的強制力をもって個人の諸権利をはく奪する国家的強制装置である以上、その主体として国家または地方公共団体に限定しようという立場は、それなりの説得力のある考えであるといえる。しかしながら、だからといって刑事政策の主体を国家および地方公共団体にのみ限定しようとする考え方は、それが国家に委託された限りで私人や私的団体を含めようとする折衷的な立場であったとしても、刑事政策活動が常に変化している実情を考えると、消極的ないしは狭すぎる考えであるといわざるをえないであろう。それに対して、第三の見解は、今日、刑事政策の領域として矯正保護と地域社会との結びつきを重視しようとする傾向がますます強まっているということ、また犯罪予防活動における地域社会および住民の積極的協力や自発的活動を展開する動きも活発化しているなど、刑事政策的視野が確実に拡がっている現状に最も適合した考えであるといえる。この意味で、藤木が、「単に民間人が国家の施策に協力するという意味の受動的な民間人参与に止まらず、住民自治に基礎づけられた刑事政策という観念を確立してゆくことが、これからの刑事政策の重要な課題となるであろう」（基本文献15頁）と約45年前に指摘していたことは、注目にあたいするといえよう。

▶刑事政策の対象

　刑事政策の対象は、刑事政策をどのように定義するかによって決定される問題である。刑事政策（学）が独立した学問であるということは、それが独自の

対象と方法をもっていることを意味する。刑事政策の目的が「犯罪防圧」にあるとすれば、論理的には、刑事政策の対象は防圧すべき「犯罪」とその目的を達成するための「対応策」ということになる。そこで、刑事政策の対象となる「犯罪」とはどのような行為、人、事象を含めるのかが論定されなければならない。

　この問題は、本来は狭義の犯罪学（犯罪現象論と犯罪原因論を含む）の課題であるが、刑事政策においても同様にその対象を画する上で重要な意味をもつものである。犯罪学における犯罪の定義に関する議論は、現在でも犯罪学者間において論争があり、いまだ決着をみない困難な問題である。これまでのところ、法的定義、社会学的定義、準法律的定義などの諸説が議論されている。これら諸説のうち、どの定義を採用するのかで、犯罪の対象範囲、したがって犯罪対応策の範囲も異なってくることになる。犯罪の定義の問題は、刑事政策の領域においては、主に刑事立法政策の問題として、犯罪化・非犯罪化の問題局面において重要な意味をもつことにもなる。

　次に、犯罪の「防圧」とは、一般予防（抑止）、特別予防（再犯予防）、鎮圧（犯人処罰）を含んでいる。一般予防とは、刑罰の威嚇力によって犯罪の発生を未然に防ぐことをいう。特別予防とは犯罪者に対する刑罰賦課によって再犯を予防することをいう。そして、鎮圧とは、現に発生してしまった犯罪を制圧し、犯人の処罰を通して治安を回復・維持することを意味する。これらの犯罪防圧目的を達成するための対応策として発展してきたのが、刑罰制度であり、それを具体的に適用・執行するための手続および諸機関として「刑事司法制度（警察、検察、裁判、矯正、保護）」が組織化されている。

　よって、刑事政策の主要な対象領域は、犯罪対応策としての「刑罰制度」およびそれを具体的に実現するための「刑事司法制度」である。刑罰制度については、すでに刑法学における「刑罰論」の分野において、刑罰の理念、目的、機能および正当化根拠は何かについての理論的・原理的検討がなされている。それに対して、刑事政策における刑罰論では、刑法学における刑罰理論を前提に、刑罰の現実的側面に焦点をあて、より社会学的なアプローチから刑罰の諸機能を分析し、所期の目的から見てより合理的かつ効果的な制度改良に向けた試みを科学的に究明することを目的としている点に特色がある。すなわち、刑

事政策においては、刑罰制度の実態、現状、評価などを分析・検討し、あるべき刑罰制度（死刑存廃、自由刑単一化、罰金刑見直しなど）およびそれを補充すべき制度（保安・改善処分など）を研究する分野として「刑罰論」がある。

一方、「刑事司法制度」は、犯罪の発生・認知に始まり警察等に検挙された者が、検察、裁判、矯正および更生保護の各段階で受ける処遇の全プロセスを総称するものである。伝統的な刑事政策論では、矯正・保護段階における犯罪者処遇策の議論が中心であり、基本文献においても裁判段階以前の問題（警察、検察、裁判）については裁判所における刑の量定の問題を別として、ほとんど言及されていないのが実情である。しかし、これからの新しい刑事政策論を志向する立場からは、欧米のクリミナル・ジャスティス（criminal justice）に倣って、犯罪処理の流れに沿った形での刑事司法制度を構成する各機関の組織、機能、行動などを客観的なデータに基づき分析することが期待されるところである。

刑事司法制度の中で裁判段階を経て有罪と判定された犯罪者を処遇するのが矯正・保護の各段階である。基本文献（8頁）においても指摘されているように、伝統的な刑事政策観においては、犯罪者処遇策としての施設内処遇と社会内処遇のみが刑事政策の領域と考えられてきた傾向がある。刑事政策の主流をなしてきた犯罪者処遇策（犯罪者を改善し更生させる施策）、とくに刑事施設（主に刑務所）に収容される被収容者の処遇を意味する「施設内処遇」と保護観察と仮釈放を含む「社会内処遇」が、制度としてどのように発展してきているのか、その特色や問題点などが分析・検討される（基本文献9-10頁、13-14頁）。

犯罪防圧策として近年欧米の犯罪学において注目を集めているのは、基本文献においても指摘されている「犯罪予防論」の領域である（基本文献7-8頁）。ここでいう犯罪予防とは、「犯行に至る以前の段階での犯罪の防止」ということを意味する。刑罰の一般予防効果に期待するのではなく、むしろ最新の犯罪学研究の成果を踏まえ、潜在的犯罪者に犯罪機会を提供し、促すような物理的、社会的環境の諸条件を検討すること、および違法行為が行なわれるのに先立って問題のある個人や状況（有害な犯罪活動につながるようなぐ犯や逸脱行為など）を適切に早期発見、早期介入する措置をとることなどが重要な検討課題となっている。

最後に、基本文献においては言及されていないが、近年の重要な研究領域として、犯罪被害者の問題がある。1980年代以降の被害者補償問題に始まり90年代の被害者権利保護運動によって刑事司法制度における被害者の配慮ということが重要な研究対象となっていることにも留意すべきであろう。

4　関連文献

▶藤木英雄『刑事政策』（日本評論社、1968年）
　本書は、刑法学者として著名な著者が学生用の教科書として執筆したものである。執筆当時における欧米の犯罪学・刑事政策の理論や実務の動向を十分咀嚼したうえで、単独著者による犯罪学・刑事政策の体系化を試みたものとして大変意欲的な著書といえる。とくに「第1章　刑事政策の課題」においては、基本文献と同趣旨のことをコンパクトに要約しており、補助的文献として参考になる。

▶吉岡一男「犯罪学と刑事政策」『法学論叢』132巻4-6号（1993年）99-137頁
　犯罪学と刑事政策との関係について、著者のユニークな視点からそれぞれの概念内容についての原理的かつ基礎的考察を試みている意欲的な研究論文である。著者は、「犯罪の原因を探り、その防止を図る」という伝統的な研究枠組とは一線を画し、いわゆるラベリング論の立場から、犯罪対応活動を含めた犯罪現象についての犯罪学的解明と、刑事制度の目的を「犯罪の事後処理」に限定的に理解しようとする立場から、犯罪防止活動に止まらないより合理的な犯罪対策活動の拡大について私見を展開している。難解な記述ではあるが、研究者にとって刺激的な問題提起も含まれており、一読に値する。

3 刑罰理論

●基本文献
クラウス・ロクシン［宮澤浩一監訳］
「国家の刑罰の意義と限界」
『刑法における責任と予防』（成文堂、1984年）1-47頁

中村　悠人・松宮　孝明

0　原著者紹介

　1931年生まれ。ハンブルク大学で博士号を取得し、1962年に同大学で教授資格を取得、ゲッティンゲン大学を経て、ミュンヘン大学教授となる。ドイツの刑法、刑事訴訟法、刑事政策の分野に偉大な学問的足跡を残すとともに、世界各国からも多数の留学生を受け入れ、ドイツ以外の国々にも大きな学問的影響を与え続けている。作家カール・マイの研究者としても知られる。

1　基本文献の意義と位置づけ

　基本文献は、原著者が法律系雑誌 Juristische Schulung において1966年に掲載した刑罰理論に関する論考の翻訳である。ドイツ刑法学における哲学的・形而上学的思考から脱却し、刑事政策的・予防的な刑（事）法学を志向するものである。そのため、古典的な応報思想を払拭し、予防的な刑罰目的を主眼に置いている。

　原著者は、ドイツにおける戦後の刑法改正作業に大きな影響を与えた「対案グループ」のメンバーとしても知られている。刑法の全面改正作業において、1962年に出された政府が進める刑法改正草案では、刑罰に関して予防目的は排除されていなかったものの、量刑の基礎は、何よりも応報にあった。これに対して、対案グループは、形而上学的な考え方から犯罪予防という社会的任務を基本とする考え方への転換がなされなければならないとして、1966年に刑法改

正対案を発表した。

基本文献は、そのような流れのなかで、刑事政策的有効性という合目的的考慮によって刑罰理論を構成しようとするものである。この発想は、刑事政策的思考を取り入れた目的合理的・機能的犯罪論として、原著者によって展開されている。とくに、責任論において、回顧的な非難可能性と並んで、展望的な予防的考慮を導入する答責性論が主張される。犯罪論と刑罰論において、一貫して刑事政策的な合目的性が理論の基盤に置かれているのである。

刑罰理論は、思弁的、観念的な思考に陥りやすいところ、現代の社会状況に対応するものでなければならないとして、刑法改正・刑事立法において刑罰理論の果たす役割を明確に示した点で、きわめて有益な文献である。

2　基本文献（原典）

A
　国家の刑罰の意義をめぐる問いは、いつの時代にも、新たな問題として提起される。しかも、それは、理論的な問題、つまり、もろもろの生活事象の意義について他の分野でもよく行われるような反省というよりは、何よりも差し迫った現実的意味を持つテーマとして重要なのである。すなわち——国家的結合の下に共同生活を営む人間集団が、個々の構成員の自由を剥奪し、あるいは別の方法で、その社会的な在り方に対して、生活を変えてしまうように干渉するということが、如何にして、そしてどのような要件の下に正当化されるのであろうか。これは、まさに、国家権力そのものの正当化と限界をめぐる問いに他ならない。そして、ここから明らかとなるのは、次のことである。すなわち、過去に与えられた解答に我々は満足することができず、それぞれの時代の精神史的・憲法的・社会的状況が、絶えず変化する観点の下で、この多層的な、からみ合った問題の全体に対して、学問的に立ち入った考察を行うことを要求する、ということである。(1-2頁)
　……
　しかしながら、ここで理論的に主張されているように、国家による干渉の可能性を単に累積することには、満足することができない。たしかに、統合説の根底にあるのは、個々の刑罰理論がそれぞれ有用な観点を含んでいるものの、それを絶対視することは誤りだという正しい感覚である。とは言え、別種の三説を単に並列することによって、これらの欠陥を取り除こうという試みは、当然のことながら失敗せざるを得ない。何故なら、単なる加算により、それぞれの見解の内的一貫性が破壊されるばかりか、

刑事罰の適用領域が拡大され、もはや意のままに用いる反作用手段と化してしまうからである。個々の理論の誤りは、相互に帳消しにされるのではなく、相乗される。それは、理論的に受け入れ難いだけでなく、法治主義の観点から見て危険である。もし、こうした欠陥が、法実務においてまだ顕著なものとなっていないとすれば、それは、裁判所が憲法的な価値判断と社会政策的な理性の要求を広く考慮に入れ、統合説によって与えられた権限を利用し尽くしてはいないことに基因する。まさに、この理由から、刑法の原則的諸問題は、今日では大抵、刑罰理論と無関係に議論され、こうして刑罰理論はその実際的な意味を失いつつあるのである。しかしながら、我々は、完結した刑法理論の構想を断念してしまうことはできない。というのは、それだけが、刑法改正のための議論において現れる多数の提案に対する判断基準を与え、また、個々の規定はどれでも、全体の枠組の中においてのみ意味を持ち、それに応じて有益であったり無意味であったりするからである。従って、短い論考の枠内で可能な限り、我々のテーマとなっている問いに、今や自ら解答することを試みなければならないのである。

B

　我々の出発点は、次の通りである。すなわち、刑法は個人に対して三つの態様において、つまり、刑の法定［＝立法］・科刑・刑の執行として立ち現れ、これら三つの国家活動の領域がそれぞれ個別的に正当化されることを要するのである。もちろん、そこで注意しなければならないのは、刑法実現の異なった段階が重なり合って構成され、従って、後続する段階は先行する段階の持つ諸原則をその内部に受容せねばならないということである。こうした段階的考察の必要性は、すでに、我々の行った諸々の刑罰理論の概観から明らかとなった。前述の刑罰理論は、いずれも、その視点を一面的に刑法の特定の側面に向け——すなわち、特別予防論は刑の執行に、応報思想は判決に、そして一般予防論は刑を法定する目的に——、刑罰権のその他の現象形態を等閑に付している。そのそれぞれが個人の自由に対する特別の干渉を内容としているにもかかわらず、そうなのである。加えて、ひとまずは単に紙の上に書かれた状態にとどまっている条文が、立法者の主観的な意志とは無関係に、すでに正当化されることを必要とする認識は、我々が見たように、全ての刑罰理論においてそもそも考慮の埒外に置かれているのである。しかし、判決も、そして最も優れ最も進歩的な行刑でさえも、もし立法により不正に犯罪者の烙印を負わされた人間がそれを受けるのだとしたら、無意味なものであることは明らかなのである。

一　従って、我々はまず刑の法定の段階から出発し、次のような問いを提起しよう。すなわち、立法者は、国民に対して刑罰を用いて何を禁止することが許されるのであろうか。

　この問いに対する解答は、何よりも、そもそも現代の国家には如何なる活動領域が与えられているのかにかかっている。今日における国家の機能は、全ての国家権力が

国民に由来する以上、もはや神意やその他の超越的な目標の実現に求められてはならない。また、各個人は国家権力に対し同等の権利を有するのであるから、国家の機能は、成人ではあるが精神的に未発達で道徳的に未熟だとされる者を、お上の立場から倫理的に改善することにあるということもできない。むしろ、国家の役割は、国家的結合の下にまとめられた集団に対し、対外的・対内的に、その様々な生活要求に応じた生存のための諸条件を生み出し確保することに限定される。国家権力の目的を、このように、なお包括的ではあるが、全く世俗的・合理的な目的に制限し、それに抵触しない限り個人の生活形成の自由を完全に保障しようとすることに対して、本気で反対する者はいないだろう。というのは、国民が、立法・行政のために自ら選出した者に対し、右に述べた以外の目的で行動することを授権するのは、国民自身にその権限がない以上不可能だからである。刑法についてみれば、そこから次のことが帰結として生ずる。すなわち、刑法の目的は、国家目的からのみ導かれるのであり、従って、全ての国民の脅かされることのない共同生活を保障するという、国家に課せられた義務から直接に正当化されることになるのである——とは言え、その任務のために適用される全ての手段が正当化される訳ではないのは当然である——。

　我々のテーマとの関係で見ると、右に述べたことは、個々的には次のことを意味する。すなわち、その時代時代の歴史的・社会的状況において、ある人間集団にとって欠くことのできない、共存のための諸条件は、生命・身体の完全性・意志活動の自由・財産などの、いわゆる法益とともに各人の前に立ち現れる、有価値な多数の状態（Zustände）のうちに具体化され、刑法は、これらの法益を、その侵害に対して一定の要件の下に刑罰を定めることにより保護しなければならない、ということである。現代国家においては、右のような、国家以前に存在する法益の保護とならんで、「生活の保護」の領域で個人が頼りにしている公共的な給付目的の実行を、場合によっては刑法という手段で保障する必要がある。刑法は、このような二重の機能を果たすことで、国家に課せられた多数の任務のうちで最も重要な任務の一つを果たすことになる。何故なら、社会を構成している法益の保護と、生存のために必要な公共的給付の保障によってのみ、我々の憲法が人間に価する存在の前提と見做している人格の自由な発展が個人にとって可能となるからである。刑罰法規を制定する国家の権限との関係で見れば、ここから二つの非常に重要な帰結が生ずる。（18–22頁）
　……
　こうして、要約するならば、刑罰法規は、法益・給付の補充的保護の原則に含まれている二重の制限を考慮する場合にのみ正当化されるということを、しっかりと把握しなければならない。従って、刑の法定の領域においては、刑罰法規の目的は一般予防の性格を有する。また、事柄の性質からしても、それ以外ではあり得ない。というのは、刑罰法規は、時間的に見て、応報的あるいは特別予防的な反作用を受ける行為者以前にすでに存在するものだからである。我々が、一般予防の観点を絶対視するこ

とに反対して提起した疑念は、ここで主張された形でそれを用いる場合には存在しない。何故なら、一般予防的観点からする量刑に対して出される批判——あまりに苛酷な刑をもたらすこと、そして、行為者の人格の尊厳に反する故に正当化し得ないこと——は、刑罰法規それ自体には全く関係がないからである。一般予防目的は国家刑罰権を制限するのに適切でないという批判は、それ自体たしかに刑の法定の段階にも妥当するものであるが、刑罰法規の目的を法益と給付の保護に限定し、かつ、保護を行う際に補充性を原則とすることにより、この批判も説得性を失う。そして、最後に、刑法上の禁止の刑事政策的な有効性を否定する議論に関しては、次のことが考慮されなければならない。すなわち、刑の法定は、刑法が機能を発揮するための三段階のうちの最初の段階であるに過ぎず、これら三つの段階を合わせてはじめて刑法の意義と役割が論じ尽くされる、ということである。これに加えて、もし一般予防の概念を脅迫と威嚇の要素に還元するならば、それはこの概念をあまりに狭く捉えるものであることも指摘しておきたい。一般予防の概念の中には、特に、次のような思想も含まれている。つまり、国家は、刑法典において、全ての国民のために拘束力ある保護の秩序を定立し、これによって、国民に、生活のために必要な法益を保障し、かつ刑罰を科されないためには如何なる侵害行為をしてはならないかを明らかにしているのである。威嚇されることを必要としない者であっても、一般予防の利益のために、禁止された行為の範囲について情報を与えられなければならない。これは、「法律なければ刑罰なし」の命題に含まれており、あらゆる法治国家にとって欠くことのできない要請である。右に述べたこと全てを念頭に置くならば、我々の第一の結論を妥当なものとして、かつあらゆる方面で保障されるべきものとして承認せねばならないだろう。つまり、刑の法定は、一般予防的・補充的な法益および給付の保護の必要性によってのみ正当化されるが、また、その必要性のあるときには必ず正当化されるのである。

二　こうして、我々は、科刑と量刑の段階に到達した。何よりも直ちに思い浮かぶのは、一般予防の考え方をさらに裁判官の活動にまで及ぼすことである。何故なら、条文の一般予防効果は、それが現実性に裏打ちされていないとすれば、無に帰するであろうからである。(26-28頁)

……

　我々は共同体秩序の維持が処罰の目的だということを率直に認めて、その上で、このような目的のために個人に対して刑罰をもって対処することが正当であるのかどうか、という問題提起が可能となるようにしなければならないのである。

　従って、ここでは、目標の適切さではなく、手段の正当性が議論されることになる。(30-31頁)

……

　個人が国家権力の客体ではなく、その担い手であることを承認する法秩序においては、個人は、単なる威嚇のための手段に貶められてはならない。人間の主体としての

性格、つまり人格性がそれを許さない。以上述べたことによって、我々の問題の解決のための道はすでに開かれたことになる。科刑は、法共同体にとってのその必要性と、法によって同様に保護されるべき犯罪者の人格の自律性とを調和させることができてはじめて正当化されるのである。しかしながら、こうした二つの観点は、しばしば考えられているようには互いに対立するものではない。というのは、もし国家が国民のために法益を保護すべきものだとすれば、逆に、社会の全ての構成員は、自分の側から、この一般的な任務が達成されるように必要なことをなさなければならないからである。すなわち、社会の全ての構成員は、すぐ後に述べるような限界の枠内で、秩序の保持のために必要な刑罰を甘受しなければならない。それは、あたかも彼が兵役や納税の義務を負わなければならないのと同様であり、そのことによって人間としての尊厳が侵害されることにはならないのである。（31-32頁）
　……
　刑罰の正当化に関して、そこから次のような帰結が生ずる。つまり、行為者個人にその行為を帰責し得る限りにおいて、行為者は、刑罰を甘受することを共同体のために義務づけられる。このことは、何らかの定言的命令に基づいて、他人から害悪を賦課されることを承認せねばならないが故に正しいのではなくて、行為者は、共同体の構成員として、その秩序の維持のために、自らの行為について帰責性の程度に従って責任を引き受けねばならないが故に正当なのである。そのことによって、行為者は、他人のための目的のための手段として用いられるのではなく、全ての人々の運命に対する責任を共同に負担することで、同等の権利を有し義務を負う国民としてのその地位において確証されることになる。このことを刑罰の正当化のために承認しない者は、公民としての義務、ひいては国家の意義と任務をそもそも否定しなければならないのである。（35頁）
　……
三　刑罰実現の最後の第三段階をなすのは、行刑である。我々が見てきたように、刑罰は専ら合理的な目的に奉仕し、脅かされることのない人間の共同生活を可能にすべきものであるから、行刑も可能な範囲でこうした目標を目指す場合、すなわち犯罪者の法共同体への復帰をその内容とする場合に限って、正当化され得るのである。従って、ここでは社会復帰行刑のみが考慮に入れられる。（40頁）
　……
　他面において、出発点となった一般予防も、行刑の段階から全く排斥することはできない。と言うのは、個人が自由刑を受けることによって入り込む特別権力関係は、それだけで明らかに生活形成の自由に対する制限を含んでいるからである。たとえ自由刑を科さないことがむしろ社会復帰のためにプラスだとしても、重い犯罪の場合には、こうした自由の制限が、刑の法定の有効性を守るために不可避なのである。従って、明らかな重大犯罪の場合には、保護観察のために刑の執行を猶予することは将来

においても不可能であろう。（41-42頁）

……

　四　こうして、我々は、結びの部分に来た。刑法の意義と限界を一つの文章で要約するならば、行為者の責任の量によって枠づけられた範囲内で、人格を保障する一般予防・特別予防によって、法益および国家による給付の任務を補充的に保護するものとして、刑法の役割を性格づけることができよう。それは、私自らこの見解に命名することが許されるならば、弁証法的統合説（dialektische Vereinigungstheorie）であり、内容的にも方法論的にも、従来の一元論からも、通説たる加算的統合説からも、厳格に区別されなければならない。（44頁）

……

　こうした見解は、様々な立場の対立を強調し、その対立を一つのジンテーゼにまとめようと試みている点において、弁証法的と呼ぶことができる。このような方法は、構成のための図式ではなくして、事物の本性によりあらかじめ予定されている。何故なら、社会の現実は、共同体を個人の攻撃から守り、しかし他方で、個人を社会の厳し過ぎる圧力から守ることを、必然的に要求するからである。そして、犯罪者自身は、一面では、社会治療的な働きかけをすぐにも必要とする弱い人間であるが、他面においては、自由で責任のある人間の理念に添うように考えられなければならない。何故なら、人間を矮小化して考える法秩序は、不自由と干渉主義に陥るからである。こうした個人と全体、しかしまた人間の理念と経験的な現れとの間の二重の両極性は、刑法が含んでいる一断面によってもそっくり代表させ得るところの、あらゆる社会的問題性に伴う緊張場面を形成する。単なる抽象論や個別的な提案にとどまらず、実体を正しく把握しようとする刑法理論は、右のような、全ての社会的存在に固有の二元性を認識し、その対立を—弁証法的原理に則って—高次の次元において克服し得るものでなくてはならない。すなわち、刑法が、それに服する者の人格を尊重する場合にのみ、本当に一般国民の法意識を一般予防の意味において強化し得ること、社会が犯罪者に対して行うことが究極的には犯罪者の福祉のために最も役立つものであること、そして、犯罪者の弱さや改善の必要性を充分に考慮した上で、その責任を担い得る人格像を見失わない場合にのみ、犯罪者を、彼にとっても共同体にとっても等しく実りある形で、その社会的な無能力から救い得ること——これらのことを証明する秩序を、刑法理論は生み出さなければならないのである。（46-47頁）

3　解　説

▶弁証法的統合説

　基本文献は、刑罰の正当化とその限界は従来の刑罰理論では十分に説明することができないとする。すなわち、応報刑論や特別予防論、一般予防論は、それぞれ一面的には有用な観点を含んでいるが、一元論としては不十分なものであるとする。そして、各刑罰理論の欠点を取り除こうとして、各理論を並列する試み（加算的統合説）は、一貫性が破壊されるだけでなく、各理論の問題点を相乗するものであると批判される。そこで、「個々のアプローチを相互的な制限という方法を通じて均衡させることにより、様々な刑罰目的を、一面的な極端化に陥らないようにして社会の発展に寄与する方向に導こうとする」弁証法的統合説を主張する（基本文献46頁。以下は頁番号のみ記す）。

　この弁証法的統合説では、刑の法定（立法）、科刑、刑の執行という三段階を順に考慮し、その際、後続する段階は先行する段階のもつ諸原則をその内部に受容せねばならないとされる（19頁）。

　刑の法定の段階では、一般予防目的が考慮され、そこに法益の保護と生存のために必要な公的給付の保障という国家の任務という制限と刑法の補充的性格という制限が加えられることになる。すなわち、国家の役割は、国家的結合の下にまとめられた手段に対し、対外的・対内的に、そのさまざまな生活要求に応じた生存のための諸条件を生み出し確保することに限定され（21頁）、秩序ある共同生活のために、その処罰が不可欠である場合にのみ、刑罰の下に置くことが許される（22頁）。

　これを踏まえた科刑の段階では、一般予防目的が重要となり、刑事判決の特別予防的内容はその契機が内在するに過ぎないとされる。そこでは、共同体秩序の維持という処罰の目的を前提に、その目的のために個人に対して刑罰をもって対処することが正当であるのか（手段の正当性）が議論される。その際、科刑は法共同体にとってのその必要性と、法によって同様に保護されるべき犯罪者の人格の自律性とを調和させることが求められる（30-31頁）。さらに、量刑においては、責任を刑罰権の限界づけのために用いて（33頁）、行為者の責

任の範囲内でのみ一般予防目的を追求し（36頁）、責任に相応する刑量を下回ることを認める（37頁）。

行刑の段階では、一般予防という限界の枠内で特別予防的な社会復帰行刑が目指されることとなる。刑罰はもっぱら合理的な目的に奉仕し、脅かされることのない人間の共同生活を可能にすべきものであるから、行刑も可能な範囲でこうした目標を目指す場合、すなわち犯罪者の法共同体への復帰をその内容とする場合に限って、正当化される（40頁）。他方で、個人が自由刑を受けることによって入りこむ特別権力関係は、それだけで明らかに生活形成の自由に対する制限であり、この自由の制限が刑の法定の有効性を守るために不可避である重大犯罪の場合には、たとえ自由刑を科さないことがむしろ社会復帰に資するとしても執行猶予を認めない（42頁）。

このように、弁証法的統合説は、一般予防論を基軸として、それに対する問題点を克服しようという形で、展開されている。近年では予防的統合説とされている（Claus Roxin, Strafrecht AT, Bd. I, 4. Aufl., 2006, 3 /37）。

▶相対的応報刑論の位置づけ

周知のように、従来から日本においても、刑罰理論——とくに刑罰の正当化根拠論——では、応報刑論と予防刑論の対立という形で議論がなされてきた。応報刑論は、罪が犯されたが故に刑罰を科すというものであり、回顧的な刑罰理論である。刑罰の基礎は犯罪となるため、犯された犯罪以上の刑罰が科されることはなく、行為責任が刑罰の上限を画することになる。しばしば、応報刑論は、刑罰賦課には目的がないとして、絶対説と位置づけられる（絶対的応報刑論）。そこで、刑罰によって何らかの目的が達成されるものではないので、何の役にも立たない害悪が存在することになってしまうと批判されることになる。

これに対して、刑罰に何らかの目的を認めるのが相対説である。この目的として、一般に「犯罪予防」が主張されている。刑罰には将来の犯罪予防という目的があり、罪が犯されないように刑罰を科すというものである。この予防刑論は、展望的な刑罰理論であり、既に行われた犯罪は刑罰賦課の契機に過ぎない。そして、将来の犯罪の防止に資するならば、行為責任を（上下で）超えた刑罰を科することができる。もっとも、法定刑による一般予防に関しては、犯

罪の発生自体が予防の失敗を意味することになるほか、予防刑一般に関しては、予防効果の実証がなければ、それは単なる害悪の賦課となってしまう。この予防刑論は、一般予防論と特別予防論に分けることができる。

一般予防論では、罪刑の法定（立法）あるいは刑罰の賦課（科刑）を通じて、（犯罪行為者以外の）一般の人々の将来の犯罪を予防することが刑罰の目的となり、犯罪の減少という社会的有用性を前面に押し出すことができる。しかし、一般予防によって必要であれば、その目的のために過剰な（責任を上回る）刑罰を科すことへの内在的限界はなく、行為者を他者の犯罪防止のための単なる「手段」として扱うことになってしまう。目的が有用であれば手段を正当化することにはならないのであって、目的達成のための手段は、この理論にとっての外在的な制限を必要とすることになる。

それに対して、特別予防論は、犯罪行為者自身が将来に罪を犯さないように刑罰を科すものである。行為者にとっての有用性を持ち出すが、刑罰（賦課）自体が行為者にとって改善や教育になるため、教育や改善に必要で有用であれば、行為責任を超えることが可能となる。さらに、刑罰という強制によって改善や教育を行うとするならば、それは行為者自身の自由な決定に因らないものであり、結局は犯罪の減少ないし安全水準の改善という社会にとっての有用性で説明されることになってしまう。改善できない者の無害化を認める場合には、さらに問題が鮮明になる。

このように、応報刑論と予防刑論は、それぞれ問題点を抱えており、刑罰の正当化根拠論として一元的に説明することは困難であるとされ、多くの論者が応報刑論と予防刑論を組み合わせた統合説を主張する。日本では一般に相対的応報刑論とよばれるこの見解は、何らの目的もなく刑罰を科す応報刑論（絶対的応報刑論）ではなく、犯罪予防という目的を応報刑論に加味するものである。

もっとも、この相対的応報刑論には、応報刑論の枠内で予防目的を考慮しようとする併合説的見解と、立法の段階、科刑の段階、行刑の段階で適宜応報と予防を持ち出す配分説的見解がある。前者は、責任に見合った刑罰であることの要求と、処罰が何らかの合理的必要性を有することの要求に応えようとするものであるが、なぜに応報刑の範囲内であれば予防目的を考慮しても良いのかの理由は明確ではなく、ことに責任刑の要求と予防目的の必要性が矛盾する場

合には問題が顕在化する。さらに、応報刑の枠内で一般予防目的と特別予防目的が考慮されるとしても、その優劣関係は明らかではない。他方、後者の見解は、配分される根拠が明確ではなく、その都度使い分ける場合にはなおさら矛盾も生じる。

　このような絶対的応報刑論を相対化した応報刑論とは異なるものとして、抑止刑論が主張されることがある。これは、単なる快不快計算ではなく、「『社会化』の過程で内面化された社会規範を、『再強化』することによって犯罪者の行動を統制しようとするもの」である（平野龍一『刑法総論』〔有斐閣、1972年〕22頁以下）。刑罰を通じて動機づけに影響を与える点で、消極的一般予防論と通底している。なお、この見解では犯罪防止という効果のために刑罰が科されるが、どのような刑罰でも正当化されるのではなく、犯罪の軽重に応じた刑罰だけが正当化されることになる。そのため、この見解にとって行為責任は、「正しい抑止刑」であるための外在的な制約であって、内在的に刑罰の限界を画するものではない。そして、行為責任に応じた刑罰という結論自体は正当でも、なぜそれが論理必然的に結びついているのかを明らかにしてはいない。その意味では、いわゆる相対的応報刑論と同じように、応報と予防がなぜに結びつくのかには答えていない。

▶弁証法的統合説の問題

　基本文献では、このような統合説は、それぞれの理論の弱点を補うどころか、それを拡大し、刑罰の適用領域が拡大されることになると批判し、弁証法的統合説を主張したわけである。ところが、この見解は、一般予防論を基軸として刑罰を基礎づけているが、科刑の段階で問題となってくるように、刑罰を限界づけるものが一般予防論とはなっていない。そこでは、基礎づけるものと限界づけるものが分断されている。そこで、この見解では一般予防が刑罰を基礎づけるのに、なぜに行為責任を限界づけとして用いて良いのかという疑問が浮上する。この疑問を明らかにしないのでは、弁証法として止揚されていることにはならない。

　たしかに、基本文献で主張されるように、共同体秩序の維持が処罰の目的であるということを否定することは出来ない。というのも、共同体秩序の維持が、全体主義の意味としてではなく、自由主義の意味として、すなわち、各人の自

由を確実なものとして保障するというものとしてとらえる場合には、正当なものとなり得るからである。また、基本文献でも指摘されるように、犯罪行為者も人間の主体としての性格が保障されなければならない。それがなければ、犯罪行為者は法共同体の構成員とはみなされず、それ以外の人々のために犠牲にされる、単なる威嚇のための手段に貶められてしまう。しかしながら、これらの要請は、一般予防論とどのような関係にあるのか。

▶積極的一般予防論

この点で、基本文献は、一般予防を脅迫と威嚇として狭く捉えるのではなく、「一般国民の法意識を一般予防の意味において強化し得ること」としている（47頁）。これは、後に積極的一般予防論と呼ばれることになる見解である。従前の（消極的）一般予防論では、他者を威嚇するための処罰は行為者の人間の尊厳をないがしろにし、行為者を客体へと変容させるという問題があった。これに対し、この（積極的）一般予防論では、法秩序の存在力と貫徹力への信頼の維持と強化が刑罰の目的であるとされ、威嚇を否定し人間の尊厳を保障しようとする点で積極的であり、消極的な一般予防論とは区別される。

この積極的一般予防論は、1970年代以降の特別予防論の経験的認識の欠如や治療的アプローチの頓挫による社会復帰思想の有用性への疑問、また、刑の長期化に伴う刑務所の過剰収容を前に特別予防論が後退したことを受け、注目を集めてきた。他方、刑事立法の拡大や抽象的危険犯の多用化、犯罪の前置化・早期化そして厳罰化を前に、一般の人々への作用を通じて犯罪を予防しようという欲求にも支えられている。

もっとも、この見解は、刑罰を通じて法意識・規範意識を強化することに向けられているので、一般の人々は刑罰を通じて教育される存在であって、自らが判断した正当性の信念に基づいて行為をなす自律的な主体とはみなされていない。威嚇や心理強制にせよ、規範心理の強化にせよ、人々の自律的な判断能力が信頼されず、刑罰を通じて人々の規範心理に影響を与えて行動の統制を図ることになるからである。威嚇ではないにせよ、このように行動統制の客体となる点は回避できておらず、一般予防論の消極的な側面を真に回避するものではない。このように刑罰によって社会倫理的な判断を形成していく見解は、社会教育的一般予防論と位置づけた方が良いであろう。

これに対して、人々を自律的な主体とみなすことを前提に、刑罰は規範の確証であるという内容の積極的一般予防論が主張されている（Günther Jakobs, Strafrecht AT, 2., Aufl., 1/4 ff.）。これは、刑罰は、犯罪によって生じた社会における標準としての規範の動揺を鎮静化するものとして理解される。犯罪は当該社会における（法）規範への攻撃であり、法の妥当への攻撃である。そして、刑罰は、犯罪によって生じた規範の動揺を鎮静化する、つまり、その規範は依然として社会における標準であるということを明らかにすることで確証するものとなる。ここでの予防は、人々の行動に影響を与えることを主眼とするものではなく、動揺した規範それ自体を確証するものとして理解されている。すべての市民に及ぶ点で一般予防であり、威嚇や規範の強化ではなく、規範妥当が刑罰によって再び確立されるという鎮静化の中に刑罰の効果が存在する点で積極的とされる（Günther Jakobs, Das Schuldprinzip, 1993, S. 27も参照）。

　この見解によれば、刑罰の量は、規範への攻撃の程度・規範の動揺の程度によるので、犯罪の軽重が刑量を限界づけることになる。そして、刑罰賦課自体が規範を確証するものであるので、刑罰賦課（応報）はすなわち規範確証（予防）となる。ここでは、応報と予防は相克するものではない。そして、刑罰（規範確証）の結果、（副次的）効果として人々が影響を受けることまでを排斥するものではないことには、注意を要する。

　ドイツでの議論を受けて、日本でも積極的一般予防論を主張する見解が増えつつある。これらは、上記と同様に、刑罰を通じた法意識や規範意識の強化に主眼を置く見解（林幹人『刑法の基礎理論』〔東京大学出版、1995年〕20頁以下）と犯罪によって動揺した規範の妥当を刑罰を通じて確証する見解（松宮孝明「法定刑引き上げと刑罰論」立命館法学306号〔2006年〕27頁以下）に区別することができよう。

▶予防刑論と応報刑論の超克？

　なお、近年、応報刑論の立場から、「自由」に着目する見解が主張されている。これは、法において人々は自由で自律的な主体たる「人格」であり、相互に尊重し合うことで、互いに人格として行為自由を認め合い、また行為自由に対する責任を負う、とするものである。そして、法の目的は自由の保障にあり、国家には、法の現実的な妥当、つまりは自由の安定的な保障（具体的に、法に合致

して自由が配分されているという状態）を給付する任務が認められる（近年の応報刑論の展開については、飯島暢「最近のドイツにおける規範的な応報刑論の展開」香川法学26巻3・4号〔2007年〕95頁以下等を参照）。

　この考えからは、犯罪は自由（の保障）の侵害であり、刑罰は（以後も続く法秩序のための）自由の安定的保障の回復となる。犯罪行為者は、法の名宛人として自由を享受する対価としての責任（義務）を果たさずに、自由を侵害した者であるが、しかし彼を法秩序の共同の担い手から排斥することは自由の保障を縮減することを意味するために、同じ構成員として扱われ続けなければならない。そこから、行刑においても、社会復帰する主体として、さまざまな受刑者の権利が認められることになる。また、量刑においても、行為責任を超える刑は許されず、損害賠償など法秩序の共同の担い手に適合的な態度が示された場合には、量刑責任を下げ得ることになる。なおこの見解では、刑罰がなぜ自由の安定的保障の回復となるのか、という説明が不十分である。そこには、刑罰が自由を安定的に保障するための規範を確証するという側面を想起する必要があろう。

　いずれにせよこの応報刑論は、具体的な社会秩序の維持を問題としている点では予防刑論と相違ない。違いが先鋭化するのは、予防刑論が社会生活の最適化に向けて人々を自律的な主体ではなく、行動統制がなされる客体とする場合である。ともすれば予防の必要性から等閑視されがちな人々の主体性は、刑罰の基礎づけだけでなく、量刑そして行刑においてもその基礎となるものである。原著者も強調していたように、人格の尊重は刑事政策を探究するうえでの必要条件となろう。

4　関連文献

▶荘子邦雄・大塚仁・平松義郎編『刑罰の理論と現実』（岩波書店、1972年）
　刑罰の根拠についての理論を提供すると同時に、各刑罰の目的や機能を明らかにすることにより、刑罰制度の全体像を明らかにしようとする著作として貴重である。日本・東洋・西洋の刑罰史をたどり、諸国の当時の刑罰制度の具体的事情に触れており、矯正処遇の課題を明らかにするなど行刑制度の展望も示している。また、フォイエルバッハ

やリストの刑罰論の主張された時代背景とその意義を示し、法制度としての刑罰のあり方として個人と法的共同体の関係に触れ、犯罪者を法的共同体のなかの一員として迎えいれることを説いている。

▶吉岡一男「刑罰の犯罪処理機能」鈴木茂嗣ほか編『平場安治博士還暦祝賀 現代の刑事法学(下)』(有斐閣、1977年) 305-318頁（吉岡一男『刑事制度の基本理念を求めて——拙稿とその批判の検討』〔成文堂、1984年〕201-215頁）

　刑罰の社会的機能を分析し、犯罪防止という社会統制機能とは別の機能を明らかにした点で、貴重な研究論文のひとつである。刑罰の目的と機能の分析を通じて、刑罰制度の目的として犯罪防止の問題性を示し、犯罪を処理するという観点から刑罰制度を捉え直して、刑罰の犯罪処理機能を主張する。そして、犯罪により生じる犯罪者への情緒的反発をコントロールすることを重視する。

4　死　刑

●基本文献
団藤重光
『死刑廃止論〔第6版〕』
(有斐閣、2000年)

辻本　衣佐

0　原著者紹介

　1913年生まれ。東京大学で法学博士号を取得し、東京大学、慶應義塾大学で教鞭をとる（東京大学名誉教授）。新憲法下の刑事訴訟法の起草・制定に関与し、刑事訴訟法の生みの親とも称され、戦後の刑事法の礎を築く。人格形成責任論を展開した日本の刑事法学の第一人者である。1974年から83年まで、刑事法学者として初めて最高裁判事を務め、「白鳥決定」で再審開始の門戸を開いたほか、大阪空港騒音訴訟では人権尊重のリベラル派として少数意見を貫いた。

1　基本文献の意義と位置づけ

　死刑は、生命を剥奪する最も重い刑罰であることから、情報量が少なければ賛成であれ反対であれ容易に結論にたどりつくことができるが、情報量が多くなれば多くなるほど多角的に考察しなければならず、どちらの立場に立つにしても乗り越えなければならない数多くの論点にぶつかるとともに、共通の課題もみえてくる。

　基本文献は、死刑をめぐる諸問題を網羅し、わが国を代表する死刑論である。タイトルが「廃止論」となっているように、死刑廃止の立場から書かれている。とくに判事として死刑事件に関与した経験をふまえて、誤判の危険性を主張し、また、理論的には人格形成責任論に基づいて、刑罰は動的・発展的であるとの観点から廃止論を展開し、さらに、「死刑廃止条約」や世界の存廃情況など、

国際的な動向にも触れている。

　国内外の新たな動向に言及しながら改訂を重ねたが、最後の改訂版（第6版）が発行されたのは2000年であり、それ以降の動向について論じられていないのが残念である。わが国においては、2009年5月から裁判員制度が開始され、2015年6月末までに24の死刑判決が裁判員裁判で言い渡されているが、そのなかには、犯行時18、19歳の年長少年に対する死刑判決や、上級審で死刑が破棄され無期懲役が確定したものがあり、裁判員制度と死刑の問題には目を向ける必要がある。死刑囚の処遇についても、監獄法から刑事収容施設及び被収容者等の処遇に関する法律に変わり、明確な規定が設けられるようになった。また、世界においては、2014年末現在の廃止国が140ヶ国で、基本文献に資料として挙げられている1999年末の廃止国が105ヶ国であったことと比較して、廃止国（とくに全面的な廃止国が68ヶ国から98ヶ国）の増加が目立つ。欧州人権条約第6議定書の批准が欧州評議会への加盟条件となり、ヨーロッパが死刑廃止地域となったことが最大の要因であると思われる。

2　基本文献（原典）

　従来の議論は現行法に死刑制度が存在することを前提として、それをそのまま「存置」するべきか、それとも「廃止」するべきか、という形になっているのですが、そうすると特に廃止の理由がないかぎり現在どおり存置するべきだということになってしまいます。本当はそれではいけないのでありまして、原点に立ち返って、これから死刑制度を設けるべきかどうか、という議論の立て方をしなければならないわけです。
　しかも、死刑を肯定するためには肯定するのに十分な積極的理由づけが必要であって、それができないかぎりは、死刑は置くべきでない、つまり――現行法からいえば――廃止するべきだ、ということにならなければなりません。死刑制度は人間の根源的な価値、「人間の尊厳」から由来するところの「生命権」を制限するものなのですから、死刑制度を創設するのには、よほど決定的な積極的根拠がなければならないのは、当然なのであります。いわば挙証責任が今までとは逆になると思うのです。いままでは、廃止するという議論が勝たないかぎり、廃止しないというのでしたが、それはそもそもおかしいのであります。挙証責任は、むしろ存置論の側にあるのであって、しかも、死刑制度が絶対に必要だということを挙証しなければならないのですから、肯定論というのは生やさしいことではないはずなのです。（153-154頁）

……

　死刑廃止論の理由づけにはいろいろの論点があります。しかし、他の論点については賛否が論者の立場によって岐れてきますが、誤判の問題だけは、違います。少々の誤判があっても構わないという人はいても、誤判の可能性そのものを否定することは誰にもできないはずです。その意味で誤判の問題は死刑廃止論にとってもっとも決定的な論点だとおもうのです。世界的に有名な哲学者カール・ポパー博士（Sir Karl Popper, 1902-94）から私に寄せられた長文の手紙によれば、博士も「人間の可謬性（human fallibility）こそが死刑廃止論の決定的な理由だというのが自分の見解だ」ということです。批判的合理主義哲学の創始者として論理の厳密を格別に重んじる博士にとって、まさにそうあるべきところでしょう。

　誤判の問題は何も死刑事件に限りません。死刑以外の、どんな事件についてもあることです。そうして、どんな事件についても、誤判はあってはならないことです。ですから、死刑問題を論議するのに、誤判の問題は別にして考えるべきだという意見が、有力な学説の中にもあるくらいです。例えば、懲役刑などにしても、長いこと刑務所に入って、後で無実だということがわかって出されても、失われた時間、失われた青春は再び戻って来ないという意味では、これもたしかに取り返しがつかないものです。しかし、そういう利益はいくら重要な、しかも人格的（その意味で主体的）な利益であろうとも人間が自分の持ち物として持っている利益ですが、これに対して、生命はすべての利益の帰属する主体の存在そのものです（もちろん、このことと、前述の人間の尊厳が人命の上位にあるということとを混同してはなりません）。死刑はすべての利益の帰属主体そのものの存在を滅却するのですから、同じ取り返しがつかないと言っても、本質的にまったく違うのであります。その区別がわからない人は、主体的な人間としてのセンスを持ち合わせない人だというほかありません。そういう人には、無実で処刑される人の気持ちがどんなものであるか、身につまされてはわからないでしょう。そういう人は、無実の人を処刑することがいかにひどい不正義であり、どんなことがあろうとも絶対に許されるべきでない不正義であるかということを、身をもって感得することができないのでしょう。死刑事件における誤判の問題は、決して単なる理屈の議論ではないのであります。

　死刑の判決が執行された後で、無実だったことがわかった場合には、刑事補償法（4条3項）の規定によって、3千万円以内の金額——もし本人の死亡による財産上の損失が証明されればその額が加算されます——が補償金として出されますが、そういう刑事補償が遺族に出されたところで、本質的には何の償いにもなるものではありません。法律を改正してその金額をいくら引き上げても、そんなことで解決できるものではない。そういう点で、死刑事件以外の場合の誤判と、死刑事件の誤判とでは、質的な違いがあるのです。（159–161頁）

……

自由人権規約6条では「生命に対する固有の権利」が保障されていますが（後出330頁）ここで私たちはカミュが『ギロチン』（杉捷夫訳57頁）の中でいっている次のことばを噛み締めてみる必要があると思います。「生きるという権利は、償いの機会と表裏をなしており、もっとも悪い人間を含めたすべての人間に生まれながら備わっている権利である。犯罪者のなかで、もっとも凶悪な犯人も、裁判官のなかのもっとも公明正大な者とこの点では同等に並び、等しく惨めな状態にあり、そして連帯性をもっている。償いの権利がなければ、道徳的生活は厳密にいって不可能である」。これはきわめて深い哲学的省察で、まさしく主体性理論そのものによる生命権の基礎付け、死刑否定論の基礎付けというべきでありましょう。そういうことで、私は、まず、端的に主体性の理論の基本的な考えそのものから死刑を否定するものです。——しかし、私の主体性の理論は、もっと多くの内容をもっていて、いろいろな見地から死刑廃止を主張することになりますので、そうしたことを順次、お話しして行くことにしましょう。

　われわれ人間は誰でも自分の人格というものがあります。「自分の人格」があるということは、われわれは、各自、主体性があるということではないでしょうか。誰でもが、生物学的には、自分の素質——端的にいえばジーン——と環境によって大きく支配され決定されながらも、自分で主体的に何かをすることができるわけです。しかも、人格は動的なもの、形成されて行くものであって、人間は自分の素質と環境のもとで、日常の行為あるいは体験の集積によって、自分で自分の人格を形成して行っているのです。しかも、人格と行為は相互作用的であって、一つ一つの行為はまたその人の人格の表現ないしは現実化であるといってよいでありましょう。行為を離れて人格はなく、人格を離れて行為はないのです。ですから、犯罪理論においても、犯罪行為はつねに行為者人格と結びつけて理解されなければならないのです。

　ところで、刑罰は、図式的にいえば、犯罪の故にその行為者に加えられる国家的非難です。それは、過去における犯罪の故に科せられるものですが、刑罰を受けるのは現在の行為者です。ですから、刑罰を考えるのには、犯罪についての非難ないし非難可能性を犯罪の当時におけるものとして固定的に考えてはならないのであって、むしろ、現在の行為者人格について、犯罪についての非難可能性の大小を考えるべきであると思います。ですから、犯罪論は動的・固定的ですが、刑罰論は動的・発展的であります。犯罪と刑罰の間に一種の緊張関係があるわけです。

　刑法における一番重要な大原則として、罪刑法定主義というものがあります。これは法律で犯罪構成要件と刑罰とを明確に規定することを要請すると同時に、罪刑の均衡——犯罪と刑罰の間に均衡を保たせるということ——をも要請します。しかも、抽象的に刑法の規定の上で犯罪とそれに対する法定刑とが均衡的な対応関係にあるだけでは足りないのであって、この原則の趣旨からいいますと、具体的な個々の事件において犯罪とそれに対応する刑罰とがやはり均衡的な対応関係になければならないと思

います。

　この罪刑の均衡的な対応関係という点については、二つの問題を指摘しておかなければなりません。その一は、死刑の関係でこの対応関係がはたしてうまく行くか、です。殺人罪を例にとりますと、刑法199条によれば、「人を殺した者は、死刑又は無期もしくは三年以上の懲役に処する」（原典のまま・2004年改正前）ということになっています。裁判所は、殺人罪にあたる行為の中でも情状が極端に重いと考えられる者について死刑か無期懲役かを選ぶことになるわけですが、その限界はきわめて微妙ですし、むしろ、はっきりとした限界はないというべきでしょう。ところが、無期懲役と死刑の間には、生か死かという質的な断絶があります。つまり、犯罪の情状の違いは相対的なものなのにもかかわらず、刑には絶対的な——しかも恩赦による以外には事後的な修正の不可能な——差異が出て来るわけです。これでは、論理的にも、厳密な罪刑の対応関係は不可能だというべきではないでしょうか。
……
　問題のその二は、刑罰の動的性格との関係をめぐるものです。具体的な個々の事件における犯罪と刑罰との対応関係については、刑罰の動的性格が、いろいろな形で反映して来ます。第一に、行為者人格との関係で、行為者に帰することのできる非難の増減を考えなければなりません。これは、犯罪における責任論そのものではありませんが、いわばその延長線上にあります。第二に、法秩序ないしは社会秩序との関係で、行為のもつ意味——犯罪が社会や被害者たちに与えた影響——の変化を考えなければなりません。これは、違法性論そのものではありませんが、やはり、いわばその延長線上あると言えましょう。第三に、それ以外の政策的な理由からするところの、刑罰の必要性の増減が考えられます。これはもはや犯罪論そのものの延長だとはいえないでしょうが、犯罪論にも政策的な要素がないわけではないので、それに対応するものです。要するに、犯罪後において刑罰法律関係に動的な変化を与えるような種々の原因が、犯罪論そのものの中にではありませんが、いわば、その延長線上にあるのでありまして、ある程度ゆるやかな関係においてではあっても、全体として、刑罰は犯罪に対応するものである——対応するものでなければならない——と思うのです。

　少しばかりくどくなりましたが、問題点のその二で私の言おうとするところは、刑罰を考えるには、事柄を動的に考えなければならないこと、その中には、犯罪後における行為者の人格形成や犯罪に対する社会や被害者たちのリアクションの仕方の変化といった要因をも読み取らなければならないということです。

　残忍な殺人の現場を見たり、あるいはその様子を聞いたばかりの人は、犯人を八つ裂きにしても飽き足りない位に思えて、容易に死刑廃止論に賛成する心境にならないでしょうが、しかしまた、事件の生々しい記憶も薄らいだころ、すっかり改悛して、死刑の執行に臨んで安心立命の境地にある死刑囚に接して、それでもぜひとも死刑を執行せよという気持ちになる人も少ないのではないでしょうか。事件に対する社会

——被害者側の人たちをも含めて——の関心の態様や強度の変化は違法性論の延長線上に、また、死刑囚自身の心境の変化はその人格形成の問題として責任論の延長線上にあります。死刑の是非をどう考えるべきかということについても、このような事態の変化のことを考慮に入れないわけにはいかないと思うのです。

　端的に申しますと、私の常々強調する誤判の可能性の問題を仮に度外視するとしても、死刑というものは、こうした刑罰の動的性格と正面から矛盾するものであります。かりに死刑制度を存置するにしても、死刑の宣告まではよいとして、最小限度において、死刑の執行だけは認めるべきでないという結論にならざるを得ないのです。死刑の執行猶予ないし執行延期の制度が主張されたり、死刑執行停止の運動が起こって来ているのも、私はよく理解することができます。後でお話しする〈死刑廃止条約〉が「何人も……死刑を執行されない」という形で最小限度の保障規定を置いているのも、こういった趣旨を含んでいると言えないでしょうか。

　……

　ところで、思想的系譜（Ⅱ5・Ⅱ6）の項で詳しく申しましたように、教育刑の立場は大きく死刑廃止論につながって来るのです。牧野先生じしんは死刑廃止論を明言されませんでしたが、牧野門下からは、とくに正木亮博士や木村亀二博士のような有力な死刑廃止論者を輩出しました。この学問的系統に連なる八木国之教授が強い廃止論を展開しておられるのも、これを物語ります。死刑廃止論のもう一つの流れは、いうまでもなく、もっと古くベッカリーア以来の自由主義ないしヒューマニズム精神からのもので、わが国ではとくに滝川幸辰博士がその代表者です。私においては、死刑廃止論に関するかぎり、牧野先生の系統と滝川博士の系統とが結合しているわけです。

　今ここでは、とくに、前述の動的刑罰理論と結び付く教育刑の見地を強調したいと思います。死刑と教育刑の考えとは、どうしても相容れないのです。近代派の先駆者ロンブローゾは、生来性の犯罪者という範疇を認めてこれには絶対的隔離としての死刑しかないというような乱暴な議論をしたのですが、かれにはヒューマニズム精神が大きく欠落していたので、例えばトルストイとかれが出会ったときに両巨人が唸み合ったというエピソードが滝川博士によって紹介されているのも、それを物語るものでしょう。私は精神病などによる殺人者などは、精神医学的な処置の対象になるだけで、刑罰の対象にはならないものと考えます。正常人であるかぎり、よほど性格の偏した人でも、私は人格形成の可能性は無限であると信じたいのであります。そうすれば、死刑——少なくともその執行——は、どうしても否定せざるを得ないのです。

　ついでながら、この関連で、死刑の代替刑としての終身刑の問題にちょっと触れておきましょう。死刑廃止論者によってよく主張されるのは、仮釈放などのない完全な終身刑こそが死刑の代替刑だという見解ですが、私はこれにくみしないのです。本人にまったく希望を失わせることは、人格形成の無限の可能性を認める私の見解とは相容れません。リストもこのような終身刑はむしろ死刑以上に残酷なものだと論じてい

ます。私は死刑を廃止した場合の、これに代わるべき最重刑は、現行法の規定するような無期の懲役・禁錮以外にないと思います。なるほど、現行法の運用上、無期刑の場合に比較的早期に、やや安易に仮釈放がおこなわれる傾向があるようですが、これはどこまでも運用の問題として解決されるべきものだと信じるのです。例えば、判決の中で当の事件について仮釈放についての希望的な注文をつけることなどは、実務上の事例も現れており、私はこれをきわめて注目に値するものと考えています。ただ、論者のいうような終身刑にしても、第一、誤判の場合の安全弁という点だけからいっても、死刑にまさることは数段です。また、終身刑にも恩赦による無期の懲役・禁固への減刑の可能性を認めるならば（その可能性を否定することは原理的にも困難でしょう）、それは私の考えとも合致することになります。いずれにせよ、この私見は死刑存置論との対決の場では、あえて強くは持ち出さないつもりです。
……

　最後に、もう一度、主体性の理論の根本に遡って考えますと、それは必然的に実践的なもの——実践的なものを含めて——と結びつかざるを得ません。私が第１部（Ⅰ１）で、抽象的・哲学的な議論でなくて、実際の問題としての死刑制度を問題にしなければならないことを強調し、ことに自分の実務経験から誤判の問題を取り上げて、その見地から死刑廃止論を主張したのも、そこから来るわけです。

　主体性の理論は、間主体性（主体相互性）ということをも、当然に導きます。主体と主体との間柄ということです。主体と主体が響き合うことだといってもいいでしょう。これがあればこそ、他人への思いやりというものが出て来ます。思いやりのできない人には、頭の中での死刑論はできても、心からの死刑論ができるはずもなく、したがってほんとうの死刑廃止論にもつながって来ないでしょう。われわれ一人一人が主体として尊厳性をもっています。間主体性は他の主体の尊厳性を認めることです。
（315-332頁）

3　解　説

　死刑は、人の生命を奪うという重大な刑罰であるため、それを存置するにしても合理的な理由が必要であり、制度的な欠陥を改善する策を考えなくてはならない。また、廃止するにしても、現行の制度を廃止するのであるから、その合理的な理由付けを明確にし、その制度が廃止された後の措置を講じることも刑事政策的な重要課題である。さらに、存廃の立場にかかわらず、現行制度の改善策や代替制度を検討することにより、存置論と廃止論の双方の立場から歩

み寄ることもできる。

▶死刑存置論

　死刑存置論の根拠としては、応報的正義、社会防衛、社会契約、犯罪抑止効果、被害者等の感情の充足、私的報復・現場処刑の防止、世論の支持などがある。

　応報的正義は、同害報復（タリオ）の思想で、人を殺した者がその生命を奪われるのは当然であるいう絶対的正義の実現から、死刑は殺人に対する最も正しい刑罰であるとするが、犯罪者に刑罰を科すことが応報であると解し、必ずしも殺人に対する刑罰が死刑であることを意味するわけではないとの批判がある。

　社会防衛の観点から、死刑は凶悪な犯罪者を永久に隔離できる最も効果的な刑罰であるとするが、終身刑でも同様の効果は得られ、贖罪的奉仕に専念させることの方が意義があるとの批判がある。

　社会契約説からは、社会の構成員相互間で交わされる社会契約において、生命を侵害しないという約束の担保として死刑に同意していると解するが、自分の存在を否定する約束を社会契約の内容として主張するはずがないとする見解もある。

　特別な犯罪抑止効果が死刑にはあり、凶悪犯罪防止に役立っているとするが、確信犯、自己犠牲の衝動や自殺願望から犯行に至る者に対しては抑止効果が期待できない。

　国家の刑罰権の行使により犯罪者を処刑することで、被害者等の復讐欲を充足し、私的報復を回避することができるとするが、被害者等の感情には個人差があり、犯罪者の死を望まない者がいることも事実であり、被害者等の支援を充実させることが求められる。

　死刑によって危険な犯罪者を社会から排除する代わりに、報復としての殺人が発生する可能性もある。また、犯行現場で犯罪者を殺害する可能性もあるが、これは公正な裁判を受ける権利を奪うことになる。

　わが国の世論調査では、国民の大多数が凶悪な犯罪者に死刑を科すことを正当であるとしており、国民の法感情からも死刑は必要であるとする。政府は、これを根拠に死刑の存置理由を説明しているが、死刑に関する情報が十分に提

供されているのか、世論調査の時期および調査方法に統一性があるかなどを考慮して、世論調査の数字が国民の意見を正確に反映しているかを判断すべきであるし、フランスのように、議会は世論に先行して行動し、これを指導していかなければならないときがあるとして、国民の大多数が死刑に賛成していたにもかかわらず、死刑を廃止に踏み切った国もある。

▶死刑廃止論

　死刑廃止論の論拠としては、人道主義、改善主義、誤判の可能性、残虐性と死刑執行人の問題、コスト論などがある。

　人道主義の見地から、死刑は野蛮な刑罰であり、国家が殺人を禁じていることと矛盾し、国家が与えることができない生命を国家が奪うことはできないとするが、凶悪な犯罪者の生命を保障することよりも、善良な一般国民の生命を保障することの方が人道的であるとの反論もある。

　犯罪者に対し教育をしないままに生命を剥奪することは改善主義の見地から否定されるが、教育不能な者のみが死刑になっているとの反論もある。

　裁判は人間が行うものである限り、誤判がまったくないとはいえず、誤判により死刑が執行された場合には回復することができないとするものであるが、これは死刑に特有ものではなく、裁判制度全体の問題として検討すべきことであるという批判がある。

　死刑は残虐な刑罰にあたり、残虐な刑罰を禁ずる憲法36条に違反するという見解がある。判例は、かつて用いられた火あぶり、はりつけ、さらし首あるいは釜ゆでのような執行方法は残虐であるが、死刑それ自体は残虐な刑罰ではないとしながらも、将来、国民感情の変化によっては残虐な刑になりうるという補足意見や、社会状況や国民の意識の変化に着目し、死刑が残虐と評価される余地はないかを検討すべきであるとの意見もある。また、死刑が存在する限りは、それを執行する人間が必要であり、その職務の過酷さに目を向けなくてならない。

　コスト論は、主にアメリカで主張されているものである。アメリカにおいては、死刑囚監房や刑場の管理維持費用、執行の費用だけでなく、死刑事件については特別に厳格な手続がとられており、長期にわたる弁護活動に莫大な費用がかかるため、死刑を廃止し、その費用を犯罪予防や被害者支援に回すべきで

あるとするものである。

▶現行の死刑制度の改善策

現行の死刑制度については、密行主義であることや死刑囚の処遇状況に問題が指摘されているが、制度論としては、死刑の適用を慎重にして誤判を防ぎ、執行を減らすための改善策を検討される。裁判官・裁判員の全員一致、自動上訴、再審要件の緩和、恩赦の活用、死刑の執行猶予制度などがある。

死刑事件については、アメリカの全員一致の陪審の評決を必要とする例にならい、死刑判決には裁判官・裁判員の全員一致を要件とするものである。改正刑法草案の起草にあたっても検討されたが、これを制度化すると、信念的な死刑廃止論者がいる合議体で裁判された者は死刑を免れ、そうでない合議体で裁判された者は死刑になるという不均衡を生ずるおそれがある、この制度を上告事件についてまで適用することになれば、最高裁の15人の裁判官の意見が一致するのは期待しがたく、死刑は有名無実となってしまい適当ではない、量刑についての全員一致のみならず、事実認定についても全員一致を要するという趣旨だとすると、合議の結論の形成に支障をきたすのではないかという指摘があり、採用されるにいたらなかった。

死刑事件に限っては自動的に上訴を行い、すべての審級の裁判所で審理するという提案もある。たとえば、中国では、死刑の再審査制度が導入されており、通常は二審終審制であるが、死刑事件については事実上三審制のかたちがとられている。

死刑は取り返しのつかない刑罰であるだけに、死刑判決を受けた者には再審による救済の道が開かれる必要がある。免田事件、財田川事件、松山事件、島田事件と、1980年代には再審無罪事件が相次いだ。いわゆる白鳥決定 で「再審開始のためには確定判決における事実認定につき合理的な疑いを生ぜしめば足りるという意味において、『疑わしいときは被告人の利益に』という刑事裁判の鉄則が適用される」として、その要件が大幅に緩和されることとなったが、まだまだ再審の道は厳しく、日本弁護士連合会は、再審制度の改革を求めて再審法改正案をまとめるなどしている。

国際人権規約B規約は、恩赦を求める権利を保障しているが（6条4項）、わが国においては恩赦制度があまり運用されていない。戦後行われた恩赦のうち

死刑確定者に対して行なわれた減刑令は、太平洋戦争終結恩赦（1945年）、日本国憲法公布記念恩赦（1946年）、平和条約発効記念恩赦（1952年）の3回で、22名が死刑から無期に減刑され、また、個別恩赦によっては3名が無期に減刑されたのみである。改正刑法草案の起草の際にも、「現行の恩赦制度の下で、犯罪情勢、国民感情、死刑言渡し状況などを考慮して適正な処理をはかるべきであるという意見が多数であった」といい、積極的な運用が期待されるところである。

　死刑の執行猶予制度は、死刑判決と同時に一定期間の執行の猶予を宣告し、猶予期間中に改悛が認められるときは減刑するものである。改善主義の重視、再審準備期間の付与、誤判の防止、執行の減少などが期待され、廃止に向けての過渡的な措置とも考えられる。中国において制度化されている。改正刑法草案の起草の際にも、5年間その執行を延期する旨を言渡し、刑事施設で矯正に必要な処遇を行い、執行延期期間の経過後、死刑執行審査委員会の意見をきいたうえ、なお死刑を執行する必要があると認める場合を除いて、無期刑に変更するという案が出されたが、死刑の言渡しは現在でも慎重に行われており、死刑の言渡しをさらに減少させるための制度を採用する特別の必要はないこと、死刑の執行を延期する基準や5年後に無期刑に変更する基準が明確でないこと、将来における運用の見通しが立たないことを理由に否決された。

　被害者支援は、死刑事件に限ったことではなく、近年、刑事訴訟法の改正をはじめとして、被害者の保護や支援を目的とする立法や政策がなされている。今後は、死刑事件の特殊性に考慮した被害者支援のあり方を検討すべきであり、アメリカにおいて死刑囚の家族もまた被害者であるとする考え方は興味深い。被害者支援は、個々の被害者が何を望んでいるのかを第一に考えるべきものであり、一般化して論じることができないところに難しさがあるが、被害者支援のための法制度の整備が求められる。

▶死刑の代替制度

　死刑に代わる制度としては、終身刑、仮釈放を認める無期刑、長期の有期刑などの自由刑が提案される。どのような刑を代替させるかは、刑罰制度全体とのバランス、一般予防効果や特別予防効果を総合的に考慮する必要がある。

　終身刑は、文字通り終身にわたって施設に拘禁するもので、自由刑のなかで

は最も重い刑罰である。仮釈放による社会復帰の可能性はないが、恩赦による減刑を認めるのが一般的である。わが国においても、超党派の死刑廃止議員連盟が検討している死刑廃止法案では、現行の無期刑の上に、重無期刑という形で終身刑の採用を提案している。社会からの永久隔離という点では、死刑と同様の効果が期待でき、誤判が生じた場合にも救済の余地が認められるが、絶望感から人格破壊にいたったり、拘禁反応がみられたりすること、拘禁されたまま一生を終えることは人間性を無視しており、拘禁方法によっては死刑と同等またはそれ以上に非人道的な刑罰になるおそれがあること、刑に服する年齢により不平等が生じることなどが指摘されている。

　仮釈放を認める無期刑は、犯罪者の改善・更生を重視し、仮釈放の機会を与えるものであるが、あくまでもその機会が与えられるだけであり、要件に適合しなければ、終身拘禁されることもありうる。仮釈放によって社会復帰の可能性を認めることは、再犯の可能性を考慮しなくてはならず、仮釈放の時期・要件、仮釈放前後の措置など運用方法を十分に検討しなくてはならない。多くの死刑廃止国が、廃止後の最高刑として、これを採用している。わが国では、現行法上は死刑と無期刑との隔たりが大きいと指摘されることが多いが、事実上、終身刑に近い状態になっている。

　仮釈放を認める無期刑は、運用によっては長期の有期刑の満期よりも早期に仮釈放になりうることから、仮釈放を認めない長期の絶対的有期刑を採用している国もある。たとえば、死刑廃止後のカナダにおいては、仮釈放なしの25年の拘禁刑が最高刑である。

4　関連文献

▶植松正「死刑の存廃」時の法令196号（1956年）34-38頁
　帝銀、松川、三鷹などの死刑事件で誤判が疑われた時期に、死刑存置論の立場から書かれたものである。誤判があってはならないのは、すべての事件に共通であることから、犯罪事実にも犯人にも間違いのない場合に、なお死刑を科することが許されないかを論じるべきであるとする。死刑の存廃は現実の犯罪情勢との比較において考え、治安状態の良くない当時の情勢から、犯罪抑止力がないことが証明されない限り、死刑を廃止することはできないとし、また、すべての犯罪について、裁判官の裁量により死刑を科さな

いことができる法制度の下で、さらに死刑廃止の法律を作ることは無意味であるとする。

▶大塚公子『死刑執行人の苦悩』（角川書店、1993年）

　死刑が存在する限りは、誰かが執行しなくてはならず、わが国においては刑務官がその任にあたる。著者は、死刑執行に立ち会った刑務官などから話を聞いて本著にまとめた。刑務官は、死刑囚の矯正処遇が仕事である一方、死刑囚がいかに自戒反省したとしても、執行するのも仕事であるという矛盾を抱えている。憲法は残虐な刑罰を禁止しているが、刑務官の任務は余りに苛酷で、人間の耐えうる限界を超えており、彼らだけにこの任務を背負わせ続けてよいものであろうかとしている。今日では、死刑の実情を元刑務官が裁判員裁判で証言したり、2010年には、東京拘置所の刑場がマスコミに公開されたりするなどして、秘密裡に執行されてきたわが国の死刑の実態や、刑務官の苦悩も、徐々に明らかになってきている。

5 　自 由 刑

●基本文献
ミシェル・フーコー［田村俶訳］
『監獄の誕生──監視と処罰』
（新潮社、1977年）

赤池　一将

0　原著者紹介

　1926-1984年。サルトル以降の「特定領域の知識人」の代表的存在。パリの高等師範学校等でイポリット、カンギレム、アルチュセール等に師事。1951年哲学の教授資格取得。ワルシャワ等のフランス学院院長を歴任後、1961年『狂気の歴史』によって哲学博士号取得。クレルモン＝フェラン大学等で心理学、ヴァンセンヌ実験大学等において哲学を担当。1970年コレージュ・ドゥ・フランス「思考体系史」講座教授。1971年 GIP（監獄情報集団）を結成。1975年『監獄の誕生』刊行。

1　基本文献の意義と位置づけ

　「刑罰を受ける私」というタイトルで絵を描いてくださいと求めれば、人々の多くは刑務所の居室にいる自分の姿を描くのではなかろうか。それほどまでに「刑罰＝刑務所」という等式はわれわれの意識の底に根づき、自由刑（刑務所収容）は、あらゆる犯罪を対象としうる普遍的・一般的な刑罰形態として近代の刑罰体系の基軸を構成している。そして、刑法学において刑罰は応報論を基礎にもっぱら規範違反を具体化した犯罪の対抗物として、犯罪の評価に付随するいわば犯罪の従属変数として観念されている。
　それゆえ、自由刑を念頭に刑罰の目的、機能、正当根拠などが語られる際にも、刑罰の内容を責任に基づく法的非難による「苦痛ないし害悪」としてのみとらえる傾向が強い。要するに「罪の重さを抽象的な時間で測り、その期間、

労働を科し、移動の自由を制約する」特殊な強制形式である刑務所収容という刑罰形態の歴史的意義や社会的含意、つまりは、「刑罰はなぜ刑務所収容という形態をとるのか」という問いに、必ずしも十分な関心は払われてこなかった。

　この関心を正面から取り上げたのが、1975年に発表された基本文献である。ここには、1971年以来、フーコーがその創始者のひとりとして深くかかわったGIP（監獄情報集団）の活動で培われた強い現実主義が認められる。彼は、受刑者暴動が、つねに受刑者の身体の自由を拘束する条件とこれを規定する施設管理（悲惨な老朽施設と模範的な新施設を問わずに、医療・教育サービスを含め）が作る拘禁関係の暴力を批判している点に着目する。そして、刑務所を施設としてではなく「拘禁」の実践として捉え、刑務所が法律による正当性を基礎に、規律による犯罪者矯正の役割を担い、再犯予防のための社会構成の要に位置づけられることを問題化する。基本文献は、「今日、フーコー抜きに刑罰と処罰について書くことは、フロイト抜きに無意識について語るようなもの」との認識を生みだした。

2　基本文献（原典）

　実際、監獄はその現実とその目立った影響のせいで、刑事司法の大失敗として告発された。まったく奇妙な仕方でだが、収監の歴史は次の諸事項が静かに継起するのが見られるたぐいの、そうした時間経過には従っていない。すなわち、最初に拘禁による刑罰制度の設定、ついでその失敗の確認、ついで多くは従前と変らぬ行刑技術に行き着くことが明らかな改革計画の遅々たる準備、つぎにこの計画の施行、最後に、その成功や失敗の確認。実際に起こったのは、こうしたさまざまの要素が互いに入り組むか、もしくは別種の配列を行うかであった。しかも矯正技術の計画が処罰としての拘禁という原則に付随したのと同様に、監獄およびその諸施策にたいする批判はごく初めから、この同じ時代1820年から1845年にかけてあらわれるのであり、さらにその批判はいくつかの定式にまとめあげられるが、それらは今日でもほとんど差異もなく──数字は別として──繰返される定式である。

　──監獄のおかげで犯罪発生率が減少するわけではない。……

　──拘禁が再犯を生みだすのであり、監獄を出たあとの人間のほうが、その経験がない者よりもそこへまい戻る機会が多い。……

　──必ずといっていいほど監獄は犯罪者をつくりだす。……

——犯罪者が相互に連帯し、階層秩序化され、将来のあらゆる共謀関係にそなえる、そうした環境の設定は監獄によって可能となり、むしろ助長されるのである。……
——出獄者は課された諸条件により再犯に追いやられる。……
——最後に監獄は、被拘禁者の家族を貧困におとしいれ、間接的に犯罪者をつくりだす。……

今ならべてきた千篇一律な監獄批判については、まず、これが、監獄が実際には矯正的ではなく、行刑の技術が依然として幼稚な状態にとどまっている点、他方で、矯正的たらんと欲すれば監獄はその処罰の力を失う点の二つの方向で終始行われてきたことに注目しなければならない。また、真の行刑技術とは厳格さであるとすること、さらには、監獄が、経済的に直接にはその機構の内的な経費の面で、間接には監獄によって鎮圧されない犯罪にかかる経費の面で二重の過ちを犯していることにも注目する必要がある。ところがこうしたさまざまな批判に応ずる回答もやはりあい変わらず同じで、行刑技術のあい変わらぬ原則を繰り返し主張するにとどまった。ここ1世紀半の間（つまり19世紀初頭以降）、監獄はつねに自分自身に対する救済策として示されてきた。行刑諸技術の再活性化は、それらの果てしない失敗をつぐなうための唯一の手段として示されたし、矯正計画の実現は、その計画を実施に移せないその不可能さを克服するための唯一の方法として示されたのである。

その点を確認するために一つの事実をあげておこう。最近数週間に起こった囚人暴動（1974年7月、フランス各地の刑務所で）は1945年に定められた行刑制度改革が現実にはまったく効果をあげていないゆえ、1945年の基本原則に立ち戻らねばならないという事実を示すものであった。ところが、かくも素晴らしいその効果が今日なお期待されているそれらの原則は新しいものではない。というのも、それらはすでに150年にわたって、正しい《行刑の条件》を組立てる普遍的な7つの基準であったからである。

〔1〕刑罰としての拘禁は、個人の行動の変容を根本的機能としなければならない。……矯正の原則。

〔2〕受刑者はその刑罰の軽重にもとづき、だがとくにその年齢、その性質にもとづき、またその当人に用いるべしと要求される矯正技術や当人の変化の段階にもとづき独房に入れられるか、少なくとも分類されなければならない。……分類の原則。

〔3〕刑罰、とくにその経過は、受刑者の個性により、また、よくもわるくもその効果により、修正されえなければならない。……修正の原則。

〔4〕労働は受刑者の漸進的な変容と社会化を生むひとつの根本的な要素でなければならない。……労働の原則。

〔5〕受刑者の教育は、公権力にとって社会の利益のために不可欠な配慮であり、また同時に受刑者に対する義務である。……行刑における教育の原則。

〔6〕監獄組織の少なくとも一部は、個々の受刑者の教育を行う精神的かつ技術

的能力を有する専門家が監督し責任を持つべきである。……専門家による拘禁の統制の原則。

〔7〕元受刑者が最終的に社会的に再適合が行えるまで、拘禁は統制と援助の措置によって引き継がれねばならない。……追加的な制度の原則。

一世紀の隔たりはありながら、同一の基本的な命題が逐語的に繰り返されている。しかもいずれの場合にもそれらは、それぞれの時点まででは常に失敗した改革案の、最終的に取得され最終的に承認された定式化だと自称するのである。同様の、いや、ほぼ同様の文章は、改革に《充ちた》他の時代からも持ってくることができるにちがいない。たとえば、19世紀末、特に《社会防衛の運動》(刑罰の目的を社会防衛におく)の時代、そして、囚人暴動が起こったごく最近の時代。

したがって、監獄の存在、その《失敗》、多少の差はあれ熱心な改革、それらを三つの次々と起こった時期として考えてはならない。むしろ、法律上おこなわれる自由の剥奪に歴史的に重ね合わさった一つの同時的な制度として考える必要がある。つまり次の四つの項が重ね合わさった制度といえる。まず、監獄の規律がもたらす《追加物》——過度の権力という要素；次に、何らかの客観性、専門性、行刑上の《合理性》の創出——関連する知という要素；監獄が駆除すべき犯罪現象の強化ないしは事実上の継続——逆説的効果という要素；最後に、《改革》の《理想性》にかかわらず、監獄の規律に同形な《改革》の繰り返し——ユートピア的な増殖という要素である。《拘禁制度》を構成するのは、これらの要素を含むその総体であって、監獄の塀や職員や規則やそこでの暴力などからなる監獄という施設だけを指すわけではない。《拘禁制度》が同一の形象のなかに結び合わせているのは、言説と建物であり、強制的な規則と科学的な命題であり、現実上の社会的効果と終わることのないユートピアであり、犯罪者を矯正するための計画と犯罪性という観念を強固にするメカニズムである。そうであれば、いわゆる《失敗》は、監獄の働きの一部分であるのではないか。収監による規律や関連した技術が司法装置やひろくは社会のなかに誘導され、《拘禁制度》の名でとらえられるあの権力効果のなかに《失敗》は組み込まれているのではないか。仕組みとしての監獄がこんなにも長い間、こんなにも変わらずに存続してきたのは、しかも刑罰としての拘禁の原理が決して真剣に問題視されてこなかったのは、おそらくこの拘禁制度が深く根づき、明確な機能を果たしていたからにちがいない。(264-270頁、一部改訳、以下同様)……

いったい、監獄の失敗はどんな役に立っているかと問う必要があるにちがいない。監獄批判の立場から終始告発される各種の現象、たとえば犯罪性の温存、再犯の誘発、一過性の法律違反者の常習犯罪者への転化、犯罪をはぐくむ拘禁施設の構成などは、どんな役に立っているのか、と。しかも刑罰制度が受刑者にその刑罰を終了させたのちでも一連のマーキング(昔は法的に今では事実的に付される、あるいは、昔は徒刑囚の通行許可書により、今では犯罪記録を用いて行われる監視)でもって彼らを追跡

しつづけ、また法律違反者としての処罰を終えた者を《犯罪者》として追跡している以上、この制度に対する目立った図々しさの背後に何が隠されているかを、多分やはり探求する必要があるにちがいない。われわれはそこに一つの矛盾よりも一つの結果を見ることはできないか。そうであれば次のように想定する必要があろう。つまり、監獄は、そしておそらく一般的に罰なるものは、かならずしも法律違反行為を消滅させるためではなく、むしろ、それを区別し配分し活用するためにある。そして、法律を犯そうとする者を従順にするためではなく、法律の侵犯という事実を支配（従属＝主体化）の一般的な戦術のなかで改造するためにあると。そうであれば、刑罰は、違法行為を管理し、許容の限界を示し、ある者には自由な行動の余地を与え、他の者には圧力をかけ、一部の人間を排除し、他の人間を活用し、ある人々を制圧し、別の人々をうまく利用する、そうした方法だといえるだろう。要するに、刑罰は単純に違法行為を《抑制する》わけではなく、それらを《差異化して》、その全体としての《管理》を確保しているのである。その司法が階級的であるというにしても、それはたんに法律自体やその適用方法が或る階級の利益に奉仕するからではなく、刑罰を媒介とした違法行為の差異化による管理の全体が、そうした支配のメカニズムを構成しているからである。法律に書かれた罰は、全般的な戦略のなかで違法行為に新たな位置を与えるものとなる。監獄のいわゆる《失敗》はたぶんこのように考えれば理解されることができよう。(270-271頁)……

監獄は犯罪の減少に失敗しているという確認のかわりに、多分つぎの仮説をもちこむべきであろう。監獄は、違法行為のなかに犯罪性を、すなわち、違法行為のうちの特定可能な形態、政治的もしくは経済的に危険がより少ない——極端な場合には活用可能な——形態を生みだすことに成功した、そして、犯罪者を、すなわち、表面的には周辺部に置かれながら中心部で規制される集団を生みだすことに成功した、そして、犯罪者を病理学的に扱われる主体として生みだすことに成功したという仮説を。監獄の成功、それは法および種々の違法行為をめぐる戦いのなかで《犯罪性》を具体化することに存する。いかにして拘禁制度が法律違反者を《犯罪者》に置き換えたか、同時に、法律実務に可能なあらゆる学問分野を結び留めたかについてはすでに検討したとおりである。ところで、犯罪性＝客体を組立てるこの過程は、さまざまな違法行為を分解して、そこから犯罪性を切離す政治的操作と合体している。この二つの機構のつなぎ目が監獄にほかならない。監獄のおかげで双方の機構は、永続的に相互に補強しあい犯罪の背後に犯罪性を客体化し、さまざまな違法行為の動きのなかで犯罪性を強固不変なものにできる。監獄の成功は大きいので、一世紀半にわたるその《失敗》ののちも、あいかわらず監獄は存在し、同じ成果をあげていて、人々は監獄の廃止にはひどいためらいを覚えるのである。

*

拘禁による刑罰制度によって、他から遮断され、分離され、そして役立つ違法行為

（つまり犯罪性）がつくりだされ、——そのことによって、この刑罰制度の永続性もつくりだされることになる。犯罪性の回路は、処罰により矯正の目的を達成しえない監獄のもたらす副産物ではない。それは、違法行為を管理するために、或る違法行為を《処罰＝再生産》のメカニズムで囲い込む一つの刑罰制度の直接の効果であり、その刑罰制度を構成する一つの重要な要素が収監にほかならない。しかしながら何故、しかもどんなやり方で監獄は、自らがそれを相手に戦っているとみなされる犯罪性をつくりだす役目を求められるようになるのか。

　犯罪性をこのように位置づけ、いわば他から遮断された違法行為をつくりだせば、実際、かなりの利点がでてくる。まず、その管理が可能となる（個々人に標識をつけ、集団内に細胞をつくり、相互的な密告を組織化することで）。つまり、ここでは管理の対象が、広く伝播しうるが一過性の違法行為を行う人々の漠とした群がりや、あるいは、また、失業者、物乞い、反抗者が、それぞれの経緯や状況に応じて集まり、そして、時には——18世紀末に経験したように——略奪と暴動の恐ろしい集団に化すようなあのつかみどころのない浮浪者の群れではなく、恒常的な監視対象となりうる個々人からなる相対的に制限され遮断された集団に置き換えられているのである。（275-276頁）……

　この監視が機能しえたのは、もっぱら監獄との組み合わせによってである。出獄した個々人の取締りに便宜を与え、当局への情報提供者の募集を可能とし、仲間の密告を増加させ、法律に違反した者相互に接触させるゆえに、監獄は、他を寄せ付けぬものの、コントロールが容易な犯罪者集団を急速に組織化するのである。そして、監獄が原因となる社会的排除のすべての効果（失業、滞在禁止、居住指定、指導監督）は、刑余者たちにそうした任務をあてがい強制する途を開くことになる。監獄と警察は一対の装置を形づくり、ほかならぬこの両者が、違法行為のすべて領域のなかからなんらかの犯罪性を差異化し、孤立させ、その活用を確保するのである。監獄＝警察のシステムは、さまざまな違法行為のなかに一つの操縦しやすい犯罪性を浮きだたせるのである。それが他の違法行為から特定可能であることは、犯罪性がこのシステムの一つの結果であることを示している。しかし、犯罪性はこのシステムの一つの歯車、一つの道具ともなる。したがって、三つの項（警察＝監獄＝犯罪性）が相互に依存しあい、しかもけっして中断しない回路を形づくる、そうした一つの総体について述べる必要があるに違いない。警察による監視によって、法律違反者は監獄に送りこまれ、犯罪者、つまり警察による統制の対象であり、その補助者に変えられるのであり、今度は、彼らに対する取締りがその何人かを定期的に監獄に再び送り込むのである。

　刑事司法は、その活動によって吸いきれない《犯罪性》というゴミがでることもやむをえないとして、警察を補助機関とし、監獄を処罰手段として活用し、すべての違法行為を追求するという使命をはたしているわけではない。この司法のなかに違法行為を差異化するコントロールの一つの方策をみる必要があるのである。このコント

> ロールのために、刑事裁判は法的な裏付けを与え、一連の動きの構成要素となる。刑事裁判は、(刑事裁判の下におかれるのではなく、それと並ぶ) 警察と監獄と犯罪性とともに、違法行為の全般的管理の一つの中継地となる。警察が司法をはみ出す活動を行い、拘禁施設が司法に対して惰性的な抵抗を示すのは、目新しい事態でもなければ、権力の硬直化やその移動の進行の結果でもない。それは、近代社会における処罰のメカニズムを特徴づける構造上の特色である。(279頁)

3　解　説

▶刑罰の劣等原則と「労働市場と刑事制裁」

　「刑罰そのものなどは存在しない。ただ、刑罰の具体的制度や特定の刑事慣行が存在するにすぎない。」刑罰を犯罪の従属関数として説明する法学的世界観を離れて「刑罰＝刑務所」の等式の自明性を問い、「なぜ刑罰が刑務所収容という形態をとるのか」という問いを最初に検討したのは1930年代のルッシュの研究である。彼は、冒頭の認識を起点に、刑罰はそれがまさに「刑罰」であるために、犯罪を誘発すべく構想されてはならないとして、刑罰の劣等原則(「受刑者の生活条件は、社会の最低生活条件よりもわずかに低く設定されなければならない」)を定式化した。刑事制裁の主要な対象をその生活水準が社会の最低線にあり、自己の労働力を商品として市場に出す以外に生計を立てる方策のない者としてとらえ、この対象者の生活水準を決定的に規定する労働市場へと議論を進め「労働市場と刑事制裁」の関連に着目した。市場における労働力の多寡は刑事政策の担う役割を基本的に規定する。劣等原則の要請は失業が蔓延する時期には、身体刑や種々の死刑等、きわめて残虐な刑事制裁を招く。他方、受刑者の労働力さえ必要とする労働力不足の時期にはより人道的な刑事制裁を導く。これがルッシュの基本的な分析枠組みである。

　彼は、刑罰形態の変遷を贖罪金が支配的な中世前期、身体刑・死刑の多用された中世後期、拘禁刑が中心となる17世紀以降の3つの時期に大別し、刑罰の変遷と社会の変遷の対比を試みる。まず、中世前期、人口の少ない自給自足の現物経済を基調とする荘園経済において財産犯の多いはずはない。怨恨や性的衝動による犯罪を抑制するのは被害者側の私的復讐であった。決闘による流血

とそれに続く無法状態を回避するための平和的解決方法こそ贖罪金という刑罰形態である。つぎに、封建制の崩壊する中世後期、貨幣経済の浸透と貧富の差の拡大、人口の急増、土地の疲弊と経済状態の変化、財産犯が都市を中心に無産階級の間で増加の一途をたどる。浮浪者の群れ、盗賊の横行、そして社会不安。犯罪者が無産者であるこの社会において、刑罰が贖罪金という形態をとることはない。残虐なまでに多種多様な身体刑、死刑が登場する。そして、17世紀以降、インド航路の発見によるヨーロッパ世界の拡大は、貿易の発展と新たな市場を生み出し、30年戦争や疫病の流行までもが労働者に有利に作用する。労働力の不足は顕著となり、労働者の賃金とその生活水準は著しく向上する。重商主義の台頭は受刑者の労働力をも見逃さず、ここに強制労働を中核とする刑罰が構成され、絞首場が労役場よって置換される、と。

▶ 『刑罰と社会構造』とその欠陥

しかし、ルッシュはその分析枠組によっては産業革命後の刑罰の変遷が解明できないとその限界を自ら認めている。労働者は機械に取って替わられ、大規模な産業予備軍を形成する。貧困化に伴う犯罪行動への傾斜を抑制すべく、中世の刑罰への回帰が声高に叫ばれる。ところが、刑務所は労働の場としてではなく、責苦の場として存続する。高い生産性を備える工場に太刀打ちできず、自給自足さえおぼつかぬ状況下で、重い石を何の目的もなく繰返し運び、一粒の豆も入っていない臼を一日中回す労働の衣をまとう責苦が繰り広げられる。「労働市場と刑事制裁」という枠組は、この刑務所の機能転換を説明しえても、なぜ中世の刑罰へ回帰しないのか、なぜ刑務所が維持されるのかという問いへの回答を示すものではない。福祉的保護の外にある失業者よりも受刑者の生存を保障した第１次世界大戦後の状況は、劣等原則という分析枠組の放棄を迫るものとなった。

キルヒハイマーは、ルッシュの試みた刑罰の変遷と社会の変遷の対比を完結すべく、『刑罰と社会構造』においてルッシュがその検討を断念した20世紀の刑罰現象を特徴づける刑罰形態、量的に刑事制裁の中心に浮上した罰金刑に着目する。労役場の創出に象徴される囚人労働力への要請等にみられる商品生産社会の規定をなす経済上のニーズが直接に刑罰形態を規定しないかぎり、刑罰方法の選択は財政的利害関係に規定されるとして、資本主義の発展とともに自

由刑はその生産関係との関連を失い、国費の支出を要せずに最大限の刑罰効果をもたらす罰金刑が支配的な刑罰になると説いた。

しかし、ここには2つの欠陥がある。第一に、キルヒハイマーは拘禁刑が資本主義の発展にともない生産関係と関連を失い、必然的に衰退してゆくとしたが、依然として拘禁刑は刑罰の中心にある。第二に、彼は20世紀の支配的刑罰形態として罰金刑を措定するが、それは支配的刑罰形態としていかなる犯罪にも普遍的に適用されるものではない。むしろ、現在では罰金刑の台頭は社会内処遇に取って替わられているとみるべきで、社会内処遇が発達した資本主義の生産関係に対応するのはなぜか、同時に刑務所がその命脈を保っているのであれば、それはどのような役割を担っているかが問われるべき課題のはずだ。

▶ 『監獄の誕生』の方法と規律権力

フーコーは、ルッシュとキルヒハイマーが法学的世界観の外で「具体的な刑罰制度」の分析を試みたことを評価しつつも、処罰権力を抑圧機能しかもたない否定的な力ではなく、社会全体の全域にわたって張りめぐらされた生産網であるとの認識に立つ。刑務所制度が機能しはじめて以来、刑事司法は「被告人は危険なる状態を呈しているか、被告人は刑法による制裁を受けていいか、被告人は治療もしくは社会復帰が可能であるか」という3つの問いを起点とする総体的なひとつの過程、すなわち、刑罰の個別化にもとづいて構成されるようになり、刑罰操作の全体が法律外的な構成要素と人物とに依拠し、裁判官は犯罪以外のものを裁くようになったとする。そこで刑罰制度に対する自らの分析に4つの枠組を課す。

第一に、刑事司法のメカニズムをその刑罰効果や制裁面でのみ理解せず、周辺的な結果であれ、そのメカニズムから導かれるすべての積極的結果のなかに置きなおし、複合的な社会的機能をとらえる。第二に、このメカニズムを刑法の帰結や社会構造の指標とみずに、権力の政治技術論という視点からとらえる。第三に、処罰権力の技術を刑罰制度の人間化および近代的人間に関する認識と原理的水準で結びつける。最後に、刑事司法への近代精神の登場や司法活動への科学的な知の挿入が、権力による身体の掌握手段の変化の結果かどうかを探求する、と。

『監獄の誕生』は、その上で以下の2つの問いとこれに対する検討によって、

その骨格が構成されている。第一の問いは、18世紀末のフランスの刑罰改革を、政治的儀式としての中世の身体刑、犯罪者の精神を標的とする革命期立法者の構想、そして、刑務所制度による一連の交代劇としてとらえるとき、身体刑を標的とした批判から、精神の処罰を第一の目的とする刑罰体系ではなく、刑務所という拘禁による身体への拘束による刑罰が登場したことをいかに説明するのか、というものである。

フーコーは、この問いに対して、司法権は近代世界の入り口で革命期の改革構想に従い、精神の後見人たろうとしたが（第二部「処罰」）、身体に対する技術の侵入を受け、その植民地になったとする（第三部「規律」）。身体に対するこの技術は、すでに早くから工場、病院、学校、軍隊等の多数の場面で展開され、次第に規律の技術として日常に浸透し、社会の深層部に変化をもたらしていた。18、19世紀、この規律的な強制が非常な速度で刑罰分野に侵入し、フランス革命期に定式化された刑罰改革の啓蒙的原則を覆したことが示される。フーコーは、規律の諸々の実践の特徴を記述しながら、刑罰権は、規律を作り上げた強制の機構に招き入れられ、その過程で18世紀の改革者が思い描いた他の処罰方式は忘却の彼方におかれ想起しがたいものとなった。結果的に、「刑罰＝刑務所」は歴史の動向自体がもたらした摂理であるかのように見え始め、先の等式の自明性が生まれた、と。

規律権力の監獄への浸透は、受刑者の生活態度に関する監視と、心理学、精神医学等の人間諸科学の知見に基づく評価をもたらし、処罰を通じて犯罪者を更生させ、犯罪を減少させるという役割を期待させるところとなる。ところが、刑務所は、非常に早い時期にその期待を裏切る。フーコーは、刑務所が、犯罪発生率の減少に貢献するわけではない、刑務所での拘禁によって再犯傾向が加速される等々の批判が、この施設が登場して間もない19世紀と現代とで同一の定式化により逐語的に繰り返されてきたことを指摘し、過去2世紀近く、刑務所の失敗が繰り返し宣告されながら存続している点に着目し、いったい刑務所の失敗はどんな役に立っているのかという視点から第二の問いを提起する。すなわち、刑事司法に対して外部から押し付けられ、そして、その欠陥が即座に認められたこの施設が、なぜ今日まで維持されているのか、また、これを廃止しようとするイニシアティヴが、なぜ、依然として断固とした抵抗を受けるの

かというものである。

▶「刑罰＝刑務所」の自明性と監獄の「成功」

　フーコーは、「刑罰＝刑務所」の自明性が２つの根拠ないし社会的必要性に基づくことを示す。それは、第一に、刑務所が、自由の剥奪という万人に同一の価値をもつ時間という変数によって数量化可能な処罰形式を採ること。第二に、犯罪者を社会に適応できる規範に適合した個人へ矯正することをその役割としていることである。前者が法律的な、後者が規律的な基礎ということになる。しかし、この二重の基礎は、一方の要請が他方のそれをたえず拘束する関係にある。たしかに、法律的基礎の最たる刑期についても、判決の時点で終局的に定められる場合には矯正的な価値を損なうおそれがあり、刑期は服役中の受刑者の変化に適合すべきと主張される。つまり、そこでは犯行とその情状のみならず、具体的な刑罰の執行状況が勘案されるべきものとされ、服役内容も刑の執行に応じて修正されるべきものとされる。受刑者は、自己の行った犯罪よりも、その行状、人格、生活に関心を向けられる存在である。法律上の処罰はある犯行を問題とするが、処罰の技術はある生活態度を対象とする。そのために、素質、環境、教育という三重の見地において彼の生活史は調べられ、刑事司法の全過程を通じて人格調査への要請が生じ、また、行刑において処遇の個別化と、これを基礎とする社会内処遇の展開が導かれる。

　この過程で彼は自己を導く因果の網を獲得し、単なる法律違反者とは別個の存在になる。彼は、本能、衝動、傾向、性格等の偏差を重視した類型論により、新しい客観性を目指す構築作業のなかに現れ、彼の犯罪的危険性は病理学的逸脱として分析され、医学上の認識とも法律学上の規定とも異なるひとつの実証的な認識対象となる。刑務所は、受刑者にこの固有の「犯罪性」を付与し、ひとつの実在としての「犯罪者」を構築する場にほかならない。この観点からは、法律違反者としての処罰の終了後も「犯罪性」を体現する相対的に制限された集団である出獄者への統制が社会内においても可能となり、他方で、行為以前の「犯罪性」に対する予防策の形成、さらには、この両者の結合が認められる。つまり、「犯罪性」を媒介として社会全域の警察による監視および取締りを可能とする装置が組み立てられることになる。フーコーは、刑務所が、この点を過去２世紀にわたり指摘されている刑務所の「失敗」の背後にある「成功」と

して指摘し、第二の問いに答えている。

　フーコーは、ここで刑務所を法的な「自由の剥奪」と以下の４つの項を同時に含む制度として捉えている。それは、第一に、規律に基づく所内生活から建築様式に至る施設の規律的構成、第二に、規律による規範化が生みだす客観性の分野としての、犯罪を対象とする人間諸科学の知による構成、第三に、犯罪の減少を掲げながら、「犯罪性」と「犯罪者」を認識論的に構築する機能、そして、第四に、その「失敗」を運用に組み込み、改革の繰り返しを要請する、改革の永続性である。こうした観点からすれば、これまでの多くの刑罰研究は、刑務所の枠組み自体も、そこでの合理性をも問題とせずに、既存の司法および刑罰制度の円滑な機能だけを念頭に、あまりに実利的に構成されているとの批判が向けられよう。また、18世紀以来の刑罰をめぐる合理性の形式自体を問題化しないかぎり、そうした刑罰研究は、真の改革に寄与することのない、その意味で「学問まがい」の単なる「おしゃべり」にすぎないと挑発的な批判も行われることになる。

▶刑事政策における基本文献の意義

　基本文献を「その主題が刑罰の歴史にはなく、現代の社会体制を批判した思想書であり、代案のない現状批判に過ぎない」と、書物の内容を理解できぬままに行われた批判がかつてあった。たしかに、この書物を読むことによって、現にある犯罪者処遇制度の個々の政策の改善策をすぐに見いだすことができるわけではない。むしろ、矯正・保護に真摯に向きあう実務家であれば、その日々の実践に疑念を抱くことになるのかもしれない。

　しかし、刑事司法のメカニズムがこの社会の構築にどのようにかかわっているかを、刑務所収容が予定する「苦痛ないし害悪」を起点に「具体的な刑罰制度」から行った基本文献の分析は、名古屋刑務所事件などを経ながらも、70年代以降の欧米での「行刑ペシミズム」の倫理的含意を依然としてわがこととして意識することもなく、また刑務所完結主義と劣等原則が、刑務所運営に責務を負う実務家の思案のなかでいまだに堅持されている日本においてこそ重要な意味をもちうるものと考えられる。

　とくに、受刑者としての処罰の終了後も、再犯予防の観点から、出獄者という「犯罪性」を推認させる相対的に閉ざされた集団への統制が、そして、犯罪

行為以前に「犯罪者」が備えている「犯罪性」に対する予防策の形成が焦眉の課題とされ、法律的基礎による拘禁と規律的基礎による再犯予防のための医療的・福祉的メカニズムが刑務所を介して等質化しがちな近年の政策展開を批判的に考察するためにも必読の書といえよう。

4　関連文献

▶ G・ルッシュ＝O・キルヒハイマー［木原一史約］『刑罰と社会構造』法務資料306号（1949年）。

　刑罰の劣等原則を分析枠組に「具体的な刑罰」と社会のあり方を検討したルッシュの考察「労働市場と刑事制裁」を、キルヒハイマーが分析枠組を拡大することによって補完した書物。本章「3　**解説**」を参照。

▶ D・メロッシー＝M・パヴァリーニ［竹谷俊一訳］『監獄と工場――刑務所制度の起源』（彩流社、1990年）

　ラディカル・クリミノロジーの観点から、ルッシュの「労働市場と刑事制裁」における「労働市場」に代えて資本主義の「再生産メカニズム」概念を用い、マルクス主義の立場から「刑務所が資本主義生成期の生産関係に、社会内処遇が発達した資本主義のそれに対応するのはなぜか」を検討した書物。

6 財 産 刑

●基本文献
小野坂弘
「罰金刑制度の再検討(1)〜(4・完)」
法学29巻3号（1965年）64-101頁、29巻4号（1965年）77-100頁、
30巻2号（1966年）19-77頁、30巻3号（1966年）19-50頁

永田 憲史

0 原著者紹介

　1938年生まれ。東北大学法学部在学中に司法試験合格。卒業後、東北大学助手、宇都宮大学講師を経て、新潟大学で長く教鞭をとる（新潟大学名誉教授）。弁護士としても活動。ミシェル＝フーコーに関する研究を踏まえた「物語論」に関する大部の論稿を著すなど、その研究領域は基本文献が対象とする罰金刑などの刑罰論に留まらず、犯罪学にまで及び、刑事政策・刑事学に新たな視点を提供するものとなっている。

1 基本文献の意義と位置づけ

　基本文献は、罰金刑の諸問題について検討するものである。具体的には、科料刑との単一化、改善効果、延納と分納等の多岐にわたる論点を含んでいる。そのうち、最も意義が大きいと考えられるのは、罰金刑の量定方法について論じた部分である。

　罰金刑の量定方法については、行為責任と犯罪者の経済状態等の事情を総合的に斟酌し、罰金額を判断する総額罰金制度が伝統的に採られてきた（定額罰金制度とよぶ論者もいるが、一定額であるかのような誤解を与えかねないため、妥当でないと思われる）。これに対するものとして、1921年にフィンランドで導入されたのを皮切りに、スウェーデン、デンマークで相次いで施行された日数罰金制度がある。この制度は、裁判所が「日数」において行為責任を、「日額」にお

いて行為者の事情をそれぞれ量定し、「日数」と「日額」を言渡すものである。行為者が支払う罰金額は、「日数」と「日額」の積により求められることとなる。

　基本文献がその議論状況を紹介するドイツでは、1956年ドイツ刑法総則草案において日数罰金制度が初めて規定されて以降、活発な議論が続けられ、同制度は1975年に施行されることとなった。わが国でも、1974年の改正刑法草案には盛り込まれなかったものの、法制審議会刑事法特別部会第二小委員会において、導入に向けた試案が1964年と1966年の２度にわたって提示され、議論が行われるなど、ドイツから大きな影響を受けてきた。

　基本文献の該当部分は、1966年に公表されたものであり、ドイツや日本で活発な議論が行われていた時期に、日数罰金制度について詳細に分析した貴重な論稿である。法制審議会刑事法特別部会第二小委員会において、1964年に同制度が議論された際、異論が多く提起されたこともあって、その異論に対する反論が大きな割合を占めているのも特徴である。

2　基本文献（原典）

　三　日数罰金体系は、「行為者は何日間、経済的不自由をこうむるべきか」という考慮から出発する（Fränkel, Niederschriften, Bd. 1, S. 375.）。これは、今迄の一定額の罰金刑制度、つまり、「行為者は何円の罰金刑に価するか」という考慮とは、一見、全く別の立場のように思われよう。しかし、一定額の罰金刑の惹き起す効果は、結局、一定日数間の経済的不自由であるから、両方の立場は同一に帰するのである。

　しかも、一定額の罰金刑の効果は、行為者の経済状態を考えないでは判断しえない。これに対して、「行為者は何日間、経済的不自由をこうむるべきか」という考慮は、行為者の経済状態を考えなくとも、抽象的になしうる。日数罰金体系は、この経済的不自由の日数を統一単位として、まず行為者の責任に従って「何日の日数罰金に処す」と判決し（日数罰金の数の決定）、次に、各日数罰金の額を行為者の経済状態を斟酌して定め（各日数罰金の額の決定）、最後に、この「日数罰金の数」と「各日数罰金の額」を掛けた金額を示す（Mittermaier, ZStW, Bd. 55, S. 649. 従って判決主文は以下のようになる。「被告人を○○日の日数罰金に処す。各日数罰金の額は△△である。被告人を○○×△△円の罰金刑に処する」）。日数罰金体系によれば、行為者の責任と経済状態という区別さるべき量刑事由を、外的にも区別しうる。我々は行為者の責任を、日数罰金の数から読みとることができる。月収２万円のＡと、月収10万円のＢは、

責任が同じならば、等しく X 日の日数罰金を言渡される。この責任の外的認識性、それに基く日数罰金の数による平等な扱いこそ、日数罰金体系の特色である（責任刑法の原則に応ずる（Entwurf 1962, Begrnduüng, S. 98, 169））。日数罰金体系は、行為者の経済状態斟酌の一方法であるが（従って、第一節の叙述は全て日数罰金体系にも当てはまる）、それだけに尽きるものではない。日数罰金体系によって始（ママ）めて、行為者は外的にも内的にも、つまり責任と刑罰害悪に従って、等しく、従って正しく扱われる。一般の人々にも、「正しく取扱われている」との印象を与える。((3)60-61頁)……

このような長所・成果を持つ日数罰金体系に対しても、種々の異論がある。次に、この異論について検討を加えよう。((3)61頁)

四 I　日数罰金体系に対する異論の第一は、日数罰金体系の長所の一つである、行為者の経済状態をその他の量刑事由と区別することは、直ちに日数罰金体系の短所である、なぜなら、行為者の経済状態が他の量刑事由に対して、優遇されるからであると主張する。

この異論は、罰金刑の量定における・行為者の経済状態斟酌（ママ）の必要性に対するもので、日数罰金体系に固有なものでない。この異論は、理由がないことについては前述した（第一節四参照）。ここでは、更に、別の視点から、この異論が認めえないことを示そう。

たしかに、日数罰金体系のごとく、責任に応じた日数罰金の数の決定、経済状態に応じた各日数罰金の額の決定と二分することは、本来統一的であるべき量刑にとって、あまりに人工的、技巧的であるともいえよう。しかし、こうしないならば——理論的な視点は度外視しても——裁判官は従来通りに、まず罰金刑額を定め、次に法律に応ずるために、この額を機械的に適当な日数の日数罰金に分けるという危険がある。従って、日数罰金体系の量刑過程の二分は必要なのである。

抽象的な統一単位である日数罰金の数を定めることは、困難であろう。特に新制度の場合はそうであろう。しかしこの困難は、日数罰金体系に固有なものではない。全ての刑罰体系、全ゆる新制度に存在する（Mittermaier, ZStW, Bd. 55, S. 652. Vgl., Würtenberger, Die Reform des Geldstrafenwesens, ZStW, Bd. 64, S. 25.）。((3)66頁)

II　日数罰金体系に対する異論の第二は、日数罰金体系の理論的一貫への疑問を内容とする。日数罰金体系の理論的一貫への疑問は、二つの方向で提起されている。

一つは、高額の罰金刑に関する。((3)67頁)……

日数罰金体系の理論的一貫への疑問のもう一つは、軽い犯罪に関する。この疑問は、更に、日数罰金の適用範囲に関するものと刑法典の犯罪に関するものに分かれる。

第一に、適用範囲について。各国の立法例をみるとフィンランドのみが附随刑法を含む刑法の全領域に適用する。これに対して、スウェーデンでは、罰金刑を規定され

た飲酒行為・公然社会の憤激を惹起する行為、50クローネ未満(ママ)の一定の罰金刑が規定されている犯罪、罰金刑の上限が300クローネ以下の犯罪、比例的罰金刑・併科刑が規定されている犯罪は、日数罰金体系の適用から除外される。デンマークでは、刑法典以外の全罰金刑犯罪が、日数罰金体系の適用から除外される（Fränkel, Niederschriften, Bd. 1, S. 376; Finkler, Materialien, Bd. 2(1), S. 109. なお、セリン・前掲刑法改正資料91頁参照）。

たしかに、日数罰金体系と一定額による罰金刑の二元主義は、複雑な体系である。しかし、我が国のごとく、軽い交通法違反にも罰金刑を科している法制では、全ての罰金刑に日数罰金体系を適用することはできない。そこで、刑法典改正の際には、刑法施行法で日数罰金体系の適用を当分刑法典の犯罪と各法令で特に認めた犯罪に限定することが必要であろう。各法令において日数罰金体系の採否が、それぞれ検討されるべきであろう（平野・前掲書150頁。秩序違反行為についても、日数罰金体系は、必ずしも除外されないことについて、Jescheck, Niederschriften, Bd. 1, S. 181. 彼は少くとも非常に高い Geldbusse は日数罰金体系によるべし、という）。

第二に、刑法典の犯罪について。刑法典の犯罪について、日数罰金体系によって、非常に高い罰金刑が言渡される危険がある、従って、軽い犯罪にあっては、各日数罰金の額の決定において犯罪の客観的意義を考慮すべきである、と主張される（Gallas, Niederschriften, Bd. 1, S. 168; Neumayer, Niederschriften, Bd. 1, S. 168. ガルラスはここで算術的正義について語る。参照第一節五）。

日数罰金体系では、各日数罰金の額は行為者の経済状態に従い、犯罪の客観的意義は考慮されない。従って、各日数罰金の額は、理論的には、行為者の経済状態が種々である以上、行為者の支払能力による制限はあるが、額による制限はありえないことになる（額によって制限されない罰金刑といっても、行為者の支払い能力による制限はあるから、絶対不確定刑とはいえないであろう（Stree, a.a.O., S. 24.））。

しかし、あまりに高額の罰金刑は認めることができない。（(3)67-69頁）……

そこで、日数罰金体系の理論的一貫を或る程度犠牲にしても、我々は各日数罰金の額を制限することを認めることができよう。上限は、「刑罰目的達成に必要な高さに達しえられる」（ランゲ）ために、相当高く定めなければなるまい。下限は貧しい人々の支払能力にも応じうるように、定めるべきであろう。（(3)70頁）

Ⅲ　日数罰金体系に対する異論の第三は、行為者の経済状態斟酌は実際上困難であると主張する。この異論は日数罰金体系に固有なものではなく、行為者の経済状態斟酌が必要とされる以上、忍ぶべきことについては前に述べた（第一節五参照）。

この経済状態斟酌の実際的困難と関連して、行為者の経済状態の調査は完全には行いえないから、各日数罰金の額の決定が図式的になってしまうに違いない、全ゆる図式化は正しい刑罰の発見を妨げ、裁判官の量刑における自由と結合しえない、図式化

は各日数罰金の額が乗数となるので、日数罰金体系では特に有害であるとの非難がある（Rösch, Niederschriften, Bd. 1, S. 159, 379; Mezger, Niederschriften, Bd. 1, S. 166）。図式化の問題を考えるにあたっては、各日数罰金の額の決定の仕方について考察しておくことが必要である。以下、3つの提案を手掛りとして考えてみよう。

フレェンケルは、次のごとく提案する。「(各)日数罰金は、非常に検約した場合に、行為者に対してその行為の償罪として、毎日要求さるべき金額である。この金額は、行為者が判決のときまでに持ち或は持つ気があれば持ちえた日収(全ゆる種類の収入。資本財からのも、財産財からのも)に従って量定される。その際に、支払能力にとって決定的な事情（特にその財産、扶養義務）が適当に斟酌されるべきである。収入又は財産、或はその他の決定的事情が全く、或は十分に又は完全に確定されえないなら、この額は行為者の事実上の生活水準に従って定められる」。フレェンケルは、この内容を法律上規定することを提案する（Fränkel, Niederschriften, Bd. 1, S. 377）。

第二の提案は、連邦司法省のものである。「原則的に日数罰金は、行為者の獲得しうる収入、利用しうる財産、事実上の生活水準に基いて、その扶養義務その他の適当な支払義務を考慮して、非常に検約した場合行為者に毎日要求されるべき金額を意味すべきである」。司法省案では、この基本思想がどの程度法律中に規定されるべきか、又は単に理由書中に表現されるべきかは検討を要する、とされている（Vorschläge der Sachbearbeiter des Bundesjustizministeriums zu Grundsatzfrage 5 e, Niederschriften, Bd. 1, S. 381）。

第三の提案は小委員会（フレェンケル、レェッシュ、シューファー、ガルラス、ドレーアー）のものである。「裁判官は日数罰金を、行為者の人格状態、経済状態を自由に斟酌して、それが行為者にとして手痛い負担（fühlbare Belastung）を意味するように量定する」。小委員会はこの通り法律上視定することを提案する（Vorschläge der Unterkommission zu Grundsatzfrage 5 e, Niederschriften, Bd. 1, S. 382-383. この少委員会案には多くの人が賛成する（Niederschriften, Bd. 1, S. 212))。

日数罰金体系の大きな長所の1つは、裁判官に現行法にはない指導形象を与えることであった。従って、行為者の経済状態に従った・各日数罰金の額の決定についても、裁判官に一定の指導像を与えなければならない。しかし、フレェンケル案を法律上規定することには賛成できない。規範的要素かあまりに多く、却って区々な判決に導き、上告の可能性を増大させると思われるからである。

裁判官は完全な日数罰金のみを言渡すことができる。従って、各日数罰金は、行為者にとって「手痛い負担」を意味しよう。しかし、「手痛い負担」という言葉を条文に入れることは疑問である。「自由に」という言葉を条文に入れることも疑問である。「自由に」斟酌するといっても、裁判官の裁量は常に合義務的なものである。却って解釈上問題が生ずるだけである。

各日数罰金の額は、「行為者に毎日要求さるべき金額」、つまり「毎日なしで済ませ

ることができる金額」である（支払える罰金刑！）。ごく大ざっぱにいって、「＜自由にしうる金額＞－＜必要な出費＞」である。「自由にしうる金額」は、「生活水準」を考えなければ評価しえない。このことは、たとえば、実際に収入のない妻、自分自身の収入以上の生活をする子供を考えれば、理解できよう。

　犯罪者といえども、「健康で文化的な最低限度の生活を営む権利」（憲法25条1項）を持っており、「残虐な刑罰は、絶対に……禁」（憲法36条）じられている。従って、必須の衣食住費は「支払うべき金額」に含めてはならない（Mittermaier, ZStW, Bd. 55, S. 651; Stooss, Zur Reform, S. 97; Eb. Schmidt, Strafzweck und Strfzumessung in einem künftigen Strafgesetzbuch, Materialien, Bd. 1, S. 22. vgl., Stree, a. a. O., S. 37. 行為者の家族の生存も勿論考慮すべきである（刑罰の純化！））。必要な出費を考える際にも「生活水準」を考慮しなければならない。人間の肉体的生存の費用は、人によってそれ程大きな差はないであろう（今その費用を年額Aとする）。だからといって、＜年収20万円の人の支払いうる金額＞＝（200,000－A）/365（円）、＜年収一億円の人の支払いうる金額＞＝（100,000,000－A）/365（円）とすることは、認めることができない。「必要な出費」も社会的地位に応じて考えなければならない。つまり、「社会的に妥当と認められる生活水準」（ミッテルマイヤー）を考慮しなければならない。「必要な出費」としては、行為者自身と扶養すべき家族の衣食住の費用、生活水準に応じた支払義務、税金等が考えられる。年令、健康状態等も考慮しなければならない。そのうえ、「或る者が金持であればある程、その者の必須の欲求で消耗される収入部分は小さい」。従って、裁判官は支払能力の累進を考えねばならない。このように考えてくると、いかに詳細に法律上規定しても、結局、裁判官の裁量に委ねないならば、妥当な判断はなしえないであろう。そこで試みに、次のごとき条文を法律上規定することを提案しよう。「罰金刑は日数罰金で言渡される。一日の日数罰金の額は、行為者の支払能力に影響を及ぼす全ての事情を斟酌して、裁判官が決定する。特に大切なのは、行為者の収入、財産、生活水準、家族状態、扶養義務その他の支払義務、職業、年令、健康状態である」。この条文によって、行為者の経済状態の斟酌を裁判官に義務づける一般規定は不必要となる。（(3)71-74頁）……

五　以上の考察によって、罰金刑の量定において行為者の経済状態を斟酌することが必要であること、実際に行うための規定及び量定方式について検討を加えた。特に、日数罰金体系は、決して新奇な制度ではなく、古くからの議論の上に立つ制度であること、1920-1930年代からの歴史をもつ立法例もあり、成果をあげていること、現在ある量定方式の提案中では、理論的に最善のものであることを明白にしえたと思う。

　新刑法典においては、日数罰金体系を採用すべきであると考える。（(3)76頁）

3　解　説

▶ドイツの日数罰金制度

　日数罰金制度においては、裁判所が「日数」において行為責任を、「日額」において行為者の事情をそれぞれ量定し、「日数」と「日額」を言渡す。

　ドイツでは、「日数」は、刑の量定の一般的な原則に従って判断される。「日数」の下限は 5 日、上限は原則として360日（併合罪の場合、720日）とされている。

　一方、「日額」は、人的および経済的状態を考慮して判断される。その際、通常、行為者が平均して 1 日に得るまたは得ることができる実所得を判断の出発点としなければならない。1975年の施行当初、「日額」の下限は 2 マルク、上限は 1 万マルクとされていたが、ユーロの導入により、それぞれ 1 ユーロ、5000ユーロに変更された。その後、2009年の改正により、「日額」の上限は 3 万ユーロに引き上げられた。

　行為者が支払う罰金額は、「日数」と「日額」の積により求められることとなる。もっとも、裁判所は、罰金額だけを言渡すことは許されず、「日数」と「日額」をそれぞれ言渡さなければならない。基本文献も指摘するように、「日数」と「日額」を個別に量定して言渡すことにより、なぜ行為者が罰金刑としてその額を剥奪されるのかを明確にすることができるとともに、行為者の経済状態等を適切に斟酌することができる。

　行為者は、「日数」と「日額」の積により求められる罰金額を原則として直ちに全額支払わなければならない。もっとも、裁判所は支払猶予（延納）または分割払（分納）を認めることができる（支払条件の緩和）。

　このようにして言渡された罰金刑を行為者が支払うことができない場合、「日数」 1 日につき代替自由刑 1 日に転換される。この代替自由刑は、わが国の労役場留置（刑法18条）とは異なり、真正の自由刑であると理解されている。

▶犠牲平等原則

　基本文献が指摘するように、日数罰金制度は、行為者の経済状態を総額罰金制度よりも適切に斟酌することができる。では、そもそもなぜ行為者の経済状態が斟酌されなければならないのだろうか。

罰金刑は、行為者から金銭を剥奪する刑罰である。同じ金額を剥奪することは、絶対量として等しい苦痛をもたらすことになる一方、行為者の経済状態に応じて実質的には異なる苦痛をもたらすことになる。具体的には、罰金刑により10万円が剥奪された場合、金額としては同じ10万円であるものの、行為者の所得や資産が多ければ多いほどその苦痛は実質的に小さくなるのに対し、行為者の所得や資産が少なければ少ないほどその苦痛は実質的に大きくなりうる。そのため、行為責任の量が同じであったとしても、罰金刑の量定の際に経済状態等を斟酌すべきか否かが問題となる。

　基本文献は、引用部分の前で行為者の経済状態の斟酌を肯定する。そして、否定説に対して、①自由刑とは異なり、刑罰の効果が不均等である状態を是正すべきこと、②行為者の経済状態を斟酌することが平等原則に反しないこと、③行為者の経済状態も量刑上考慮すべき事情であること、④行為者の経済状態を量定することが可能であることを主張する。その上で、「行為者の経済状態斟酌を保証(ママ)する量定方式が必要である」とする。

　基本文献のように、行為者の経済状態を斟酌するとしても、どの程度斟酌すべきかによって望ましい量定方法が異なることとなる。基本文献の発想は、犠牲平等原則に依拠するものである。犠牲平等原則は、文字通り、法益剥奪という「犠牲」が行為者に「平等」に科されなければならないことを定めた原則である。この考え方は、経済状態の斟酌を徹底して行い、経済状態に応じて罰金額を決定することを求めることとなる。

　刑事法よりも先に犠牲平等原則を取り入れた租税法においては、「平等」とされる「犠牲」の内容について、3つの考え方があった（永田憲史『財産的刑事制裁の研究――主に罰金刑と被害弁償命令に焦点を当てて』〔関西大学出版部、2013年〕256頁以下。以下、基本文献に記載なき内容については同書を参照）。①「同等に絶対的な犠牲」、②「同等に比例的な犠牲」、③「同等に限界的な犠牲」である。犠牲平等をどのように理解するかによって、望ましい量刑方法も変わるはずである。

　①は、同じ絶対量の金銭を剥奪することを同等の犠牲とする考え方である。もっとも、この理解によれば、豊かな者と比べて貧しい者ほど相対的に大きな負担を被ることとなってしまうのは既に述べた通りである。②「同等に比例的な犠牲」は、所得や資産に対する一定割合の金銭を剥奪することを同等の犠牲

とする考え方である。この理解によれば、剥奪される金銭の絶対量は豊かな者ほど多くなるものの、剥奪後に残される財産の絶対量もまた豊かな者ほど多くなるため、豊かな者ほどその負担が実質的に小さくなってしまいかねない。③「同等に限界的な犠牲」は、剥奪後に残される財産の絶対量が等しくなるよう剥奪する考え方である。この理解によれば、剥奪後に残される財産の絶対量が少なく設定されればされるほど、豊かな者ほどその負担が実質的に大きくなる。

　罰金刑の量定方法の議論においては、①「同等に絶対的な犠牲」が問題視されて、②「同等に比例的な犠牲」が長い間支持を得てきたものの、ドイツの日数罰金制度においては、③「同等に限界的な犠牲」を実現すべく立法が行われることとなった。「日数」として言渡された期間、得られたまたは得られうる実所得のすべてを剥奪することにより、剥奪後に残る金額を0とする制度が構築されたのである。

▶適用領域

　日数罰金制度には、数多くの論点が存在する。以下では、基本文献が分析する論点のうち、2つを検討する。

　まず、日数罰金制度による量定を刑法犯に限定するのか、それともその他の特別法犯にまで適用するのかについて議論がある。

　「日数」が少ない軽微事犯にまで日数罰金制度によって量定すれば、罰金総額は大差がない一方、「日額」の量定のための負担が莫大なものとなりかねない。そのため、基本文献のように刑法犯等に日数罰金制度の適用を限定しようとする見解が支配的である。

　しかも、わが国においては、基本文献の公表後の1968年の道路交通法改正により、交通反則通告制度が導入された。これにより、道路交通法の違反行為の一部に対して違反ごとに定額の交通反則金の納付が求められることとなった。2013年には、裁判確定人員のうち罰金刑とされた者が30万6316人であるのに対し、道交違反のうち交通反則金の納付が求められる告知事件は708万1632件と20倍以上利用されている。現在では、交通反則通告制度と日数罰金制度の関係を整理する必要も生じているのである。基本文献も指摘するように、日数罰金制度と総額罰金制度が併存する状況は混乱を生じさせかねないはずである。交通反則通告制度が存在する今日ではなおさらである。

このような問題を解決するための最も易しい方法の1つは、「日額」の量定を簡便化し、その負担を軽減することである。しかし、そのような主張はほとんど見受けられない。「日額」の量定が日数罰金制度の生命線と理解されているからであろう。

　このように日数罰金制度の適用領域の議論は、「日額」の量定の厳格化と表裏一体であると言ってよい。では、「日額」の量定はどのように行われるのであろうか。

▶「日額」の量定

　ドイツでは、「日額」の量定方法について、行為者が得る所得から生活のために必要な支出を差し引いた実所得をすべて剥奪するのか（実所得原理）、おおよその実所得を基礎にして行為者にいかなる侵害を求めるべきかを斟酌して判断するのか（侵害原理）が争われた。

　実所得原理は、実所得のすべてを杓子定規に剥奪しようとするものである。これに対し、侵害原理は、資産の多寡等の行為者の事情を踏まえて妥当な金額を設定しうるという長所を有していた。たとえば、資産をもたない行為者に対して、実所得すべての剥奪が不適切であると判断すれば、1日当たりの実所得よりも「日額」を小さくできる。一方、資産を多く有する行為者に対して、実所得すべての剥奪では不十分であると判断すれば、1日当たりの実所得よりも「日額」を大きくできる。既に日数罰金制度を導入していた北欧諸国では、侵害原理が一般的に採用されていたこともあって、ドイツでも、当初、侵害原理を採用することに大きな異論はなかった。基本文献が紹介する3つの提案はいずれも侵害原理に依拠するものであった。

　しかし、侵害原理を採用すれば、罰金刑の適用において当時多くを占めていた飲酒運転の処罰において、多くの行為者の「日額」が低く抑えられることになって罰金総額が下がってしまうことが指摘されると、議論状況は一変した。侵害原理の不当さが強調され、実所得原理が是とされたのである。

　もっとも、実所得すべてを剥奪すれば、資産をまったくもたない行為者は、生計が完全に破壊されてしまいかねないため、実所得原理を貫徹することは難しい。それゆえ、ドイツ刑法典は、通常、行為者が平均して1日に得るまたは得ることができる実所得を判断の「出発点」とするに留め、人的および経済的

状態を考慮して「日額」を上下させるという操作を認め、実所得原理を修正している。実所得の算定や人的および経済的状態の考慮については、侵害原理に関する議論が活かされており、基本文献でなされている詳細な紹介が参考になる。とは言え、「日額」には上限が設けられており、「日額」の上限が大きいために実際上問題になることがほぼないものの、人的および経済的状態を考慮するにも限界が設けられている。ドイツの実務では、一定以上の資産を有する場合、その経済状態を考慮して「日額」が増額されており、この点でも実所得原理は貫徹されていない。資産の額に応じてどの程度「日額」を増額するかについて理論的根拠があるわけではなく、「日額」の判断において算術的な厳格な正確さは失われていると言ってよい。

　基本文献の公表後の議論ならびに立法および実務を踏まえると、「日額」の量定を厳格に行うことに執着する必要はないように思われる。「日額」の量定を簡便化し、その負担を軽減することで、日数罰金制度をあらゆる法令違反に適用することが可能なはずである。

▶**自由刑との互換性から生じる問題**

　日数罰金制度は、「日数」という時間の要素を持ち込むことで、同じく時間を単位として自由を一定期間剥奪する自由刑と同じ基盤に立ち、自由刑との互換性を持たせることに成功した。それゆえ、罰金刑が不払となった場合、「日数」1日につき、代替自由刑1日へと転換するとされている。しかし、円やユーロで表示することと比べると、「日数」という時間の単位を持ち込むことによって、行為責任の程度がどれほどのものかをわかり難くしてしまうことは否めない。

　また、「日額」を「日数」と峻別して量定することにより、経済状態等を十分に斟酌することが目指されている。しかし、ここでもまた、1日当たりという時間の要素を持ち込むことによって、経済状態の斟酌の対象が所得に偏ることとなってしまっている。行為者の中には、所得および資産双方が多い者と双方に乏しい者だけでなく、所得または資産のいずれか一方は多いものの他方は乏しい者も少なくない。所得と資産双方をバランスよく考慮して経済状態を斟酌することが必要であるところ、「日額」という枠組においては資産を十分に斟酌することが困難であり、経済状態の十分な斟酌を達成できないという構造的な問題を抱えている。経済状態の十分な斟酌という命題は、日数罰金制度の

出発点にかかわる問題であり、この命題が達成できない以上、公正公平な量定方法とは言い難い。この点は、イングランドおよびウェールズにおいて単位罰金制度と称する日数罰金制度類似の制度が導入された際に見受けられたような（単位罰金制度については、瀬川晃「イギリスの単位罰金制度の成立と廃止」同志社法学45巻6号〔1994年〕1頁以下〔『イギリス刑事法の現代的展開』（成文堂、1995年）123頁以下所収〕参照）、総額罰金制度から日数罰金制度に移行する際に生じる心理的な抵抗感とは異なる本質的な問題であり、看過できない。総額罰金制度とも日数罰金制度とも異なる第三の量定方法の導入が検討されるべき時期に来ていると言えよう（第三の量定方法については、永田・前掲書303頁以下参照）。

4　関連文献

▶岩橋義明「財産刑をめぐる基本問題について——法制審議会刑事法部会財産刑検討小委員会の検討結果報告」ジュリスト1023号（1993年）60-81頁

　法制審議会に対して法務大臣によってなされた諮問を受けて設けられた小委員会が1990〜1993年に審議検討を行った内容をまとめたものである。同委員会では、財産刑の一本化、日数罰金制度、延納・分納の法制化、法人に対する保全手続、社会奉仕命令の導入などが検討された。両罰規定に関する連動の切離しについては先行して1990年に検討結果が報告され、独占禁止法の改正に結実した。2006年の改正によって窃盗罪・公務執行妨害罪の法定刑に罰金刑が付加されたが、同委員会ではこの点について消極とされており、その論拠が注目に値する。

▶市川秀雄「無制限額の罰金と無定量の罰金刑——教育刑理念の罰金刑理論への展開」法学新報58巻12号（1951年）25-48頁

　急激なインフレーションに罰金刑を適応させるための手段として罰金刑の多額を法定しない「無制限額の罰金」を紹介する。さらに、不定期刑に倣って、一定額の罰金を犯罪者が改善するまで定期的に納付させる「無定量の罰金刑」を提案する。自由刑の改善効果を罰金刑でも目指そうとするものであり、自由刑と罰金刑の差異を考察する上で意義深い論文である。

7 保安処分

●基本文献
中山研一
『刑法改正と保安処分』
(成文堂、1986年)

川本 哲郎

0　原著者紹介

　1927-2011年。京都大学で法学博士号を取得し、京都大学、大阪市立大学、北陸大学で長く教鞭をとる（京都大学・大阪市立大学名誉教授）。刑法の第一人者であり、主著には、『刑法総論』（成文堂、1982年）、『刑法各論』（成文堂、1984年）のほか、『刑事法研究　第1巻-第14巻』（成文堂、1985-2011年）などがある。保安処分については、基本文献のほか、『心神喪失者等医療観察法の性格』（成文堂、2005年）、『心神喪失者等医療観察法案の国会審議』（成文堂、2005年）がある。

1　基本文献の意義と位置づけ

　基本文献は、戦後の刑法全面改正作業の中でも、とくに争われた保安処分問題について、中山研一が、1969年から1985年にかけて公表された論文をまとめたものである。
　保安処分の問題は、1920年代から始まった刑法改正の動きの中で取り上げられ、改正刑法仮案にも保安処分の規定が置かれていた。第2次大戦後の刑法改正作業においても、保安処分は規定されることになったが、その際に、改正刑法準備草案の規定に基づくA案と、第一次参考案のB案とのいずれが妥当かが争われることとなった。
　基本文献は、この間の論争を忠実に辿り、問題の所在を明らかにしたものであり、保安処分問題を論じるときには必読の文献となっている。なお、その後

30年近くを経て、精神障害犯罪者に関する心神喪失者等医療観察法が2003年に成立したが、その際にも中山は、前記の２書を公刊し、詳細な分析を加えている。

2　基本文献（原典）

　保安処分に関する規定の立案においても、その他の条項の場合と同じように、準備草案の規定がその基礎となった。……準備草案をなまぬるいとしてその拡大強化を主張する考え方もあったが、結局、基本的に準備草案の路線を踏襲する形で小委員会の多数意見が形成された。これが小委員会第一次参考案のＡ案といわれるものである。これに対して、保安処分をまったく規定しないという案は、結局、小委員会内部では形成されず、Ａ案の保安的色彩を緩和し、より治療的色彩を押し出そうとする考え方がＡ案に対抗して主張され、これが第一次参考案のＢ案という形で提起されたのである。

　しかし、このＡ案とＢ案の対抗も、すでに昭和44年12月に開かれた法制審議会刑事法特別部会での採決の結果、Ａ案が多数決で採択されることによって、部会の立法作業としては終止符をうつことになった。(40-41頁)

……

　まず、Ａ案は上述したように、細部における修正は別として、基本的には準備草案の規定を踏襲したものである。それ〔Ａ案〕は労作処分や予防処分を除外し、医療的性格のものに保安処分を限定することによって治療的色彩を盛りこんでいるが、その背後には常に保安上の必要ということが優越的に意識されている。これに対してＢ案は、それが治療的な処置であることを強調し、たとえば名称も「保安処分」という表現をさけて、「療護処分」（治療矯正処分）とよぶことを提唱している。ここから、Ａ案は保安に、Ｂ案は改善に重点があるということになるが、しかし、もちろんその相違は相対的なものであって、両者とも一方のみを念頭においているわけではない。より正確には、Ａ案は「保安も改善も」という形で主張され、実際には、保安目的に矛盾しない範囲と程度において治療改善目的も考慮されるという関係に立つのに対して、Ｂ案では、保安目的を排除しないが、それを若干犠牲にしてでも改善目的を追求するという関係に立つということができるであろう。この点が、単なる量的な相違をこえて基本的なアプローチの相違に及ぶものであることは、具体的に保安処分の対象者と考えられている精神障害者のイメージとその効果が、Ａ案では、兇悪で危険な犯罪者に対する長期の隔離の必要にあるとされるのに対して、Ｂ案の場合には、むしろ比較的軽い犯罪（財産罪）の常習者に対する治療改善にあると考えられている点にもあらわれているということができる。

以下、さらに個々の内容に立ち入ってA・B案を比較してみると、まず治療処分の要件については、A案が「保安処分の必要」を、B案が「治療及び看護の必要」をあげている点を除いては、対象者の範囲が責任無能力者および限定責任能力者に限定されている点で相違がないようにみえる。しかし、この対象者の範囲については、いわゆる「精神病質者」が含まれることになるのかどうかという点をめぐって微妙な問題が存在する。A案の考え方に立つ部会草案は、常習累犯に対して不定期刑を予定しているので、精神病質者を責任能力者としてこれに重い責任を追及するという構成が一応可能であるが、B案の立場は、不定期刑をみとめないものである以上、精神病質者の処理にはいっそうの困難が伴わざるをえないのである。責任能力の要件を緩和して、これを治療的な保安処分にとりこむという発想が、むしろB案のほうから出やすいのは以上のような理由による。ともあれ、精神病質者の取扱いはもっとも困難でかつ重要な問題の一つであるといえよう。

　次に、収容されるべき施設については、A案では「保安施設」（法務省系統）のみであるのに対して、B案では「療護施設」（法務省系統）と「医療施設」（厚生省系統）の二本建となっている点が異なる。B案の趣旨は、法務省系統の施設ではどうしても保安と警備に重点がおかれがちで、病気治療の観点から好ましくない場合もあるので、厚生省系統の医療施設（精神病院）への収容の途を開こうというわけである。医療施設に収容された者の処遇は、措置入院患者に準ずるものとされている。処分について、A案が例外なく施設収容処分のみを規定するのに対して、B案が猶予処分という形での非収容処分を予定している点も相違点の一つである。

　問題は収容期間であるが、治療処分については原則として3年とし、以降は2年ごとに更新しうるが、その更新は2回を限度とし、結局7年が最高というところまでは、A・B両案とも同じである。ところが、A案では例外的に、死刑、無期または短期2年以上の懲役にあたる行為をするおそれが顕著なものについては更新に限度がなく、不定期の収容となるおそれがあるのに対して、B案ではこのような例外的な延長を一切みとめず。7年の頭打ちとなっている点に重要な相違が存在する。

　最後に、刑と処分の関係について、両者が同時に言渡された場合の執行の順序について、A案では、結局、刑の先執行を原則とする考え方が支配的となったのに対して、B案では常に処分が先執行され、例外はみとめられない。この点は単なる手続問題をこえて、刑と処分の関係についての、より深い基本的な考え方の相違に由来する。つまり、A案による刑の先執行論は、いわゆる積極的責任主義からの論理的帰結であり、そこでは刑の執行がまず貫徹され、処分は常にこれを「補う」役割のみを与えられるのであって、B案からのアプローチのように、処分が刑に「代る」ことは原理的にみとめられないのである。いわゆる限定責任能力者には責任と危険性が競合するので、その取扱いには理論的にも実践的にも困難な問題が伴わざるをえないのである。(41-43頁)

……

〔草案説明書の要約〕
　保安処分の審議にあたっては、それが重大な自由制限を伴う処分であり、医学その他の関連科学との協力が必要な分野であることにかんがみ、精神医学などの専門家の見解をも十分に聴取しつつ、保安処分の要否およびその内容について、とくに慎重な検討を重ねた結果、治療処分と禁絶処分の二種類の保安処分を採用することに決定した。
　保安処分の種類として、治療処分と禁絶処分の二種に限ったのは、危険な常習犯に対する予防監置が、執行面で刑と区別しえず、拘禁の長期化による人権侵害の危険があること、また労働嫌忌者に対する労作処分なども、その必要性に疑問があるだけでなく、人権侵害の危険があることを考慮したためである。
　保安処分の新設に対しては、現行の精神衛生法を活用すれば十分であり、対象者を正確に識別することは困難であって、不当な人身拘束のおそれが大きいとする反対意見もある。しかし、精神衛生法上の措置入院制度は、本人の治療面に主眼をおいた制度であって、危険な精神障害者に対する措置としては十分なものではなく、調査によれば、十分な入院措置がとられず、治療効果の見られないまま比較的早期に退院してしまい、アフター・ケアも十分でないために、再犯率がかなり高いこと、通常の精神病院における処遇が開放的な方向に動いている中で、犯罪性の顕著な者を同じ施設で処遇することは、従来以上に困難となり、病院関係者からも保安処分新設の要望があること、措置入院制度は、知事の命令によるものであるので、社会の保護という面をも考慮して運用をはかるという観点からみると、対象者の手続上の権利を保障するのに不十分であると思われること、医療刑務所における処遇も、収容期間および刑の執行であることに伴う制約から、必ずしも十分な治療効果があがっているとはいえないこと、従来の実績から、わが国の精神医学は、精神障害の存否、程度、危険性等の判定にあたり、信頼しうる意見を裁判所に提供できると考えられること、保安処分の乱用ないし誤用による人権侵害のおそれについても、制度の内容および手続を適切なものとすることによって十分にその防止が可能であること、諸外国の立法例においても、精神障害者に対する保安処分はほとんど例外なく採用されていること等の理由から、犯罪的危険性の高い精神障害者およびアルコール・薬物中毒者について、本人に医療および矯正のための措置を講ずることによって社会の安全を保護する趣旨で、司法処分としての保安処分を採用することに決定した。
　審議の過程で、B案の提案もなされたが、この案は、個々の問題点があるほか、社会の安全という面をやや軽視しているきらいがある反面、これによらなければ効果的な治療と人権の保障を全うすることができないというわけではないなどの理由で、採択されなかった。なお、「保安処分」という名称については、治療処分と禁絶処分が、治療および矯正の措置をとることにより、結局社会の安全すなわち保安を目的とする

ものであり、用語としても学問的に定着していることなどから、この名称を用いることになった。(101-103頁)
　……
　全体の問題状況としては、草案とこれを修正した刑事局案の線に沿って処分制度の新設を推進しようとするＡ案の立場と、治療主義の観点から、精神障害者が刑を科せられる状況を避けるために裁判所の命ずる治療処分が必要だとするＢ案の立場と、保安処分の新設ではなく、現行の措置入院制度の改善と充実によって対処しようとする第三の立場との対立が見られたが、それぞれの特色と相互関係の分析が基本的に重要な課題だったといえよう。
　Ａ案の特色は比較的明らかであり、終局的には「保安主義」というところに帰一するものであるかぎり、その他のＢ案および第三の立場からの原則的な批判をまぬがれなかったのである。Ａ案の立場からも治療主義への接近がはかられ、現にＢ案から出発したはずの論者も若干流入し、その相違が相対化されつつあるように見えるが、そこでは危険な精神障害犯罪者からの社会保全目的の枠内での治療という構造は不変のものとして維持され、治療と人権はこの固い枠をこえることができないのである。この点は、たとえば草案の説明書でも、一般の精神障害者の処遇の開放化を促進しうることで病院関係者の間にも賛成論があるとし、また、対象者の手続上の権利を保障し、医療刑務所における治療の制約を克服するなど、治療と人権への配慮が語られているが、結局は社会の安全（保安）を目的とするものであることが明らかに確認されている。そして、保安面を軽視したＢ案をとりえないとした態度決定は、草案を修正した刑事局案にもうけつがれているということができる。Ａ案の立場から治療主義をとり込もうとする努力も、その前提が不変である限り、矛盾と限界をあらわにせざるをえない。したがって、Ａ案としては、保安目的による刑事処分の新設の必要性と正当性を正面から問題としなければならない。しかし、かつて保安処分が導入された時代と異なって、危険性を理由とする拘禁の正当性を論証することは、今日では、ますます困難になりつつあることを念頭におかなければならない。賛成論はこの点において、いわゆる楽観的保安処分観のレベルにとどまり、問題性の受けとめ方になお甘さをのこしているように思われる。上述した批判点に対する反論を期待したいものである。
　一方、Ｂ案については、たびたび指摘したように、その現在における意味と内容が必ずしも明らかではないという問題をのこしている。学会で一時期かなり広く受容されたといわれる考え方であるだけに、その後の状況変化を考慮して、より具体的な形で再提案されることが望まれるといえよう。
　最後に、措置入院制度の改善によって対処しようとする立場においても、その内容にいくつかの考え方や提案が存在するので、精神医療の問題性が指摘されつつある今日、建設的な方向においてその改善策のあり方を検討して行くことの必要性は、ます

> ます大きくなるものと思われる。そしてそこでは、問題解決の困難性を性急に保安の領域へと追いやるのではなく、可能な限りこれを治療と人権の観点に引き寄せて解決しようとする基本的な姿勢をまもって行くことが重要となるであろう。精神医療の専門家の協力と共同作業という重要な課題も、そのような方向において実現の可能性を展望しうるように思われるのである。(211-212頁)

3 解　説

▶保安処分の意義

　保安処分とは、行為者の危険性を基礎とし、それに対する特別予防を目的とする国家的処分をいい（広義の保安処分）、このうち、とくに刑法上の保安処分を一般に保安処分という（狭義の保安処分）。

　刑罰の目的を応報と予防とに求める相対的応報論によれば、保安処分は、刑罰とは別個の刑事制裁制度であるということになる（二元主義）。これに対して、特別予防を刑罰の目的とする新派の立場からは、保安処分と刑罰とは犯罪者の改善という点で共通し、同一のものとみなされる（一元主義）。現在では、二元主義が多くの国において支持され、世界の趨勢となっている。わが国の現行刑法も、責任無能力（心神喪失）者の行為を不可罰とし、限定責任能力（心神耗弱）者の行為は刑を減軽するものとされており、二元主義を採用していると解されている。

▶わが国における保安処分問題──刑法改正と保安処分

　わが国において、保安処分を規定する動きが現われたのは、大正15（1926）年の刑法改正の綱領においてである。そこでは、保安処分として労働嫌忌者、酒精中毒者、精神障害者に関する規定を設けることとされた。その後、昭和2（1927）年の刑法改正予備草案を経て、昭和6（1931）年の改正刑法仮案総則第15章保安処分の規定が公表された。その規定によれば、保安処分として、監護、矯正、労作、予防処分が裁判所によって言い渡されることとされ、犯罪を犯した精神障害者には、公安上必要と認められるときは、監護処分が言い渡される。監護処分とは、監護所に収容し、治療その他の監護のために必要な処置を与えるものである。

第2次大戦後に、改めて刑法改正作業が開始され、昭和36（1961）年に改正刑法準備草案が発表された。それを受けて、基本文献に紹介されているような議論が行われた後に、法制審議会が審議を行い、昭和49（1974）年に改正刑法草案が公表された。保安処分には治療処分と禁絶処分が設けられ、治療処分は以下のように規定された。「精神の障害により、第16条第1項（責任能力）に規定する能力のない者又はその能力の著しく低い者が、禁固以上の刑にあたる行為をした場合において、治療及び看護を加えなければ将来再び禁固以上の刑にあたる行為をするおそれがあり、保安上必要と認められるときは、治療処分に付する旨の言渡をすることができる」（98条）、「治療処分に付せられた者は、保安施設に収容し、治療及び看護のために必要な処置を行う」（99条）、「①治療処分による収容の期間は、3年とする。但し、裁判所は、必要があると認めるときは、2年ごとにこれを更新することができる。②前項但書の規定による収容期間の更新は、2回を限度とする。但し、死刑又は無期もしくは短期2年以上の懲役にあたる行為をするおそれのあることが顕著な者については、この限りでない」（100条）。

　この規定を巡っては、基本文献で明らかにされているように、精神医学者と刑法学者の双方から厳しい批判が加えられた。たとえば、①精神障害者が犯罪を犯す危険性が高いとはいえない、②精神障害者に対しては治療が優先して行われるべきである、③草案の規定の要件が曖昧であり、濫用されるおそれが大きい、④手続面おける人権の保障が不十分である、⑤保安施設の治療効果には疑問がある、などが挙げられる。法務省は、これらの点について反論を行い、昭和56（1981）年に、保安処分制度の刑事局案を公表した。それによれば、保安処分は治療処分のみとし、その対象を、放火、殺人、傷害、強姦、強制わいせつ、強盗の罪に当たる行為をした者に限定した。また、施設収容期間を1年以内とし、更新した場合も7年を上限とした。また、収容施設は、改正刑法草案の段階では、法務省の設置する施設とされていたが、国立の精神病院のような治療施設とされた。しかし、ここでも、重大な犯罪を再び犯すおそれがある者については、7年を超えて収容することができるとされていたし、他方で、国立病院などの施設を利用することにも問題があったために、結局、この案も成立するには到らなかった。

そして、その後、精神障害者による犯罪が起きたときに、特別の治療施設を設けるべきであるとの提案は見られたが、大きな動きにはならなかった。事態が動き出したのは、1990年代後半からであり、その特徴は、関連文献として挙げているものであるが、精神医学者の研究――日本と諸外国の実態調査――を端緒として、精神医療側から、改善の要求が出てきたことであった。保安処分に関して、1960年代以前は、精神医学と刑法学の双方にそれ程大きな反対の動きは見られなかったのであり、そこから刑法の全面改正の動きが現われる度に、保安処分に関する規定が置かれてきたのであるが、1960-1970年代に到って、精神医学界から保安処分反対の運動が生じ、刑法学界にもそれが波及して、大きな反対運動が形成され、法務省の案は実を結ばなかったのである。

▶保安処分と刑罰の関係

　二元主義を採用するときは、保安処分と刑罰とは並立して規定され、併科される場合が生ずるので、保安処分か刑罰かのいずれを先に執行するかが問題となる。保安処分が治療の場合は、規範意識の不完全な者に対して刑罰を先に執行することに疑問が提起されるし、それに対して、保安処分が対象者の拘束を重視するときは、拘禁刑に接近するので、不当に長期の拘束を受けるのではないかという批判が考えられる。そこで、保安処分と刑罰のいずれか一方を先に執行し、それによって必要のなくなった限度で他方の執行を免除する制度=「執行における代替主義」が登場した。これには、先に執行した処分ないし刑罰の期間を必要的に算入する必要的代替主義と、裁判官の裁量に委ねる任意的代替主義がある。基本文献において紹介されているように、わが国の改正刑法草案は、刑罰の先執行を原則とし、但書において、「裁判所は、その言渡に際し、保安処分を先に執行することを命ずることができる」(108条)とし、また、代替に関しては、裁判所が「刑の全部又は一部の執行を免除することができる」こととした(110条)。なお、これ以外に、言渡しの段階で、保安処分か刑罰かを選択する「択一主義」という制度も存在する。

▶心神喪失者等医療観察

　平成15(2003)年7月に「心神喪失等の状態で重大な他害行為を行った者の医療及び観察等に関する法律」が成立し、平成17(2005)年7月に施行された。本法の目的は、「心神喪失等の状態で重大な他害行為を行った者に対し、その

適切な処遇を決定するための手続等を定めることにより、継続的かつ適切な医療並びにその確保のために必要な観察及び指導を行うことによって、その病状の改善及びこれに伴う同様の行為の再発の防止を図り、もってその社会復帰を促進すること」である（同法1条）。

本法の対象は、①心神喪失もしくは心神耗弱の状態で、重大な犯罪（殺人、放火、強盗、強姦、強制わいせつ、傷害）に当たる行為を行った者であり、かつ、②公訴を提起しない処分を受けた者、心神喪失を理由に無罪の確定判決を受けた者もしくは心神耗弱を理由として刑を減軽する旨の確定判決を受けた者である。

検察官は、対象者に対して、以下の場合を除いて、地方裁判所に処遇の要否および内容の決定について申し立てなければならない。すなわち、①対象者の精神障害が改善して、同様の行為を行うことがなくなり、社会復帰を促進するために本法による医療を受けさせる必要が明らかにないと認められる場合、②刑事施設もしくは少年院に収容されており引き続き収容されることとなる場合または新たに収容される場合には、申し立ては行われない。なお、③軽い傷害罪の場合は、過去の他害行為の有無および内容と、現在の病状、性格および生活環境を考慮し、その必要がないと認められる場合には、申し立てを行わないことができる。

地方裁判所は、1人の裁判官および1人の精神保健審判員の合議体で処遇事件を取り扱う。精神保健審判員は、その職務を行うのに必要な学識経験を有する医師（精神保健判定医）の中から、処遇事件ごとに地方裁判所が任命する。なお、裁判所は、処遇の要否およびその内容につき、精神保健参与員の意見を聴くため、これを審判に関与させるものとされている。精神保健参与員とは、精神保健福祉士などの専門家であり、処遇事件ごとに裁判所が指定する。

裁判官は、審判に先立ち、鑑定その他医療的観察のため、対象者の入院を命じる。また、必要がある場合は事実の取調べが行われ、証人尋問、鑑定、検証、押収、捜索などの強制処分も可能とされている。

対象者および保護者は、弁護士を付添人に選任することができる。検察官による申立てがあった場合に、対象者に付添人がないときは、付添人を付さなければならない。

裁判所は、対象者が対象行為を行ったと認められない場合および心神喪失者および心神耗弱者のいずれでもないと認める場合は、決定をもって検察官の申立てを却下する。対象者に医療を受けさせる必要があると認める場合は、入院ないし通院治療が命じられる。

　合議体の裁判は、裁判官および精神保健審判員の意見の一致したところによる。また、入院治療は、厚生労働大臣が定める指定入院医療機関において行われる。治療の必要がなくなったときは、医療機関の管理者が退院許可の申立てを行い、裁判所が決定する。通院治療は、指定通院医療機関で行われ、その期間は3年間であるが、2年を超えない範囲で延長できる。

　入院医療の場合は、手厚い高度のチーム医療が行われ、通院治療の場合は、保護観察所の社会復帰調整官による精神保健観察に付される。社会復帰調整官は、精神保健福祉士その他の精神障害者の保健および福祉に関する専門的知識を有する者であり、対象者の監督・指導を行う。

▶今後の課題

　心神喪失者等医療観察法の制定によって、わが国の保安処分問題には一応の決着がついたが、完全に解決したわけではない。本法の処分が保安処分かどうかについても争いがあるし、何よりも、本法の対象となるのは一定の重大犯罪を犯した者に限定されているのであるから、今後に解決を図らなければならない問題が残っているのは明らかである。たとえば、改正刑法草案に規定されているアルコール・薬物依存者に対する治療の問題や、治療可能性の低い人格障害、小児性愛などの性的逸脱の対策に関する検討が重要な課題であろう。

4　関連文献

▶山上皓ほか「触法精神障害者946例の11年間追跡調査（第一報）（第二報）」
犯罪学雑誌61巻5号（1995年）201-215頁

　法務総合研究所の協力を得て、1980年に法務省に報告された946例について、精神医学者が11年間の追跡調査を行った結果、207例の触法精神障害者が487件の事件を起こしていたことが明らかとなった。再犯事件には、殺人や強盗、放火などの凶悪犯罪が33件含まれていた。また、触法行為を頻回に反復する2例については、再犯防止のために、

退院制限や地域社会内における行状監督などの処分が提案されている。

▶井上俊宏「触法精神障害者の再犯についての多角的研究」犯罪学雑誌62巻6号（1996年）161-184頁

　前掲論文の研究の総括であり、追跡期間中に凶悪犯罪を行った事例を紹介した後に、触法精神障害者の再犯状況を検討し、精神科医療上の問題点と対策が述べられている。当時の触法精神障害者の処遇には不十分な点があることを指摘し、凶悪犯の事例分析からは、「症状悪化型」と「人格変化型」に大別されるので、それぞれに応じた処遇が必要である、とされている。また、地域医療体制の整備などの改善策も提案されている。

8 刑事司法のモデル論

●基本文献
田宮裕
「刑事訴訟におけるモデル論」
松尾浩也・芝原邦爾編『内藤謙先生古稀祝賀　刑事法学の現代的状況』(有斐閣、1994年)
355-381頁（後に、田宮裕『日本の刑事訴追』〔有斐閣、1998年〕に再録）

葛野　尋之

0　原著者紹介

　1933年生まれ、1999年没。1955年、東京大学卒業。法学博士。北海道大学法学部助教授、立教大学法学部教授、亜細亜大学法学部教授を歴任。主著として、『捜査の構造』(有斐閣、1971年)、『刑事訴訟とデュー・プロセス』(有斐閣、1972年)、『一事不再理の原則』(有斐閣、1978年)、『刑事手続とその運用』(有斐閣、1990年)、『刑事訴訟法〔初版〕』(有斐閣、1992年)、『日本の刑事訴追』(有斐閣、1998年)、『変革のなかの刑事法』(有斐閣、2000年)、『刑事法の理論と現実』(岩波書店、2000年)がある。

1　基本文献の意義と位置づけ

　基本文献は、モデル論の限界ないし失敗という認識に基づく「日本的特色」論ないし「精密司法」論の隆盛という理論と実務をめぐる当時の状況のなかで、ハーバート・パッカーのモデル論を起点として、刑事司法のモデル論の展開を概観したうえで、「日本的」刑事司法の形姿としての「精密司法」が職権主義的な本質を有するものであることを指摘し、そこに内在する構造的問題に対処するためには、「当事者主義の活性化」こそが必要であって、当事者主義対職権主義というモデル論が依然として有益であると論じている。
　パッカーは、1964年、刑事司法のあり方を規定する価値選択を明確に認識することができるような「規範的」モデルとして、「適正手続モデル」と「犯罪

統制モデル」を提示した。パッカーのモデル論は世界的インパクトを有していたが、その影響は、日本の刑事法学にも及んだ。平野龍一は、すでに1958年、弾劾的捜査観による捜査権限の抑制、黙秘権の保障と取調べ受忍義務の否定、訴因論、公判中心主義、当事者追行主義、伝聞法則、自白法則などの証拠法論などを通じて、職権主義に対置される当事者主義論に立った刑事手続を体系的に提示していた。ここに、日本のモデル論の嚆矢がある。この当事者主義論を継承し、それを訴訟構造論的な基礎としたデュー・プロセス論を展開することによって、刑事手続の進むべき方向性を提示してきたのが田宮裕であった（田宮裕『捜査の構造』〔有斐閣、1971年〕、『刑事訴訟とデュー・プロセス』〔有斐閣、1972年〕、『一事不再理の原則』〔有斐閣、1978年〕参照）。

この影響は実務にも確実に及んではいたものの、なおそれは限定的なものであった。逆説的ではあるが、そうであるからこそ、田宮の当事者主義論＝デュー・プロセス論は、刑事司法改革を方向づけるモデル論として機能しつづけたのである。他方、その後、松尾浩也は、このようなモデルから乖離した実務の現状を直視し、それを堅固な「日本の法文化」に根ざした「精密司法」であるとした。この見解は、「精密司法」の構造的改革を非現実的だとしたうえで、その枠内での微調整こそが実践的課題だとする立場と結びついた。また、実務においては、検察官を中心に、「精密司法」たる実務の現状を積極的に肯定する立場が有力化した。ここにおいて、職権主義対当事者主義、あるいは「実体的真実主義モデル」対「適正手続モデル」というモデル論の限界、あるいは「日本的」刑事手続との不適合が指摘された。1970年代以降には、判例も、「日本的」刑事手続を追認し、補強する方向に傾斜していった。

1980年代に至り、刑事手続改革の現実的展望は明確にならず、その方向を示す理念さえ不鮮明になりつつあるかにみえた。平野は、1985年、捜査・取調べと供述調書に強く依存しつつ、公判が捜査結果を追認する場となっている現状を「病的」で「異常」であって、「絶望的」だと断じた（平野龍一「現行刑事訴訟の診断」『団藤重光博士古稀祝賀論文集　第4巻』〔有斐閣、1985年〕）。このような閉塞状況をどのようにして打開すべきか。この課題に対して、各弁護士会は、1990年から当番弁護士制度を開始し、刑事弁護の強化を通じて、当事者主義とデュー・プロセスの実質化を図ろうとしていた。基本文献が発表されたのは、

1994年のことである。ここにおいて、田宮は、「日本的」刑事手続の形姿としての「精密司法」に内在する職権主義的本質を鋭く指摘し、その改革を方向づけるためにモデル論がなお有意義であるとして、デュー・プロセスと結びついた当事者主義の実質化を説いたのである。

2　基本文献（原典）

1　はじめに

　刑事手続きのモデル論といえば、だれしもまずアメリカのパッカーの名前を思い浮かべるに違いない。その後の論議に火をつけたかれの犀利な論稿「刑事手続きの二つのモデル」が現れたのは、もう30年も前のことになる。……

　これは、当時のアメリカを素材として、刑事手続きの運用のなかに「犯罪抑圧モデル（処罰優先型）」と「デュー・プロセス・モデル（手続き保障優先型）の二つがあると指摘したものである。この二モデルは、いわば価値理念モデルであり、存在する複数の訴訟を比較法的視野から対比するという本来の型分析ではなかったが、"モデル論"の手法と内容とが、新鮮な響きで受け止められた。日本でもそれまでモデル論がなかったわけではない。いなむしろ、戦後の刑訴法学は、モデルの語こそ使わぬものの、「職権主義から当事者主義へ」「大陸法から英米法へ」のスローガンに示されるように、モデル論が出発点になったといってよいほどである。それにもかかわらず、"新鮮な驚き"とはなぜだろうか。その秘密は、やや趣を異にしたモデル論であったことじたいにある。

　すなわち、当事者主義という場合の二つの側面のうち、訴訟追行にかかわる形式原理（裁判所と検察の分離、両当事者の対立構造）は、制度モデル論の成果として、ほぼ当時までに定着をみていたが、もう一つの側面たる被告人・被疑者の人権保障という実質原理（わが国における当事者主義の重要な眼目ともいうべき、その人格的主体性の承認）は、なお課題として残されていた。パッカーのデュー・プロセス・モデルは、このことを鋭く自覚させる効用をもったといえる。また、この視点は、従来のように公判手続きに限定せず捜査にも同様に目を向けさせ、かくてより広く「刑事司法」の全体に視野を広げるクリミナル・ジャスティスの方法論を触発したこともつけ加えておこう。このような刺激を糧に、わが国のモデル論は第一期を去り、その第二期、いわゆるデュー・プロセス論の時代にはいる。

　ところで、他方、この時期はさらに進んで、いわゆる二分論的方法からの離脱を招く方向も生んだ。法施行10数年を経て運用の実績も重なり、現実に行われている手続きの実態が注目されるようになる。運用の時代の到来ともいえる。この時に至り、や

がて日本人の国民性論、日本的特色論が、モデル論に代わるものとして主張されるようになった。日本の独自性を示す指標として、真実へのこだわりと対立思想の希薄さをあげ、国民性に由来すると主張し、あるいは、ていねいな事実解明志向を日本に特徴的な精密司法と称するなどの方法の登場がそれである。
……

　しかし、ひるがえって考えてみると、このような方法論が現時のわが国が直面する問題を明快に浮きあがらせ、したがって、有用な理論的枠組みを提供するものかどうか、十分に検討を加える必要もあるように思われる。それは、第一期、第二期の二分論、すなわち当事者主義論がほんとうに役割を演じ終えたかといえるものかどうか、という問題につながるであろう。……
　……
4　日本的特色論——新しいベクトル
　(2)　精密司法論
　……

　「捜査は徹底し行われ、拘禁中の被疑者の取調べも、手続の適正と正面から抵触しない限度では最大限に実行される。警察だけでなく検察官も捜査に深い関心を持ち、公訴の提起は、十分な証拠固めをした上で、確信をもってなされるのが常態である。公判では、相手方の同意によって、または証人の記憶喪失や供述の矛盾を理由に、捜査の過程で作成された供述調書が、きわめて頻繁に証拠とされる。多くの事件では『口頭弁論』のかなりの部分が、証拠書類の朗読（ないし要旨の告知）に費やされている。この書証依存の傾向は、裁判所が一般に多数の事件を平行的に審理していることと密接に関係する。」

　これは、……日本的特色の内容を積極的に抽出しようとしたもので、独自モデル論としてはじめて完成度の高い地点に到達したといえる。誇り高い実務担当者の法形成の成果に肯定的な評価を与えたものであるため、その共感を勝ちえているのも、もっともであろう。

　ただ、この方法にも問題がないわけではない。第1に、右の特色はたしかに日本法の描写として間然するところがないが、捜査の徹底、書証の多用がなぜ「精密司法」ということになるのか、かりに念入りな捜査が行われていても公判で当事者の十分な攻防、裁判所の行き届いた審理がなければ、多くの再審無罪の事例が示すように、むしろラフな司法ということにつながることにならないのか、という疑問がある。

　第2に、右のような特色の描写、精密司法鳴るキー・ワードの適合性を是とし承認するとしても、なぜそうなったのかの分析が必ずしも明確に示されていないことである。むしろ原因の解析はこれからの課題ではあるが、(松尾浩也・引用者注)教授は、「ムラ共同体」や「タテ社会」や「甘えの構造」など、知識社会学＝文化人類学＝精神分析学的知見を示唆され、また、「日本の法文化そのものの所産」ともいわれる。

しかし、そうであるとすると、これらは逐一、……国民性論を支えた基底理念であり思惟方法であって、その意味では国民性論と精密司法論は多分に共通性をもち、後者は前者の一つの発展型と評価すべきことになるのであろうか。その限度では、現状肯定論ないし宿命論の響きをもたざるをえないとの指摘もうなずける面がある。げんに現行法をかたち作る基層は戦前からの改革論議であるとして、旧法からの連続面を強調されるのは、このことを示しているともいえよう。

第3に、そうであるがゆえに、この理論からは今後の日本の展望がみえにくいことがある。たとえば、精密司法の問題性は手続きの適正の軽視を導くことにあるとされるが、ラフでなくてていねいに手続きを進めることがなぜデュー・プロセスに反するのか、いま一つ不透明である。もしデュー・プロセスに反するというのなら、精密司法と称するもののなかに、実はもっとちがうものを想定されているからではないかとも思われる。げんに、旧法以来のとうとうたる流れであった「捜査機関、とくに検察官の権限拡大の傾向」が「疑似当事者主義」として「現行法の基層」をなすともいわれるのである。

他方、精密司法が上述のように安定的なものだとすれば、アレインメントの採用や陪審の復活のような大きな制度改変は不可能であり、事態の改善は「微調整」のつみ重ねよるほかはないとして、捜査段階の弁護の充実、「無罪もまた生理的現象だ」という認識の自覚などが目標として設定される。しかし、捜査弁護の充実が微細な修正と称してよいかという問題を別にしても、ここに提案されたところは、精密司法の修正というよりは、当事者主義の強化というべきではないかという根本的疑問を生むであろう。とくに現行法の基層が「疑似当事者主義」だとすれば、修正のねらいは正当な当事者主義的思惟の復権ということになるのではないだろうか。

5　モデル論の今後──結びに代えて

パッカーによって火が付けられた刑事司法のモデル論は、その後アメリカで火花を散らしたことはもちろん、外国でも注目をひき、これまで不思議なことになおざりにされてきた刑事司法の分野で比較法的関心とその知識のふくらみにも寄与するなどの効用をもった。わが国では、その固有の問題関心に由来して、これらとはすこしちがった方向で光があてられた……。

しかし、パッカーのモデル論じしんは、くり返し述べるように、複数の制度の比較ではなく、アメリカ法の運用の方向づけ理念たるを本質とするので、アメリカにおいては固有の有用性をもつが、普遍性に難点がある（たとえば、「有罪の答弁」を処罰優先モデルに位置づけるので、問題関心にねじれが生ずる）。普遍性のあるモデルとしては、やはり、比較法的知見をしっかり定礎したゴールドスティンやダマシュカの職権主義・当事者主義のモデルに帰着せざるをえないであろう。これは、わが国において伝統的に採用されてきた分析モデルにほかならないが、長い理論的営為の成果として、いわば風雪に耐えたものの重みがあるといえる。ただ、単純な原点への回帰で

はなく、歴史というものの歯車に乗るならば、螺旋階段は必ずひとまわり上にあがっていることにも注意しなければならない。

やや問題が残るやに思われるのは、ルウェリンやグリフィスの慈父ないし家族モデルと抗争ないし対立モデルと対比であるが、これも結局——価値観念で色づけが加えられてはいるが——職権主義モデルと当事者主義モデルに相応するものといえる。なぜなら、職権主義の神髄は、事実探求者（国家）が自己の全責任において事案を解明しようとする方式であるが、慈父とは、あたかも全能者のように（「パパは何でも知っている」「オヤジの懐にとびこむ」）、有利・不利を問わず子供のためによきにはからうことが予定された存在で、両者あい通ずるものがあり、また、当事者主義は自己の利益をぶつけ合う方式であり、パルチザン的抗争モデルそのものだといえるからである。

ただ、職権主義・当事者主義は大陸法においてもともと公判手続きを素材として抽出された純法律学的概念であるが、アメリカではこのような分析は得手ではなく、いきおいことがらを社会学的・心理学的タームで説明することとならざるをえず、右のようなモデル表現となったわけである（ルウェリンの「抗争モデル」と「親子モデル」、グリフィスの「闘争モデル」と「家族モデル」を指す・引用者注）。他方、このようなものが加味されるからこそ、このモデル論はひとり公判手続きの方式にとどまらず、捜査から場合によっては矯正・保護の家庭までを広く包摂するクリミナル・ジャスティス全体に通ずるという効用も生まれるのである。さきにわたくしがモデル論の螺旋が一段あがるといったのはこのことをさすが、わが国における当事者主義論が、被告人の当事者的地位の保障という実質概念を加味しようとするのも、類似の意義を担うものといえる。

さて、諸モデル論をこのように位置づけてみると、最近、フートが日本の刑事司法を「温情的父権モデル（慈恵的パターナリズム型）」(benevolent paternalism) と性格づけて、その当面する諸問題を総括的に分析・検討していることに注目する必要がある。……

このうち温情（慈恵）的とは、「被告人保護」とか「愛」とかの代名辞ではなく、猶予制度の活用にみられるような特別予防・改善思想の支配的なことをさし、パターナリズムとは、右の思想に指導されて官憲が徹底した調査権能を行使することをさす。要するに、きびしくもありまた慈悲にも満ちた全能者的存在の国家が、徹底的に事案〈問題〉を解明するというのが、日本の特色だというわけである。そうであれば、被告人に有利・不利を問わず（「客観（公平）義務」の「客観（公平）」がまさにその意味である）、国家が責任をもって（一方的に）解明するというのであるから、これは寸分たがわぬ職権主義の思想であろう。それをパターナリズムと表現したことにより、「徹底した精密な解明を」を内含しようとし、いわば「日本的特色論」をとりこんでおり、その意味では、わが国におけるモデル論と日本的特色論を統合して（精密司法をパターナリズムに由来するものとしと説明することによって、両者を結びつけた）、

新しいモデル論の境地をひらいたものとも評価しうる。日本法に通じ、その問題をよく知る人にしてはじめて可能な心にくいばかりの提案といえよう。

　わが国のモデル論がこのように展開を遂げた結果みえてきたことは、現行法の示す特色はパターナリスティックな官憲による事実解明という職権主義的思想である。現行法は当事者主義化したとくり返し喧伝されるものの、優越者による一手請負的な作業に信をおく思想（職権主義観念）が、現実には根強く残っているのである。以下、このような観察から導かれる問題を二、三指摘して、本稿を終えることにしたい。

　第1は、きめこまかな真実解明志向という特色のよってきたところが、父権的な国家の究明欲であるならば、一方で、単線的活動であるがゆえに起こりうる誤謬の防護策——当事者主義的点検作用、たとえば弁護権の充実——が必要であるし、他方で、過度の介入の抑制策——個人領域への介入の限度設定、たとえば黙秘権の保障——が必要になるだろう。いずれも、当事者主義原理の活性化ということにほかならない。これは、結局、職権主義対当事者主義という二分論的な古典的モデル論がなお有益なことを意味しよう。かくて精密司法論に代表される日本的特色論は二分論、とくにその当事者主義化論の失敗という認識から出発したが、日本的特色がかもし出す問題の克服のためには、当事者主義化こそが最大の課題であり同時に解答であるということを自覚させるという皮肉な結果となったといえよう。その意味では、……二分論的なモデル論の終息宣言は、なお時期尚早であると思われる。

　第2に、職権主義対当事者主義、または糾問主義対弾劾主義は使い古された過去の分析道具というべきではなく、なお、その真正な内容を確定すべきことが要請されるきわめて今日的な理論わく組みである。この関係で、かつては大陸と英米それぞれに多くの誤解が横行した。たとえば、英米で、大陸には無罪の推定がないと考え、「糾問」の語に拷問や残虐な刑罰を結びつける短絡的傾向がみられ、大陸で、英米の当事者主義に血闘のイメージを与え、交互尋問は心理的拷問にほかならず真相解明にはほど遠いなどの意見があったのは、つい最近のことである。正しい認識への道すじをやっと見出したばかりであり、比較法的観点からも、このモデル論の展開はなお重要である。

　たとえば、大陸では19世紀以来自分たちの法制は折衷型だととうに主張し続けており、その内容をきめこまかに解明する必要があろうし、英米法の最大・最重要の特色は答弁の取引きにあり、また公判は抗争が自己目的であるかのような秘術をつくした競技に類するものだととらえる向きが多いが、これからは、当事者主義の本質的部分と垢のようにたまった夾雑物とを冷静に分別する必要があるであろう。

　第3に、古典的な二分論的モデル論といっても、公判手続きを主眼とした訴追方式という形式原理の側面ばかりではなく、何らかの意味でそれを支える価値関係的な観念を加味して考察を進めることも重要であろう。この観点を導入するならば、前手続きの捜査、事後処理の矯正・保護をも含めた全刑事司法のあり方とその特色が探求されることになる。さし当たりこのような視点から、従来も捜査の構造が問題となって

きたが、この局面での二分論的分析はなお未完だというべきであろう。

　構造論的視点から、複雑でかつ捜査固有の問題を公判における事項と同じように分析・解明しつくすことには、性格上限界があることは当然である。しかし、捜査と公判との組合わせは、大陸法を例にとると、古典的には糾問（職権的）プラス糾問の結合方式であったのが、近時は捜査は糾問、公判は弾劾（当事者的）という結合方式が一般的であった。ところが、現行法は弾劾プラス弾劾といういわば比較法的実験場であると考えることもできる。この見地に立って、そこにあらわれる構造上の総論的問題および個別の各論的問題を十分にえぐり出すということは、やはり、モデル論の意義ある作業というべきであろう。（355-356頁、376-380頁）

3　解　　説

▶刑事司法モデル論

　パッカーは、アール・ウォーレン長官のもとで合衆国最高裁が、一連の憲法判例を通じて、デュー・プロセスの強化に積極的姿勢を示したこと（「刑事司法革命」）に直面したとき、刑事手続の基礎となり、そのあり方を規定する二律背反的な価値選択を体系的に明らかにしようとして、2つの価値体系としての「犯罪統制モデル」と「適正手続モデル」を提示した。2つの刑事司法モデルは、基本的価値（犯罪抑止による社会秩序維持か、誤謬と権限濫用の防止か）、追求すべき目標（効率性か、厳重な手続保障か）、手続構造（捜査・訴追機関によるインフォーマルな行政的手続による事実認定とスクリーニングの重視か、裁判所のフォーマルな対審的手続による当事者の参加を通じての事実認定の重視か）、手続違反に対する制裁（有罪確保を放棄することなく、手続外の救済手段に委ねるか、有罪確保を断念してでも、手続内の救済手段をとるか）などにおいて対照的なあり方を描き出し、刑事手続の現在地を示すとともに、刑事手続が進むべき方向を決定するための海図を提供した。

　パッカー以降、そのモデル論を踏まえつつ、批判的検討を通じて、さまざまな刑事司法モデル論が展開した。その概要は、基本文献も簡潔に整理しているところである。基本文献があげるグリフィス、ルウェリン、ゴールドスティン、ダマシュカの各モデル論の後には、被害者に対する社会的関心の高まりと刑事司法における被害者参加の広がりを受けて、ケント・ローチが、パッカーの2つのモデルを補完するものとして、刑事司法および刑事制裁による被害者の救

済を指向する「懲罰的被害者権利モデル」と、被害防止（すなわち犯罪予防）および関係修復を強調する「非懲罰的被害者権利モデル」とを提示した。

　日本においては、上述のように、平野が、パッカーに先立ち、1958年、「糾問的捜査観」対「弾劾的捜査観」という捜査構造モデルを提示し、刑事手続全体にわたり体系的に、職権主義に対置される当事者主義論を展開していた。憲法・刑事訴訟法が当事者主義の刑事手続を予定しているにもかかわらず、捜査と訴追に重心をおいた「精密司法」的実務が定着していた。平野のモデル論は、このような「現状に対するチャレンジ」としての意味を有していた（松尾浩也「刑事訴訟法の基礎理論」法学教室86号〔1987年〕32頁）。

▶実体的真実主義とデュー・プロセス

　平野の捜査構造モデルと当事者主義論を継承しつつ、捜査から公訴提起、公判にわたる手続全体について、「実体的真実主義モデル」と「適正手続（デュー・プロセス）モデル」を提示したのが、松尾と田宮であった。共著書『刑事訴訟法の基礎知識』（有斐閣、1966年）の「はしがき」によれば、1950年代末、判例は表面的には「落ち着き」を見せたものの、実務が真に安定したわけではなく、解決を迫られる問題がおびただしい数あるという「現実」を前にして、「刑事訴訟法は、高度に技術的な要因を含むと同時に、すぐれて思想的な基盤に立脚している。前述したわが国の現実を作り出し、また動かしている根源的な思想的要因は何か。われわれは、これを実体的真実主義とデュー・プロセスとの対立として把握する。そして、この対立を基軸としつつ、直接あるいは間接に関連しあういくつかの論点をとらえて叙述するならば、そこに本書の存在理由が認められようと考えた」とされる。そして、両人の「包懐する刑事訴訟観には、等質的な部分が多」く、「デュー・プロセスを第一問とし、実体的真実主義を第二問に配したことにも、おのずから共通の評価が示されている」とされる。ここにおいて、「デュー・プロセスは、……犯人必罰という思想と対立・相克するのである。そこで、デュー・プロセスとは、犯人必罰に対して、被告人・被疑者等の訴訟上の基本権の保障を意味する」とされ（同書3頁〔田宮〕）、「憲法はデュー・プロセスを要請しているから、実体的真実との間の二者択一を迫られれば、デュー・プロセスに賽をふらざるをえまい」（同書9頁〔田宮〕）とされる。そして、「刑事訴訟の進歩の方向に思いを致しながら、われわれの（刑事訴訟の・引用者注）

現状を考慮すると、デュー・プロセスの要求はさらに数歩を進めるべきではないと思われる。刑事訴訟法の指導的な概説書において、『実体的真実主義』がもう少し軽く扱われるようになったときはじめて、わが国にも当事者主義の刑事訴訟が確実に定着したといえるだろう」(同書22頁〔松尾〕)とされるのである。

ここにおいて提示された「実体的真実主義モデル」と「適正手続モデル」は、パッカーの提示した2つのモデルと同様、刑事手続の現在地を示しつつ、その体系的改革をあるべき方向へと進ませる「規範的モデル」としての性格を有するものであった。パッカーの「犯罪統制モデル」においても、迅速な実体的真実の発見が重視され、それに基づく刑事制裁の犯罪統制機能が期待されていたことからすると、同モデルと松尾＝田宮のいう「実体的真実主義モデル」とは重要な点において重なり合っており、したがってパッカーの2つのモデルと松尾＝田宮の2つのモデルとは、モデル構築において前提とした刑事手続がアメリカの手続か日本の手続かの違いがあるため、それに起因する内容的相違点を含んでいるにせよ、基本的類似性を有しているといえよう。

▶当事者主義とデュー・プロセス

「適正手続モデル」は、基本文献も指摘するように、当事者主義と強く結びついている。田宮の見解において、訴訟理念としてのデュー・プロセスと訴訟構造としての当事者主義とは不可分の関係にあり、当事者主義は、訴訟理念たるデュー・プロセスの訴訟構造的基礎となっている。

基本文献によれば、旧法の職権主義的特色と対比したとき、現行法の当事者主義は、①訴追＝検察官と裁判＝裁判所との機能の分離による弾劾方式の実質化、②当事者追行方式（アドバーサリー・システム）、③黙秘権、弁護権など、訴訟法上の権利保障の強化による被告人の人格主体性の承認、から構成されており（358頁）、①からは、検察官の当事者性の承認にともない、被告人の当事者対等性が要請されることになり、また、②についても、両当事者が実質的に対等な立場で十分に攻撃防御を展開しえてこそ、当事者追行方式が真実の発見に奉仕しうるから、「当事者主義が確立し、真にその効用を発揮するためには、①も②も、③を予定しているといえる。①も②もそれじたいでは形式原理にすぎず、③が実現されてはじめて、当事者主義の実質原理が現実のものとなるからである」とされる（361頁）。この「当事者主義の実質原理」という観点からす

ると、日本の刑事手続には「なお不十分と思われる部分が残されて」おり、この点において、当事者主義論が果たすべき役割があるとされるのである(362頁)。

他方、デュー・プロセスについては、基本文献によれば、それは「被告人の人格に十分の配慮を加えた手続きをさすが、それは、現行法が当事者主義を採用した最大のねらい、その意味で現行法の中心課題たる前記の③に直結した観念であるといえよう」とされる。訴訟構造としての当事者主義と訴訟理念としてのデュー・プロセスとの関係性が、このように示されている。したがって、「当事者主義の実質原理」とデュー・プロセスとは、同義といってよい。

デュー・プロセスが、日本においても、1960年代に入り、豊富な人権規定を有する憲法のもとで、憲法的刑事訴訟法の実現という課題として自覚されたところ、合衆国最高裁による一連のデュー・プロセス判例が、それに対して強い影響を与えたことはもちろんであるが、アメリカにおいても日本と「同様に最大の課題の一つがデュー・プロセスの貫徹にあることを――ウォーレン・コートの諸判例に触発されながら――モデル論の形で示そうとしたのがパッカーであった」とされる (364頁)。パッカーのモデル論は、それゆえ日本のデュー・プロセス論の展開に対しても、重要な意義を有していたのであって、パッカーの2つのモデルと「実体的真実主義モデル」・「適正手続モデル」とのあいだに内容的類似性がみられることは、このことからすれば当然であった。

ところで、当事者主義については、訴訟構造に関する観念として「当事者追行主義」の意味において用いるべきであり、被告人の地位の向上ないし適正手続の保障という問題とは区別すべきだとの見解も有力である(鈴木茂嗣『刑事訴訟の基本構造』〔成文堂、1979年〕11頁、田口守一『刑事訴訟法〔第6版〕』〔弘文堂、2012年〕30頁)。このような見解に対して、基本文献は、上記「③は①の当然の帰結として密接な関連のある場合も否定できず(それこそが重要である)」こと、「現行法の当事者主義化はまさに③に照準を合わせたものであり、そこにこそ現行法の歴史的意義があること」、「人権を当事者主義から解放して一般化してしまうと、どこまでの保障かという境界のはっきりしない政策論の域に踏み入り」、課題が抽象化・不明確化することをあげて、「③を①、②と関連づけて考察を進め、その関連の限度では、③を当事者主義の帰結として考えておくのが妥当」だと応答している。ここにおいて、当事者主義とデュー・プロセスとを

結合させ、「適正手続モデル」の形で提示することによって、現行法における同モデルの正統性と正当性を示し、もって刑事手続の改革を方向づけようとする基本文献の姿勢が示されているといえよう。

▶モデル論の意義と限界

「実体的真実主義モデル」と「適正手続モデル」とを対置するモデル論については、次のような積極的意義を指摘することができよう。第一に、現状把握のための座標軸を提供する点である。すなわち、これら両モデルの対比のなかで、現行法に内在する二面性（当事者主義的基調のなかでの職権主義的性格の残存）を含め、刑事手続の現在地が、歴史的視野を内在させつつ、訴訟構造と訴訟理念の座標において示されることになろう。第二に、実践性・革新性を有する点である。すなわち、両モデルの対比のなかで、現行法の理念的・構造的基調が明らかにされ、それを基本的視座として規定解釈を行うことにおいて、また、現行法に内在する矛盾と限界を析出し、それを立法的に克服・解決することにおいて、刑事手続を変革する方向性が示されることになろう。この意味において、モデル論は現状を肯定するのではなく、「絶えざる改革を求める理論」なのである（捜査構造論について、松尾浩也『刑事訴訟法(上)〔初版〕』〔弘文堂、1979年〕122頁）。

他方、モデル論については、いくつかの点において、限界も指摘されてきた。最も重要なものは、現状変革の力における限界の指摘であり、「精密司法」論は、このような認識に立っている。松尾によれば、この限界は、モデル論の理論的限界と結びついている。すなわち、「モデルの一部分を取り出して現実に適用しようとする場合、他の部分との関連は失念され勝ち」であって、たとえば弾劾的捜査観から捜査の抑制を求めるならば、公訴提起における嫌疑の基準の見直しも要求されることになるはずであるが、ほとんど確信に近い高度の嫌疑基準をとる検察実務は、これに応じようとはしない。このような検察実務が「精密司法」の枢要部に位置するものである以上、これを変革することはほとんど不可能であり、そうすべきでもない。松尾は、「岩盤」のように変化を受けつけない「精密司法」を前にして、検察実務を支持する立場から、モデル論からの離脱を表明した（松尾浩也「刑事訴訟の日本的特色――いわゆるモデル論とも関連して」法曹時報46巻7号〔1994年〕25頁）。より一般化していうならば、ドイツ法モデルともいえる「実体真実モデル」とアメリカ法モデルともいえる「適正手

続モデル」との対比のなかで、実務を「適正手続モデル」に接近させようとしてきたものの、このようなモデル論的試みは、刑事手続の強固な基層たる「精密司法」によって阻まれ、成果をあげることができなかったというのである。ここにおいて、松尾は、「モデル論の終焉」を宣言した（松尾・前掲「刑事訴訟法の基礎理論」32頁）。

このような限界の指摘に対しては、「実体的真実主義モデル」と「適正手続モデル」の対置が、「日本の戦前からの歴史的基盤に根ざし、かつ戦後も現実のなかで常に再生産されてきた基本的対立関係を反映するものである」以上、「この対立関係を生み出している歴史的・社会的基盤が現実に消滅しない限り刑事司法レベルにおけるモデル的対立は存続するのであり、その意味でモデル論は有意義である」との見解が示されている（小田中聰樹「刑訴改革論議の基礎的視点」『平野龍一先生古稀祝賀論文集(下)』〔有斐閣、1991年〕254頁）。モデル論が、刑事手続の基礎となる価値選択を示す「規範的モデル」として構築され、現状の変革を目指す実践性・革新性を有するものである限り、このような意義は否定されえないであろう。

基本文献は、「現行法の示す特色はパターナリスティックな官憲による事実解明という職権主義的思想」であるとして、「精密司法」が職権主義的な本質を有することを指摘した。そのうえで、「日本的」刑事手続に内在する構造的問題に対処するためには、弁護権の拡充など「誤謬の防護策」においても、黙秘権の保障など「過度の介入の抑制策」においても、「当事者主義の活性化」こそが必要であって、「これは、結局、職権主義対当事者主義という二分論的な古典的モデル論がなお有益なことを意味しよう」と論じている。「二分論的モデル論の終息宣言は、なお時期尚早である」というのである（379頁）。基本文献の発表と同じ1994年、田宮は、平野が「絶望的」と断じた「日本的」刑事手続の体系的改革のためには、「当事者主義の復権」こそが必要かつ有用であって、モデル論は「無用化しているのではなく」、むしろより強靭な、「完成度の高い」ものが必要だと論じている。この意味において、「今日は、戦後の法改正を第一期とすれば当事者主義の第二期とよぶことができ」、「むしろ、いまほど『真の』当事者主義が必要な時期はないともいえる」としている。ここにいう「真の」当事者主義とは、訴訟構造としての当事者主義論と訴訟理念として

のデュー・プロセス論とを結びつけたものである（田宮裕「刑事手続をめぐる理論と現実」法学教室170号〔1994年〕20頁）。これは、田宮の「適正手続モデル」にほかならず、ここにおいて、モデル論の実践性・革新性が示されている。

　田宮は、「真の」当事者主義の現実化を妨げている「障害」は、国民性論や「精密司法」論がいうように「日本人の国民性や固有の法文化」とはみるべきではなく、また、運用の都合のために採用されてきた「政策（ポリシー）の帰結」であるとみる立場も「一面的にすぎ」るとしたうえで、このような現状は「訴追制度の反映」であると指摘している。「中央集権、起訴独占、訴追裁量」をともなう「国家訴追主義」が戦前、戦後を一貫して続いており、そのもとで、検察官が、詳密で徹底した捜査・取調べを前提として、有罪の確信というきわめて高度な嫌疑基準により公訴提起がなされ、また、訴追裁量による起訴猶予も積極活用される。このような「起訴の判断は、戦前と同じように、裁判の前に行われる司法的な判断、準司法官による司法的な判断」としての実質を有しているとする。このような認識に立って、田宮は、最も効果的な方策は訴追制度を変えることであるものの、現行法の制定にあたっても変えられなかったことからすると、それは「現実的」ではなく、刑事司法の効率的運用や被疑者の早期解放というメリットにかんがみれば、その「必要もない」としたうえで、解釈と立法を通じて、「捜査自体の弾劾化を強力に推進するという手立て」を講じるより他はないとする。ここには、モデル論による現状変革の可能性への強い期待が示されている。

　もっとも、弾劾的捜査観の内容については、捉え直しがみられる。すなわち、弾劾的捜査観には、捜査を抑制し、公訴提起の事件選別機能を低下させることによって、公判審理の比重を増大させようとする「捜査抑制型」と、真相解明に向けた強力な捜査を認めつつ、並行して被疑者側の準備も進行させ、公訴提起の慎重さを維持したうえで、公判における当事者の点検の活性化をはかるという「当事者点検型」の二類型があるとし、国民感情において真相解明のための強力な捜査が期待され、起訴の誤りに対する警戒も強いことから、弾劾的捜査観は、平野以来の「捜査抑制型」ではなく、「当事者点検型」に力点をおいて構成されるべきことを論じている（田宮裕「取調べ問題の展望」井戸田侃編『総合研究　被疑者取調べ』〔日本評論社、1991年〕793頁）。田宮もかつては、刑事手続

の軸足が捜査・取調べにあり、それが検察官による公訴提起の厳選を支え、もって公判における当事者主義の阻害要因として働き、誤判の契機ともなりうるとして、捜査・取調べに対する当事者主義的抑制が必要だと論じていた（田宮裕「刑事訴訟法の変遷」『刑事裁判の諸問題──岩田誠先生傘寿祝賀』〔判例タイムズ社、1982年〕161頁）。これに対して、「当事者点検型」の弾劾的捜査観を提起したのである。このような捉え直しは、「精密司法」論によるモデル論批判への応答といえるかもしれない。しかし、強力な捜査と公訴提起の厳選との結合が、公判中心主義を阻害し、当事者主義の現実化を妨げてきた最大の要因であることからすると、モデル論の実践性・革新性の低下を招くことにもなりえよう（この点について、小田中聰樹「刑訴法の理論状況の一分析（覚書）」『刑事法学の歴史と課題──吉川経夫先生古稀祝賀論文集』〔法律文化社、1994年〕363頁参照。田宮のモデル論における担い手の問題については、小田中・前掲「刑訴改革議論の基礎的視点」253頁参照）。

4　関連文献

▶白取祐司「モデル論と精密司法論」村井敏邦・川崎英明・白取祐司編『刑事司法改革と刑事訴訟法(上)』（日本評論社、2007年）

　パッカーに始まり、グリフィス、ゴールドスティン、サンダース＝ヤング（イギリス）、サラース（フランス）、ローチへと続く、モデル論の系譜を丁寧に描写したうえで、日本におけるモデル論の発展およびモデル論の否定的評価のうえに立った精密司法論の検討を踏まえて、モデル論の今日的意義を論じている。

▶三井誠「田宮刑事法学の軌跡」廣瀬健二・多田辰也編『田宮裕博士追悼論集(下)』（信山社、2003年）

　田宮裕の刑訴法研究を貫くテーマたるデュー・プロセス論の展開が、時代背景、現状認識、理論構成、特徴、実務への影響、批判とそれへの応答などについて、第1期（1960年代・1970年代初期）の構築期、第2期（1970年代中期・1980年代）の発展期、第3期（1990年代）の総括期に時代区分したうえで、鮮明に描かれている。田宮のデュー・プロセス論や当事者主義論、モデル論の歴史的意義、理論的含意、発展可能性などを明らかにしている。

9 刑事司法の日本的特色

●基本文献
平野龍一
「現行刑事訴訟の診断」
平場安治ほか編『団藤重光博士古稀祝賀論文集 第4巻』(有斐閣、1985年) 407頁

小木曽 綾

0 原著者紹介

1920年生まれ、2004年没。東京大学法学部助教授を経て同教授。刑法、刑事訴訟法等の授業を担当、法学部長、東京大学総長を歴任し、東京大学名誉教授。日本刑法学会理事長、日本学士院会員、文化功労者。著書に、『刑事訴訟法』(弘文堂、1954年)、『刑事訴訟法の基礎理論』(日本評論社、1964年)、『刑法総論』(有斐閣、1975年) など。

1 基本文献の意義と位置づけ

明治以降の日本の刑事訴訟法は、フランス法、次いでドイツ法の影響を受けたが、1948年に制定された現行刑事訴訟法はアメリカ法の強い影響を受けている。ある国の法制度が他国の法の影響を受けるのは珍しいことではないが、職権主義の大陸法の影響を受けたそれまでの刑事訴訟法が敗戦を契機として廃され、当事者主義の(英)米法の影響のもとに書き換えられるという、ドラスティックな法改正の歴史をもつということと、その法を日本流に運用しているということが日本の刑事手続の大きな特徴といえよう。

職権主義では、刑事手続を、犯罪捜査から裁判に至るまで一貫して裁判所が責任を負って「真実」を解明するプロセスであるととらえ、裁判官を捜査および公判手続の主役として据える。真実を解明するためには、主役はすべての筋書きを理解して、犯罪解明という大団円にまで導かねばならない。そのため、裁判官には捜査権限があり、公判手続では裁判官が積極的に被告人や証人に質

問・尋問し、捜査結果の正しさを確認する。これに対して当事者主義では、裁判は行政（捜査）機関の捜査結果を批判的に吟味する場であるとみて、裁判官にはスポーツのレフェリーのように、ルールに沿った試合進行の監督と、結果判定の役割のみを期待する。そこでの主役は、両チームの選手、すなわち、刑事裁判では検察官と被告人・弁護人であって、両者の攻撃・防御活動が手続の中心である。

　それまで、大陸法に基づいて刑事手続を制定・運用してきた日本は、第2次世界大戦後、「『当事者主義』に立つ刑事訴訟法改正案を受け入れて、新刑事訴訟法を成立させた。提案者として法務総裁が強調したのは、第一に起訴状一本主義、第二に『徹底的な公判中心主義』の採用であった」……「しかし、法務総裁がそのとき述べた『伝聞証拠を極度に制限し、捜査官憲の調書やこれに代わる証言等は、例外的に、極めて限られた場合にのみ証拠となし得るものとし』、『第一審の公判が名実共に全刑事手続の中心となるように構想』したという見解は、その後の推移を見る限り、希望的な判断に過ぎなかったことが明らかである。」（松尾浩也「第3章　刑事訴訟の日本的特色」『刑事訴訟の理論』〔有斐閣、2012年〕29-30頁）。

　基本文献は、それまでの日本の刑事手続が、上で言われた公判中心主義の理想と乖離していることや、平野龍一がその原因と考える日本流の法運用を指摘したうえ、参審か陪審制度を導入でもしない限り、その乖離は埋まらないだろうとし、「わが国の刑事裁判はかなり絶望的である」というコメントで論考を閉じた。その後、これを嚆矢として、それまでの刑事裁判を批判的に検討し、改善策を提案する論考が相次いだ（松尾・前掲書33頁）。その動向が、2004年5月28日に制定、2009年5月21日に施行された「裁判員の参加する刑事裁判に関する法律」に基づく裁判員制度や、公判前整理手続、被疑者国選弁護制度等の導入につながったとみられる。

2　基本文献（原典）

　一　現行刑事訴訟法は、施行後すでに約35年を経、現在ではその解釈・運用はほぼ安定しているように見える。たしかに、現行刑事訴訟法の中で、解釈運用上疑問の多

かった規定や制度（伝聞規定の解釈、ディスカバリー、違法収集証拠、公訴権の濫用など）の多くについては、一応の結論が出されて、「安定」した。しかし、もっと深いところにある現行刑事訴訟法の問題は、必ずしも解決されていないように思われる。その問題性は、むしろ最近になっていくつかの再審事件に露頭をあらわしたし、また「監獄法」の改正をめぐっても、あらためて論議されることになった。たしかに、現行刑事訴訟法は、欧米の刑事訴訟法、いわばその「文化的水準」に比べると、かなり異状であり、病的でさえあるように思われる。では、どういう点が異状であり病的であるのか。わたくしなりの診断を述べてみることにしたいと思う。

二　欧米の刑事訴訟ないし刑事裁判と日本の刑事訴訟ないし刑事裁判とを比べてみると、「刑事裁判所は何をするところであるか」について、かなり基本的な違いがあるように思われる。刑事訴訟法の規定、あるいは刑事訴訟法の本を見ただけでは、刑事裁判所は、欧米でも日本でも、公訴が提起された事件について有罪か無罪かの裁判をするところであって、とくに違ってはいないように見える。しかし、もう少し掘り下げてみると、意外に大きな、そして重要な違いがあることに気がつくであろう。一口でいえば、欧米の裁判所は「有罪か無罪かを判断するところ」であるのに対して、日本の裁判所は、「有罪であることを確認するところ」であるといってよい。

この違いは、第一には公訴を提起するのに必要とされる嫌疑の程度と公判における無罪率に現われている。

わが国の有罪率は、99・6、7パーセントにものぼる。数字のとり方にはいろいろの危険が伴うが、欧米に比べて著しくあるいは異状に高いことは否定できない。それは、後に述べるような「公判のやり方」の違いにもよるが、第一次的には公訴提起に必要とされる嫌疑の違いによると思われる。（408頁）

……

わが国では、公訴提起に必要な嫌疑は、逮捕・勾留に必要な「相当の嫌疑」よりも高いものと考えられている。逮捕・勾留のためには、「取り調べてみる」に足りる嫌疑でよいのに対して、公訴の提起はこの取り調べの結果、嫌疑が十分に、あるいは十二分に確められたときはじめて起訴すべきだとされる。人身の自由を拘束されることよりも起訴されることの方が大きな「侵害」だと考えられるのである。そして公判で無罪となるのは、検察官・警察官の失態であるとされる。検察官・警察官がそう考えるだけでなく、マスコミその他国民の多数もそう考えがちなのである。（409頁）

……

起訴が慎重だというのは、それ自体として見れば好ましいことであるようにも見える。しかし何故むしろ問題なのかといえば、起訴に高度の嫌疑が要求されると、訴訟の実質は捜査手続に移らざるをえなくなり、また捜査機関にかなり強力な強制権限を与えざるをえなくなる。そして裁判所は、検察官が有罪と確信したものを、「念のために確める」だけのものになってしまうのである。実際わが国の第一審は実は検察官

の裁判に対する控訴審にすぎない、といえなくもないのである。しばしばわが国の司法が「検察官司法」であるといわれるのもあたっていないとはいえない。(409頁)
　……
　このような制度的実際のどこに実質的な弊害があるのか。このようなやり方をしなければ日本の刑事司法というものはやってゆけないものなのか。やり方を変えてもやってゆけるようにするためには、どのような変革と変革の手順が必要なのか。このようなプラグマティックなアプローチが必要である。もちろん、問題は複雑である。次に述べてみるのも、ただいくつかの側面にすぎない。
(1)一つの問題点は、くわしい、裏づけのある自白が要求される点である。アメリカはもちろんドイツでも、自白はもっとあっさりしたもの、犯罪事実の概要についてのもので足りる場合が多いように思われる。ほとんどの場合、取調べをした警察官が公判廷で自白内容について証言するという形で公判廷に顕出されるので、それほど詳細ではありえないということもある。しかし、わが国では、犯罪事実の内容自体も詳細であるだけでなく、犯行の動機、背後関係などの詳細も取り調べられる。それが、自白調書という形で公判廷に顕出されることも、右の「詳細さ」と関連している。
　さらに、裏づけのある自白、公判廷で被告人や弁護人からゆさぶられてもくずれないような自白が要求される。このことは、わが国の公判が、捜査の結果が被告人・弁護人のゆさぶりにたえるものであるかをテストするもの、すなわち捜査の結果を確認するものであって、そこで有罪か無罪かを判断するものではないこととも関連している。いいかえると、公判廷で被告人有罪の方向の証拠がつけ加わることはほとんど期待できない。ただ、被告人無罪の方向へのゆさぶりがあるだけである。そのためには、自白は十分に確かなものでは足りず、いわば十二分に確かなものにしておく必要がある。そしてそのためには、一度や二度の取調べでは足りず、参考人の供述、その他の証拠とつきあわせながら何度も取り調べなければならない。そのためには被疑者を手許すなわち留置場におき、あるいはたやすくそこに呼び出せるようになっている必要がある、ということにもなる。
　欧米の場合には、公判廷で、プラスされるものがあるように思われる。ヨーロッパ、たとえばドイツでは、裁判長による被告人尋問が行われる。それはしばしばかなり厳しいものであり、不合理な弁解に対しては、被告人を問い詰めるものである。アメリカでは、検察官が一応の立証を果すと、被告人の立証段階になり、被告人は証人台に立つか立たないかの選択に迫られる。証人台に立たなければ、(他の証拠で検察官の立証を覆した場合は別として) 検察官の立証を認めたとみられることになり、証人台に立てば、検察官の鋭い反対尋問にさらされる。いずれにせよ公判には、いわば被告人の根拠のない否認・弁解を破る牙がある。
　したがって、わが国の公判に一工夫しないで、警察官の行動だけを抑制するわけにはゆかないのかもしれない。

(2)自白というものは、取り調べる者と取り調べられる者との間に、一種の「心の通い合い」ができたときはじめてなされるものであって、事務的な質問・応答によってなされるものではない、そのためには、ある期間の継続した接触が必要であるともいわれる。さらに進んでその接触によって自白し、同時に悔悟の気持を吐露するところに刑事政策的に大きな意味があるという人もいる。そこには、かなりの真実はあるだろう。（415頁）

……

(4)一般の人々、とくにマス・メディアも、一方では、人権を強調しながら、他方では警察による「厳しい追及」を期待しているといってよい。警察の取調べによって、自白させることができないときは、しばしば「もどかしさ」が表明される。そして、自白の内容が客観的事実と喰い違うと、急に「人権」を問題にする。反応のパターンは、裁判所の場合と同じである。現在の捜査のやり方はある意味では世論に支えられているともいえよう。そこに改革のむずかしさがある。（417頁）

……

しばしばわが国の裁判は「調書裁判」であるといわれる。しかし、調書から公判廷で心証をとるわけではない。公判廷は、単に証拠を受け渡す場所、あるいはせいぜい証拠収集の場所（公判廷で証言させ、それを公判調書又は裁判官のメモに転換する場所）であるにすぎない。本来、心証をとる行為が「証拠調べ」だとすれば、わが国では「証拠調べ」は裁判官の自室・自宅でなされるといってよい。そこで捜査の結果が公判の結果にてらして審査されるのである。（418頁）

……

わが国の旧刑訴法では、一件記録が公訴提起と同時に裁判所に提出された。現行法は起訴状一本主義をとって、公判と捜査との遮断を試みたが、実際は公判が開かれると、捜査書類の大部分が同意書面として提出される。したがって、実際は、引継ぎの時期が一段階遅れるにすぎないといってもよい。

しかも、その証拠調べは、「朗読に代えて……要旨を告げさせ、又は自らこれを告げることができる」（刑訴規203条の2第1項）。公判廷で心証をとるのであれば、「要旨」から心証をとることはほとんど不可能であろうから、要旨を告げても無意味である。要旨を告げるのは、どういう書類を裁判官に引き渡すのかの説明にすぎない。ここでは明らかに証拠調べは裁判官の自室でなされることが前提とされているのである。（420頁）

……

(2)わたくしはかつて、裁判官が、証拠調べの終った書面を自室で読むことは許されないのではないか、といったことがある。これに対して、「どこを押せば、そういうことが出てくるのか」といった人がある。しかし、どこを押せば読んでいいということが出てくるのであろうか。証拠調べがすんだのだから読んでもいいではないか、とい

う人もある。たしかに「予断をさけるため」であれば、証拠調べ前に読むことは許されないが、証拠調べがすんだら、読んでもかまわないことになるだろう。しかしここで問題なのは予断の有無ではなく、「どこで心証をとるのか」という問題である。また、証拠調べがすんだ証拠は裁判所に提出しなければならない（刑訴310条）ことになっているから、裁判官は当然これを見ていいはずだという人もある。しかし、この提出は保管のためである。もちろん、単に「見る」ことまで禁止はされないであろうが、単に「見る」ことと、「心証をとるために読む」こととは別であり、この規定は「自室で証拠調べをする」ことまで認めたものではない。しかし、「どこを押せば、読んでいけないということがでてくるのか」といわれるほど、自室証拠調主義は確立した慣行なのである。（420頁）
　……
　わが国では公判はとびとびに行われる。そして証拠調終了後判決言渡までには、かなりの期間がおかれる。公判での記憶だけに頼っていたのでは、とびとびの公判は成立しえないであろう。これを結びつけるのは書類である。そして証拠調終了後判決までの間に、実質的な証拠調べが裁判官の自室で行われるのである。
(3)アメリカでも、事実認定についての上訴は認められていないといってよい。ドイツでも単独裁判官の判決に対する控訴では、全面的に公判をやり直し、参審裁判所の判決に対する事実認定についての上訴は認めない。事実認定は公判で行うべきものであり、直接に証人の証言を聞いた者でなければできないものなのであって、書面を通じて事実認定の審査をするということは、できないものだという考えが貫かれているわけである。
　ところがわが国では、書面を通じての事実認定の審査が平然として行われている。もっとも、現行刑事訴訟法が制定されたときは、書面を通じての事実認定の審査には限界があるから、書面を見ただけでも「誤り」だということがわかるときだけ事実誤認として破棄すべきであり、新たな事実認定は、やはり直接に証拠調べをしてなされるべきものであるから、原審に差し戻すのが原則であると考えられていた。しかし実務は控訴審の裁判官が事件について心証をとり、これが原審の認定と異なっているとき事実誤認として破棄すべきだという方向へいったといえよう。そこには書面を通じての事実認定が可能なものであるという裁判官の心理がはたらいている。さらにいえば、一審の裁判官も書面を通じて事実認定をしているのであるから、何も控訴審だからといって遠慮することはない、という気持が多分にあるのであろう。（422頁）
　……
(4)わが国のようなやり方はなぜ悪いのか、むしろその方が真実の発見に適しているのではないか、公判廷での証言だけで判断しようとすると、その場での尋問のやり方の巧拙などにも左右され、かえって真実を逸することにもなるのではないか、わが国の裁判官、その他の司法関係者の中には、ひそかにそう思っている人も少なくないだろ

う。(422頁)
……
　さらにすすんで、日本の裁判官その他の司法関係者は、そもそも法廷というところは真実を明かにするのに適したところではないと考えているように思われる。人が相手に真実を語るのは、二人だけのところで、心を打ちあけて語るときであって、法廷のような公開の場所では、いろいろな方面への配慮から、思い思いのことをいうにすぎない。法廷とは、いいたいことをいわせる儀式にすぎない、だから真実は、後でその模様を考えあわせながら静かに調書を読みこれとつきあわせることによってえられるものである、ということなのであろう。(422頁)
……
　ではこのような訴訟から脱却する道があるか、おそらく参審か陪審でも採用しない限り、ないかもしれない。現実は、むしろこれを強化する方向に向ってさえいるように思われる。わが国の刑事裁判はかなり絶望的である。

3　解　説

▶従来の公判手続と公判中心主義

　基本文献や前掲の松尾論考が言うとおり、従来の日本の刑事裁判は、綿密な捜査に基づいて組み上げられた検察官の主張する公訴事実の真偽を、多くの場合に書面を証拠として職業裁判官が検討するプロセスであったと言って過言ではない。

　憲法は、被告人が、自らに向けられた非難の内容＝公訴事実とその根拠を知り、これに反論する機会と手段を与えられて裁判を受ける権利、すなわち当事者主義における被疑者の権利を保障した（憲法31条は告知聴聞を受ける権利を保障し、同37条2項3項は反対尋問権と被告人の弁護権を保障する。また、これとは別に34条は身柄拘束下にある者の弁護権を保障する）。被告人には、公判期日に事実認定者の面前で、自己に不利益な証人と対決してその証言内容の真偽を口頭で争い、事実認定者の心証形成に働きかける機会が保障される（対決権・反対尋問権）。そのためには専門家の助力も必要であるし、反対尋問を効果的に行うためには、検察官がどのような証拠に基づいて主張するのかを審理に先立って把握できなければならない（証拠開示）。

しかし、実務では、刑事訴訟法（以下刑訴法という）326条の同意書面や伝聞例外の定めに基づいて、捜査段階で作成された供述調書や捜査記録が証拠採用され、それによって裁判官が心証を形成することが多く、また、証拠開示は明文に定めがなかった（判例は、刑訴法294条の裁判長の訴訟指揮権に基づく証拠開示を認めた。最決昭和44・4・25刑集23巻4号248頁参照）。被告人の国選弁護権は刑訴法にも定めがあったものの（刑訴法36条、37条）、現実に裁判の帰趨を決する捜査段階での弁護人の活動は、長い間、弁護士会の自主的な取組みに支えられてきた（当番弁護士制度）。

　松尾浩也は、その著書に「捜査は徹底して行われ、拘禁中の被疑者の取調べも、手続の適正と正面から抵触しない限度では最大限に実行される。警察だけでなく検察官も捜査に深い関心を持ち、公訴の提起は、十分な証拠固めをした上で、確信をもってなされるのが常態である。公判では、相手方の同意によって、または証人の記憶喪失や供述の矛盾を理由に、捜査の過程で作成された供述調書が、きわめて頻繁に証拠とされる。多くの事件では、『口頭弁論』のかなりの部分が、証拠書類の朗読（ないし要旨の告知）に費やされている。この書証依存の傾向は、裁判所が一般に多数の事件を平行的に審理していることと密接に関係する。二回以上の開廷を要する事件では、その開廷間隔は長く、通常、週の単位、場合によっては月の単位ではかられる。このような特色をひとことで表現するとすれば、『精密司法』と呼ぶのが適当であろう」（松尾・前掲書30頁）と記した。

　裁判員制度が開始される前の刑事裁判では、検察官が、被告人も聴きとることができないのではないかと思われるような早口で起訴状を朗読する場面を目にすることが珍しくなかった。刑法の概念も、およそ日本語とは思われないような用語で語られる。そのような、もっぱら専門家によって展開される刑事手続が、一般の国民に理解されにくいものであったということは事実だろう。民主主義国家が、ある罪を犯した個人に対し国の名においてその生命や自由、財産を奪う刑罰を科す制度を運営するのであれば、科刑の根拠とその程度（量刑）は、社会を構成する人々が納得できるものでなければならない、ということに思いを至らせたという意味で、陪審か参審を導入しなければ日本の刑事裁判は「絶望的」と言った基本文献には、情緒的ではあるが、それまでの刑事司法の

在り方に一石も二石も投じる意義があった。ただし、その主張の根拠は、刑事政策を含む刑事司法制度の目的という、より広い視点で今一歩踏み込んで検討しておかなければならない。

▶検察官の訴追裁量と行為者更生に関心を寄せる刑事手続

(1)基本文献は、「欧米の裁判所は『有罪か無罪かを判断するところ』であるのに対して、日本の裁判所は、『有罪であることを確認するところ』である」と述べ、その根拠として、公訴提起に必要な嫌疑の程度が逮捕のために必要な程度（相当理由）よりも高いことや、公判における有罪率が著しく高いことを挙げ、そのような法運用が、本来公判で有罪・無罪の判断をすべき公判中心主義を害する要因になっているという。また、日本の犯罪捜査が、犯罪事実の存否のみならずその背景事情や動機についてまで徹底して行われることは、これを精密司法とよんだ松尾論考のとおりであり、マス・メディアの報道もそれを期待する傾向がある。

　ところで、刑訴法248条は、「犯人の性格、年齢及び境遇、犯罪の軽重及び情状並びに犯罪後の情況により訴追を必要としないときは、公訴を提起しないことができる。」としており、『犯罪白書』によると、検察官が受理して処理する人数のうち公判請求されるのは約7％に過ぎず、50％超が同条による起訴猶予処分とされている。具体的にみると、平成24年の刑法犯の認知件数は約201万件、検察庁の終局処理人員は約142万人で、うち公判請求は約9万6000人、同年の第1審における終局処理人員は約6万4000人である。この数字でわかるとおり、検察官が受理した事件の相当の割合が、検察官の段階で終結している。起訴猶予制度とは、犯罪が法律上成立し、証拠が被告人の有罪を証明するのに十分であるとしても、あえて公訴提起しない処分であって、その存在意義は、刑事政策的な配慮と刑事司法にかかる資源の効率的な運用にある。後者は、刑事裁判に必要な人的資源、物的資源には限りがあるので、その効率的な配分のため、選択的な法執行が行われているということである。

　前者については、興味深い調査がある。日本の検事とアメリカ（シアトル）の検事を対象に、検察官として職務上重視する事項はなんであるかを尋ねたもので、それによると、「真相の解明」や「適切な起訴の判断」、「市民の保護」を「重要」と回答した検事は両国共に9割を超えるが、「犯罪者を反省させる

こと」と「犯罪者の更生および社会復帰」については、日本の検事がやはり9割を超えて「重要」としているのに対し、アメリカの検事の回答は前者で1割未満、後者で3割未満であった。さらに、「犯罪者と被害者との関係の修復」という項目については、日本の検事の7割弱が「重要」とするのに対して、アメリカの検事の回答は0％であった。同書には、道徳的・社会的規範に訴えて被疑者を取り調べるのが日本の検察官の特徴であるとの記述もある（デイビッド・T・ジョンソン［大久保光也訳］『アメリカ人のみた日本の検察制度――日米の比較考察』〔シュプリンガー・フェアラーク東京、2004年〕125頁、247頁。ただし、この調査の統計学的な裏づけについては留保が必要と思われる）。

　この調査にも表れている日本の捜査機関の特徴は、いたずらに被告人や有罪者を生まず、被疑者の更生までを視野に入れた捜査をする点にある。つまり、被疑者がその罪を犯したことを示す証拠が十分にあることを前提として、その罪が軽微で社会的な影響が大きくなく、被害者への賠償も済み、本人も反省して再犯の危険がないならば、公判以前の段階で被疑者に反省を求めて日常生活に戻した方が、法令違反を犯した者をすべて被告人とし前歴者とするよりも、よりよく刑事手続の目的が達成できるのではないか、という視点をもって刑事法は執行されているということである。また、そのためには、捜査機関が人と人として被疑者と向き合って供述を得る取調べが重要であることは基本文献も認めているところである。

　そのような限定的・選択的な法執行の結果、起訴される事案は、公判手続を通じて罪を犯した者の刑事責任を問うべき重大事案で、かつ、検察官が有罪立証に十分と考える証拠が収集されているものに限られることになり、したがって、起訴時点での嫌疑は高く、また、有罪率も高くなるという事情のあることを見落としてはならない。有罪率が高いことだけをもって、公判が有名無実化しているという結論を導くとすれば、それは早計なのである（ちなみに、アメリカ合衆国で有罪の言渡しを受けた人々の裁判をDNA鑑定に基づいて検証しているイノセンス・プロジェクトによれば、1992年以来、その活動によって無罪が証明された人々は300人以上に上るという。さらに言うと、施行後5年間の日本の裁判員裁判での有罪率は、裁判官裁判での無罪率と大きく変化してはいない。最高裁判所事務総局『裁判員裁判実施状況の検証報告書』平成24年12月2頁）。

ただし、以上のことは、決して、日本の裁判には誤判がないとか、捜査が無謬であるということを意味しているわけではない。いわゆる志布志事件や氷見事件、足利事件といった冤罪事件に加えて、大阪地方検察庁特別捜査部での証拠改ざんが明らかとなり、供述採取に頼った捜査手法への批判が高まった結果、法務大臣の諮問を受け、法制審議会に「新時代の刑事司法制度特別部会」が設置されて、時代に即した新たな刑事司法制度を構築するための法整備の在り方が審議されることとなり、2014年7月に同部会が取調べの録音・録画等の提言をするに至ったことも忘れてはならない。捜査機関が、客観的な証拠の収集を怠り、その思い込みによって被疑者の自白を得ようとすると、虚偽自白が得られやすいことは心理学的にも証明されている（小木曽綾「供述の心理と取調べの可視化」研修757号〔2011年〕3頁）。

(2)基本文献はまた、逮捕に必要な嫌疑の程度（罪を犯したことを疑うに足りる相当な理由、刑訴法199条2項）と公訴提起に必要なそれとを比べ、被疑者にとって、身柄拘束よりも起訴される方が大きな不利益であることを前提とするのは、公判中心主義をないがしろにすることに通ずると示唆するが、たとえ被疑者が相当理由に足りない証拠の量で公判請求され、被告人となって裁判を受けても、無罪が言い渡されさえすれば、被疑者・被告人の受ける不利益は逮捕・勾留されるより軽いというのが、多くの人々の感覚と一致するかは疑問なしとしないと思うのだが、どうだろうか。

▶当事者主義と職権主義、上訴審の役割

(1)基本文献は、ドイツの例を挙げて、被告人の不合理な弁解を裁判長が厳しく吟味することを、公判中心主義の特徴であるように述べているが、これについては、誤解のないようにしておかなければならない。

　ドイツでは、裁判所が責任を負って真実を解明する職権主義の訴訟構造が採られているが、日本の刑事訴訟法は、検察官の主張・立証（攻撃）を被告人が争う（防御する）形式で行われ、裁判所が主導して「真実」を解明する審判構造をとってはいない（刑訴法256条1項ないし3項、296条、298条1項2項、312条1項3項4項、316条の13、333条1項、336条などを参照）。したがって、基本文献の主意は、日本でも裁判長による尋問が活発に行われるべきだということではなく、公判期日に当事者、とりわけ罪に問われた被告人側からの検察側立証への

十分な反論が可能になるような手段を充実させるべきことや、事実認定者が、書面を通じてではなく、公判期日の当事者の主張・立証を通じて心証形成すべきことを主張する点にあると理解すべきだろう。

(2)基本文献が最後にとりあげている上級裁判所の審理について付言すると、刑訴法は、控訴に理由があると認めたときには、原判決を破棄し、事件を原裁判所に差し戻すことを原則とし、例外的に控訴裁判所に自判を許すこととしているが（刑訴法397条1項、400条）、実務ではこの原則と例外が逆転し、控訴裁判所が記録によって自ら事実を認定して裁判を言い渡すことが多かった。しかし、この状況は、裁判員制度の導入によって変化することが予想される（最判平成24・2・13刑集66巻4号482頁参照）。

4 関連文献

▶松尾浩也「第1章 刑事法の課題」『刑事法学の地平』（有斐閣、2006年）2-44頁

　2001年6月の『司法制度改革審議会意見書』以来の刑事法改革の歩みや背景について簡潔に紹介、コメントし、引用頁の最終部分では、「西欧から受け入れた価値観を現実化する」「『洋魂和才』」の実行を説く。

▶法制審議会新時代の刑事司法制度特別部会「新たな刑事司法制度の構築についての調査審議の結果【案】」（2014年7月）

　法制審議会の部会での調査・議論の成果として、取調べの録音・録画、被疑者が他人の犯罪事実を明らかにするために真実の供述をしたとき、検察官が被疑者の犯罪事実の全部または一部を起訴しないことを認める「捜査・公判協力型協議・合意制度」の導入、証人に刑事訴追を受ける可能性のない状態で証言を義務付けることを可能にする「刑事免責制度」の導入、「通信傍受」の対象犯罪拡大や要件緩和など提言しており、今後の日本の刑事司法制度の動向を占うのに有益である（http://www.moj.go.jp/content/000125177.pdf）。

10 日本の警察の特色

●基本文献
宮澤節生
『犯罪捜査をめぐる第一線刑事の意識と行動
　——組織内統制への認識と反応』
(成文堂、1985年)

田村　正博

0　原著者紹介

　1947年生まれ。国内外で著名な法社会学者。Ph.D（イェール大学）、法学博士（北海道大学）。北海道大学助手、助教授を経て、神戸大学法学部教授。2004年以降、早稲田大学法学部教授、大宮法科大学院大学教授を経て、青山学院大学大学院法務研究科教授。2014年に、日本人研究者として2人目となる Law and Society Association International Prize を受賞している。

1　基本文献の意義と位置づけ

　基本文献は、「観察調査と質問紙調査に基づいて、犯罪捜査における第一線刑事の行動を記述」し、「刑事の行動を、主として、認知された組織内統制に対する組織成員の反応の一形態として、仮説的に説明」しようとするものである（基本文献はしがき）。第一線刑事、すなわち警察署の刑事部門（刑法犯捜査を主として担当する部門）に属する捜査員で警部補以下の階級にある者が、問題性を含んだ捜査行動をとることがあることの理由を、警察組織が個々の捜査員に対して事件検挙の実績向上を求め、人事異動などの功利的報酬による統制を行っていることに対応したものである、と結論付けている。「犯罪捜査をめぐる第一線刑事の意識と行動——観察と質問紙調査によって」と題して、北大法学論集30巻1号（1979年）から33巻5号（1983年）まで6回にわたって連載され

た論文が基になっている。

　調査は1974年に行われた。日本の警察組織を対象とした、日本人研究者による観察を含んだ最初の実証的研究である。警察官の捜査行動に関する同種の研究はその後行われておらず、今日まで唯一のものであるだけに、捜査機関としての日本の警察を考察する上で貴重な著作となっている。なお、宮澤節生による要約が、所一彦ほか編『日本の犯罪学 8　1978-95　対策』（東京大学出版会、1998年）58-65頁に掲載されている。また、事実上の改訂版としての内容を有するものが英語で出版されている（Setsuo Miyazawa [translated by Frank G. Bennett, Jr. with John O. Haley], Policing in Japan: A Study on Making Crime〔Albany: State University of New York Press, 1992〕）。

2　基本文献（原典）

▶基本文献の課題と位置づけ

　　いかなる行為・行為者も、多くの場合、少なくとも警察によるスクリーニングを経なければ、犯罪・犯罪者ないし非行・非行者という公式のレッテルを付与されるプロセスに乗せられることはない。……刑事司法過程の実態に関する社会科学的な探求を行なおうとするならば、警察による捜査活動の研究は、その不可欠の要素とされるべきである。（1-2頁）
　　捜査活動の実態を記述するためには、捜査活動を実際に観察することが、万全ではないとしても、より適切な方法として、必要になる。本書の第1の課題は、観察によるデータを主体にしつつ、質問紙調査によるデータをも補いながら、第一線の警察署における捜査専務者の日常的な捜査行動の実態、すなわち、本書表題の「行動」を記述し、その一般的な特性を抽出することである。……本書の第2の課題は、記述された特性の捜査行動自体が警察官自身にとって持つ意味、捜査行動の態様とその適法性および捜査能率との関係についての彼らの認識、捜査行動が直面する犯罪現象、市民や被疑者の行動、司法統制などの動向に関する認識、警察組織の内・外からの期待や統制のあり方に関する認識、そのような期待や統制との関係において自らの捜査活動が持ちうる帰結に関する認識、自らが置かれている市民および労働者としての状況に関する認識と評価、自らが遂行している捜査行動に関する評価、などを記述し、発見された捜査行動をそれらの関数として説明することである。（3-4頁）

▶捜査行動の記述の課題

　本章においては、きわめて具体的・個別的な意識や行動が、記述されるであろう。しかし、本章の主要な目的は、実は、そのような記述自体にあるのではない。そのような記述を通して徐々に浮かび上がってくる、何らかの一般的な特性ないしパターンを把握することが、本章の目的である。それは、とくに、各捜査段階における行動、ないし、そのあるべき形態に関する意識を全体として眺めた場合に、捜査への積極性と慎重さとがどのように現れているか、という観点からなされる。なぜならば、私は、警察の犯罪捜査活動を、能率的な犯人検挙という観点からの積極性への期待と、被疑者を含む市民の権利を侵害すべきではないという観点からの慎重さへの期待という、容易には両立しがたい2つの期待にさらされているものとして、とらえるからである。……

　すなわち、少なくとも、「書かれた法」のレヴェルにおける役割期待には、能率的な犯人検挙と被疑者・一般市民の自由・権利の保護という、二重の期待が含まれているのである。……

　刑事警察が置かれている「書かれた法」のレヴェルでの状況の基本的特性をこのように認識するならば、「生ける法」のレヴェルにおいて相互に対立しうる2つの期待がどのように実現されているかを知ることは、警察組織外部の者にとってはもちろん、内部の観点からも、きわめて興味深いことであろう。なぜならば、いずれの期待であれ、それがみたされない場合に責任を問われるのは、警察組織の管理者だからである。その際、かりに能率追求のための積極性と権利保護のための慎重さが相反しうるものであるとするならば、私自身の実際的関心は、捜査行動の積極性が権利保護の観点からどの程度に問題とされうるものか、という事実に向けられる。また、問題性を含む捜査活動がなされうるとするならばその要因は何か、という説明に向けられる。(147－149頁)

　そこで、積極性については、それがどの程度のものであるかを、評定しなければならない。……私は、この問題に、刑事たちにとって関心事であるはずの社会的事実としての法解釈を尺度とすることで、取り組んでみたい。すなわち、調査時点以前の裁判実務における解釈、警察内部での指導方針、幹部や刑事自身の評価などを基準として、刑事たちにとって意味のある社会的事実としての問題性を評定するのである。(149－150頁)

▶捜査行動の記述の要約と含意

　捜査の各段階にある記述を通して、徐々に、しかし一貫して現れてきた基本的なパターンは、捜査への、慎重さと積極性を混在させた幹部たちのアンビヴァレンスと、刑事たちの、より一面的な積極性への傾斜との、対照であった。その積極性は、必ず

しもただちには違法とされるものではないが、状況次第によっては問題性が指摘されうる程度にプロブレマティックな捜査行動は肯定し、実行するような、積極性である。そして、そのような行動がプロブレマティックなものであることは、裁判実務の大勢とされている考え方、警察内部での指導方針と思われる観点、あるいは、場合によっては、刑事たち自身が一般的には表明している考え方、などを基準として、認識されたのであった。

　また、個別的には、身柄拘束という状況の下での取調に関する刑事たちの行動と意識が、特に注目に値する。一方では、はじめから周到な証拠収集を行うと後で得られた自供について任意性を疑問とされうるという認識があり、他方では、できるだけ多数の余罪を解明して数少ないチャンスを有効に生かしたいという欲求があることによって、何よりも取調を通しての自供追及、とくに刑事たちにとっては未知の内容の自供を追及することに関心が注がれるのであり、そのために、取調の機会を与えてくれるものとしての勾留、とくに代用監獄での勾留が求められるのである。その際、取調の目的は必ず達成しなければならないという意識が存在し、それに適合した行動が採られるが、その行動は、時には、刑事たち自身も問題性を感じる態様のものとなりうるのである。(264-265頁)

▶分析の枠組

　私が注目したのは、組織が行使する権力の型と組織の構成員が組織に対して示す関与の型の適合関係についての Amitai Etzioni のタイポロジーである。……プロブレマティックな積極的捜査行動に出ることが道徳的関与としての性格を持っているとすれば、刑事たちに対してどのような規範的統制が加えられている（と刑事たちによって認識されている）かを検討すべきであるし、積極的捜査行動が Etzioni の意味における打算的行動に過ぎない場合には、どのような報酬的権力が行使されている（と刑事たちによって認識されている）かを検討すべきことになるのである。(272-273頁)

▶積極的捜査活動への刑事たちの関与形態

　積極的捜査行動に対して道徳的関与を示す刑事たちの存在は無視しえないにしても、外見的には献身的に積極的捜査活動に従事している多くの刑事たちの関与は、打算的関与にとどまるものであった。(316-317頁)

▶組織内部からの期待と統制に関する認識

　刑事たちの多数は、個人としても実績向上を要求されている、と認識している。……手続遵守をめぐっては、ポジティブなサンクションが存在しないのみか、被疑者

や市民に対する暴行などの事態に至らないかぎり、手続遵守の要請に反してもネガティブなサンクションが与えられることはない、と考えられているのである。……少なくとも刑事たちの認識のうえでは、彼らに対して具体的に行使されているサンクションが検挙実績を基準とするものに著しく偏っている、という事実は、積極的捜査行動に対して打算的関与をしか示さない者にとっても、また、それに道徳的関与を示す者にとっても、異なったメカニズムにおいてではあるが、同一方向の捜査行動を導く作用を及ぼしている、と言えるのである。(354-355頁)

　刑事たちの積極的捜査行動の行き過ぎを抑制する方向では、慎重さを求める捜査指揮が、幹部たちによって行われてきた。……幹部たちの努力や、彼らが直接に指揮している係長たちの努力は、真剣なものであった。したがって、明らかに違法となる行動が採られる可能性は、ほとんど存在しないと思われた。しかし、幹部や係長たちにとって、下級刑事たちの行動を完全に統制することは、結局、不可能なことである。また彼らにとって、下級刑事たちの行動を常に抑制してばかりもいられない事情も、存在した。(356頁)

　基本的には慎重さを求める幹部たちに対して、組織実績向上の要求が課されることにより、慎重さと積極性を共に求めるアンビヴァレントな状況が発生する。ところが、慎重さを求める方向での統制は完全ではなく、具体的なサンクションもないのに対して、刑事たちに直接に向けられている具体的なサンクションは、もっぱら積極性を基準とする方向で、行使されており、しかも、功利的報酬としての側面と同時に、規範的報酬としての側面をも有する。かくして、積極的捜査行動自体に満足を感じる刑事たちの積極的な行動は、完全には統制されないと同時に、規範的報酬によって促進される。また、そうでない刑事たちは、とくに慎重さを貫徹すべき理由を見出せない反面、積極性を評価する方向での功利的報酬が存在するがゆえに、要求された場合には、積極的捜査行動に献身的に従事することとなる。(358頁)

▶組織外部からの期待と統制に関する認識

　弁護士は、第一線の捜査に対しては、重要なインパクトを与えていない、と言ってよいであろう。(365頁)

　検察官は、積極性と慎重さを同時に要求してくる。……検察官からのアンビヴァレントな要求のうちの積極性への要求に応える行動のみが、実効性のある内部的統制によって支持されるのであり、したがって、検察官からの積極性への要求のみが、日常的には、より強調されて認識され、より大きな効果を持つことになろう。(388頁)

　裁判官からの期待と統制は、慎重さを求める方向では、幹部たちと刑事たちの意識と行動のうえに大きな作用を及ぼしていない。実際のところ、幹部たち自身や刑事たち自身がその適法性に関して疑問を抱く捜査行動がなされても、裁判官がそれを問題

にすることはほとんどない。……裁判官に対する関係での最大の関心事は、証拠が不足するために量刑が軽くなったり、無罪となったりする危険性である。その危険を避けるために、さらに長期の、さらに積極的な捜査行動が指令され、行われることになる。(377頁)

　一般市民ないしマス・メディアから慎重さを求める方向での批判を受ける可能性は、特に幹部たちにおいて、かなり強く意識されている。……しかし、少なくとも、新聞による犯罪報道の実態を考慮すると、そのような認識は、批判の可能性を実際以上に大きく見積もっているように思われる。……それに対して、積極的捜査行動を推進する方向では、一般市民ないしマス・メディアからの日常的な期待や統制に関する認識は、大きな作用を及ぼしていると考えられる。……少なくとも日常的なあり方を前提とするかぎり、一般市民ないしマス・メディアは、客観的にも、刑事たちが不満を覚える以上の勤務体制強化を支持し、刑事たち自身が問題性を感じる以上の積極的捜査行動を肯定するかのように、思われるのである。(387-388頁)

▶結　　論

　私の観察によれば、日常的犯罪の捜査について見るかぎり、広中の研究から予測されるほどの違法行動がなされているとは考えにくい。しかし、そのことは、問題性を含む行動が全く存在しないことを意味するものでもない。何人にとっても明白に違法と断定される行動は見当たらないとしても、裁判実務の大勢、警察組織内の指導方針、第一線幹部の基本方針、などから考えて、問題性を含むと思われる行動は稀ではないし、自身が現に従事している捜査活動の適法性に対して刑事自身が疑問を抱いている場面にも、少なからず遭遇したのである。(390頁)

　少なくとも第一線警察官が認識するところでは、犯罪捜査に対する警察組織内・外からの期待は、通常、手続的な慎重さよりも、積極的捜査行動による検挙実績向上を強調しており、しかも、手続遵守と能率向上は、両立しがたいものである。このような状況において、組織内での実効的な統制は、功利的にも規範的にも、もっぱら能率向上の観点に沿って行使される。また、組織外からの統制の担い手は、手続遵守を求める方向では十分にその力を行使しておらず、日常的には、むしろ能率向上を要求する方向での期待が一般的である。したがって、捜査行動に対して道徳的関与を示す刑事たちは、自らの行動の正当性に対する確信を深める方向での期待や統制に、日常的にはさらされていることになる。他方、違法行動の抑止に十分な注意を払っている幹部たちや、打算的関与を示すにとどまる刑事たちも、刑事部門におけるキャリアを維持していくためには、明白に違法とならない限度において、積極的な捜査行動に、少なくとも外見上は献身的に取り組まざるを得ないのである。(391頁)

　公平に見て、日本の警察官の勤勉さは、国際的に高い水準にあると言ってよいであ

ろう。また、被疑者検挙が刑事警察の機能であり続ける以上、組織内の期待と統制が検挙実績の向上を求める要素を伴うことは、それ自体としては否定すべきものではない。問題は、手放しの肯定的評価が能率向上の一面的要求と結びつく場合に、第一線警察官たちがどのような状況に追い込まれるか、ということである。また、その結果として、被疑者や一般市民を対象とする捜査行動がどのように変化するか、ということである。……最近のスキャンダルにもかかわらず、大多数の第一線警察官が熱心に捜査に取り組んでいることは、おそらく信じてよい。したがって、警察力の飛躍的な拡大がなされないとすれば、組織外部の者には苛酷と思われる刑事たちの勤務条件もまた、変化することはないであろう。そうであるとすれば、刑事たちの奉仕の対象である一般市民の観点から見ても、実績向上への要求を現状以上に強化することで得られるものは、被疑者・一般市民の権利に対して生じうる否定的な効果を差し引けば、ごくわずかなものでしかないであろう。……われわれは、警察に対して、少なくとも不可能を期待することはやめるべきである。そのことによってはじめて、組織内の期待と統制もバランスの取れたものになり、市民の一員としての第一線警察官を取り巻く勤務条件は改善され、捜査活動の行き過ぎによって同僚市民が被るかもしれない、稀ではあっても重大な権利侵害が、抑制されるであろう。さもなければわれわれは、問題性を含む捜査行動を確実に抑止しようとするならば、……ラディカルな制度改革を構築しなければならない。しかし、それのみでは、勤労者・市民としての第一線警察官が置かれた状況は改善されず、積極的捜査への内部的な期待と統制も緩和されない。むしろ、手続的制約が増大した分だけ、従来の能率を維持するためにより問題性の高い行動に出ることを強いる結果となる可能性がある。(393-394頁)

3　解　説

▶基本文献全体の構成

　基本文献は、第1章序説（基本文献の課題と位置づけ、データ収集の経過、方法論的問題）、第2章主要ケースに関する観察データ、第3章捜査行動の記述、第4章捜査行動の説明、第5章結論、で構成されている。170頁にわたる「質問項目の内容と単純集計」が付録として付されている。

　第2章では、ある程度まとまった見聞の得られた主要なケース24事例（外勤部門3、盗犯捜査11、強行犯捜査6、暴力犯捜査4）について、フィールド・ノートに書き込まれた生のデータが提示されている。観察法によって得られた研究者の見解を読者に論証することの困難性を踏まえた方法論的要請をみたすこと

と、捜査過程に存在するパターンを把握することが、生データ提示の目的とされている。

第3章では、任意捜査、捜索・差押、逮捕、勾留、余罪捜査および取調の各段階ごとに、警察学校における知見（警察内部における指導方針）と幹部（警部以上）たちの意識と行動が観察データに基づいて述べられ、その後に、刑事（警部補以下）たちの意識と行動が、観察データに基づくものと調査票データに基づくものの順に、詳細に述べられている。緊急逮捕が多用されていること、検察官への勾留請求依頼の際における理由として被疑者の否認・余罪追及の必要性が挙げられていること、勾留請求が却下された例がなかったこと、勾留場所がすべて代用監獄であったこと、取調による余罪を含めた自供追及が中心的なものであることなどが、とくに言及されている。

第4章では、分析の枠組、積極的捜査行動への刑事たちの関与形態、幹部たちの基本方針、組織内部からの期待と統制に関する認識、組織外部からの期待と統制に関する認識、が述べられている。

▶**基本文献以外の警察を対象とする社会学的研究**

日本人研究者による従前の研究としては、1940年代末から50年代の警察を専ら警備警察に焦点を当てて論述した広中俊雄による一連の著作（『日本の警察』〔東京大学出版会、1955年〕など）があるが、基本文献が述べるように、「散発的な事例を知りうるにすぎない裁判例や新聞・雑誌の記事に基づくものであって、実際の捜査過程における警察官の言動を直接に観察したデータは、まったく存在しない」ものであった（5頁）。

観察調査を含んだ最初の経験科学的研究は、Bayleyによって行われた（関連文献参照）。交番を核とした日本の警察の市民とのかかわりを、警察の犯罪統制機能を発揮させるものとして高く評価している。これに対し、基本文献は、「アメリカ人にとって興味深いと思われる知見を追求する結果、わが国の特異性を必要以上に強調し、しかも、それを肯定的に描く危険性が存在する」ことと、調査者が日本語を解さず、かつ限られた期間のみの観察と面談であり、「選ばれた警察官のみが対象となっている」可能性があることを指摘している（8頁）。

ほかに、Amesによって行われた研究がある（関連文献参照）が、基本文献では、方法論的にBayleyの研究の水準を抜くものと評しつつ、その研究を意識

しないで分析をしたことを理由に、ほとんど言及していない。

警察の観察調査を含む研究による著作は、このほかに警ら警察を対象とする村山眞維によるもの（関連文献参照）があるが、Bayleyから村山までの研究はいずれも1970年代に行われた調査に基づくものである。その後は吉田如子によって2002年から2003年にかけて行われた調査（吉田如子「交番再訪——POLICE CULTURE論を通して見る警察官の姿」法社会学65号〔2006年〕148-163頁など）が、今日に至るまで唯一のものとなっている。

▶基本文献の基となった調査

宮澤による調査は、1974年の1月から9月にかけて行われた。最初に、北海道警察学校（主として警部補または巡査部長昇任者を対象とした課程で、他の都府県警察の場合であれば管区警察学校で行われる教育課程に相当するもの）に15日間登校し、講義・演習の聴講と学生との雑談への参加による観察を行っている。予備知識を得ること、広い範囲の警察官と接触することのほか、警察全体の指導方針についての知見を得る上でも役立てられている。

中心となったデータは、札幌市内のひとつの比較的大規模な警察署において、外勤部門（現在の地域部門）の観察を6日間行った後、刑事部門の観察を35日間にわたって行った（その後も数日間行われた）ことによって得られている。当直勤務にも同席し、刑事室内のみならず現場にも刑事と同行している。

調査票調査は、観察対象警察署の警部補以下の警察官に対して、配票留置方式によって行われている。調査票は4部で構成され、第1部の前半は回答者の属性と職業に関する一般的な満足度など、後半は警察官という職業に関する職業社会学的な問題、第2部の前半は法律・犯罪・刑罰などに関する一般的な態度と捜査法規・捜査活動などに関する一般的な認知・評価を尋ねるもの、後半は、採るべき捜査行動に関する選択と、捜査活動をめぐる認識とを評価を、きわめて詳細に尋ねるものである。第3部および第4部はパーソナリティ・テスト（MPIとCPI）である。第1部と第2部の合計796項目が基本文献の分析対象となっており、その質問と単純集計が基本文献付録に掲載されている。有効な回答が199で、有効回答率は70％ないし80％あり、所属部門別分布において有意な差はなく忠実なサンプルとみなすことができること、犯罪捜査の各段階においてとるべき行動を尋ねた41項目について数量化理論第3類を用いて回答の

妥当性の高さが推定できたことが、基本文献の中で述べられている。

▶**基本文献の主題と結論**

　宮澤は、警察の犯罪捜査を、犯人検挙という積極性への期待と市民の権利侵害防止のための慎重さへの期待という容易に両立し難い２つの期待にさらされているものととらえ、捜査行動の積極性が権利保護の上で問題性を含むものにつながるのかどうか、つながるならその要因は何かという実践的な関心をもって本研究を行い、刑事たちが積極性（状況によっては問題性が指摘される行動を肯定し、実行する上での積極性）に一面的に傾くのに対して、幹部が慎重さと積極性を混在させていることの違いがあることに注目し、両者の関係性においてこの問題の分析を行った。

　宮澤は、幹部による統制密度が高いため「明らかに違法となる」行動はほとんど存在しないが、裁判実務の大勢や警察内部の指導方針などからみて「問題性を含むと思われる」捜査行動が稀ではなく、それが検挙実績を評価基準とする組織内統制が刑事に及ぶことによるものであることを明らかにし、幹部が基本的に慎重さを求めつつ、組織自体としての実績が求められると判断した場合に積極さを求める（少なくとも容認する）ことによって、刑事を積極的な捜査行動に向かわせていることを指摘している。宮澤のいう「問題性を含むと思われる」行動をどう評価すべきか（「問題性の基準を低い所にとり、わずかでも異論ないし疑問が提起される行動」が広く含まれ〔150頁〕、「裁判官が自覚的に許容している」場合もある〔377頁〕ことに留意する必要がある）は別として、この結論は、警察組織の管理の在り方を考える上で、現在も高い重要性を有している。報酬的な権力を行使する管理者は、その影響を十分に認識しなければ、組織を最適な方向に向けることができないからである。

　行政機関のひとつとしての警察は、市民からの期待に応えるべき立場にあるのであって、市民によってその在り方が決められる。宮澤は、刑事を積極的な捜査行動に向かわせているのは市民の側であるとし、市民の側が警察に対して、より多くの検挙を期待しないで慎重さを求め、警察の組織統制をより慎重である方向に変えるべきだと主張している。論理的にはそのとおりであるが、被害者の視点、捜査権限行使による次の被害の防止、といった面での近時の警察への市民の期待は、宮澤の求める方向とは異なるように思われる。

▶捜査の実像とその後の変化

　基本文献は、具体的な捜査行動について、豊富な実例を提供している。宮澤も、「本書の記述的側面は、捜査手続に対する実践的な関心に資するであろう」と述べている（はしがき）。ケースの中で紹介される第一線刑事らの言動は、調査が行われた時点の実際の姿である。当時の警察捜査を論ずるのであれば、基本文献は常に参照されるべきものであるといえる。

　もっとも、基本文献に描かれているのは、今から40年前の姿であり、遺留指紋照会すら困難であった時代である。DNA 型鑑定などの手法も存在していない。客観証拠収集のための捜索・差押・検証の実施件数は、当時は現在の4分の1程度であった。一方、捜査段階でほとんど弁護人が付かず、捜査に実質的影響を与えていないという当時の状況は、その後の当番弁護士や被疑者国選弁護人制度の導入によって一変している（2013年には、地方裁判所の通常第1審事件の約7割に捜査段階で弁護人が付いている）。弁護活動の実質化は、宮澤が求めた方向であるが、それだけに、捜査の現場にも大きな変化をもたらしていることが十分予想される。

▶市民・労働者としての第一線警察官

　宮澤は、第一線刑事たちの苛酷な勤務状況と、彼らが不満を抱きつつも献身的に捜査活動に取り組んでいることを明らかにし、「捜査手続の現状に関していかなる実践的立場を採ろうと、改革への提案は、市民・労働者としての第一線警察官が置かれている状況を視野に入れなければならない」との見解を表明している（はしがき）。このような見方は、従来まったくなく、「本書を第一線警察官の皆さんに捧げる」（献辞）とした宮澤の思いが込められている。

　「勤労者・市民としての第一線警察官」が置かれた状況の改善なしには、手続的制約を増大させても、「従来の能率を維持するためにより問題性の高い行動に出ることを強いる結果になる可能性がある」（394頁）という基本文献で示された見解は、時代を超えてあてはまるきわめて重要な指摘である。

　週休2日制の導入、民間企業との比較における公務員志望の増加など、変化のある部分もあるが、労働組合がなく、労働者としての権利が十分に守られないで、過重な勤務が求められているという状況は、今日においても基本的に続いている。対抗的な存在がない中で、警察官に労働基準法の適用があるという

ことすら考慮しないで組織運営に当たっている警察幹部は今日でも多い。宮澤の設定した主題のみならず、警察組織の在り方についての検討に際して、第一線警察官の置かれている客観的な状況と意識について、警察組織外部の研究者による調査が行われることの必要性を強く主張したい。

▶調査対象との信頼関係

本調査は、北海道警察本部の協力があって可能になったものであり、宮澤はそれに対する謝意をはしがきで述べている。一方、北海道警察本部の側が、調査の趣旨等について十分な理解をした上で協力をしたとは思い難い。また、膨大な質問票による調査は、きわめて大きな負担を組織と第一線警察官に負わせた（労働者としての第一線警察官を守る機構が存在していれば、このような調査は決して容認されなかったであろう）。

研究者にとっては、自らの学問的な信念（と実践的な意図）に基づいて調査研究を行い、得られた成果を広く公表することは自然のことであろう。その一方で、将来の調査研究の展開を期待するのであれば、調査対象組織との信頼関係ならびに同様の立場にある組織が調査を受け入れる可能性に与える影響についても自覚的である必要があるのではないかと思われる。警察組織において、外部研究者による研究の必要性を強く感じ、少しでも行われることを可能とするように努力をしてきた者として、あえて付言しておきたい。

4 関連文献

▶D・H・ベイリー ［新田勇・兼元俊徳・平沢勝栄訳］『ニッポンの警察――そのユニークな交番活動』（サイマル出版会、1977年）

　アメリカの政治学者David H. Bayleyが、1972年および73年に4都府県15警察署を対象に行った調査を基に著したForces of Order: Police Behavior in Japan and the United States（Berkeley, Los Angels and London: University of California Press, 1976）の日本語訳。「日本の警察制度を研究することによって、合衆国の警察が持つ問題について学」ぶという観点から、日本で有効かつ効率的な犯罪統制が行われていることを、警察がロー・エンフォースメントと関連のないさまざまな活動を行って地域住民との親密な関係を確立していることと、警察内部の規律が警察共同体の存在によって良好に保たれていることに求めている。

▶W・L・エイムズ［後藤孝典訳］『日本警察の生態学』（勁草書房、1985年）

　アメリカの人類学者 Walter L. Ames が、1974年から75年にかけて岡山県の2警察署を対象に行った調査を基に著した Police and Community in Japan（Berkeley, Los Angels and London: University of California Press, 1981）の日本語訳。自らが日本語を理解し、長期の観察を行って、日本の警察を複眼的視点で分析し、警察における「地域社会への適応」と「団結と忠誠心の維持」をタテマエとホンネの両面から詳述している。

▶村山眞維『警邏警察の研究』（成文堂、1990年）

　日本人法社会学者による、交番における警察官の職務を対象とした研究。1977年から78年までの間に警視庁の2警察署で行った観察調査から得られた資料等を基に、犯人検挙に向けた法強行活動とその場における平和的秩序を維持・回復する活動とを対比し、組織および警察官の役割認識が前者であることで、多数を占める後者の対応が十分でないこと、などを指摘している。

11 微罪処分とディヴァージョン

●基本文献
荒川雅行
「ディヴァージョンと刑法に関する一考察
　　――警察における微罪処分を中心として」
法と政治38巻3号（1987年）421-466頁

服部　朗

0　原著者紹介

　1954年生まれ。現在、関西学院大学大学院司法研究科教授。主たる研究対象は、刑法および刑事政策。刑法学における研究テーマは、過失犯論、インターネット犯罪、情報の刑法的保護など、刑事政策学における研究テーマは、最近では経済犯罪、環境犯罪であり、幅広く活躍中。代表的な論文として、「政治腐敗と刑事規制――いわゆる『口利き』規制をめぐって」法と政治58巻1号（2007年）25-53頁、「サイバー犯罪の動向と課題」『前野育三先生古稀祝賀論文集　刑事政策学の体系』（法律文化社、2008年）461-474頁などがある。

1　基本文献の意義と位置づけ

　犯罪があると、捜査が行われ、被疑者は起訴され、裁判を受ける。犯罪白書にある刑事手続の流れ図は、この公式手続を中心に描かれている。しかし、実際には、すべての事件が起訴されるのではなく、警察および検察段階で、かなりの数の事件が公式手続の外へ振り向けられている。このように事件を公式手続の外へ振り向けることを、ディヴァージョンまたはダイヴァージョン（diversion）という。
　ディヴァージョンの観念は、1967年の大統領諮問委員会（The President's Commission on Law Enforcement and Administration of Justice）の報告書を契機と

して、1960年代末から70年代にかけてアメリカで普及した。その背景には、①アメリカ社会における犯罪の激増、②既存システムの有効性への失望、③ラベリング論（犯罪者としての烙印付けの弊害の指摘）の浸透があった。かかる状況に対し、ディヴァージョンを行うことで、①代替的なサーヴィスの提供による再犯防止、②実質的に処罰に値しない者を公式手続で扱うことによるラベリングの回避、③公式手続の負担軽減による重大事件への資源集中が目指されたのである（宮澤節生「犯罪処理の過程と制裁」宮澤浩一・藤本哲也編『講義刑事政策』〔青林書院新社、1984年〕67-68頁、横山実・後掲関連文献65-66頁参照）。

　ディヴァージョンの観念を広く捉えれば、わが国の刑の執行猶予などもその一種だといえなくもないが、上述のディヴァージョンの目的に照らせば、公判前のディヴァージョン（pre-trial diversion）がその観念に最も適合している。この意味での、わが国のディヴァージョンの制度としては、警察段階における交通反則通告制度と微罪処分、検察段階における起訴猶予と略式命令請求がある。うち、本稿では、微罪処分を取り上げる（ただし、厳密な意味で微罪処分はディヴァージョンかは後に問題にする）。

　微罪処分とは、刑事訴訟法（以下、刑訴法とする）246条但し書を根拠としており、検察官があらかじめ指定した犯情のとくに軽微な窃盗、詐欺、横領等の成人事件について、司法警察員が検察官に事件を送致しない手続をとることをいう。微罪処分により処理されるのは成人の刑法犯検挙人員の約4割にも及ぶが、その実態は不明な点が多い。

　本基本文献は、ディヴァージョンの観念を参考にしながら、いわばブラックボックスである微罪処分に注目し、その現にある姿を明らかにするとともに、刑事法全体の動向との関係で、微罪処分の特徴と課題を浮き彫りにしており、大きな意義を有する。なお、基本文献には微罪処分に関する統計資料や実務規程が掲載されており、その資料的価値も高いが、紙幅の関係上割愛する。読者には、ぜひとも基本文献に直接あたっていただきたい。

2 基本文献（原典）

　　　はじめに
　本稿は、最近わが国においても広く刑事司法の領域において盛んに使われている、いわゆる「ディヴァージョン（ないしはダイヴァージョン）」なる概念について検討し、それによって、わが国の刑事司法がかかえている問題性についての分析のための一つのてがかりを得ようとするものである。
　「刑事裁判」における問題の分析自体もきわめて重要な課題であるといえようが、本稿の主たる検討対象は、裁判にいたる以前における問題性の指摘にある。後に詳しくのべるように、今や警察は刑事裁判以前における独自の刑事司法を形成しつつあるといえよう。これを、いわゆる「警察国家」であるとか、「インフォーマルジャスティス」といったような批判がなされているのは周知のところである。
　以下では、これらの批判にかかわる警察活動のごく一部について検討を加え、そこにいかなる問題が含まれるかを提示し、よって妥当な解決の方向性を探ることにしたい。（421-422頁）

　　　一　問題の所在
1　80年代刑事法の基本的動向
　……
　80年代刑事法の基本的な構想も、危機管理国家における治安政策の推進とその体制づくりにあるのであって、そのために、われわれ国民は治安当局の管理下に置かれ、権力的な統合に服する危険性が生じる。そして、その役割の一端を担っているのが警察（とくに警備警察）であることは明らかである。警察庁の発表した『80年代の警察』文書のなかにも公安維持のための活動の強化は明らかにうたわれているのである。あるいはまた、外勤警察体制の強化が強調されている。これはとくに、警察のわれわれ市民社会への強度の介入（それもときにはきわめてパターナリスティックな介入）を増大させるであろうが、それだけわれわれの人権を侵害する危険性を有しているのである。ここに、現代警察の実態をふまえた研究はきわめて重要な課題となるのである。
　そこで本稿においては、得られたきわめて乏しいデータによりつつも、警察活動の一端（いわゆる成人の「微罪処分」）についての問題性を探っていきたいとおもう。それにより、わが国における現代刑事司法に対する一つの問題提起となれば幸いである。（424頁）
　……
3　冒頭でのべた新たな犯罪化は、処罰範囲の拡張とともに法定刑の重罰化をもたら

している。また、最近の刑事裁判の処理状況も、起訴猶予率の低下、罰金刑よりも自由刑の選択の増加ならびに無罪数の減少、懲役刑における執行猶予率の低下といったような、ひとことでいえば「重罰化」が進んでいるのが現状であろう。

これに対して、後に詳しく検討するように、いわゆる警察による「微罪処分」等の増加も最近顕著な動きである。これは、万引や自転車盗などの多発する軽微な事犯に対して表面的にはいわば「刑事規制の緩和」と表すことができようか。そして、このような軽微事犯に対する「刑事規制の緩和」の正当化の根拠として持ち出されるのがこれまでのべてきたところの「ディヴァージョン」の発想なのである。言い換えると、「微罪処分」という現行制度の拡大適用の根拠となっているのが「ディヴァージョン」の観念であるといいうる。このような、「重罰化」と「刑事規制の緩和」といった対照自体きわめて興味あることがらであるが、以下では後者の点に焦点を絞って論じることにする。(427頁)

　　二　ディヴァージョンと警察の微罪処分
1　警察における「微罪処分」の意義
　……
　警察における「微罪処分」は、まさに先にのべた「ディヴァージョン」の一つであり、これに対し積極的な評価を与える見解がある。しかしながら、これからのべるように、この「微罪処分」についての基準等の実態はまったく明らかにされていないのである。従来の「微罪処分」に関する研究もきわめて乏しいといわなければならない。最近のまとまった警察に関する研究書においてもほとんど触れられるところがない。このような実態の不明な現状の下で、はたして「微罪処分」に対してそのような肯定的な評価が下せるべきなのであろうか。以下では、得られた乏しいデータにもとづき、「微罪処分」の制度の検討を加えてみたいとおもう。(431頁)
2　「微罪処分」の実態分析
①統計的分析
　……
　「微罪処分」の数は、年々増加しており、1980年代後半に入ってはついに全刑法犯検挙人員の1割りを越えるに至っているのである。これは、まさにけっして無視しえない数であるといえるであろう。さらに、……交通関係業過を除いた刑法犯のうち成人の検挙人員のうちで「微罪処分」の占める割合は、実に4割り強（1985年）にものぼっているのである。検挙された成人のおよそ半数の者がこの処分の対象となっているのである。時期的には、とくに70年代からの上昇が著しい。
　その理由とするところは、70年代における治安政策との関連で問題とされるべきである。すなわち、端的にいえば、警察力の増強によるものであろう……。警察庁の公表した『70年代の警察』において、いわゆるCR戦略（コミュニティ・リレーション

ズ戦略）として打ち出された外勤活動の地域社会における強化の方策である。これが先にのべた80年代の警察に受け継がれていくわけであるが、「微罪処分」の処理件数の増加は、軽微な事件にまで警察が積極的にその網の目をのばして介入していることを物語っているのである。それは、まさに冒頭でのべた危機管理国家における治安基盤の確立が目指されているのであろう。このように、「微罪処分」は本来の趣旨を越えて積極的に活用されており、われわれ国民を権力的に統合していく手続き処分であるといえよう。（432-433頁）
　……
②微罪処分手続きの概要
　「微罪処分」の基準については、現在公表されていない。これは地域的な基準のばらつきもあり、また基準が明らかになればその範囲までの触法行為は処罰を免れることが明らかとなり、その意味では取締当局自身が処罰の間隙を作ってしまうことにもなりかねないから公表するには適切ではない、という理由によるものであろう。しかしながら、このような情報公開がなされなければ、まったくの恣意的な運用がなされたとしてもなんら民主的なコントロールも働かないであろう。ぜひとも基準が明らかになるような形での運用がのぞまれるところである。
　〔ある大都市の検察庁検事正の指示〕によると、まず処分の対象者は、同種の前科のない者あるいは常習者でない成人であり、処分の対象事件は、窃盗、贓物関係、詐欺、単純横領、暴行の罪である。
　そして、その場合の基準としては、まず窃盗が回復していたような場合や被害未届けの事件についてはこの金額を多少上回っても可能とされている。ただし、侵入窃盗については、その犯行手口等が悪質という理由でこの処分にはなじまない。
　次に、贓物関係については、犯情軽微で、物件価格が窃盗に準ずるものとされる。贓物収受、贓物運搬、贓物寄蔵、贓物牙保および贓物故買のすべてについて処分が可能とされている。
　詐欺については、たとえば寸借詐欺、無銭飲食、無銭宿泊等の詐欺であって、犯情悪質でなく、被害額は窃盗に準ずるものとされている。ただし、準詐欺罪（刑法248条）については、たとえ被害者が処罰を希望していないとしても、それが真からの意思表示であるかどうかの確認が困難であり、「未成年者の知慮浅薄または人の心神耗弱に乗じて」行われた点からみて犯情が軽微とはいえず、処分に付されることができないとされている。
　横領も単純な横領であって、要件はこれまでのものと同様である。単純横領、占有離脱物横領が含まれるが、業務上横領については、犯情や被害額等の点からみて要件を欠くことが多いであろう（ちなみに、1985年ではわずかに1件のみであった）。
　賭博については、単純賭博だけが処分可能であって、常習賭博、賭博開張および賭博開張図利等については、法定刑からみてもみとめられない。なお処分数は、最近き

わめて減少している。

　暴行については、偶発的事件で犯情軽微、とくに被害者が処罰を希望しないものが処分の対象となりうる。被害者が処罰を望む場合は実質的にみて告訴であるからである。

　逆に、処分が不適当な場合とは、まず第一に、被害者や所有者が不明の事件である。たとえば、自転車の占有離脱物横領事件では、被害者や所有者の不明な場合が多いが、このような事件は、被害の回復や被害者が処罰を希望しないといった要件を欠き、証拠品の処分も不可能なので、処分になじまないとされる。

　次に、通常逮捕や緊急逮捕により被疑者が逮捕された事件である。警察官であろうと一般人であろうと例外ではない。現行犯逮捕の場合は、24時間以上被疑者を留置した事件も処分になじまない。とくに、この現行犯逮捕の要件については都道府県により異なっているようである。

　さらに、告訴、告発または自首のあった事件等が処分に不適当な事件である。その他、公務員による犯罪については、「微罪処分」からはずす規定はないが、その全体としての奉仕者としての性格上、いかに軽微な場合であっても処分の対象からはずされているとされる。

　以上が、検事正の指示による「微罪処分」の基準であったが、これを受けてこの大都市警察においては、外勤警察官による微罪処分処理要領が定められている。これらによると、外勤警察官のなしうる処分は、窃盗と暴行事件についてだけである。

　その基準は、先の検事正の指示がおおむね該当するが、それ以外に被疑者の要件として、とくに暴力団組員、準構成員および元組員でないことが入っている。そして、微罪処分手続書の作成の段階でチェックされる項目は、①成人であること、②同種の前科がないこと、③常習者でないこと、④犯情軽微であること、⑤被害額がおおむね3000円以下であること、⑥被害額が3000円を多少超過しているが未届事件であり、または被害が回復していること、⑦偶発的犯行であること、⑧被害者が処罰を希望していないこと、⑨通常逮捕、緊急逮捕した事件でないこと、⑩現行犯逮捕したが、24時間以上留置していないこと、⑪証拠品の還付不能事件でないこと、⑫検事正から特に送致を指示された事件でないこと、の各項目である。

　次に、外勤警察官による微罪処分の処理要領についてみていこう。

　まず、外勤警察官が現認、職務質問、聞き込み、急訴等で微罪処分の対象になるとおもわれる軽微な窃盗、暴行の被疑者を発見したときは、おおよそ次のような手順によって処理がなされる。

　①被疑者の任意同行——外勤警察官は、被疑者を原則として指揮派出所に任意同行し、外勤幹部に事件の概要を報告する。報告をうけた外勤幹部は、警ら課長等に報告して指揮をうける。

　②犯歴（指名手配）の有無の照会——犯罪経歴および指名手配の有無について照会

センターへ照会する。まず、同種の前科等がない場合は、微罪処分事件として処理できるか検討し、意見を付して外勤幹部に報告し、その指揮をうける。

同種の前科があった場合には、外勤幹部に報告して簡易書式例事件として処理するか、その段階で専務係に引き継ぐかについて指揮をうける。報告をうけた外勤幹部は、簡易書式例事件として処理すべきかどうかを検討したうえ、意見を付して警ら課長の指揮をうける。外勤幹部の指示により、簡易書式例事件として取り扱わない場合は、その段階で専務係に引き継ぐ。

③微罪処分の決定——警ら課長は、外勤幹部からの報告に基づき、微罪処分が相当であるとみとめたときは、署長の指揮をうけて微罪処分を決定し、外勤幹部に微罪処分として捜査するよう指揮する。

④事件処理担当者の指定——外勤幹部は、自ら事件を処理する場合を除き、事件処理担当者を指定して捜査にあたらせる。この場合、原則として被疑者を任意同行した外勤警察官を指定することが望ましいとされている。外勤幹部は、事件処理担当者に、被疑者に対する訓戒、雇主などに注意、等必要な事項について具体的な指示をする。担当者は、微罪処分手続書の作成にかかる。

⑤被害者供述書の作成——被害者の供述書の作成にあたり被害者に対して、犯人および被害者、犯行の状況の説明、犯人の処罰を求める意思のないことを確認する。以上のことが終われば被害者供述書に被害者の返還をうけたこと、その他所要事項を記載させ、署名・押(指)印させる。

⑥被疑者の取調べ・訓戒等——被疑者の取調べにあたり、被疑者の本籍、住居、職業、氏名、年齢を確認し、犯罪事実の要旨、動機および供述書の内容を読み聞かせ、誤りのないことを確認させる。以上のことが終われば供述書に署名・押(指)印させ、被疑者に訓戒を与える。

⑦雇主等に対する措置——雇主、その他被疑者を監督する地位にある者、またはこれに代わるべき者を呼び出し、将来の監督につき必要な注意を与える、注意を確認させたのち、請書に所要事項を記載させ、署名・押(指)印させる。

⑧証拠品等の措置——贓品、証拠品等は、とくに必要な場合を除いては、領置の手続をとらない。贓品、証拠品等は、事件処理担当者が立会して、直接被疑者から被害者または所有者に返還させること。この場合、被害者供述書の「犯人の処罰を望みません。」の行の前空欄に、被害品の返還をうけた旨を記載させる。

⑨統計原票の作成——被害の申告をうけたとき発生事件票を作成し、さらに、検挙事件票および被疑者事件票を作成する。

⑩決裁と引継ぎ——警ら課長は、微罪処分手続書によって署長決裁をうけたのち、刑事課長に引継ぐ。そして、検察庁への報告は、刑事課でおこなう。これは、微罪処分完結記録に微の印を付し、被疑者名および罪名一覧表を添付し、毎月一括してこれを検察庁へ提出することができるとされている。

これまでみてきたような処理手順によって、「微罪処分」がなされるわけであるが、その実態についてはまったく不明であって、次にのべるようにかならずしもこれらの基準どおりになされているわけではないということである。なんらかの法的コントロールがのぞまれるところである。
３　以上の考察から、「微罪処分」の各基準やその処理手続きの内容がかなり明らかになったわけではあるが、これらについても慎重な留保が必要であって、それはつまりこれらの基準もかなり弾力的に運用されているらしいということである。(434-439頁)

　　　おわりに
　以上みてきたように、現在警察でおこなわれている「微罪処分」には、かなりの問題性があることが明らかとなった。犯罪の軽微性の名の下に、かえって介入の度合いが増大しており、それを支える「ディヴァージョン」論にも多くの問題が孕んでいることも指摘したとおりである。ただし、このような「微罪処分」の対象者は成人であって、さらに刑事司法全体を見渡すためには、少年に関する事案軽微な場合における警察の処分も検討の対象に加えなければならないであろう。けだし、「ディヴァージョン」の観念は、成人に関すること以上に、少年について該当しうることがらであるからである。(445頁)

3　解　説

▶微罪処分について

　まず、微罪処分の法律上の根拠について再確認しておこう。

　刑訴法246条は、「司法警察員は、犯罪の捜査をしたときは、速やかに書類及び証拠物とともに事件を検察官に送致しなければならない」として司法警察員から検察官への事件送致義務を定めているが、その但し書で「検察官が指定した事件については、この限りでない」として例外を認めている。これが、微罪処分の法律上の根拠である。

　この規定を受けて、犯罪捜査規範は、「捜査した事件について、犯罪事実がきわめて軽微であり、かつ、検察官から送致の手続をとる必要がないとあらかじめ指定されたものについては、送致しないことができる」(198条)として犯罪事実の軽微性が微罪処分の一要件であることを明示し、微罪処分を行ったと

きは、「その処理年月日、被疑者の氏名、年齢、職業及び住居、罪名並びに犯罪事実の要旨を一月ごとに一括して、微罪処分事件報告書により検察官に報告」（199条）することとしている。また、微罪処分を行う際には、「一　被疑者に対し、厳重に訓戒を加えて、将来を戒めること。二　親権者、雇主その他被疑者を監督する地位にある者又はこれらの者に代るべき者を呼び出し、将来の監督につき必要な注意を与えて、その請書を徴すること。三　被疑者に対し、被害者に対する被害の回復、謝罪その他適当な方法を講ずるよう諭すこと」（200条）の処置をとることとされている。

▶微罪処分の実際

警察庁の犯罪統計書によると、2012年に、微罪処分により処理されたのは、成人の刑法犯検挙人員（道路上の交通事故に係る業務上〔重〕過失致死傷罪、危険運転致死傷罪および自動車運転過失致死傷罪を除く）の39.9%である。

微罪処分は、このように量的にも質的にも重要な位置をもつ。しかし、都道府県ごとの微罪処分の基準は公表されていないなど、その実際の運用は不明な点が多い。本基本文献の意義のひとつは、微罪処分に関する統計資料や、ある大都市における「外勤警察官による微罪処分手続の処理要領」などの実務規程をもとに、微罪処分の現にある姿を描き出していることにある。

もっとも、基本文献が自認しているように、微罪処分の各基準やその処理手続の内容はかなり明らかにされたものの、その実態は、なお不明なところがある。というのも、①基準どおりの運用がなされているとは限らず、また、②微罪事件等の指定は、各地方検察庁の検事正が各都道府県に対して行っており（刑訴法193条1項）、全国一律に決められているものではないため、地域的なばらつきがありうるからである。

また、基本文献の公刊は1987年で、かなり年数がたっているので、基本文献に記された微罪処分の処理方式が現在も妥当するとは限らない。基本文献によると、1985年における罪種別の微罪処分処理人員は、①窃盗8万1308人、②横領1万8391人、③詐欺3970人、④暴行1310人、⑤賭博251人、⑥その他266人の順であり、微罪処分率は、①占有離脱物横領85%、②窃盗60%、③贓物56%、④詐欺28%、⑤暴行13%、⑥賭博4%、⑦横領3%、⑧傷害0.2%の順である。これに対し、2012年における罪種別の微罪処分処理人員は、①窃盗5万6278人、

②占有離脱物横領1万7563人、③暴行1万1662人、④詐欺2072人、⑤盗品779人、⑥横領109人、⑦傷害29人、⑧賭博25人の順であり、微罪処分率は、①盗品等73％、②占有離脱物横領71％、③暴行53％、④窃盗49％、⑤横領31％、⑥詐欺20％、⑦賭博3％、⑧傷害0.2％の順である。1985年当時と比較すると、窃盗の処理人員が多いこと、および、占有離脱物横領の処分率が高いことに変わりないが、暴行が処理人員および処分率とも大幅に増加していることに気づく。これは、どのような理由によるのであろうか。これひとつを例にとっても、微罪処分の運用には謎があるのである。

さらに、基本文献における、ある大都市における微罪処分の諸基準中、「被害額がおおむね3000円以下」との基準については、現在では、金額の大幅な引上げが行われている可能性が高い。また、適用罪種の拡大が行われている可能性もある。

このように、基本文献を読む際には、経年変化にも留意する必要がある。だからといって、基本文献の価値が減殺されるのではなく、基本文献の問題意識とその分析内容は、今も輝きを放っている。本稿では、微罪処分の具体的な処理手続についても、紙幅をとって引用した所以である。

▶ディヴァージョンとの関連

冒頭に述べたように、ディヴァージョンとは、事件処理の流れを公式手続のルートから外すことをいう。ただし、アメリカで提唱され、かつ、実施されてきているディヴァージョンは、たんなる手続打ち切りではなく、代替的措置、たとえば、被害者への弁償、奉仕活動、職業訓練や抜酔プログラムへの参加を条件として公式手続から離脱させることをいう。ディヴァージョンは、対象者に対して何かをしないことではなく、逆に何かをすることだという認識から生じていること（松尾浩也・後掲関連文献30頁参照）には注意が必要である。そこで、①単純なディヴァージョン（simple diversion）と②介入付ディヴァージョン（diversion with intervention）とに分ける方法もとられている。

わが国の微罪処分は、②の意味におけるディヴァージョンといえるだろうか。微罪処分の際にとられる、「被疑者に対し、被害者に対する被害の回復、謝罪その他適当な方法を講ずるよう諭す」という処置には何がしかの介入的要素もあろうが、微罪処分は事案軽微を主たる理由とする手続打ち切りとして性格づ

けるほうが、明治時代以降の微罪不検挙の系譜（後述）からみて、また、ディヴァージョンの問題点（後述）を避ける上でも適切であろう。

　もともと、わが国の微罪処分は、ディヴァージョンの観念に啓発されてできたものではなく、明治時代にできた微罪不検挙を前身としている。すなわち、当時の司法警察職務規範112条は、「檢事ヨリ微罪トシテ豫メ指定シタル事件罪ト爲ラサルコト又ハ犯罪ノ嫌疑ナキコト明ナルニ至リタルトキハ之ヲ檢事ニ送致スルコトヲ要セス」とし、同113条は、「犯罪事實極メテ輕微ニシテ處罰ノ必要ナキコト明白ナルトキハ事件ヲ檢事ニ送致セスシテ微罪處分ヲ爲スコトヲ得微罪處分ヲ爲シタル場合ニ於テハ檢事ニ報告スヘシ」と規定していたのである。アメリカで提唱されたディヴァージョンは、代替的なサーヴィスの提供による再犯防止や、公式手続のコスト削減を目指したものであったが、この規程からは、そのような要請は窺えない。わが国の微罪処分の性格を理解する上で、この点も押さえておく必要がある。

▶ディヴァージョンの問題点

　ディヴァージョンには冒頭に述べたような意義が認められる反面、以下のような問題点が指摘されている。すなわち、①必ずしも再犯率の低下をもたらしてはいないこと、②システム全体のコストを削減してはいないこと、③社会的統制の網をかえって拡大していること（これをネット・ワイドニングという）、④恣意的な裁量行使により、不公平な運用を生んでいること、⑤被疑者の手続的権利をあやうくしていること、である。③のネット・ワイドニング(net-widening)とは、ディヴァージョンのルートができたがゆえに、従前であれば刑事手続に取り込まれなかった事案や、取り込まれても単純な手続打ち切りですまされていた事案に対し、結果的には、国の干渉する領域が拡大し、被疑者の受ける負担も増大することをいう。

　微罪処分についても、ここにあげられた問題点が妥当する可能性がある。本基本文献は、上述の問題点のうち、とくに③④および⑤をあげ、次のように述べている。「わが国における『微罪処分』の最大の問題点は、やはり司法的コントロールからあまりに遠くはなれておこなわれる処分である点にあろう。警察にそのような過度に広範な裁量権限をみとめている現状は、やはりかなり問題ではないだろうか。憲法31条に違反する疑いがある。実体法上、可罰的違法

ないしは可罰的責任を欠き、本来無罪となるべき行為までも広くとりこまれてしまって、『微罪処分』の対象となるに至っている場合もかなりあるのではないだろうか。ここではやはり治安基盤確立のために、国家の介入、『網の目』がかえって広がっているのではないだろうか。冒頭でのべた『刑事規制の緩和』ということも結局は国家権力の下でのことがらであって、介入の度合いは緩和されるどころか、ますます増加しているのである」(440-441頁)と。

その趣旨においては刑事規制の緩和を図る微罪処分が、マクロな視点からみれば、刑事規制の拡大の一環をなしているとの指摘は重要であり、かかる分析視点は本基本文献のもうひとつの意義だといえる。ただし、微罪処分は事案軽微を理由とする単純な手続打ち切りであり、また、いちおう罪種のしばりもあるので、アメリカで介入付ディヴァージョンを中心にいわれているようなネット・ワイドニングは起きにくいとも考えられる。もっとも、これは実態に即して検証されるべき事柄であって、その検証に必要な基本的な情報を欠く現状は、かえすがえすも残念といわなければならない。

▶少年司法とディヴァージョン

基本文献の最後に触れられているように、少年司法との関係は、ディヴァージョンをめぐる、もうひとつの重要テーマである。

少年法は全件送致主義を採っているため（少年法41条、42条2項）、少年には微罪処分や起訴猶予処分の適用はない（ただし、交通反則通告制度は1970年より少年にも適用されている）。少年事件について全件送致主義が採られているのは、「犯罪行為自体は軽微であっても少年の要保護性が強い場合があり、早期に問題を発見し早期に適切な処遇を行うことが保護主義の要請であ」り、「したがって、要保護性に対する科学的調査の機能を備えた家庭裁判所に全件を送致し、問題の発見と適切な処遇の選択を行わせる必要がある」からである（澤登俊雄『少年法入門〔第6版〕』〔有斐閣、2015年〕76頁）。ただし、実務上は、最高裁判所、最高検察庁および警察庁の協議にもとづき「簡易送致」が行われている。簡易送致とは、一定の「軽微な」非行については、捜査機関は家裁に毎月一括して少年事件簡易送致書のみを送付し、家裁は原則として書類審査のみで審判不開始として処理を終えるもので、家裁における一般事件終局総人員中、簡易送致は約4割（2012年は37％）を占めている。

少年司法とディヴァージョンに関しては、①簡易送致が全件送致の理念に沿って運用されているか、②不送致処分の提案をいかに考えるか、③子どもの権利条約40条3項(b)ならびに同条4項および少年司法運営に関する国連最低基準規則（北京ルールズ）11条はディヴァージョンの推進を提言しているが、その趣旨をいかに理解すべきか、などの課題がある。いずれの課題も、本基本文献が微罪処分を刑事法全体の動向との関連で考察しているように、少年司法全体のあり方との関連で考察されるべきものといえよう。

4　関連文献

▶松尾浩也「ディヴァージョンについて（diversion）について──アメリカ刑事司法の最近の動向」『平場安治博士還暦祝賀　現代の刑事法学(下)』（有斐閣、1977年）22–37頁
　ディヴァージョンの思想はアメリカの刑事司法のどのような状況やそれに対する批判を背景としているのか、また、アメリカで実施されたディヴァージョンの諸計画の主要な特色は何かを明らかにするとともに、ディヴァージョンの問題点にも触れ、ディヴァージョンの思想がわが国に与えるインプリケーションに言及している。

▶横山実「アメリカにおける少年司法システムの変革──特に、ディバージョン・プログラムの成果をめぐって」國學院法學26巻1号（1988年）59–105頁
　アメリカにおけるディヴァージョン・プログラムの功罪を社会学者の立場から考察している。アメリカにおけるディヴァージョンの形態とその特徴を、①対象者、②手続段階、③サーヴィス提供の有無と種類の次元で把握した上で、ディヴァージョン・プログラムを評価するために行われた調査結果を、①烙印を減少させたか、②再犯率を減少させたか、③経費を減少させたかの観点から整理し、検討を加えている。

12 検察の特色

●基本文献
デイビッド・T・ジョンソン［大久保光也訳］
『アメリカ人のみた日本の検察制度
　——日米の比較考察』
（シュプリンガー・フェアラーク東京、2004年）

川崎　英明

0　原著者紹介

　ハワイ大学社会学部教授。中心的研究領域は法と社会、犯罪学、死刑制度。日米の刑事司法制度に精通し、「日本の絞首刑——二つの新証拠は秘密主義の壁を打破できるか(上)(下)」世界2-3月号（2014年、永田憲史と共著）や『孤立する日本の死刑』（現代人文社、2012年、田鎖麻衣子と共著）など日本の死刑制度に関する論稿も多い。

1　基本文献の意義と位置づけ

　基本文献はアメリカ人研究者の手になる「日本の検察制度」研究である（アメリカ犯罪学学会の2002年の最優良図書〔best　book〕賞受賞図書である〔基本文献「日本版への序」vi参照〕）が、当の日本でも、刊行当初から、優れた検察制度研究として学界でも実務でも注目され、高い評価を受けてきた。
　書名は『日本の検察制度』となっているが、内容は日本の刑事司法の特色と問題点、その改革の課題と方策を明らかにした日本刑事司法論というべきものである。このことは、日本の刑事司法において検察制度について考察することは刑事司法をトータルに考察することであり、検察制度改革について検討することは刑事司法改革について検討することに他ならない、ということを含意している。もう少し敷衍すれば、こういうことである。すなわち、99％を超える

有罪率に象徴される日本の刑事司法は時に「精密司法」と表現される（松尾浩也『刑事訴訟法㊤』〔弘文堂、1979年〕15頁参照）が、この「精密司法」を支えているのは検察官の精密な訴追判断（精密起訴）であり、精密な訴追判断を支えているのは徹底した詳密な取調べ（糺問的捜査）である。「精密司法」の核は精密起訴であり、糺問的捜査なのであって、そこに、良くも悪しくも、日本の刑事司法の特色が発現しているというわけである。基本文献を読むと、検察制度を核とする「精密司法」を支える日本の刑事司法の構造的特質と問題点が浮かび上がってくる。

　基本文献の特色は、これまでの刑事法学の理論的蓄積を押さえた上で、235名の現役検察官への（面接調査を含む）「質問調査」に基づいて（検察官の意識と組織実態を含む）日本の「検察官の文化」を実証的に解明し、「日本の検察制度」の特徴と問題点、したがって「精密司法」としての日本の刑事司法の特徴とその問題点をえぐり出した点にある。このような実証的研究を日本人研究者はこれまでなしえなかったのであり、容易に内部に立ち入ることを許さない組織の壁を克服して実証的研究を成し遂げたデイビッド・T・ジョンソンの力量と努力に深い敬意を覚える。同時に、基本文献は、アメリカ人研究者らしく、アメリカ刑事司法との比較法的視点を織り込んで考察しているが、アメリカの刑事司法制度に対する批判的視点が踏まえられており、「日本の検察制度」の改革、したがって「精密司法」の改革を考えるに際して、アメリカ刑事司法制度から学ぶべき点と学ぶべきではない点が共に明らかにされている。基本文献は「日本の検察制度」と刑事司法の比較法的分析の書でもあり、比較法的視点から日本の刑事司法改革のあり方を提示するものとなっている。

　ジョンソンという「アメリカ人の見た」日本の検察制度の分析と提言が日本の研究者や実務家から高い評価を得ているのは、その分析と考察が正鵠を得ており、説得的であるからに他ならない。

2　基本文献（原典）

　　日本の刑事司法は「超精密」であることを志向している……。多くの点でその願いはかなえられている。検察官と警察は徹底した捜査を実行し、詳細な調書を作成する。検察官は起訴の決定を慎重に、かつ一貫性を失わないように行い、全体の整合性と個別化、および類似の事件は同じように、異質の事件は違いに応じて扱うという各命題間のそれぞれの緊張関係の調和を図っている。そして、検察官は正確性と厳密性を尊重しており、また、これらの特性は日本の有罪率の高さと、無罪判決を招くような「誤った」起訴は容赦しないという検察の態度に反映されている。こうした点のすべてにおいて（また他の点でも）、日本の刑事司法はアメリカの「粗雑な司法」とは大きな相違がある。つまり、アメリカでは、捜査はそれほど徹底して行われないし、事件処理には一貫性が乏しく、起訴の基準はそれほど厳格なものではなく、無罪判決はさして屈辱的なものとしては考えられていないし、その上、「真実」の追求はそれほど重視されていない。

　　しかしながら、日本の「精密な司法」は、実は大事な1点において非常に「粗雑である」。それは刑事被疑者の多くが直面させられる取調べの実態である。犯罪に関しての情報を得るために肉体的もしくは身体的な苦痛を故意に与えるという過酷な尋問が一般的には行われていないとしても、「恐れずに話をする」（storytelling without fear）（最高裁長官のアール・ウオーレン〔Earl Warren〕が名付けたのだが）という理想と「踏みにじられた意思」（overbone will）……という問題が依然として残る。日本では、尋問の長さと厳しさ、黙秘権の行使後でさえ尋問に耐えなければならない義務、そして取調べを受ける被疑者の大多数に弁護士がついていないことといった取調べ条件が存在する。そのことは、「踏みにじられた意思」の問題は単に散発的に起こる問題ではないことを示唆している。日本の裁判所がこの問題を感知していることはまれであって、「任意性」への疑いがあるとして自白を排除することはほとんどない……。アメリカの法律と対比してみることは参考になる。画期的な1966年のミランダ決定の狙いは、身柄を拘束した上での尋問に必然的に伴う強制的な圧力を排除しようとするものであった。これから30年後、ボストン警察の巡査部長は私に、マサチューセッツ州の法律では逮捕後わずか3時間しか、警察は被疑者を取調べられないのだと言った。1944年のある事件（Ashcroft v. Tennessee）では、合衆国最高裁は刑事被疑者の36時間の拘束と取調べは「実質的な強制」にあたるものだという見解を示した。（354-355頁）

　　……

　　検察官は自分たちの良い制度をさらに良くするために、次の3つの変革を実施でき

るはずである。検察官は、これらのことができるし、すべきである。つまり、裁判充足性の起訴方針を緩和すること、取調べをビデオテープに撮り、かつ同じことを警察にもやらせること、そして公判前に被告側に対してもっと証拠を開示することである。こうした改革を行えば、尋問における虐待や、検察官による作文という問題を減らすことになるに違いない。最後の2つは、被告側に真相を解明する力を与えるものものだが、それは同時に、日本の法的二重構造の特徴である分裂状態を縮小することに資するであろう。

　起訴基準を緩和すべしという提案を弁護するのはきわめて困難である。第7章で説明したが、「有罪が確実な」事件だけを起訴するという方針はさまざまな結果を生む。多くは（たとえば、刑事制裁の使用を抑制することなど）賞賛すべきものである。しかし、それには大きな負担を伴う。被害者の多くは法廷で望ましい取り扱いをしてもらえないし、「公判中心主義」は捜査中心のやり方という現実に呑み込まれて、曖昧になってしまい、また無罪判決が少ないため個々の無罪判決が重大な意味を持つようになり、その結果、ますます精密性の追求に拍車がかかり、そしてますます取調べを通ずる自白への依存度が高まる……。保守的な起訴方針と有罪判決率の高さが検察官長年の誇りの源であったが、今やそれが原因となって、制度上いくつか最大の問題が生じていることを、検察官も認めている。（363頁）

……

　起訴基準を緩和すれば、被害者たちをもっと満足させ、弁護人も元気が出、たいていの刑事裁判に共通する「空疎な儀式」が活性化し、国民を教育することができるようになるかもしれない。その上、問題のある、または違法な手段を弄して自白を強要する意味があまりなくなるのではないか。要するに、起訴基準が緩和されれば、日本の刑事司法は、その精密度が多少落ちるとしても、公正さは増すように思われる。

　次に私の残り2つの提言だが、取調べをビデオテープに収録することと被告側に対する証拠開示の拡充である。この2つを行えば、捜査活動を公開して外部の監視の目に晒すことになり、大いに必要とされている検察官と警察を外部から牽制することが可能になろう。日本においては、1990年代の「透明性」の問題は、1980年代における「国際化」の問題に相当する。つまり、いずれも本当に切望されていることではあるが、実現されていないのだ。しかし、日本的基準に照らしてみても、検察は依然として不透明な機関である。皮肉なことに、現在の検察は、占領時代以前よりも透明性が低下している。当時は公判に証拠として提出される書類に限らず、調書類をすべて被告側に開示する義務が検察官にあったのである。（364頁）

3 解　　説

(1)刑事司法の日本的特色——精密司法論

　上述のように、刑事司法の日本的特色を「精密司法」論として展開したのは松尾浩也であった。松尾は、1979年に初版第1刷が発刊された体系書『刑事訴訟法(上)』(前掲書)において、「刑事手続の日本的特色」について次のように指摘した(同書〔新版〕1999年15頁以下)。すなわち、「わが国の刑事手続は、捜査から公判に至るまで、アメリカの刑事手続とは著しく異なった様相を呈している。捜査は徹底して行われ、拘禁中の被疑者の取調べも、手続の適正と正面から抵触しない限度では最大限に実行される……。警察だけでなく検察官も捜査に深い関心を持ち、公訴の提起は、十分な証拠固めをした上で、確信をもってなされるのが常態である。公判では、相手方の同意によって、または証人の記憶喪失や供述の矛盾を理由に、捜査の過程で作成された供述調書がきわめて頻繁に証拠とされる。多くの事件では、『口頭弁論』のかなりの部分が、証拠書類の朗読(ないし要旨の告知)に費やされている。この書証依存の傾向は、裁判所が一般に多数の事件を並行的に審理していることと密接に関連する。二回以上の開廷を要する事件では、その開廷間隔は長く、通常、週の単位、場合によっては月の単位ではかられる」、と。そして、「このような特色をひとことで表現するとすれば、『精密司法』と呼ぶのが適当であろう。わが国の刑事手続は、良くも悪しくも精密司法である」として、精密司法論を展開したのである。

　基本文献の現状認識もこれと一致する。松尾の論述に明らかなように、「精密司法」の要は検察官の精密起訴(精密な訴追判断)であり、それは被疑者取調べを支柱とする糾問的捜査に支えられているのである。その意味で、「日本の検察制度」を分析・検討することは「日本の刑事司法制度」そのものを分析・検討することに他ならない。上述したように、先に引用した基本文献のエッセンス部分が検察制度論であり刑事司法論となっているのは、そのためなのである。

(2)「精密司法」と刑事司法改革

　松尾が明瞭に描いてみせた「精密司法」としての「刑事手続の日本的特色」とは、言葉を換えて言えば、糾問的捜査依存の調書裁判に他なるまい。そして、

とりわけ1980年代前後から相次いだ（死刑再審4事件を含む）再審無罪事例（再審による誤判救済事例）を通して、糾問的捜査依存の調書裁判が誤判を生み出す構造的要因でもあることの認識が広がった（たとえば、日本弁護士連合会編『続・再審』〔日本評論社、1986年〕参照）。この構造的誤判原因を抱えた刑事司法制度をどのように改革していくのかという問題は、刑事法学に課された、国民的な理論的実践的課題であった。

　基本文献が刑事司法改革として提言しているのは、起訴基準の緩和と（被疑者）取調べの録音・録画（可視化）、そして証拠開示の拡充である（紙数の制約から全文を引用できなかったが、取調べの録音・録画と証拠開示の拡充の必要性を詳細に論じた基本文献の364頁から367頁の論述は強い説得力がある）。取調べの録音・録画についてはとりわけ警察側から強い反対があり、証拠開示の拡充については検察・警察側の強い反対がある。しかし、最近、取調べの可視化と証拠開示の拡充は、関連文献で取り上げる検察の在り方検討会議の提言『検察の再生に向けて』（2011年3月31日）を受けて設置された法制審議会・新時代の刑事司法制度特別部会における審議の結果としてとりまとめられた「新たな刑事司法制度の構築についての調査審議の結果（案）」（2014年7月19日）において、きわめて限定的ながら法制度化が提言されており、2015年8月時点では刑事訴訟法等改正案が国会で審議中である。「精密司法」論に立つ松尾は刑事司法改革につき、「精密司法の岩盤は強靱」で「容易にその根本的修正を許さない」から「抜本的改革」は不可能であるという認識の下に、「微調整の積み重ね」による改革を提言していた（松尾浩也「刑事訴訟の日本的特色」〔1994年〕同『刑事訴訟の理論』〔有斐閣、2012年〕297頁以下）が、このような「微調整的改革」論からしても取調べの録音・録画や証拠開示の拡充が望ましい改革であることは疑いない。その意味では、基本文献の提言する刑事司法改革論は精密司法論に基づく微調整的改革論とも整合的である。しかし、基本文献は「精密司法」が抱える問題性を直視し、「精密司法」の基本構造をなす糾問的捜査依存の調書裁判を抜本的に改革することが刑事司法改革の眼目だと捉えている。基本文献が提言する刑事司法改革は「微調整的改革」ではなく、抜本的改革なのである。そのことは（精密起訴の）起訴基準の緩和という改革提言に表われている。基本文献の刑事司法改革構想は、起訴基準の緩和なしには、公判中心主義を実現し糾問的捜査

依存の調書裁判から脱却する道はないという認識と評価に立脚しているのである。この改革構想は、1985年の段階で、日本の調書裁判の現実を「病的」であり「異常」であるとして、このままでは日本の刑事裁判は「絶望的」であり、陪審制か参審制を採用するほかに再生の道はないと診断した平野龍一（平野龍一「現行刑事訴訟の診断」平場安治ほか編『団藤重光博士古稀祝賀論文集　第4巻』〔有斐閣、1985年〕）が提言した弾劾的訴追観（「あっさり起訴」）に通じている。

糺問的捜査依存の調書裁判の抜本的改革のためには弾劾的訴追観に立って検察官の起訴決定のあり方を改革しなければならないという主張は、抜本的改革のひとつの筋道として論理一貫している。「日本の検察制度」をテーマとする基本文献が弾劾的訴追観を含む刑事司法改革の提言に至ったのは、その意味で必然的であったように思われる。

しかし、検察制度改革には、刑事司法改革では尽くせない固有の改革課題があることに留意しなければならない。それは検察の制度改革の課題であり、その奥には、刑事司法において検察官の法的地位と機能をどう位置づけるのかという検察官論の課題がある。基本文献はこの課題には踏み込んでいないように思われる。検察制度改革における重要課題は、弾劾的訴追観からは無視ないし軽視されがちな起訴という処分の権利侵害性（不当な応訴強制としての不当起訴）をいかにチェックするのかという問題である。ここに、弾劾的訴追観に立つときに懸念される濫訴の抑制の課題を刑事司法の抜本的改革の課題に組み込む道があるように思われる。この問題に検察官論の視点から切り込んだのが、関連文献で取り上げる川崎英明『現代検察官論』（日本評論社、1997年）である。

(3)刑事司法と検察官

日本の刑事司法では、検察官は刑事手続の全過程にわたって強大な権限を有している。かつて平野はこれを、捜査権限を行使する「警察官的な機能」、独占的に公訴権（訴追裁量権）を行使する「裁判官的な機能」、公判で訴追活動を行う「弁護士的な機能」、そして刑の執行を指揮する「矯正保護職員的な機能」と表現した（平野龍一『刑事訴訟法概説』〔東京大学出版会、1968年〕30頁）。このような事態を目して「検察王国」という言葉が使われたこともある。このように強大な機能と権限を担うが故に、刑事司法の在り方は検察官の在り方に左右される。基本文献が検察制度の改革を刑事司法改革に結びつけたのは、その意味

でも当然のことであった。

　刑事司法においてこれほどに重要な役割を担っている検察制度であるにもかかわらず、検察制度を対象とした研究は、刑事法学の領域では、刑事訴訟法理論としての検察官論として、あるいは検察制度の比較法的または歴史的分析として展開されてきたにとどまる。ジャーナリストの手になる検察制度研究（たとえば、野村二郎『日本の検察』〔日本評論社、1977年〕など）や検察官の回想録（たとえば、伊藤栄樹『秋霜烈日──検事総長の回想』〔朝日新聞社、1988年〕など）もあったが、検察の活動実態にまで踏み込んだトータルな検察制度研究は見当たらない。そこには、（検察官の活動・組織実態を含む）検察制度の実証研究が外部者には困難であったこと、その故に実定法学を超えてより広く社会科学的視点から分析・検討の対象とすることが難しかったという事情が反映しているように思われる。基本文献は、このような研究状況の中で、検察官に対する面接調査を含む「質問票調査」により（検察官の意識を含む）「検察官の文化」を実証的に解明し、これまでの検察制度研究と主要な刑事司法論の理論的研究の上に、日本の検察制度、したがって刑事司法が抱える問題点を広い社会科学的視点から分析・検討した画期的研究であるといってよい。「検察官の職務環境の5つの特徴、つまり犯罪率の低さ、処理件数の少なさ、穏やかな政治環境、仕事がやり易い法律、そして陪審員の不存在は日本を検察官の楽園にしている」（基本文献52頁）という指摘は、このような実証的研究であればこそ到達し得た知見であった。

4　関連文献

▶川崎英明『現代検察官論』（日本評論社、1997年）
　日本の検察制度がモデルとしたドイツ検察制度の創設・展開の歴史的過程と当事者主義の刑事訴訟法における検察官の法的性格と理論的位置づけを明らかにし、検察制度改革の在り方を提示した文献として重要である。関連文献は「市民の公訴権」という公訴権の帰属論から検察官の法的性格を「市民の代理人」として捉え、そこに検察官の訴訟当事者（訴追当事者）性の根拠を求めている。その下で、検察官を「客観義務ないし司法官的地位に規制される公正・客観的な存在としてではなく、可能的・現実的な権利侵害者として、被疑者・被告人の防御権の基軸となる弁護権を通してその訴追機能を抑制

されるべき当事者として位置づける」「当事者主義的検察官論」を提唱している（267-268頁）。この「当事者主義的検察官論」には、基本文献が提言する可視化や証拠開示の改革方策は整合的に包摂されよう。このような当事者主義的検察官論に立って、関連文献は、「市民の代理人」としての検察官像から導かれる検察制度改革として、一方では独任機関性と身分保障の確立による政治権力への従属性排除と組織面での市民的統制を提言し、他方では検察官の起訴・不起訴決定の市民的コントロールによる「民主的」で「弾劾的」な「訴追構造」の制度化方策として検察審査会制度の機能強化（検察審査会への不当・違法な起訴と不起訴の審査権限の付与）を提言している。

▶検察在り方検討会議『検察の再生に向けて──検察の在り方検討会議提言』（2011年）

　検察の在り方検討会議は、厚労省郵便不正利用事件（村木事件）無罪判決（2010年9月10日大阪地裁判決）と同事件における大阪地検特捜部特捜検事の証拠改ざん事件を契機として2010年に設置されたが、この検討会議が15回の会議を経てまとめたのが、この提言である。この提言は、両事件で信頼性が地に落ちた検察の「再生」に向けて、「検察の組織とチェック体制」の改革として、検察内部での「横からのチェック」と重層的な決裁システムによる「縦からのチェック」の体制構築とともに、外部からの意見・助言提供体制の構築などを提言している。しかし、問題はこのようなチェック体制の具体的な中身であり、それは検察の職務執行と組織体制の透明化と可視化を実効的に保障できるものでなければならない。この提言から4年が過ぎようとしている現時点で、この提言に沿って検察の透明化と可視化が進んだという実証はなされていない。今、提言の実効性が問われているのである。同時に、この提言は「検察における取調べの可視化」の拡大と「新たな刑事司法制度の構築に向けた検討」の開始を提言し、これを受けて法制審議会・新時代の刑事司法制度特別部会が「調査審議の結果（案）」をまとめたことは上述した。しかし、特別部会のとりまとめが想定する可視化の制度は可視化の範囲がきわめて限定されており、同時に提案された証拠開示も基本文献が想定する上述の改革方策から見ると、きわめて限定的である。そのように改革が矮小化された原因は、検察の在り方検討会議が検察改革の抜本的改革案を提示できなかったところにあったと思う。検察改革は引き続く課題であり、未完の課題であることに留意しなければならない。

13 起訴猶予制度

●基本文献
三井誠
「検察官の起訴猶予裁量――その歴史的および実証的研究(1)～(5・完)」
法学協会雑誌87巻9・10号（1970年）1-48頁、91巻7号（1974年）37-81頁、91巻9号（1974年）1-47頁、91巻12号（1974年）1-46頁、94巻6号（1977年）98-151頁

岡本 美紀

0 原著者紹介

　1942年生まれ。九州大学法学部卒業後、東京大学大学院法学政治学研究科修士課程、博士課程修了。法学博士（東京大学）。神戸大学法学部教授、神戸大学大学院法学研究科教授、同志社大学大学院司法研究科教授を歴任（神戸大学名誉教授）。現在、同志社大学大学院司法研究科客員教授。刑事訴訟法の第一人者で、刑事手続に関する著書・論文多数。とくに起訴猶予制度については、基本文献のほかに、自著・論文の中で詳しい研究が展開されている。

1 基本文献の意義と位置づけ

　基本文献は、わが国における起訴便宜主義生成の沿革につき、明治初期の治罪法施行時から現在に至るまでを詳細に論じ、実務における起訴猶予裁量の現状をさまざまな実態調査に基づき検討したうえで、起訴猶予処分の刑事政策的機能を考察するものである。
　わが国における検察官の起訴猶予制度は、大正11年のいわゆる大正刑事訴訟法ではじめて法文化されたが、実務的には明治10年代から微罪処分という形で行われ、明治40年代には特別予防的意味合いの強い起訴猶予処分が確立した慣行となり、その後、急速に拡大の一途を辿り、わが国の刑事司法の中心的役割

を果たし続けてきた。

　このように、わが国で起訴猶予制度が広汎に運用されてきたのは、有罪判決にもちこんで犯罪者という烙印を押すことを避けた方が本人の更生に有益であるという特別予防的な刑事政策的意義が積極的に肯定されてきたためであり、このような傾向はわが国特有のものであると言われている。

　しかしながら、起訴便宜主義というインフォーマルな制度には、利点の裏返しとして、当然固有の弱点を併有していると三井誠は言う。それはすなわち、①起訴猶予裁量には罪種の限定ばかりか何らの制約はなく、検察官のほぼ完全な自由裁量に任されているがゆえに、訴追裁量が恣意に流されたり合理性を欠く危険性をつねに内包している、②特別予防的処遇方策の長所のみが表に出て、起訴猶予の幅が過度に広がると、情状調査の詳密化も不可避となるが、それは現行刑事訴訟法の捜査構造の望む方向ではなく、それにいかに対処すべきか、③また、現行刑事訴訟法によって検察官の司法官的性格の払拭が叫ばれたが、検察官が大幅な起訴猶予裁量の行使により積極的に処遇の役割を担うこととどう結びつけうるのか。

　このように、三井は、本基本文献の中で、わが国において明治期より長らく肯定され実施されてきた起訴猶予制度について、その歴史的沿革や実務上の実態を辿ることにより、わが国固有と言われる起訴猶予制度の特徴・現状を把握したうえで、さまざまな実証研究を根拠としてその刑事政策的機能を考察し、今後の運用の在り方を提起するものである。

2　基本文献（原典）

わが国における起訴便宜主義の生成とその変遷
(1)微罪処分の慣行と治罪法
　明治13年7月17日、わが国における最初の体系的に完備した刑事法典である旧刑法および治罪法が制定された。この治罪法は起訴法定主義を採用したものと学説上考えられているが、当時の統計年報によれば不起訴件数はほぼ20％代とかなり多く、これは、自由民権運動、極度の飢饉や不景気による犯罪の激増に伴う在監者の増大が国家財政に大きく影響したために微罪処分・微罪不検挙・戒諭放免の訓令が発せられたた

めであり、したがって、検察官による微罪処分的運用はそれよりもずっと以前より事実上行われていたとみるのが妥当であろう。((1)908-916頁)
(2)便宜主義的運用の拡大と明治刑事訴訟法

　明治23年3月10日、新たな明治刑事訴訟法が制定されたのであるが、これは内容的にはほとんど修正をみないまま治罪法の起訴手続を継受しており、統計上も不起訴率にはさほどの増減はなく、いぜん微罪処分の慣行は維持され続けたようである。

　当時の学説は、わが国の法制は法定主義を採用しているとの解釈論が主流であったが、実務における「便宜主義的運用の拡張と展開」は著しく、この明治30年代は微罪処分から起訴猶予処分への飛躍的な拡大期にあたるものであった。

　すなわち、当時の司法大臣清浦奎吾は、その演述で、便宜主義が刑事政策の問題として特別予防的役割をも演ずることを主張し、これが便宜主義の速歩的な拡充推事由となったのである。

　また、執行猶予制度の導入が起訴猶予の運用にどのような影響を及ぼしたかという観点からみると、明治38年4月1日に「刑ノ執行猶予ニ関スル法律」が公布実施され、明治40年10月施行の新刑法に刑の執行猶予制度が導入されたため、不起訴率に若干の低下傾向が見受けられるが、ここで見逃せない主要なことは、起訴猶予処分が微罪の範囲を大きく越えて重罪にも手を伸ばしてきた事実であり、こうして徐々に起訴猶予処分の性格に質的転換が図られつつあった。

　また、再犯者の発生予防の観点から、起訴猶予処分のやり方および猶予後の視察等が重視されるようになり、事情に応じて「猶予」を取消し、あらためて公訴を提起するという慣行が一層固定化した。

　さらに、執行猶予制度の導入は、これまで比較的簡易に済ませられていたという検察官の捜査活動にも質的転換の契機をもたらし、捜査の内容が従前に比してひとしお糾明的となったのである。

　かような実務の流れは立法作業にも影響を与えており、司法省は明治28年12月「刑事訴訟法調査委員」を任命して、はじめて刑事訴訟法の改正作業に着手し、明治31年に草案を得、その後、改正作業を法典調査会に引き継いで、明治34年5月「刑事訴訟法草案」を公表した。本草案は主眼点を捜査機関の強制権限の拡大強化に置き、公訴の取消権を検察官に認めたものであるが、便宜主義を採る旨の明文規定を設けてはいない。

　その後、明治36年に法典調査会が廃止され改正作業は一時中断されたが、明治41年、新たに法律取調委員会が設置され、これに刑事訴訟法改正の調査立案が委ねられた。((1)916-944頁)
(3)大浦事件と起訴便宜主義の立法化過程（大元〜大11）

　大正期に入り、起訴便宜主義はますます強調され、実践され続けた。度重なる司法大臣・検事総長等の訓令訓示通牒等の支援を受けて、起訴猶予処分に付される者の数

は急激に増加し、これまでほとんどみることがなかった通例「重罪」とされる放火、殺人、強盗、強姦等における起訴猶予も、この頃より徐々に増加していったほか、司法警察官による微罪処分もことさらに自由になされてゆく。

また、起訴猶予処分が「未成年者」の微罪処分徹底化に拡がったこともこの時期の特徴であり、同時に猶予後の視察も実務上ほぼ固定化する一方、このような起訴猶予の拡大現象と反比例して、検事の請求による執行猶予数の漸減傾向がみられた。

しかしながら、大正3年に発生したいわゆる「大浦事件」をはじめとする、官吏の涜職行為等の公的色彩をもつ事件に対する訴追裁量がともすると不当に流れがちである点に非難の声が集中し、世論は、政府高官による涜職罪という「大罪」「重罪」を不起訴にした不当性を糾弾したのであるが、かような批判は爾後の件さ雨実務および立法作業に影響を与えることも無く、起訴猶予裁量は、検察権限強化の主鍵として「検察官司法」を後押しする機能を一段と進めたのであり、当時の統計を見ても、起訴猶予者数の増加、執行猶予者数の減少が顕著である。

さて、刑事訴訟法改正作業は、明治41年12月11日以前の「法典調査会案」を議案として、大正2年3月までに総会8回、第一次主査委員会121回が開かれ、予審公開問題、弁護士の権限拡張、判事の権限、公判法式の根本的改正などの時効が審議され、大正2年10月に得られた成案が検討・審議された結果、大正5年5月に改正案が脱稿されたが、概括的には、その内容が検察権限の強化を軸とした「官僚的色彩が強烈」であるとの批判が、各論的には、起訴前審、弁護権、捜査手続、中でも、捜査機関の強制捜査権限の拡張強化に批判が集中したが、大正7年9月に決議された改正案は、公訴の提起に関しては大正5年案とまったく同内容で何らの改変もなされず、大正9年4月に新たに設けられた刑事訴訟法調査委員会が大正7年案を基盤に、大正10年9月に全員一致で草案を議決し、これに若干の修正を加えたものが政府原案として大正11年の帝国議会第45回通常議会に提出され、これが原案どおりに可決された。ちなみに、この第45回帝国議会では、検察官の起訴独占主義、官房検察の弊害、絶対的起訴便宜主義、不当な訴追裁量に対する救済策、不起訴処分の法的性質等について質疑応答がなされている。((2)1047-1091頁)

(4)明文化の実務に与えた影響と学説の対応状況・その後（大11〜昭22）

こうして起訴便宜主義は正式に明文化されたが、学説はこれにどのような対応を示したのだろうか。改正当初の大勢は、①現在では応報的な「犯罪必罰ノ原則」は打破され、犯人を改化遷善するという目的主義が主流で、執行猶予制度の導入がそのひとつのあらわれであって、これは起訴前にもあてはめられてよい、②明治刑訴法は、法文上法定主義を採用していたが、わが国では実務上微罪不検挙の訓令にもとづいて便宜主義的運用がとられ、実際にきわめて好結果を得ている、③近世立法の趨勢は、漸次、法定主義より便宜主義に進む傾向にある、④素質向上により、検察官は便宜主義を運用するだけの十分な資質を備えた、⑤多大な国費の節約という副次的利益も忘れ

てはならない等、条文化に理解を示しており、現実の起訴猶予処分も、これまでの運用を大幅に拡げる形で進行していった。

時代が昭和10年前後に移っても、起訴猶予処分の範囲はますます広くなるばかりで、起訴猶予率は優に60％をこえ、沿革的にもひとつのピークの時期を呈することになるのであるが、注意すべきことは、起訴猶予が異常に拡大したといっても、殺人、強盗強姦、放火といった重罪についての起訴猶予は、全体的には起訴猶予率が当時に比すとかなりに低い現在の運用とそれほど変わらないことである。

また、大正末期に設立された起訴猶予者を専門に保護する保護会の進展を機縁に、昭和10年前後に至っても、保護当局から起訴猶予者の積極的な保護の強制が図られているのであるが、これは起訴猶予取消率の上昇、つまり再犯者の増加が保護の必要性を促した面があることも事実である。

さらに、昭和初めより治安維持法違反事件が多数検挙されると共に、思想犯に対する起訴「保留」処分が東京地方裁判所検事局により活用されはじめ、昭和8年1月1日より全国的に起訴保留処分が実施された。これは思想転向・理論転向を条件に六ヶ月〜1年の間起訴を見合す中間的処分で、昭和11年の思想犯保護観察法として結実する。

そして、捜査段階おける官憲の職権濫用行為（拷問による暴行陵虐行為等）が諸事件を通して問題化したのも大正後期よりこの頃にかけてであり、当時の起訴猶予処分の性格を知らせる著名な事件として美濃部達吉の天皇機関説事件が想起される。（(3) 1319-1341頁）

(5)戦後の刑事訴訟法全面改正とその後の動き（昭24〜昭35）

第二次世界大戦終結後、連合国による占領が始まると共に、司法制度の諸改革が企てられ、刑事訴訟法もその一環として直ちに全面改正化が図られた。そして、その特色は、新憲法の精神に依拠して職権主義から当事者主義へと訴訟構造を転換した点にあったが、起訴便宜主義規定は、内容的には起訴猶予の裁量に当たって考慮すべき要因として「犯罪の軽重」という語句を挿入しただけでそれ以上の改正はない。

司法省刑事局に別室が設置され、昭和21年1月頃より改正立法作業が本格化し、昭和21年8月の第一次案に始まる刑訴法草案作成作業を続け、連合総司令部（GHQ）の「マイヤース氏提出協議問題」第83問の「公訴提起を猶予するか否かにつき検察官が考慮すべき事情に『犯罪の軽重』の点を加えるべきではないか」という改正勧告案通りの案を昭和23年4月26日付「第83問に関する第一次修正案」として作成・討議した結果、昭和23年5月10日に「第83問に関する修正案（その二）」が最終的に承認され、これが現在の刑訴法248条となったのである。

なお、検察官の起訴裁量を控制する方策として、職権濫用罪についての準起訴（付審判請求）手続、公訴権行使に民意を反映させるための検察審査会制度、不起訴理由の告知が新設されたほか、戦後少年法の改正も行われ、家庭裁判所への全件送致主義

および逆送致事件の起訴強制主義が採用された。

　それでは、かような条文の改正は実務上どのように反映されたのか。戦後の混乱による事件数の増大と共に、起訴猶予率もますます増える一方であり、殺人罪、強盗罪、放火等の重罪についてもかなり高い起訴猶予率を示しており、結果的には「犯罪の軽重」という一項目の挿入が実務に与えた影響力はきわめて乏しかったとみざるをえない。

　ところが、昭和30年代に入ると起訴率・起訴猶予率にもこれまでと違った様相が散見されるようになり、一途に拡大してきた起訴猶予数が全体的にみてかなり逓減してきたのである。これはひとつには全受理人員の75〜80％を占める道交違反被疑事件の九割近くが起訴されたことによるが、刑法犯についても起訴猶予数が漸減傾向にあったためである。その理由として『昭和36年版犯罪白書』は①経済事情が好転したにもかかわらず傷害・暴行等の悪質な」暴力犯が増加したことに対する検察官の厳しい態度のあらわれ、②犯罪者のうち前科者の比率が増し、初犯者の比率が漸減していること、『昭和37年版犯罪白書』は罰金事件の増加に基づく略式命令請求の増大を挙げている。((3)1342-1354頁)

(6) む す び

　以上、明治初期より第二次世界大戦後昭和30年代までの起訴猶予裁量の沿革を展望し、わが国の起訴便宜主義制度の運用が世界にも類例をみない「特有な」形で進んできた状況を示してきたが、この起訴猶予裁量権拡大化の要因としては、①事件量が漸増するにつれて、公判での処理能力がそれに応じきれなくなるという訴訟経済的事由、②起訴猶予処分のもつ特別予防的意義が、当時のわが国の実務界、学界に根深く浸透していた目的主義に基づく教育刑思想の援護を受けて強調され続けてきたこと、③大正刑訴法における起訴便宜主義の明文化によって、実務上、起訴猶予拡大の基盤がつくり出されたこと、④特別予防的効果が一応あがっていたこと、⑤起訴猶予という、インフォーマルな問題の解決が、わが国の風土・国民感情に適合していたとされたこと等が挙げられるが、もっとも重要な要因は、漸次的な検察官の権限強化と広範な訴追裁量権の行使を可能にさせる訴訟構造がとられていたことである。

　ところで、起訴猶予の現在の動向（昭和36〜43年）については、全事件の起訴猶予率の減少、起訴率の上昇が一層顕著になっており、これは「道交違反、業務上過失傷害等の交通関係事犯および傷害、暴行等の暴力事犯に対する検察庁の処理方針が、しだいに厳しくなってきた」からだといわれる。だが、捜査の構造、検察の職能、刑事司法のあり方といった根本問題に立ち返って検討したとき、かつての情状探求的な捜査構造は大幅な起訴猶予裁量の行使を可能にしていたが、そのような捜査形態を否定した現行刑訴法下では裁量権駆使の幅はかなり制約せざるをえず、また、検察官の司法官的性格払拭を企図した現行法では、検察官が強力に起訴猶予裁量権を行使することはもはや困難となったということに起訴猶予数の逓減の一因を求めることができ

よう。

　現行刑訴法248条の「犯罪の軽重」という語句の導入は、その語句の意味はさほど重要なものではなく、この語句の追加によって、起訴猶予処分が特別予防的観点の突出した刑事政策的な色彩を著しく薄くさせ、一般予防的配慮が前面に出た、軽微な罪に対する処分へと質的転換をとげることとなったと理解できよう。

　かように、刑事訴訟法の基本理念の変革および起訴猶予制度の長い史的変遷の経験が、現代における起訴猶予制度の意義を戦前のそれに比して根本的に変革させた。その限りでは、「犯罪の軽重」という語句の導入という248条の修補は過去の史的展開過程に対する貴重な警告だったともいえるのである。((3)1354-1365頁)

実務における起訴猶予裁量の実態
(1)問題の設定
　『検察統計年報』や『犯罪白書』などの統計書からは、起訴率・起訴猶予率の大数的推移は把握されるが、一定の慣行があるといわれる起訴・起訴猶予の裁量要因や基準はうかがい知れない。刑訴法248条には、検察官が起訴猶予処分を決定する際に考慮すべき諸要因が掲記されているが、どの要素をどの程度顧慮して起訴の必要性を判断すべきかについては何ら示されていない。

　そこで、実態調査(事例調査・統計調査)を通じて、実務上①起訴猶予の基準に固定的慣行が確立しているといわれるが、これはどの程度真実か、②248条の諸事項のうち、検察官はどの要因をどの程度重視しているか、③沿革的には起訴猶予処分の運用は特別予防的側面が表に出ていたが、現在でもそれは事実であるかということを探求した。((4)1693-1700頁)

(2)起訴猶予裁量基準に関する実態調査——窃盗罪および暴行・傷害罪——
　今回の実態調査では、窃盗罪と暴行・傷害罪につき、①資料源は、Ａ区検犯罪課保存の不起訴裁定書、不起訴記録、判決書、公判記録からランダムに抽出された起訴者・不起訴者の記録、②調査方法は、この諸記録を読み取り、調査票(客観的犯罪事実、被疑者の情状関係、起訴前の諸手続事項等)に記入という手法が採られた。((4)1700-1731頁)

(3)検　　討
　この調査は、一検察庁の資料にもとづくという地域的限界、サンプル数の少なさ、対象罪名を類型化が容易な窃盗、暴行・傷害といった典型的刑法犯に限定したという問題点はあるものの、①いずれの罪種についても、起訴・起訴猶予裁量の偏差が少なく、これは、検察官の慣行的な起訴猶予決定基準がほぼ固定的に確立していることを意味する、②起訴・不起訴の判断基準の内容については、窃盗罪では「手口」「犯罪回数」「共犯者数」「窃盗額」を第一種因子に、「前科前歴回数」「初発時非行年齢」「被害回復・被害弁償・示談」「身柄引受人の監護誓約」を第二種因子にしており、暴行・

傷害罪では「動機―被害の原因性」「被害の程度（治療日数）」を第一因子、「就学年数」「初発時非行年齢」「前科前歴・同種前科前歴」を第二種因子にしていることから、検察官はかなり特別予防的因子に重点を置いて起訴猶予を決定していると思われる。((4) 1732-1738頁)

起訴猶予処分の刑事政策的機能の考察
(1)問題の所在
　起訴猶予制度の刑事政策的側面としては、①起訴猶予処分は本人に前科者というレッテルを貼ることを避ける、②起訴猶予処分は検察官内部の決定であり、再犯によって取り消され訴追される可能性を示すことで本人の自我・更生を促進する、③起訴猶予処分の対象となる罪種には何らの制限もないといったことが挙げられており、早期段階で刑事司法の流れから解放されることは本人の改善更生への重要な契機となることは疑いえない。
　これは起訴猶予処分の特別予防的作用に着目したもので、この点がわが国固有の起訴猶予制度が持つ特色である。だが、犯罪抑制作用としての一般予防的側面も見落としてはならず、起訴猶予の広範な活用が社会の規範意識の低下、法に対する信頼感の減退、犯罪者の増加につながることは避けねばならない。
　したがって、わが国の起訴便宜主義の刑事政策的機能を考える際には、起訴猶予処分の特別予防的長所を確保すると共に、どこで一般予防的考慮との調和を保つかが中心的課題となる。((5・完) 853-855頁)
(2)特別予防的機能とその効果
　起訴猶予処分の特別予防効果については、法務総合研究所の実施した二種の再犯調査によれば、いずれの調査においても再犯率は20％強と低くはなく、また、「前科・前歴の有無」が再犯の有無に関連していた。((5・完) 855-866頁)
(3)更生緊急保護法による更生保護措置
　この調査からは、起訴猶予処分には本人の更生を助ける積極性が乏しいことがうかがえ、この点は前々から指摘されている。だが、対応策がまったく欠いていたわけではなく、その一例として昭和25年5月に施行された更生緊急保護法がある。
　緊急更生保護の主たる内容は、帰住のあっ旋、食事給与、衣料給与、医療・就職援助、食事付宿泊供与などがあるが、昭和45〜49年に保護措置を受けた起訴猶予者は13％前後で、これは起訴猶予者総数の1％にも満たない。その原因としては、「本人の申し出という任意性が要件」、「保護期間の制限」、「対象者の種類の限定や要件の厳格さ」、「更生保護会の経営難」等の更生緊急保護措置自体の問題点が指摘される。((5・完) 866-874頁)
(4)起訴猶予者に対する特別補導措置——保護観察付起訴猶予——
　かように、起訴猶予者に対する更生保護の運用状況は必ずしも芳しいものではなく、

検察当局にも「起訴猶予者の事後の成行きは必ずしも良好とはいえない」という認識が強かったからか、昭和30年代半ばより、ある一定の起訴猶予者に対する新たな保護観察的措置が横浜地検で開始された。これは、起訴猶予者につき、犯罪の情状、本人の性格・素質等を考慮した上で、刑の執行猶予者に対する保護観察（四号観察）に準ずる更生補導を実施するというものであった。そして、昭和36〜43年に横浜地検で取り扱った対象者245名についてその成行きを調査したところ、成功例72.6％、失敗例9.8％であり、一応特別補導措置の成果があがっているとみてよいであろう。

しかし、起訴猶予処分にかような保護観察的措置を結合するには、このような措置が必要か否を判断するために被疑者に関する詳細な情状を調べる必要性が出てくるが、現行法下では探求的な情状調査は捜査の糾問化・長期化が懸念され、さらに被疑者のプライバシー保護という問題も考えられる。

また、本制度自体の問題点として、①綿密な情状調査は現行刑訴法下の捜査のあり方と齟齬する、②本制度の法的根拠があいまい、③検察官が矯正保護の分野で主体的に活動することには問題がある等が指摘される。((5・完) 875-898頁)

(5) 一般予防的機能と社会的効果

さて、特別予防的効果は起訴猶予対象者の事後を追うことで分析・判断できるが、一般予防的機能を科学的・実証的に調査する方法は十分には開拓されておらず、ここでは、起訴猶予制度に関する国民の世論をアンケートにより調査している。

それによれば、起訴猶予の枠を拡げることに賛成する声は少なく、現状維持あるいはより厳しい起訴を望む声が多かった。つまり、国民は起訴猶予制度についていくらか批判的であった。((5・完) 898-902頁)

(6) 結　語

わが国独自の起訴猶予制度の利点である特別予防機能は否定的にのみ評価されるべきではないが、それを過度に重視することも諸種の弊害が伴うのであって、その弊害は、現行法の訴訟構造や検察官の性格・職能といった刑事司法を規定する基本問題と密接に関連し合っており、特別予防的視点からする起訴猶予処分の範囲の拡大化には一定の限界があると言える。((5・完) 902-903頁)

あとがき

本論文は、わが国の起訴猶予制度を歴史的に透視すると共に、調査を折り込みながら運用の実態を実証的に分析することを試みたものであり、検察官のもつ起訴猶予裁量の広範さにいくらか警戒的かつ批判的になったが、本テーマの問題点解明のためには、起訴猶予裁量を控制する方策、「捜査の構造」「検察官の性格」と起訴猶予裁量との関連などの検討や諸外国との比較法制研究も日本の起訴猶予制度を浮彫りにするために不可欠であろう。((5・完) 903-905頁)

3　解　説

▶問題提起

　わが国では起訴便宜主義を採用し、検察官による起訴猶予処分を認めている。かような制度は、大正11年の（旧）刑事訴訟法で初めて明文化されたが、運用上は明治10年代から微罪処分の形で行われ、明治40年頃になって特別予防的色彩を加味した起訴猶予処分が確立した慣行となり、その後のわが国の刑事司法できわめて大きな役割を果たしてきた。これは、主として、起訴して有罪に持ち込み「犯罪者」というレッテル貼りを避けた方が本人の更生に有利だという特別予防的観点に基づくものであり、これだけ広汎な便宜主義の活用は諸外国に類をみないものである。

　しかし、起訴便宜主義というインフォーマルな制度は、利点の裏返しとして固有の弱点を併有している。それはすなわち、①訴追裁量は、恣意に流されるあるいは合理性を欠く危険性をつねに内包している、②特別予防的処遇方策の長所のみが表に出て起訴猶予の幅が過度に広がると、情状調査の詳密化が不可避となるが、現行刑訴法の捜査構造では困難ではないか、③検察官が大幅な起訴猶予裁量の行使により積極的に処遇の役割を担うことは、検察官の司法官的性格の払拭が叫ばれる現行刑訴法下でどのようにとらえるべきかというものである。

　そこで、本基本文献は、まず、①わが国の起訴便宜主義の特殊的な性格を知るため、その生成と変遷の模様を概括的に検討し、次いで、②現在の起訴猶予裁量運用に関する実態調査を用い、わが国の起訴猶予制度がどの程度特別予防的なのか、どのような要因が裁量決定に有意的影響を及ぼしているかといったことを報告し、③起訴猶予の刑事政策的機能の一般予防的側面を検索して、最後に、④起訴便宜主義の今後の展望に言及しているのである。

▶わが国における起訴猶予制度の沿革

　これについて、三井は5つの時代区分を設定しており、それは以下のとおりである。

　まず第Ⅰ期は、治罪法（1880年）の時代で、この時代には、学説上はまだ起

訴法定主義と起訴便宜主義の区別は明確に意識されていなかったが、実務処理上は、明治18年の司法卿山田顕義の演述をきっかけとして、とくに法文の規定なしに微罪処分的な起訴猶予の実施が定着した。

　第Ⅱ期には、司法大臣・刑事局長による訓令・通牒・演述を通して起訴猶予処分が奨励され、実務上、特別予防的な処遇方策としての機能が期待され始める一方、学説の多数は当時の明治刑訴法（1890年）は起訴法定主義に立つとの理解から、起訴猶予処分の運用に積極的な実務・訓令等は法律違反であるとの批判を展開した。

　第Ⅲ期においては、刑の執行猶予制度の採用（1905年）と本制度の刑訴法への導入（1908年）が起訴猶予数の減少につながると予想されたが、実態は逆の現象を呈し、起訴猶予処分に付される罪種は放火、殺人、強盗等の重大事件にも拡大してゆき、検察官による被疑者取調べが常態化し、その内容も、再犯のおそれなど特別予防も配慮した情状調査にも及び、起訴猶予率は急速に増加していった。

　第Ⅳ期には、大正刑訴法（1922年）にはじめて起訴猶予制度が明文化され、それは何らの制限も伴わないものであった。そして、法文上の制度化によって起訴猶予の運用は活発化され、起訴猶予率の高騰と共に刑の執行猶予率の減少という事態を引き起こした。また、起訴猶予処分は処遇としての機能を強め、猶予者に対する更生保護団体による保護観察措置もとられるようになった。さらに、学説の趨勢も、次第に目的刑主義、運用実績、諸外国の動向、検察官の資質向上、国費節約等を理由に、一様にこの新規定に好意的姿勢を示すようになる。

　そして第Ⅴ期、1930年代に入っても起訴猶予率は増加し続け、沿革的にはピークを迎えることとなった（1934年に63.9％）。訴追裁量は裁判官の裁判と同視され、猶予者に対する保護措置は強化されたが、学説も一段とこれを支持するようになった。

　そして、各時期の起訴猶予の特徴を、①軽微な罪で処罰の必要の低い場合に刑事手続から外す処分である「微罪処分型」（第Ⅰ期〜第Ⅱ期前半）、②訴追を留保したまま事後措置の状況を観察し、事件再起の可能性を残しておく「起訴留保型」（第Ⅱ期後半〜第Ⅲ期）、③猶予期間内に積極的に保護措置の手を差しのべ、

更生・再犯防止のための特別予防的効果を狙う「保護観察付起訴猶予」（第Ⅳ期、第Ⅴ期）と区別して、わが国の起訴猶予制度が一般予防から特別予防へ移り変わる様相を明確化している。

▶現行刑訴法における起訴猶予処分の運用状況

　現行刑訴法248条において、検察官は、起訴猶予につき、被疑者自身に関する要因、犯罪事実に関する要因、犯罪後の情況に関する要因を総合して判断することとなっているが、その運用状況は、現行法施行当初こそ大きな変化は見られないものの、1960年頃より、徐々に起訴猶予率の低下現象が顕著となってゆく。その理由として、①検察実務において、被疑者の地位が著しく不安定となる起訴猶予処分の取消ないし猶予事件の再起が控えられるようになったこと、②戦前に実施されていた、起訴猶予者に対して法律の規定なしに実施されていた更生保護団体による保護措置が、被疑者に対する有罪認定前の指導監督として問題視され廃止されたこと、が考えられ、この時期の起訴猶予処分の性格を、三井は「起訴放棄型」とよぶ。

　なお、1961年より横浜地検を中心に、一定の起訴猶予者に6ヶ月間の保護観察的措置を講じるという、戦前の保護観察付起訴猶予を復活させる試みがあったが、実施後10年余の経過で運用停止された。

　また、近時の状況を統計的にみると、1980年代半ばまでは起訴猶予率は10%を切っていたが、その後は多少増加傾向に転じて、2013年ではおよそ32%である。

▶実態調査

　さて、三井は、一区検で昭和42〜43年に取り扱った窃盗罪、暴行・傷害罪の起訴猶予裁量について実態調査を行い、検察官の起訴・不起訴の弁別に関係したと思われる因子を考察したところ、窃盗罪では「手口」「犯罪回数」「共犯者数」「窃盗額」を第一因子、「前科前歴回数」「初発時非行年齢」「被害回復・被害弁償・示談」「身柄引受人の監護誓約」を第二因子にしており、暴行・傷害罪では「動機─被害の原因性」「被害の程度（治療日数）」を第一因子、「就学年数」「初発型非行年齢」「前科前歴・同種前科前歴」を第二因子にしていることから、検察官はかなり特別予防的因子に重点を置いて起訴を決定していると分析している。

▶起訴猶予の刑事政策的機能

　かように、わが国の起訴猶予制度の沿革や実務にはつねに特別予防的側面の重視がうかがえる。すなわち、わが国の起訴猶予は、すべてに罪種を対象として、本人に前科者というレッテル貼りを避け公判廷に立たせることもなく、消極的に刑事手続から早期に解放することで本人の改善更生に重要な契機を与えるものであり、これに起訴猶予後も保護観察等に付せばより一層の刑事政策的意義は増すと考えられた。そして、わが国の起訴便宜主義の固有の特色がここにある。

　しかしながら、他方、起訴猶予処分の大幅な活用が国民の規範意識を弱くさせはしないかという懸念も存在するのであり、わが国の起訴猶予のもつ伝統的特徴を保持しつつ、どこで一般予防との調和を図るかということも三井は検討する。

　一般予防効果を科学的実証的に探索することは困難であるが、三井は都内において起訴猶予制度に関するアンケート調査を実施したところ、起訴猶予制度の拡大には批判的な見解が多数を占めた。つまり、国民は起訴を望んでいるのであって起訴猶予は軽い処分であるという認識をもっているということが窺えよう。

　他方、法務総合研究所による起訴猶予者の再犯率調査によれば、再犯率は20％強とあまり低いものではなかった。

　つまり、わが国独自の起訴猶予制度の利点である特別予防機能は否定的にのみ評価されるべきではないが過度の重視も弊害が伴い、起訴猶予処分の範囲の拡大化には一定の限界があると言える。

▶今後の展望

　法務省では、2013年10月から、高齢、障害等を有する起訴猶予者に対して更生緊急保護措置を適切に講じ、円滑な社会復帰の実現と再犯防止に資するため、保護観察所が関連機関と連携して更生緊急保護の事前調整に関する取組を施行・拡充している。その取組の内容は、①保護観察所が検察官からの依頼に基づき、起訴猶予による更生緊急保護が見込まれる勾留中の被疑者について、釈放後の福祉サービスの受給や住居の確保に向けた事前調整を実施、②かような被疑者が起訴猶予処分となった場合、保護観察所は、同人から更生緊急保護の申出を受けて、事前調整を踏まえた福祉サービスの受給等を支援するとともに、

その後も、本人の申出に基づき、更生緊急保護の期間中（原則6ヶ月まで）、継続的な相談対応および支援（フォローアップ）を実施、の2点である。

これは、万引きや無銭飲食などを繰り返す高齢者や障害者の中には、住居や生活費をもたずに社会に出たり、必要な福祉サービスを受けられなかったりして再犯を行うケースが多いための施策であり、たとえば大阪地検では、2014年10月から、万引きや無銭飲食などの軽微な犯罪を繰り返す累犯障害者・高齢者の再犯予防のために、社会福祉士と連携して住まいや仕事の紹介など社会復帰に必要な支援をする「再犯防止対策室」を設置している。

近時のかような方策は、累犯障害者・高齢者の再犯予防という対象を制限した特別予防的なものであるが、かつて実務上、試験的に行われた起訴猶予者に対する保護措置が、更生保護法86条第1項第5号を根拠として具体的に展開されるようになったことを考えた場合、わが国の起訴猶予制度の運用に新たな局面が訪れたと言えよう。

4　関連文献

▶百瀬武雄ほか「戦後（現行刑訴法施行後）における起訴猶予制度運用の実態と起訴猶予者の再犯」法務総合研究所研究部紀要29号（1986年）1-21頁

　本論文は、わが国の起訴猶予制度について、アメリカ合衆国における公判前ダイバージョンと対比させながら総合的に分析・検証するものであり、基本文献が発表されて以降の新たな起訴猶予制度運用方法の提言である。

　わが国における起訴猶予制度は、個々のケースの起訴・起訴猶予の判断を検察官の自由裁量に委ね、被疑者の更生と再犯予防という特別予防的観点、一般社会に対する警告という一般予防的観点、被害感情の緩和や被害者保護などの刑事政策的配慮に基づいて判断されている。

　他方、アメリカ合衆国の公判前ダイバージョンは、検察官が不起訴にした被疑者に対して、釈放するだけではなく、地域カウンセリング、被害弁償、職業指導、雇用の提供等の帰住後のプログラムを備えた「介入を伴うダイバージョン」である。

　かつてわが国でも実験的に起訴猶予者に対する保護観察類似措置も行われたが、実務に定着するには至らなかった。著者は、起訴猶予制度が、犯罪者に再び罪を犯させないという使命のために検察に与えられた重要な手段であるならば、起訴猶予者の再犯阻止のためのダイバージョン的施策の今後の発展を期待したいとするのである。

14 | 量刑理論

●基本文献
原田國男
『量刑判断の実際〔第3版〕』
（立花書房、2008年）

小池　信太郎

0　原著者紹介

　1945年生まれ。東京大学法学部卒。1969年任官後、主に刑事裁判官として勤務し、最高裁調査官、水戸地裁所長、東京高裁部総括判事等を歴任。2007年に、基本文献（増補版）により博士（法学）（慶應義塾大学）の学位を取得。2010年に定年退官後、慶應義塾大学法科大学院客員教授。名判事として知られる一方で、量刑論、刑事事実認定論等の分野で多くの研究業績がある。著書に、基本文献のほか、『裁判員裁判と量刑法』（成文堂、2011年）、『逆転無罪の事実認定』（勁草書房、2012年）等。原著者の人柄を窺い知ることができるエッセイとして、「裁判官の余白録」（世界2013年10月号より連載）。

1　基本文献の意義と位置づけ

　量刑とは、被告人に言い渡すべき刑の種類・内容・分量を決めることをいう。刑法は、各罪について定められた原則的な刑の幅（法定刑）に、法律上の加重・減軽、さらには酌量減軽を施して修正した刑（処断刑）の幅の範囲内で、言い渡す刑（宣告刑）を決めることを予定している。これらの過程のかなりの部分、とりわけ宣告刑の決定の段階で、裁判所の裁量的判断が求められる。その判断のあり方を検討するのが量刑論であり、その理論的な側面について、一定のまとまった考え方を示そうとするのが量刑理論である。

　従来、量刑論の分野では、「『学説の量刑実務に対する無理解』と『実務の量刑学説に対する無関心』」が相俟って、量刑理論における学説と実務の没交渉状

態が定着してい」た（遠藤邦彦「量刑判断過程の総論的検討」大阪刑事実務研究会編著『量刑実務大系１』〔判例タイムズ社、2011年〕７頁）。量刑論に理論的関心をもつ一部の刑事法研究者は、刑罰目的論や刑法の基本原則からの演繹的手法により、「当為としての量刑基準」を示すことに集中していた。実務の側は、量刑は裁判官の経験に基づく直感的判断であり、理論的な分析にはなじまないという認識の下、学説の主張には関心を示さず、また、「存在としての量刑基準」について学説に理解を求める努力も積極的にはしていなかった。

　そのような状況の中で、原田國男は、著名な刑事裁判官として勤務する傍ら、量刑論に関する思索を深め、1997年から立て続けに論文を発表し、実務・学界に広く注目されるところとなった。2002年までの11編を収めた論文集が基本文献の初版（2003年）であり、2003年から2004年にかけて発表された３編を加えたのが増補版（2004年）である。第３版では、その後の法改正などを踏まえたアップデートが行われている。

　基本文献は、量刑に関する実体法・手続法上の問題を広くカバーする中で、一方で、実務の標準的な考え方を丁寧に説明しつつ、学説と実務の関心が噛み合っていない点を指摘し、「学説の量刑実務に対する無理解」を和らげることを試みている。他方で、実務を絶対視せず、学説との対話の姿勢を示して、「実務の量刑学説に対する無関心」の克服に努めている。そして、少なからぬ論点で、後の議論をリードすることとなる実践的・理論的な主張を行っている。それらを通じて、実務・学説の双方における量刑理論をめぐる議論が活性化し、また、両者の対話が促進するための基盤を提供した点で、画期的な著作といえる（城下裕二「原田國男著『量刑判断の実際』」現代刑事法58号〔2004年〕90頁以下、安冨潔・平良木登規男・井田良「原田國男君学位請求論文審査報告」法学研究80巻５号〔2007年〕94頁以下参照。なお、基本文献〔初版〕の公刊を記念して行われた座談会として、小林充ほか「『量刑判断の実際』と量刑理論」法律時報76巻４号〔2004年〕67頁以下も重要である）。

2　基本文献（原典）

量刑基準と量刑相場

1　量刑基準の法的性格

　改正刑法草案48条1項（「刑は、犯人の責任に応じて量定しなければならない。」）は、犯人の責任の程度が量刑における最も基本的な要素であり、犯罪の抑制及び犯人の改善更生、すなわち一般予防及び特別予防に役立たせるという刑事政策的な目的は、責任に応じた量刑という枠の中で考慮されるという趣旨であるとされる。これは、責任にはもともと幅があり、その範囲内で刑事政策的な要請にかなった量刑をするという、いわゆる、「幅の理論」に立脚するものである。

　近時の学説をみると、責任が量刑の上限を形成するという説、責任には幅又は枠があり、これが量刑の上限及び下限を形成するという説、責任刑は一点に決まるとする説があり、いずれも、責任の内容について、個別行為責任説を採り、人格責任論及び性格責任論を否定するが、具体的な量刑が行為責任を上回ってはならないという点で、一致している。

　……

　量刑基準を法令上の基準とみるのか、裁量上の一指針とみるのかは、その基準としての実効性に差異が生じる。しかし、前者としても、我が国の上訴制度は、広い量刑不当という独立した上訴理由をもつから、量刑不当による救済方法がないために、あえて、法令違反としてこれを救済する必要はなく、違法な量刑であっても、量刑不当に当たるとしてよいと思われる。……

2　量刑相場の性質

　実務においては、いわゆる量刑相場により量刑が行われている。この量刑相場というのは、同種・同性質・同程度の行為を内容とする事件に対しては、同刑量の刑罰を適用するのが妥当であるという考え方に根拠をもつものである。長年の実務において形成されてきたものであり、熟達した裁判官であれば、一応身に付けている認識判断である。……

3　量刑基準と量刑相場との関係

　……

　……量刑相場に沿った量刑をしていれば、自然と責任主義の責任の幅の中に予定調和的に収まるというべきであろう。だから、実務では、責任主義による量刑基準に対する意識ないし認識が乏しく、これに関する前記学説の諸主張に対する反応も今一つ鈍いのではあるまいか。量刑相場の限られた幅の中に量刑が収まってさえいれば、責任主義に反するおそれはないと感じられるのである。

……

　要するに、法令上の基準としての量刑基準は、これを下回る量刑相場の下では、実際的な制約基準として意味が乏しいこと、行為責任を上限とするとしても、その内容は観念的過ぎて、実際の量刑を決定するに当たってあまり役立たないこと、量刑不当という広い上訴理由をもつ我が国法制の下では、上訴の量刑審査の基準としても有効性に乏しいことから、理念としては当然尊重されるべきであるが、実際的な量刑の基準としての役割は補充的で小さいというべきである。むしろ、この量刑基準は、そのよって立つ責任主義に照らして、個々の量刑事情を洗い直し、当該事情がどのような意味で量刑上考慮すべきであるのかを吟味し、責任と予防との混同を防ぎ、合理的な量刑過程を確立するための基準として重要な意味をもつというべきであろう。

……

　したがって、実際の量刑は、量刑相場を第1の手掛かりとして行うべきものである。量刑相場における標準科刑を探求し、具体的な量刑の指針とするのが実際的である。

　もっとも、量刑相場とはいえ、絶対的なものではない。……

　……量刑相場は、平均的な量刑を考える上での手掛かりであるが、事件にはそれぞれ個性があり、特徴があって、およそ同じ事件というものはないから、その事件に相応しい量刑を究極的に考えなければならず、相場は相場にすぎないのである。

　さらに、量刑相場というものは、時代とともに変わる面もあり、社会情勢や犯罪情勢の変化に対応し、その内容を変えていくのであって、必ずしも固定的な性質のものではない。ことに、新たなタイプの犯罪や新たに立法により犯罪とされたもの、さらには法定刑が引き上げられた犯罪などについては、求刑の基礎も必ずしも固まっていないし、量刑相場も確立しておらず、むしろ、具体的な量刑判断の積み重ねによって、新たな量刑相場を形成していく必要性に迫られる。この場合には、例えば、立法の趣旨や類似犯罪の量刑相場等を勘案して、当該犯罪行為自体に対する評価の幅を決定しなければならない。

量刑事情

1　量刑事情の範囲

　改正刑法草案48条2項は、量刑上考慮すべき事情につき、「犯人の年齢、性格、経歴及び環境、犯罪の動機、方法、結果及び社会的影響、犯罪後における犯人の態度その他の事情」を挙げている。これをみても、かなり広範囲の事情が量刑事情の対象として考えられていることが分かる。実務においても、同様な考え方が一般的であるといえる。……

　このようないわば何もかも量刑事情に含まれ、裁判所の裁量に委ねる実務のあり方に対して、学説からは、刑法理論との関連で量刑基準を確立し、量刑事情を確定していこうという態度が見られず、量刑実務に刑法理論的基礎づけを与え、客観的合理性を備えさせようとする姿勢を看取することができないとか、個々の量刑事情が責任や

予防の観点から何故考慮されてよいのか未解決のまま、量刑において考慮されているといった批判がある。

　さらに、罪刑法定主義や行為責任主義という基本原則の下で量刑事情として考慮し得る結果の範囲を限定しようとする試みもある。また、犯罪後の態度について、行為完結後の事情であるから、すべて量刑事情に含めるべきではない、被告人に有利に作用する場合のみ考慮されるべきであると主張する説もある。

　……

　量刑相場における量刑の幅というものは、犯罪行為自体に関する情状（犯情）により決まるものであり、その幅の中で一般予防・特別予防という刑事政策的考慮に関する情状（一般情状）を考慮して具体的な刑を決定するというものである。実務における量刑の実際が、このようなものであれば、責任と予防を混同して考慮するというおそれは少ないであろう。

　……特別予防については、犯罪〔引用者注：刑罰〕は害悪であるから犯罪抑止のために必要・最小限のものに限定すべきであるという考え方を採ったからといって、このことから、直ちに、刑事政策的観点からする量刑は、常に刑を軽くする方向のものに限定しなければならないというものではないと考える。責任主義の要請がそこまで及ぶといえるかどうか議論のあるところであろう。

　他方、量刑事情が広範囲に及ぶとしても、個々の量刑事情がどのような意味合いで被告人に有利又は不利な情状となるかについて責任及び予防の各領域において十分吟味しなければならない。一般予防・特別予防という本来の刑事政策目的以外のもの（例えば、違法捜査の抑制、法律扶助制度の助成等）を安易に刑罰に持ち込むことは、危険である。（2-8頁）

量刑判断の透明化と合理化

　従来の量刑判断が裁判員制度の導入によりどのような影響や変化を示すかはまさに予測どころか憶測の域をでない。ここで筆者が特に指摘したいことは、「量刑判断の透明化と合理化」という点である。このようなキャッチフレーズ的なことをいうと、従来の裁判官だけによる量刑判断が不透明で不合理だというのかという反論を招くかもしれない。しかし、ここでいいたいのは、従来の量刑判断が部外者からみれば、一種のブラックボックスであり、結論としての量刑判断とその理由しか分からず、どのようにしてその量刑判断に至ったかは必ずしも明確ではなかった。しかし、裁判員が量刑判断に加わるとなれば、これまで裁判官同士では分かり切ったことや分かり合えたことでもきちんと裁判員に説明すべき責任が生じるというべきである。このことを量刑判断の透明化といいたいだけである。

　また、量刑判断の合理化というのは、従来、量刑判断において必ずしも踏み込んだ理論的な面での検討がなされずにきた諸問題についてもきちんとした考え方を裁判員に示して説明する必要があるということがいいたいのである。……

1　量刑ルールの明確化
　我が国では、法定刑の幅が広く、それに基づく広い処断刑の範囲内で裁判官に量刑判断が委ねられている。そして、法律上も判例上もこれといった量刑ルールはなく、強いていえば、余罪処罰の禁止程度のものしかないといっても過言ではない。このシステムは量刑判断を裁判官の裁量に委ねれば、裁判官が適切な判断をするであろうという立法理念に基づくものであり、仮に量刑判断自体が重過ぎたり軽過ぎたりすれば、上訴審が量刑不当により是正すれば足りるという考えによるものである。裁判員制度が導入されても、この基本的枠組みが変更されることはないが、前述したような裁判員に対する説明責任という観点から量刑判断における一定のルール化も必要になると思われる。
　……責任主義について、「理念としては当然尊重されるべきであるが、実際的な量刑の基準としての役割は補充的で小さいというべきである。」と述べたことがある。しかし、責任主義という量刑規制の原則自体の重要性は否定すべくもない。例えば、危険運転致死ではなく、自動車運転過失致死により5名の一家を全員死亡させたような事案で、被害者遺族の被害感情も厳しく、国民の怒りも大きいことから、それ自体起訴価値も乏しい万引きを起訴して、処断刑の上限を懲役15年に引き上げ、その範囲で、例えば、懲役12年を求刑したような場合を仮定する。……この仮説例は、自動車運転過失致死の事例であるから裁判員が参加する裁判の対象とはならないけれども、その対象となる重大犯罪において責任主義による説明が必要となる場面もあり得ると思われる。……

2　個々の量刑事情
　……
　……量刑事情一般については、従来必ずしも十分な理論的な検討が尽くされていないから、裁判官としても、裁判員に対してより説得力のある説明をするだけの理論武装が十分にできていない。この点は今後理論量刑学及び判例による解明を待つしかない。確たる量刑ルールを持たず、裁判官の裁量に委ねられてきた量刑判断も裁判員制度の導入により変化ないし進化が必要となるであろう。それは、それとしてよいことだというべきであろう。かくして、量刑判断の透明化と合理化の必要性は明らかである。
　……

　　　　　　　　　　　　　　量刑の見通し
　裁判員制度が実現した場合の量刑の見通しについては、それこそ現時点で予想することは困難である。前稿では、裁判員が一般国民として平均的にもっているであろう重罰思考も具体的な事件に接して被告人側の事情等を正視すれば、適正な量刑に落ち着くのではないかという趣旨のことを述べたが、これも一種の希望的観測に過ぎない。
　……裁判官は裁判員に対して従来の量刑傾向を適切に説明する必要があるが、ただ、

それはそれとして、従来の量刑傾向をより重い方向に変動させるべきだという流れが裁判員にある場合……裁判員制度の理念が国民の意見を裁判に反映させることにある以上は、従来の量刑傾向を超えたある程度の重罰化に制度理念的に反対することは難しいように思われる。……筆者としては、仮にそうなるとしても、その前提として、前述した量刑判断の透明化と合理化が必要であると思うのである。……（353-361頁）

被害者の意見陳述の量刑への影響

……

意見陳述規定の新設により量刑へのある程度の影響があるのはよいとしても、過度の厳罰化は認めるべきではないとするのが、大方の支持を得やすい考え方であろう。ただ、不当に重くなってはいけないとしても、その不当の範囲の捉え方如何によってはかなりの重罰化も容認する余地が生じる。例えば、被害感情を重視して量刑を行うことは何も不当なことではないとすれば、その影響は広範となり得る。

……

被害感情の客観化の必要性

被害感情の量刑上の捉え方としては、まず、個々の被害感情ではなく、犯罪から一般的に推量できる被害感情の量を想定し、具体的量刑では、個々の被害感情の多寡ではなく、前記の抽象的な被害感情の量に応じるという思考方法が考えられる。そこで、たまたま被害感情が極めて強い場合でも、前記の抽象的被害感情を超える量については考慮しない反面、被害者が宥恕していても、被害感情をゼロとみるのではなく、隠れた抽象的被害感情の量を考慮することになる。この考え方は、量刑が個々の被害感情に流される危険を防ぐ意味では有益であろう。しかし、この抽象的被害感情の中身は何かとなると、必ずしも明確ではない。結局は、個々の犯罪に関する犯情（犯行の動機、態様及び結果等）から、このような犯罪であれば、被害者はこの程度の被害感情を有するであろうと推認することになり、犯情に付け加えるべき量刑要素としての独自性が失われることになるであろう。

次のように考えられないか。……被害者のこのような加害者に対する厳罰を求める気持ちやそのための行動は、そもそもは被害者の本意ではなく、被害の回復に失敗した場合の一つの代償行動であるという指摘もある。とすれば、そのような被害者の激しい厳罰要求に対して、裁判所がそれをそのまま受け入れて刑を重くするという方向に向かうべきではなく、既に述べたように、国や社会として、被害者の精神的なケアを含めた全般的な救済を図るのが筋であるというべきであろう。

そして、量刑においては、個々の被害感情の強さそのものを重視すべきではなく、犯罪被害の結果生じた被害者側の客観的な被害状況ないし影響を量刑の基礎として採り入れるのが相当である。被害者に被告人の受けるべき量刑についての意見を述べさせること自体は意味があるとしても、その意見を重視し過ぎるべきではないであろう。激しい被害感情をもっていること自体ではなく、被害を受けたことにより、平素の生

> 活にどのような身体的、精神的、経済的あるいは社会的な支障が生じているかを問題とすべきである。このような方法で、被害感情の客観化を図るほうがよいと思われる。……むろん、精神的な被害も客観的事実として考慮の対象に含まれる。前記各実態調査で明らかになったような犯行再現への恐怖やPTSDの症状等に関する情報は、重要である。犯罪が被害者にどのような客観的な影響を及ぼしたかについて明らかにする必要性がある。このように被害感情の客観化を図ることにより、より合理的で公平な量刑を実現することが、真の被害者救済につながるのではあるまいか。(140-147頁)

3 解　説

▶**量刑基準と量刑事情**（第1章・初出1997年）

　量刑理論の検討対象として、量刑判断に際して依拠されるべき一般的な原理、言い換えれば、何を目指して刑を量定するかの基準をいう「量刑基準」と、量刑に際して考慮されるべき具体的な要素ないし事情をいう「量刑事情」が区別される。

　ここでは量刑基準に関する検討を取り上げると、基本文献は、改正刑法草案48条1項を引用しつつ、犯罪行為についての犯人の責任の重さが基本的な要素であり、一般予防や特別予防の観点は、元々認められる責任の幅の範囲内でのみ考慮されるという立場（幅の理論）に依拠している。学説上は、諸説が対立するものの、具体的な量刑が行為責任を上回ってはならないことが強調される点では一致する。基本文献は、この点について、次の2点で、実務的関心とのミスマッチを指摘している。

　すなわち、①責任を上回った量刑の法的性格に関し、学説上は、そうした量刑は刑法の基本原則である責任主義違反を意味するから、法令違反を構成するという主張が強い。しかし、わが国の刑訴法は端的に量刑不当を控訴理由としているから、違法な量刑と、そこまではいえないが不当な量刑を併せて量刑不当として扱えばよく、学説の主張はあまり意味のあるものではないという。

　また、②責任を上回ってはならないという主張自体、正しいのではあるが、観念的に過ぎて具体的な刑量審査の基準として機能しにくい上、量刑相場による量刑を実践する実務に対する制約として意義が乏しいという。実務上、同種・

同性質・同程度の犯行に対しては同程度の刑で臨むべきという考え方に依拠して、熟達した裁判官なら身に付けている量刑相場による量刑が行われてきたところ、求刑を下回るのが原則である量刑相場が責任刑を上回ることがあるとは思えないというのである。

こうした認識から、当時の原田は、責任の上回り禁止という意味での量刑基準は、理念としては当然尊重されるが、実際的な量刑は、量刑相場を第一の手掛かりにして行うべきであると論じ、責任主義の機能については、個々の量刑事情を吟味する基準としての面をより重視するスタンスをとっている。

量刑事情に関する検討部分をも含めて、本論文は、基本文献に収録されたものの中で初期（1997年）に発表されたこともあり、裁判実務の標準的な考え方を代弁しつつ、それを学説による批判から擁護する論調となっている。執筆されたのが、刑事立法が活性化する世紀の変わり目の前夜であって、裁判員制度のような、非法律家である一般国民が量刑判断に関与する構想もまだ示されていなかった時期であったことが重要と思われる。安定した量刑実務に対し、責任主義の貫徹という観念的・抽象的な理念の実現に関心を集中させる学説の態度は、必ずしも生産的なものではないと原田には映ったのではないかと想像される。

▶裁判員制度における量刑判断 （第12章・初出2004年）

原田のスタンスは、その後、量刑学説との対話の姿勢を強める、あるいは量刑学説に、実務的関心に応える理論的研究を進めることを（好意的に）期待するという方向に進んでいったように見受けられる。その契機となったのは、いうまでもなく、裁判員制度である。同制度の導入が決まり、その全貌が明らかになっていく、とりわけ、裁判員裁判において、法律の非専門家である一般国民がただ一件の審理のみに関与し、事実認定のみならず量刑の判断も行うという制度設計が現実化するにつれて、量刑相場による量刑はそのままの形では維持できないことが認識された。量刑相場は、確かに存在しているが、まとまった形で言語化されておらず、非法律家はその内容を認識することができない。しかし、裁判官の方で量刑相場に沿った量刑の結論を示し、裁判員を強く誘導するというのであれば、新制度の意味がないのである。他方で、まったく直感的に判断することを認めてしまえば、量刑の公平性が過度に害される懸念は小

さくない。

　そこで、原田は本論文で、まずは、量刑相場による量刑でも前提とはなっていたが、従来、いわば埋もれさせて差し支えないと実務上は考えられてきた、あるいは、裁判官自身あまり自覚的に考えてこなかった量刑判断をめぐる理論的ルール（一例として、責任刑の上回り禁止）を見つめ直し、裁判員にきちんと説明できるようにすることが大切であると主張した。この「量刑判断の透明化と合理化」は、その後の論考でも繰り返し主張され（2005年以降の論文を収めた原田國男『裁判員裁判と量刑法』〔成文堂、2011年〕とくに13頁以下）、実務・学会に賛同者を多く見出した。後掲関連文献の大阪刑事実務研究会による共同研究や平成21年度司法研究は、この要請に応えることを直接の目的とするものといえる。

　原田による、裁判員裁判を意識した量刑判断の透明化・合理化の主張には、2つの側面があるように思われる。それは一方で、裁判員に対し、量刑の考え方として合理的と考えられるところをしっかり説明し、それに従って判断してもらうという面であり、他方で、そのような合理的な考え方を前提に判断した結果が従来の量刑相場と異なるものでも、それはそれで受け入れざるをえないし、それでこそ裁判員裁判の意味があるという側面である。原田は、本論文後、裁判員裁判における量刑判断のあり方を本格的に検討する中で、評議に際し、裁判員に従来の量刑相場の大まかなところを示す必要はあるものの、あくまで参考資料であり、強い拘束力はないことを意識させる趣旨で、量刑相場を「量刑傾向」という言葉に置き換えることを提唱した（原田・前掲『裁判員裁判と量刑法』82頁。前田雅英ほか『量刑に関する国民と裁判官の意識についての研究——殺人罪の事案を素材として』司法研究報告書57輯1号〔2007年〕171頁参照）。この用語法も、その後完全に定着している。

　裁判員裁判開始後の実務、とりわけ第1審の裁判員裁判の量刑のあり方を左右する控訴審査のスタンスも、制度準備段階において原田の主張の方向性に沿う形で裁判官らにより推奨された立場（大澤裕ほか『裁判員裁判における第一審の判決書及び控訴審の在り方』司法研究報告書61輯2号〔2009年〕113頁）に応じたものとなっている。すなわち、重要な量刑事情を見落とし、評価を誤り、犯情を軽んじ一般情状を過度に重視するなど、法的に不合理な判断がなされた場合には、量刑不当による破棄という形で介入するものの、量刑結果それ自体の不当性は

直接問題とせず、第1審を最大限尊重している。ただ、それにも限界があることを明らかにしたのが、いわゆる寝屋川幼児虐待傷害致死事件の最高裁判決（最判平成26・7・24刑集68巻6号925頁）である。同事件では、第1審が被害児の両親に求刑の1.5倍にあたる懲役15年を言い渡し、控訴審もこれを維持した。しかし、最高裁は、「裁判員裁判といえども、他の裁判の結果との公平性が保持された適正なものでなければならない」ことを確認した上で「これまでの傾向を変容させる意図を持って量刑を行うことも、裁判員裁判の役割として直ちに否定されるものではない」が、そのためには「具体的、説得的な根拠」が必要であるとして、甚だしい量刑不当を認めて破棄自判し、懲役10年および8年とした。賛否両論があるところであり、原田も積極的に発言している（原田國男「裁判員裁判の量刑の在り方」刑事法ジャーナル42号〔2014年〕43頁以下、同「量刑論」法学教室418号〔2015年〕36頁以下など）。

▶被害感情と量刑（第5章・初出2001年）

　世紀の変わり目ころから、刑事立法が社会的なニーズに即応する形で動く傾向が生じているが、その中で、犯罪被害者（および遺族。以下同じ）の保護・尊重という要請への対応として、被害者が事件に関する心情等を刑事裁判において陳述できる制度の導入を含む改正法が2000年に成立した（その後、2008年からは、被害者が法廷内に着席する形で裁判に関与し、情状に関する証人尋問や弁論として具体的な量刑意見をも述べる被害者参加制度も実施されている）。

　意見陳述制度の導入をめぐっては、被害者の応報感情が過度に法廷に持ち込まれることを懸念する立場と、そうしたこと予想されず、むしろ被害者の心情をより丁寧に把握した適正な量刑が可能となるという立場が相半ばしていた。その中で、そもそも被害感情を量刑事情としてどう考慮すべきかを検討したのが本論文である。

　そこで原田は、殺人、自動車運転による過失致死、性犯罪に関する量刑実務の傾向を分析した上で、「被害感情の客観化」が必要であるという重要な主張ないし提言を行った。すなわち、真の被害者救済のためには、やり場のない思いの代償ともいえる被害者の厳罰要求をそのまま受け入れるよりも、精神的・経済的支援を含めた全般的救済を図るのが筋であること、量刑上は、被害者の激しい被害感情や量刑意見そのものを重視し過ぎるのではなく、被害を受けた

ことにより、平素の生活に、精神面を含めてどのような客観的支障が生じたかを問題にすべきであると述べたのである。この主張は、一方で犯罪被害者の置かれた窮状を理解しながら、他方で被害者保護を旗印とした重罰化や個々の被害者のメンタリティ等に大きく依存する処罰感情の発露の仕方に量刑が直接左右される帰結に戸惑いを覚える裁判実務および学説に好意的に受け止められ、きわめて広く注目されるところとなった。

　本論文における主張は、問題提起的な性格であったことから、量刑理論における被害感情の位置づけを明らかにするものとはなっていない。しかし、その後、本論文の問題提起に学説が反応し、原田はそれらに応答する中で自説を展開していく（原田・前掲『裁判員裁判と量刑法』88、127、256頁）。最近の論文で示された理解は、次のようなものである。「被害感情というものを、被害者が受けた、もしくは、遺族が受けた精神的打撃、またはPTSDのような部分と、被告人に対する……処罰感情ないし科刑意見との2つに分けるべきだというのが、大勢になっている。被害者の受けた精神的打撃というのは、狭義の犯情に含まれるから量刑の幅の上限と下限を動かすことができる要素である。しかし、処罰感情と科刑意見というものは、一般情状であるから、犯情によって定められた幅の上限下限を動かすことはできない。その中で、考慮すべき一事情である。処罰感情が強ければ重いほうに、弱ければ軽いほうに、1ランクか2ランク程度しか動かすことができない」（原田國男「裁判員裁判における量刑傾向──見えてきた新しい姿」慶應法学27号〔2013年〕175頁）。

4　関連文献

▶大阪刑事実務研究会編著『量刑実務大系1～5』（判例タイムズ社、2011・2013年）

　大阪地高裁の刑事裁判官を中心とする共同研究の成果である。網羅的なテーマ設定の下、第一線の裁判官が、実務のみならず学説にも向き合った重厚な論文全28編を分担執筆し、各論文に研究者がコメントを付したもので、「量刑判断の透明化と合理化」「量刑実務と量刑理論の対話」をまさしく実践する大作である。個々の問題に関心をもった読者は、本書の関連論文を読むことで、当該問題に関する議論の詳細とそれに対する実務的評価を知ることができる。

▶井田良ほか『裁判員裁判における量刑評議の在り方について』司法研究報告書63輯3号（法曹会、2012年）

　早期から量刑理論研究に取り組んできた刑法学者と刑事裁判官3名との共同研究（平成21年度司法研究）である。量刑の本質は被告人の犯罪行為に相応しい刑事責任を明らかにすることにあり、特別予防などの目的は少なくとも第1次的な基準となるものではないという実務的・通説的な量刑理論の現在の到達点を示しつつ、裁判員との量刑評議を通じた実践方法を詳細に検討している。

15 執行猶予

●基本文献
正木亮
「**刑の執行猶予とその過去・現在および将来**」
『刑法と刑事政策〔増訂版〕』（有斐閣、1968年）117-144頁

太田 達也

0 原著者紹介

1892-1971年。東京大学在学中から牧野英一の薫陶を受け、監獄学に関心をもつに至り、検事時代、司法省監獄局（後に行刑局）において仮釈放審査規程や行刑累進処遇令等の起草にかかわる。行刑局長、刑政局長となるも、戦後、公職追放となり、その後は弁護士として、大学教授や矯正協会会長のほか、多くの要職を務めた。『刑事政策汎論』（有斐閣、1938年）、『新監獄学』（1941年、博士学位論文）、ほか、監獄学や刑事政策に関する膨大な著作があり、自らの監獄学を人間監獄学と称して、教育刑の立場から犯罪者の更生を唱えた。退官後は死刑廃止運動にも傾注した。

1 基本文献の意義と位置づけ

1960年に公表された改正刑法準備草案（未定稿）における刑事政策上の諸問題について正木亮が『法律のひろば』に同年から1年半に亘って連載した一連の論稿中、執行猶予について検討を加えたものが基本文献である（初出・同誌14巻10号・11号、1961年10月・11月）。

執行猶予に関する文献としては、小野清一郎『刑の執行猶豫と有罪判決の宣告猶豫及び其の他』（有斐閣、1931年）を欠かすことができないが、小野の文献は戦前の執筆にかかり、刑法改正作業も刑法改正予備草案や改正刑法仮案が起草された当時のものである。しかし、小野の文献には同草案自体への言及がなく、「刑法改正ノ綱領」のみ参照されていることからおそらくそれ以前の段階

で執筆されたものであろうと思われる。内容も、ドイツのフランツ・フォン・リストの文献（翻訳は、司法資料第66号『刑ノ執行猶豫制度』〔司法省調査課、1925年〕）からの情報に依拠しながら海外の執行猶豫や宣告猶豫の制度について考察したうえで、わが国における執行猶予制度のあるべき内容や宣告猶予制度の導入を説いたものである。

　これに対し、基本文献は、時代を下って、戦後の1950年代から行われた刑法改正作業の最中に執筆されたものであるので、戦前から戦後にかけての刑法改正を巡る動きや論議が踏まえられており、文献のタイトル通り、明治から戦後に至るまでの執行猶予制度とその改正の歴史的経緯を俯瞰したものとなっている。刑法改正原案起草委員会の委員として1927年の予備草案の起草に参画した正木は、刑法改正案の一起草者としての立場から、戦後、小野が議長となって起草された改正刑法準備草案（1961年）に対し批判的である。

　執行猶予については、戦後の刑法改正や執行猶予者保護観察法の制定以後、量刑に関する争点を除くとほとんど議論されなくなったが、その要件や適用範囲については議論の余地が残されており、その意味で、基本文献は、小野の文献と並び、執行猶予の歴史的経緯を知るだけでなく、執行猶予の制度を考える上できわめて重要な文献である。

　なお、正木の師に当たる牧野英一も、1931年の改正刑法仮案（総則案の未定稿）に対して、教育刑の立場から、自由刑の執行猶予の範囲を3年以下の懲役・禁錮に拡大したこと、前科要件を削除したこと、資格制限を排除したこと、執行猶予の取消しを裁量的にしたことを評価している。牧野英一『刑法改正の諸問題』（良書普及會、1934年）293頁以下。

2　基本文献（原典）

……そのため刑の執行猶予のごとき刑事政策上もっとも望ましい制度を遅延させることはできないとして、在野法曹界をバックボーンとし、元田肇氏が第21回衆議院会議に「刑ノ執行猶予及免除ニ関スル法律案」として提出した。（125頁）
　……
　……第21回衆議院におけるこの法案の委員会においても、丸山嵯峨一郎という人の

ように「刑罰法其者の本質から見ても、不条理である」から、刑の執行猶予という立法の精神に絶対反対という立場を採るものもあったが、大勢は元田肇氏の提出になる刑の執行猶予に関する単独法に賛成し、原案の2年以下の禁錮が1年以下の禁錮に修正され、さらに訴訟手続を加え、全文9ヵ条をもって「刑の執行猶予に関する法律案」を貴族院に廻付した。同院は特別委員会において無修正のもとに可決し、ここに明治38年法律第70号をもって公布せられ、即日施行せられた。

以上の経過をたどって見ると、わが国の刑の執行猶予が、国際監獄会議の決議およびフランス、イタリヤ、ベルギー等の先例、はてはドイツ学界の影響のもとに生れでたことは全く疑いのない事実である。(126頁)

この刑の執行猶予はわずかに1年以下の禁錮刑者にかぎられた。禁錮に該る罪は、懲役に比して非常に少ない。のみならず、政府案がねらっている短期自由刑の弊害を避けるという刑事政策的の目的は、この案では期待できない。政府案の審議に際しては、英米の宣告猶予の問題、拘留および罰金の執行猶予も問題としてとりあげられたが、この案が、わずかに1年以下の禁錮刑者に対してのみ執行猶予を認めたに過ぎなかったことは、刑事政策上の目的からいえば不成功であった。しかし、わが国に刑の執行猶予制を現実にとりいれたこと、法廷における刑事政策の問題を裁判官の任務としてつけ加えたことにおいて、大いに録すべき価値はある。

翌々年の明治40年2月、第23回貴族院会議に待望の刑法改正案が提出された。全条266条の大草案である。この草案は、旧刑法になかったいろいろの刑事政策上の問題をとりいれた。そのなかでもっとも目立ったことは、刑の執行猶予制度を採用して、2年以下の懲役又は禁錮の言渡を受けた被告に、情状に因り裁判確定の日から1年以上5年以下の期間内にその刑の執行を猶予することのできる（第25条）という規定をおいたことと、懲役に処せられた者が、その執行を終りまたは執行の免除ありたる日より5年内にさらに罪を犯し有期懲役に処すべきときは、これを再犯とし（第56条第1項）、再犯の刑はその罪につき定めたる懲役の長期の二倍以下にすることができる（第57）こととした点であった。ことに、犯罪人の情状を考慮してその刑責を猶予するというがごとき制度は、たといこれに関する特別法が設けられていたにせよ、草案のごとく広い範囲に採用することは、当時としては驚きであったに違いない。しかし、学界は新旧ともにこの問題を妥当とした。帝国議会はこれを可決した。その主たる理由は、それが短期自由刑の弊害を救済する最良のものであるというにあった。

かくして生れた刑法典は、ドイツ学界が今日においてもなお維持しつづけている条件付恩赦主義を捨てて、条件付判決主義を採用したところに特色があった。すなわち、日本の執行猶予は、これを取り消さることなく一定の期間を経過したる場合は、自動的に刑の言い渡しの効力を失わしめ（第26条ノ2）、裁判所において刑罰を赦免するという方法を避けた。このことは、ドイツ方式がつねに刑罰応報の合理性を維持しつづけることに対し、刑罰の目的性という刑事政策上の要請が日本の刑事学界にうけ

いれられた結果であると見るのが妥当であろう。(127頁)

　しかし　刑罰に関する刑事政策上の問題からいえば、新刑法典における刑の執行猶予は多くの未解決の問題をふくんでいた。第一に、執行猶予を懲役と禁固だけに限定する必要がないではないか。拘留、罰金および科料等にもこれを適用すべきではないか、第二に、執行猶予を許すべき言渡刑を2年以下にかぎるということが刑事政策の目的にマッチしないではないか、殺人、強盗、放火等のごとき重罪においてもこれを宥恕し得る場合があるではないか、第三に、明治35年案につき執行猶予の点が審議されるとき、石渡敏一政府委員が、英米の宣告猶予が有効適切であるといいきっているように、この制度をも併せ用いることが刑事政策上よりよいものではないか、というような諸問題がのこされていることを看過できないのである。

　日本の刑法典が実施されたのは、明治41年である。その翌年ドイツは1909年刑法草案を発表し、つづいて1913年に委員会草案 Entwurf der Strafrechtskommission を発表した。第一次大戦終熄の翌1919年にいわゆる1919年案が発表され、これに対してオーストリヤが1912年に対案 Gegenentwurf を発表した。そして、それらの諸草案には日本刑法典に考慮されていない諸々の刑事政策上の問題がもられていた。日く条件付刑の延期 bedingte Strafaussetzung、日く改善および保安処分 Massregeln der Besserung und Sicherung 日く刑の量定 Strafbemessung 等である。法案のなかに、法廷で扱わるべき刑事政策の諸問題が満載された。

　この欧洲の立法事業およびこれを中心とする刑事学会の風潮は、わが国を刺戟せずにおかなかった。その結果、大正10年（1921年）、わが国に臨時法制審議会が組織されて、刑法を改正する綱領が求められた。そして、その綱領は、大正15年（1926年）、刑法改正の綱領として40項目を公にした。そのうち刑の執行猶予に関するものが3項、これに関連する宣告猶予に関するものが1項加えられた。すなわち、左のとおりであった。(128頁)

(8)自由刑の執行猶予を為し得べき要件、取消の要件を寛大にし且宜告刑の範囲を広くする規定を設くること

(9)刑の執行猶予の範囲を拡張し、罰金、科料、公権喪失及停止にも及ぼすべき規定を設くること

(10)刑の執行猶予の効果を寛大にすべき規定を設くること

(11)有罪判決の宣告猶予を存し得べき規定を設くること

これにもとづいて、昭和2年1月刑法原案起草委員会が設けられ、幸にしてわたしも委員のなかに加えられた。その頃ドイツでは、さらに1925年の刑法草案が発表せられ、その翌年またチェコスロヴァキヤの1926年の刑法草案が発表されたので、われわれはそれらの立法例（もちろん1918年のスイス草案も）を参酌して、刑法予備草案を脱稿した。

　同年6月刑法並監獄法改正調査委員会が設置されて、刑法改正の綱領を基盤とし、

予備草案の条項にしたがって審議がすすめられた。その結果が、刑法並監獄法改正調査委員会決議として昭和15年（1940年）に発表された。いわゆる改正仮案がそれである。

この改正仮案が現行法に比し特に新しいものであるとされたのは、つぎの3ヵ条であった。（129頁）
　……

すなわち、改正仮案は執行猶予の言い渡しを宣告刑3年を最上限として、従来酌量減刑（原文ママ）してもなお執行猶予の圏外におかれていた強盗、放火等についても、この恩典に浴せしめることとし、さらに500円以下の罰金、拘留、科料についても執行猶予制度をとりいれ、ことに懲役または禁錮の執行猶予者を保護観察に付して猶予期間中の善行保持の義務づけをなした。また、その猶予中に人の資格制限に関する法令の適用を排除したことは、世界のすべての国の執行猶予制度中、もっとも新しいものであったともいい得た。惜しくも改正仮案は、第二次大戦の発生によって流産した。しかし、終戦とともに改正仮案の思想はうけつがれた。すなわち、昭和22年法律第214号をもって刑法第25条が改正され、宣告刑3年以下の懲役または禁錮に執行猶予が言い渡され得ることになり、罰金5000円以下にも執行猶予が認められることになった。さらに、昭和28年法律第195号によって、前に禁錮以上の形に処せられたることあるも其の執行を猶予せられたる者、1年以下の懲役または禁錮の言い渡しを受け情状特に憫諒すべき者には、もう一度執行猶予のできる途を開き（第25条の2）、加えて保護観察制度をとりいれ、執行猶予と宣告猶予とを一そう近似せしめた。

執行猶予制度は、もはや刑罰論の問題ではない。技術の問題である。現在はその段階にきており、立法の問題としてもその点に慎重なる考慮を払わねばならなくなったのである。（130頁）

第2節　執行猶予の理論と実際

前節において詳細にのべたごとき経過をたどって、わが国の刑法改正事業はいよいよ最終段階にはいってきた。昭和31年10月に、法務省刑事局内に刑法改正準備会が設けられた。会長に、法務省刑事局長井本台吉氏ついで竹内寿平氏が就任され、小野清一郎博士が議長となり、改正仮案を基礎として、必要な修正を加えることを目標として作業に着手し、昭和35年4月25日には早くも改正刑法準備草案（未定稿）が発表された。全条375条、うち第10章第78条ないし第83条が執行猶予に充てられた。

準備草案を改正仮案に比較して見ると、左のごとき相違が見られる。
1　執行猶予の条件として前に禁錮以上の刑に処せられたことのないことを必要とした（この点現行法と同趣旨）。
2　罰金の執行猶予期間を、懲役、禁錮の期間と同じとした（この点現行法と同じ）。
3　執行猶予中の人の資格制限に関する法令の適用排除を裁判官の裁量に委ねた（第80条）。

4　現行法と同じく1年以下の懲役または禁錮の言渡をうけたものに対し、情状憫諒に値するものに再び執行猶予を言い渡すことの出来る規定をおいた。
　　5　拘留または科料の執行猶予をとりやめた。

　準備草案は右の1ないし3の点において、改正仮案よりも遙かに後退したと認めることができる。
　そもそも、執行猶予の制度がとりいれられた最初の動機は、しばしば述べたように、短期自由刑の弊害を避けるためのものであった。その程度においては、初犯者に限定されることの妥当性があった。……（131頁）
　わたしたちが、刑法原案起草委員会において、予備草案のなかに前科を排除した規定を設けたのは、まさに1907年のイギリス法の精神をとりいれたものであって、それこそ、刑事裁判官の法廷における刑事政策の領野を拡大したつもりであったのであり、そのことが改正仮案にひきつがれたのであった。しかるに準備草案は、その刑事政策上の理想を捨てた。準備会の委員である平野竜一教授は、そのことをもってたしかに一つの後退であるといいきっている。しかし、その理由として同教授は、裁判官の刑事政策能力を疑ってつぎのようにのべている。
　「現在の状態では、再犯の予測についての研究も自由刑の効果についての研究も、極めて貧弱である。判決前調査の制度も、まだ採用されていない。そして、裁判官の自由刑に対する不信の念はかなり強く、法律の許すかぎり刑を猶予する傾向がある。したがって、今ただちに前科という消極的要件を廃すると、その運用が混乱し、制度自体に対する不信の声を生むことにもなりかねない。消極的要件を維持したのは、やむを得なかったというべきであろう。」
　わが国の今日の刑事裁判へのきびしい批判とも見ることができるが、また見方によっては、この新しい行き方が採用されるなれば、おのずから再犯の予測、判決前調査制度がとりあげられ、裁判官の再教育がいそがれてくるのではなかろうか。ことに、準備会議長である小野博士は、古くより前科条件を排斥することに賛成されているのに、その思想が準備草案に容れられなかった理由が、平野教授の説明のごときであるとすれば、準備会があまりに現在にとらわれ過ぎているとの非難をうけざるを得ないであろう。のみならず、小野博士は、執行猶予は「5年以下の懲役、禁錮」となすことが適当であろう、とさえ主張しておられる。わたしは、その主張には全面的に賛成である。かくてこそ、裁判による犯罪防止という刑事政策は弾力性をもち、裁判官がその叡知を働かせ得ることになると考えられるのに、準備草案はこの小野説をもとりあげていない。（132頁）
　小野博士の主張のごとく、執行猶予が5年以下の懲役もしくは禁錮について許されることが妥当なりや否やは、もちろん一つの問題となろう。その点は、現行法、改正仮案および準備草案のいずれもが、3年以下の懲役または禁錮が言い渡される場合に

許されるとしている。しかし、改正仮案が3年説を採用したときは、現行刑法は2年以下の懲役または禁錮の言い渡しについて執行猶予を認めていた。現行法が改正仮案にしたがって3年説をとりいれたのは、昭和22年の改正によったものである。なぜ2年が3年に引き上げられたかについては、具体的事実がいろいろと考えられたからである。例えば、2年以下の場合には、強盗、放火等の犯罪は酌量減軽がされた場合でも最短刑は2年6月となり、執行猶予を付することが不可能である。しかるに、罪名は強盗であっても準強盗のごとき場合には、被害法益も軽微であり、また情状特に憫量すべき場合があり得る。また放火のごときも、被害法益軽微にしてかつ悔悟未遂のごとく同情し得る場合もあり得る。このような主観的事情がとりいれられたのが3年に引き上げられた主たる事由であった。

　かかる主観的事情は、たとい強盗致傷（現第240条）、強盗強姦（現第241条）のごとき場合にも考えられないことはない。例えば、窃盗犯人が逮捕を免れんがために、他人に微傷をおわした場合に、彼に対する法定刑は7年以上であり、被害がなくかついかに憫量すべき事情があっても執行猶予に付する余地はない。5年説は、かかる場合にものこりなく法の涙をそそごうとするのである。3年説を採用しながら、5年説をとることに躊躇する理由は毫もあり得ない。そこに小野説の妥当性が見いだされる理由があり、わたしはこの説に賛成である。

　しかるに、刑の執行猶予が改正仮案よりもさらに後退し、また右のごとき小野説がたとい案としても生れいでなかった理由として、裁判官の不信と執行猶予の濫用とがあげられている以上、ここに刑の執行猶予に関する実情を検討する必要がおこるのである。（133頁）

……

　刑の執行猶予に保護観察をとりいれるべきであるとの主張が強くなったのは、それまでの執行猶予者は警察監視 Polizeiaufsicht におかれており、その更生に障害が多かったからである。その弊害をさけるために、改正仮案はイギリスの保護観察制度をとりいれたのであった。仮案のこの試みは、昭和28年および同29年の刑法部分改正によって採用され、刑法第25条ノ2として実行されるにいたった。そして、保護観察の運営について昭和29年4月1日法律第58号をもって執行猶予者保護観察法が生れた。

　刑の執行猶予と保護観察とは切り離すことのできない制度となってしまった。執行猶予者の不成績は、一にかかって保護観察の運営にもかかってくるようになった。この保護観察制度がとりいれられた以上、刑の執行猶予のだしおしみをしてはならなくなった（140頁）。

3　解　説

▶執行猶予制度の成立背景

　執行猶予制度は、1892（明治25）年に設置された刑法改正審査委員会（横田国臣委員長）が起草した司法省案で初めて規定され、その後、1901年や1902年に帝国議会に提出された刑法改正案にも執行猶予の規定が置かれていたが、応報や一般予防の観点から特別法を制定して研究を積むなど慎重を期すべきだとの批判も見られた。これらの刑法改正案は、議会の停止や解散で議決に至らず、結局、わが国の執行猶予制度は、1905年の「刑ノ執行猶予ニ関スル法律」（以下、特別法という）によって初めて導入されることとなった。その目的は、基本文献にも立法資料が掲載されているように、裁判を言い渡してもその執行を猶予した方が社会復帰にとって有利となる場合があるからであり、とくに短期刑の受刑者については、監獄に収容しても改過遷善の成果を充分に上げることができないとされたからであった。

　そればかりでなく、正木が基本文献のなかで指摘しているように、わが国の執行猶予制度が諸外国からの影響の下に作られたことは紛れもない事実である。イギリスやアメリカにおける宣告猶予制度の刺激もあり、ベルギーでは1888年、フランスでも1891年に執行猶予に関する法律が制定されている。1895年にはパリで開催された国際監獄会議において刑の執行猶予に関する決議が行われたが、この会議には日本から小河滋次郎が代表として出席し、帰国後、執行猶予についても報告を行っている。諸外国における執行猶予や宣告猶予の情報は、こうした会議の報告や文献を通じて早くから日本にもたらされ、後の立法に大きな影響を与えたことは想像に難くない。

▶執行猶予と刑罰理念

　執行猶予制度は、短期自由刑の弊害を回避するという消極的意義のみならず、猶予刑の執行という威嚇力をもって犯罪者の自律的な更生を促し、さらに保護観察を行うことによって犯罪者の改善更生を図るという積極的な意義を有するものであり、正木を含め教育刑の立場から強く支持されている。

　これに対し、裁判所が言い渡した刑を宥恕するという点で、刑罰の本質を犯

罪という悪行に対する反動と捉える応報刑論の立場とは相容れない制度であるとして、19世紀末から20世紀にかけて、ドイツでは執行猶予に対して強い批判が展開された。なかでも、ビンディング、ワッハ、ビルクマイヤーなど後期古典学派（旧派）の刑法学者は、執行猶予は「応報的正義に反すること、刑罰の威嚇の一般予防作用を弱めること、被害者の贖罪要求が考慮されない」として、強くこれに反対した。

しかし、ビンディングは条件付特赦制度に賛成し、ワッハもアメリカ型の宣告猶予やプロベーションには理解を示すなど必ずしも首尾一貫していなかったともされるし、反対に、新派のなかでも最も急進的なイタリア学派のフェリーやガロファロは必ずしも執行猶予に積極的でなく、少なくともこれを採用する場合には犯罪被害者の同意や賠償を条件とすべきことを説いている。

小野も、本来、後期旧派の刑法学者であるが、「執行猶豫乃至宣告猶豫の問題は法律に於ける一般的正義と具體的正義との対立を示す一の場合である。或ひは之を正義と公平との問題である……刑罰の合理性と其の合目的性とは—之を其の道義的應報に求むると、一般豫防に求むると、將また特別豫防に求むるとに拘らず—之を以て絶對的なるものと為すことは出来ぬ。たとへ如何に正當なる目的行動であっても、特殊の場合に於て、特殊の事情に因り、之を廢することが却って正義であり、合目的である場合には、之を廢すべきある。」(小野・前掲書50-51頁)としたうえで、「刑の宣告を猶豫し又は其の執行を猶豫することは、即ち其の者の善良なる行狀を條件として刑罰を赦免するものである點に於て、亦一種の應報的觀念に基くものとも考へ得るのである。」(小野・前掲書52頁)と主張する。

正木は、こうした旧派の小野の主張や「悪行を処罰することだけが応報なのではなく、善行を褒賞することも亦応報なのだ」という応報刑論者であるエトカーの論を小野文献から引用しつつ、「新旧両派の刑事思想が理念を超えて犯罪防止という使命を考えねばならぬ刑事政策上の意義を高く評価したものである」(120頁)と評している。

▶執行猶予の要件と効果

1905（明治38）年の特別法を経て、1907（明治40）年の刑法により執行猶予制度が導入されたが、特別法が執行猶予の対象を1年以下の（重・軽）禁錮刑者

に限定していたのに対し、刑法はこれを2年以下の懲役と禁錮に拡大し、猶予期間の下限を2年から1年に引き下げ、前科要件のうち準初入者の要件を禁錮以上の刑の執行を終わった日またはその執行の免除を得た日からの期間を10年から7年に短縮するなど、その対象を拡大した。さらに、特別法が、刑の言渡し後、事後的に執行猶予の裁判を行うことを認めていたのに対し、刑法（明治41年刑法施行法）では刑の言渡しと同時に判決を以て言い渡すこととなり、執行猶予の事後適用が廃止された。執行猶予の取消も、前科要件の改正に符節を合わせる形で発覚前科を猶予の言渡し前7年以内に改められた。

　ただし、特別法も刑法も、執行猶予を取り消されないまま猶予期間を経過した場合、自動的に刑の言渡しの効力を失わせる条件付有罪判決主義を一貫して採用しており、ドイツのように期間満了後、裁判所が刑の執行を免除する条件付特赦主義ではない。正木は、ドイツがつねに刑罰応報の合理性を維持し続けるのに対し、わが国では、刑罰の目的性という刑事政策上の要請が刑事学界に受け入れられた結果であるとしている。

　しかし、ドイツやオーストラリアなどヨーロッパにおける刑法改正に刺激される形で、日本でも大正に入ると再び刑法改正に関する議論が始まり、その中において執行猶予制度の改革に関する検討が行われるようになる。昭和に入ると、正木も起草に加わった刑法改正予備草案に続いて改正刑法仮案が公表され、この草案こそ結局実現しなかったものの、執行猶予制度自体は、戦後行われた一連の刑法の一部改正により、執行猶予の対象を3年以下の懲役若しくは禁錮又は5000円（罰金等臨時措置法により5万円）以下の罰金に拡大する、前科要件のうち準初入者の要件を7年から5年に短縮する、執行猶予中の者に対し初度目より厳しい要件の下に再度の執行猶予を認める、再度の執行猶予には必要的に保護観察を付し、初度目の執行猶予にも裁量的に保護観察を付すことができるようにするなどの制度改正が行われている。

　その後も、刑法全面改正の作業は続けられ、1960（昭和35）年には、小野を議長とする刑法改正準備会が起草した改正刑法準備草案（未定稿）が公表されている。基本文献は、この時点の草案における執行猶予制度に対して評価を加えたものである。そこで問題とされているのは、執行猶予の要件と適用範囲である。

まず、要件については、仮案が前科要件を廃しているのに対し、準備草案は前科による執行猶予の制限を残している。その理由は、判決前調査制度もなく情状調査が十分に行われ難い実務において裁判所が執行猶予の実質的要件を判断することはきわめて困難であるとの意見が実務家から出されたためである。すなわち、前科の有無という形式的要件を課すことによって、裁判所の裁量幅を縮小するとともに、裁判所を難しい実質的判断から開放するためのものであった。

　これに対し、正木は、かつてイギリスの宣告猶予では初犯者に対する短期自由刑の弊害を避けるために前科要件が設定されたが、そのイギリスでも、より積極的な社会内処遇に意義を認め、前科要件を廃した立法が行われており、仮案の元になった予備草案は正にその精神を取り入れたものであるとして、準備草案は仮案からの大幅な後退であると批判している。また、再犯予測研究も判決前調査制度もないなか、前科要件を廃止すると、裁判官は自由刑に対する不信感が強いことから執行猶予が多用され、混乱するという平野龍一（準備草案の起草委員の一人）の見解に対しても、むしろ前科要件が廃止されれば、再犯予測や判決前調査制度が行われ、裁判官の再教育も進むのではないかと反論している。

　なお、前科要件そのものに反対している正木には論外の改正点であるが、現行法は執行猶予の裁判時を基準に前科の有無を判断するのに対し、準備草案は本件犯行時とし、また前刑の執行終了等から5年を経過しているかどうかの基準も、現行の執行猶予の裁判時ではなく、執行猶予を付すかどうかが問題となっている罪の犯行時に改められている。

　要件を巡るもうひとつの問題が、宣告刑たる懲役・禁錮の上限である。仮案、準備草案いずれも現行法と同じ3年以下の場合に限定しているが、正木は5年説を主張している。その理由として正木は、強盗致傷（当時、無期又は7年以上の懲役）や強盗強姦において情状にとくに憫量に値する場合に執行猶予を可能にする必要があることを掲げている。強盗致傷については、2004年の刑法改正により強盗致傷罪そのものの法定刑を7年以上から6年以上に引き下げることで酌量減軽の場合に執行猶予が可能となったが、執行猶予の要件を緩和することで執行猶予の適用範囲を拡大することが企図されていたのである。

ちなみに、準備草案を起草した準備会の議長であった小野は、後期旧派の立場から執行猶予制度を支持するものであるが、それでも5年説を主張していることは興味深い。つまり、応報刑の立場からも執行猶予が3年以下の懲役・禁錮にしか認められないわけではないということであり、正木も「3年説を採用しながら、5年説をとることに躊躇する理由は毫もあり得ない。そこに小野説の妥当性が見いだされる」としている。
　以上のような執行猶予を巡る刑罰論や制度論は、今日、ほとんど行われていないが、現行の執行猶予制度も絶対的なものでなく、改革の余地があるものであり、そうした意味で、基本文献において展開されるような要件論や制度論は今でも十分に意義があるものである。

▶罰金・科料・拘留の執行猶予

　執行猶予の刑種に対する適用範囲については、仮案が拘留、科料についても執行猶予を認めていたのに対し、準備草案はこれを排除している。罰金の執行猶予でも、仮案では前科要件を廃し、猶予期間も懲役や禁錮に対する執行猶予よりも短い6月以上2年以下の範囲で設定できるとしているが、準備草案では懲役・禁錮同様としている。正木はいずれも仮案の内容を妥当とするが、とくに罰金の執行猶予は経済的ゆとりのない者の更生にとって意味があるのであり、準備草案のみならず当時の刑事司法関係者が「庶民と刑罰」という観点に無関心過ぎると強く批判するのである。

▶その後の議論の展開と宣告猶予

　改正刑法準備草案公表の後、1963年から法制審議会における刑法改正の検討が始まり、1974年に改正刑法草案が答申されている。準備草案からの大きな変更点として、訴訟遅延や民事責任との関係から保護観察と並ぶ付随処分であった損害賠償命令を削除した点と、充実した保護観察とするため保護観察期間の上限を原則3年とした点が挙げられる。現行法と異なり、初度・再度の執行猶予の何れにおいても保護観察は裁量的とされている点はそれまでの草案と同様である。
　なお、一連の刑法改正作業においては、執行猶予と並んで、宣告猶予制度の導入を巡る議論も展開され、予備草案から準備草案に至る草案では宣告猶予の規定が設けられていた。法制審議会でも、有罪の認定と刑の量定を行った上で

判決の宣告を猶予する判決の宣告猶予や、有罪の宣告のみ行い、刑の宣告は猶予し、宣告猶予を取り消すときに刑の量定を行って宣告する刑の宣告猶予の制度が検討され、法制審議会の特別部会では判決の宣告猶予が採用されることとなったが、総会において宣告猶予の制度は設けないこととされた。その理由は、起訴猶予や執行猶予を活用すれば宣告猶予の目的は達せられること、起訴猶予相当の被告事案に対する救済は、本来、公訴棄却等の形式裁判によって行うべきものであることなどが挙げられた。

4　関連文献

▶小野清一郎「刑の執行猶豫と有罪判決の宣告猶豫」『刑の執行猶豫と有罪判決の宣告猶豫及び其の他』（有斐閣、1931年）所収

「1　基本文献の意義と位置づけ」にて紹介。

▶井手昭正ほか『執行猶予に付された者の成行に関する研究』法務総合研究所研究部紀要（法務省、1969年）

昭和39年に全国の地方または簡易裁判所で刑の執行猶予を言い渡された者の再犯率、再犯期間、再犯の内容を、犯罪者の人口統計学的要因や前科・前歴、処分内容別に分析を行ったものである。わが国では再犯調査そのものがきわめて限られており、その中にあって本文献は、現在と犯罪情勢（とくに覚せい剤）や執行猶予の状況が異なるものの、執行猶予者の再犯状況を調査したものとして重要である。なお、執行猶予者の再犯に関する近年の調査としては、法務総合研究所による電算犯歴を用いた一連の再犯調査の一環として行われた以下のものがある。染田惠ほか『法務総合研究所研究部報告42──再犯防止に関する総合的研究』（法務総合研究所、2009年）109-120頁、法務省法務総合研究所『平成21年版犯罪白書──再犯防止施策の充実』（2009年）233-255頁。

16 矯正処遇の基本理念

●基本文献
石原明
「受刑者の法的地位考察の方法論
——将来の行刑のために」
刑法雑誌21巻1号（1976年）1-20頁

安部 哲夫

0　原著者紹介

　1933年生まれ。立命館大学法学部、京都大学大学院法学研究科（博士課程）を経て神戸学院大学法学部助教授に就任（1968年）。同大学法学部教授に昇任後（1975年）、2005年まで同大学にて教育研究に従事し、同年名誉教授となる。初期の研究は、わが国の監獄法改正の気運が高まっていた時期でもあり、刑事政策の領域、とくに受刑者の法的地位に関する研究が注目されるが、80年代後半以降は、尊厳死や臓器移植に関するテーマ、生命倫理に関する研究に専心し、医事法学のパイオニアとして知られている。

1　基本文献の意義と位置づけ

　基本文献は、第48回日本刑法学会（1974年9月9日）における共同研究「行刑法改正の問題点——とく受刑者の処遇をめぐって」において行われた石原明の報告に若干の修正が加えられたものである。70年代当時、行刑の「法律化」をスローガンに1908（明治41）年以来の監獄法を改正し、受刑者処遇に関する新たな国際的潮流に呼応するとともに、受刑者の権利や法的地位について検討しようとする動きが高まっていた。1976年に、監獄法改正に関する法務大臣諮問が法制審議会に示されると、1980年には「監獄法改正の骨子となる要綱」が答申され、1982年、「刑事施設法案」が国会に上程されるに至っている（この時期の監獄法改正は、受刑者の人間としての尊厳やその主体性の尊重を法的に保障する視点

がなおも明確ではなく、結局不首尾に終わった）。

　外国に目を向けると、わが国の刑事法制が長年にわたって参考にしてきたドイツにおいても、1960年代に刑法の大改正が大詰めを迎える中（1962年政府草案、66年対案グループ案、1969年第1次改正法の成立、1975年に新刑法総規定が施行される）、次いで行刑法の改正が、受刑者の再社会化を目的として新たに整備される時代にあった（1976年新行刑法の成立）。他方、アメリカでは、60年代の処遇に期待を寄せた積極行刑の効果に対する疑念や受刑者への過剰な介入が受刑者に不利益をもたらすことへの認識から、70年代には処遇よりも受刑者の権利の視点がより強調されるようになる時代でもあった。

　こうした社会復帰行刑の構築（ドイツ）と、受刑者の法的地位の確立（アメリカ）という、一見、異なった矯正処遇の理念をどのように調整すべきかが、わが国の監獄法改正に突き付けられた課題であったといってよい。基本文献は、このような状況を背景に、社会復帰処遇と受刑者の権利擁護を考える方法、つまり矯正処遇の基本的視座を形成する考え方を提示するものとなっている。

2　基本文献（原典）

　本稿はいわば、受刑者の法的地位の問題を個々具体的な場面において探索し何らかの解答を導き出す前提となる、一つの方法論的試論である。……本稿で方法論を展開するに当って、基本的に意図したことは、積極的教育改善主義の行刑と、受刑者の人権保障を最小限の要請として処遇干渉を手控えようとする消極主義の行刑との調和をはかり、これを止揚するということである。即ち一方では、現代自由刑の行刑理念が、応報から改善教育へと移っていることを前提的に承認しながら、現在のような行刑組織のもとで改善教育を強調することは、受刑者に対する干渉を強め義務を増大し、受刑者を処遇の客体として扱う要因をもっているのではないか、刑罰を科した上での教育、改善の強調には矛盾があり、結局は個人の主体性の抑圧につながる弊害を持つのではないか、との疑念が生じる。ここから、受刑者の主体的自由の拡大と人権の保障が強調され、国家の権力作用である行刑の自己抑制、抑止行刑が人権保障型の行刑として主張されるのであるが、他方これがあまりに強調されて刑事施設の行う処遇を否定するならば、それは行刑のニヒリズムに陥る危険性をもつであろう。これからの行刑を考え、また行刑法の改正を論じるに当っては、このどちらにも偏するものであってはならず、まさしく両者を調和し止揚する道が探索されなければならない。(1-2頁)

自由刑によって剥奪される自由とは何か

　……自由刑において剥奪される自由とは何か、いかなる自由が刑罰の名のもとに国家によって剥奪され、いかなる程度の自由がいまだ受刑者の手もとに残されているのかの根本問題を解明する必要にせまられる。自由刑の内容については、刑法でただ、懲役・禁錮・拘留の区別、拘禁期間と定役の有無を規定するだけで、それ以外には特に規定がない。

　したがって、その内容を探索するには、確かに多くの困難を伴うのであるが、……次の三つの手がかりを考えることが有用であろうと思われる。第一は理論面からのアプローチであり、第二は歴史面からのアプローチであり、第三は政策面からのアプローチである。

　第一は、つまり自由刑の純化ということであって、これは既に、今世紀のはじめに、ドイツではフロイデンタールが、自由刑の内容は行動の自由の剥奪と作業の強制であるから、その他の財産刑的要素や名誉刑的要素を混入させるべきでなく、刑罰はできる限り純粋なものでなければならないと論じ、わが国では正木博士が、自由刑は、その執行によって受刑者の生命・身体・財産・名誉またはその家族を侵害するものであってはならないことを論じて以来、多くの論者の説くところとなっている。ここから、例えば健康に有害な執行方法や著しい屈辱的待遇は、自由刑から排除されなければならない。それで例えば、受刑者の死亡率や罹患率が一般人のそれと比べて高くなったり、人間としての尊厳を傷つけるような受刑者の取扱いがなされたりするならば、それは自由刑の内容を超えるものとなり、それは罪刑法定主義の原理にも反することになる。つまり、自由刑の純化ということは、罪刑法定主義の理論的帰結と見てもよいのである。……

　……現代の自由刑の内容を把握するためには、第二の歴史面からのアプローチが必要となる。つまり自由刑の発祥以来、発展や堕落をくり返してたどりついた現代の自由刑の内容はいかなるものであるか、またその歴史の進展において生み出された現代の精神文化が、いかなる内容の自由刑を要求しているのかを、探索することである。そのためには、膨大な刑罰近代化の歴史をひもとかなければならないが、大局的にはそれは、時代精神の流れにおいて把握し得るものと思われる。それは、啓蒙期以来の市民的自由獲得の歴史、刑罰の人道化と科学化、国家権力の自己統制などの契機を経て現代に至るのであり、結局のところその時代精神は、具体的にはその時代その国家の憲法その他の基本法において表明されていると考えてよいであろう。西ドイツ基本法における社会的法治国家の精神や、わが国の憲法における奴隷的拘束ならびに残虐な刑罰の禁絶、さらには国際的レベルで表明された1955年の国連の「被拘禁者処遇最低基準規則」第57条の苦痛増大の禁止などは、現代の自由刑の内容をいかなるものとして把握しようとしているかを探索する大きな手がかりとなるであろう。そしてこれらもろもろの基本法から汲み取れるその時代の精神文化は、自由刑の内容のみならず

自由刑の目的をも設定するものと考えられる。即ち自由刑は、行われた犯罪に対する応報であるよりも、受刑者が共同社会へ復帰して、再び罪を犯すことのない生活を送ることを第一の目的としていると言ってよいであろう。……第三の手がかりとして、政策面からのアプローチをつけ加えるべきだと考える。けだし、目的が設定されたならば、目的実現のための最もよい手段を実行するのが良い政策であり、政策がまた、自由刑の内容を大きく規定するからである。

　自由刑の主要目的がこのように受刑者の再社会化と再犯防止であるならば、そのための政策としては、自由刑においてもできるだけ強制を排除して、自主的に自己責任を涵養する内容をもたなければならず、そこから、かの「自由に適応せしめるためには、自由をもってしなければならない」という、グラッドストーンの言葉が十分の重みをもって我々の耳に響いてくるのである。……

　以上からすると、現代自由刑の内容は、一般社会生活から隔離して、ある一定の場所で、集団生活を行わせるものであるということができるであろう。そして、そこで剥奪される自由とは、社会において生活する自由、即ち受刑者自らの行為による直接的な社会的自由の享受、であるといってよい。したがってそれ以外の一般人の享受し得る自由は、受刑者においてもまた、その手もとに残されているのである。もっとも、受刑者に対して向けられる今一つの自由制限事由がある。それは、自由刑の執行を継続し、施設ならびにその集団生活を平穏に維持するための制約である。しかしこの制約事由は、本来、刑務所収容関係の維持という行政目的の範囲内でのみ肯定され得るものであって、自由刑そのものからくる制約事由ではない。したがってそれは、当然その目的を達成するために必要にして最少限度の範囲に限られるべきであって、それを超えて自由の制限が及べば、もはやそれは合理性を失なうものとなるであろう。(3-5頁)

行刑の二面性

　……受刑者の法的地位を考える場合に、これを大きく「拘禁関係」と「処遇関係」とに分けて論じたいと思う。けだし、この両者には、施設と受刑者との間に少しニューアンスを異にした関係が生じると考えるからである。……ここに拘禁関係とは、「自由刑の内容」をなす、一般社会からの隔離と一定の場所での集団生活に関連する、もろもろの事象を広く含むものとして捉えたい。それに対して処遇関係とは、「自由刑執行の内容」であって、自由を拘束している間を利用して、受刑者の再社会化をはかるための、もろもろの処置、対策を意味する。……

　先ず、拘禁関係について考察する。……人間は本来、他人の自由と牴触しない限り、共同体内において全的な自由を有する存在体として生活する。この人間の基本的な属性は、すべての人間において共通のものである。しかもこれにも、最も基礎的・直接的なものから、高次元の精神的・文化的なものまでの段階が考えられる。例えば、衣、食、住、運動、休息、衛生などは、基礎的・直接的なものである。これがなければ、

人間はその生物的存在すらを喪失する。しかし現代文化社会においては、人間はこうした生物的生活が充足されただけでは、まだ人間存在を全うしたとはいえない。さらにより高次の社会生活・精神生活がなければならない。その内容としては、通信・対話・表現を通じて社会性を保持し自己を主張すること、自分で働らいて得た金銭で、欲するものを入手し楽しみを享受すること、ものごとを知り思想を形成すること、等々がさし当って考えられよう。

　……自由刑は、人を拘禁することによって、本来人間が有していたこれらの自由の何程かを奪いまたは制限するものである。それ故、拘禁関係に属するものとしては、こうしたすべての人間に共通の、しかも全的自由をもった存在としての人間属性にかかわりをもつ生活領域に関係するものが考えられよう。これを行刑の具体面に則して考えると、次のものがあげられるであろう。第1は、拘禁生活の基礎的内容をなすものであって、衣服・食事・居室・運動・休息など。そのほか頭髪や入浴・喫煙などの衛生、給養に関するものも、広い意味でこれに含ませてよいであろう。第2は隔離生活における外部との交通であって、知る自由（テレビ、ラジオの視聴、新聞、雑誌、図書の閲読）、通信、面会など。第3は拘禁の緩和ないし一時停止としての、週末拘禁、開放施設収容、外部通勤、帰休など。第4は拘禁関係の終了を目指すものとしての、仮釈放請求権など。第5には、拘禁関係における経済生活への影響としての、賃金請求権、社会保険加入権など。

　さて、これらの個別問題につき、受刑者はいかなる自由をどの程度に制限されるかを、憲法上の保障原理と拘禁関係の設定目的との比較衡量にもとづいて合理的に検討しなければならないが、その際に、前述した自由刑の内容確定のための三つの手がかり（以下、理論面からの手がかりを①の原理、歴史面からの手がかりを②の原理、政策面からの手がかりを③の原理と略称する）が、考察の用具として役立ち得るものと思われる。例えば信教の自由、思想良心の自由などの、純粋に内心的な自由を考えるとき、①の原理からも②③の原理からもこれを制限する理由はでてこない。したがってこの種の自由は、たとえ国家の刑罰権もってしても奪うことのできない受刑者の自由であり権利であるということができる。その反面、身体の移動を伴う住居移転の自由や、一般的な職業選択の自由は、①の原理からはもちろん、②③の原理からもこれを認めなければならない理由は見出せない。つまりこれらの自由は、自由刑の内容として当然に制限されるものと解することができる。……

　次に処遇関係であるが、……自由的人間存在の基本にふれる関係ではなくて、これは、そうした基本的人間存在を前提とした上で、更にそれに何かのものをプラスする関係として捉えられるものである。そしてこの関係にあるものは、個々の一人々々について種々に異なる事情をもつものであり、それ故これはきわめて主観的かつ個別的性格をもつものと考える。これを行刑の具体面において考察するならば、さし当って次のものがあげられるであろう。第一は、分類、人格・心理テストなど。第二は、作

業ならびに職業訓練。第三は、教育、教誨。第四は、余暇時間の利用、クラブ活動、催物。第五には、カウンセリング・ファミリーカウンセリング。第六には、受刑者の環境調整、などである。……

　拘禁関係における受刑者の法的地位の基礎は、特別権力関係による自由裁量を排除した法律関係、即ち法律を媒介とする権利義務の関係として把握されるべきである。そして行刑法は、拘禁関係において国家が受刑者の権利・自由に介入できる範囲と限界を示し、受刑者が自由刑のもとにあっても、いまだ享受し得るところの権利と自由の範囲を示す任務をもつ、国家と受刑者との間の権利義務配分の法則として性格づけられるべきであり、その意味で行刑法は、受刑者のマグナ・カルタでなければならないと考える。

　それに対して、処遇関係における受刑者の法的地位の基礎は、人間を媒介とする、助言・説得──同意・納得の関係であって、刑事施設は全体としてカウンセリング的な治療共同体であるべきだと考える。またロールプレイング方式などを採用して、人間関係についての理解を深めることなども行うべきである。そしてこの関係において特に強調したいことは、受刑者は決して処遇の客体ではなくて、処遇の主体としての地位をもつということである。西ドイツの政府草案やその代案においても見られるように、受刑者は自らの更生のためになると思われる処遇計画の立案に参加して、自主的にその処遇を引受けるということが、根本的に重要であると考える。それによってこそ受刑者は、自己の責任において自ら更生して、二度と罪を犯さない生活を送るという、社会および被害者に対する社会的責任を全うすることになり、また、本人に対する説明もその納得もなしに施設が一方的に、教化改善の名のもとに一定の処遇を受刑者に押しつけるところにおいては、とうてい望みえなかった矯正の実を、あげることができるのではないかと考える。

　つまり、改善・更生をはかるのは受刑者本人であるということ、したがって受刑者本人がその改善、更生のための手段を選ぶということ、これが受刑者の処遇への参加ということの意味ではないかと考える。もちろん施設は、自ら改善・更生しようとする意欲のない受刑者に対しては、種々の説得を試み、その意欲を啓発すべきである。また、その意欲をもつ者に対しては、あらゆる可能な、有効と思われる手段を提供して、援助の手を差しのべるのがその任務であると考える。……処遇関係の基礎は、拘禁関係のそれのようにある意味では冷たい権利義務の関係ではなくて、人間を媒介とした、助言・説得──同意・納得の関係で貫かれるべきだと考える。（7-12頁）

行刑の二つのパターン

　まず一つは、19世紀後半以来、新派刑法学がその刑罰目的とし、現在では学派の争いをこえて程度の差こそあれ基本思想において承認を受けている、改善・教育刑の意義を再確認し、それを一層積極的に推し進めようとする行刑のパターンである。これ

は、刑罰にもなお改善教育効果が期待し得るとの刑罰（行刑）楽観論を基礎におき、その目的実現のために、人間行動科学の諸成果を取り入れて行刑の個別化・科学化をはかり、その他受刑者の再社会化のためのよりよき刑事政策を模索しようとするものである。これを今、仮りに、教化改善型積極行刑と名づけよう。それに対して今一つのパターンは、人間に対する行動諸科学にも限界があることを認め、またそもそも刑罰を科し自由を拘束しておいて人間の改善・教育などあり得ず、それを期待すること自体が矛盾であるとの、刑罰（行刑）悲観論を基調とする行刑観である。この立場は、行刑において積極的に受刑者の人格にまで立ち入ってそれを分類調査の対象とし、施設の行なう処遇計画に受刑者を強制的に組み入れることは、かえって受刑者を処遇の客体とし、個人領域に干渉し、服従義務の範囲を広める結果を招くものであるとの見方をとる。

　もっとも、この立場も、だからといってこれまでの伝統的な保安中心の行刑で満足するのでは決してない。もしそうであれば、それは刑罰制度の改革を意図した今日の今日の刑罰論・行刑論ではあり得ない。この第2のパターンの行刑観は、今日の個人の尊厳を高調する人道主義の現代思潮の中で、刑罰がなおその存立を維持し得るために身につけてきた数々の付属物を一切はざとって、刑罰の赤裸々な姿を見つめながら、現代の人権思想を中心とした行刑を考えていこうとするものである。即ち、刑罰を必要悪としての応報と観念し、しかも現代自由刑においては施設拘禁それ自体に応報の実現を見、それ故、施設内ではできる限り一般社会のそれに近い生活様式の実現をはかり、国家の側からの処遇の名において行われる干渉や義務づけをできるだけ排除し、自由刑の拘束中にも、人間としての受刑者の主体性と人権を尊重しようとするものである。そして教育・改善刑のいう行刑の科学化、個別化その他受刑者の再社会化を目ざした諸活動は、たとえ自由刑の執行中に行なわれるとしても、それは行刑作用としてではなく、一般福祉的な援助活動として行われるべきである、と主張するのである。これを仮りに名づければ、人権擁護型の消極行刑ということができるであろう。

　……ここに設定した行刑の二つのパターンには、それぞれいずれも真実をつく面を有しているのであるが、またそれぞれに批判の向けられる面ももっている。第1のパターンのいう、改善・教育の理念そのものは全く正当というべきであるが、やはり刑罰を科し自由を拘束しておいてなおその理念が実現できるかの原則論的な問題があることは否定できないし、現在の閉鎖施設における行刑の実情を見ても、それは悲観的にならざるを得ない。こうした閉鎖施設の中で、処遇中心の積極的な行刑を進めても、もし受刑者に対する人権の配慮が欠けるならば、受刑者を処遇の客体として扱い、積極処遇の名のもとに保安が、分類の名のもとに受刑者の差別的扱いがなされる危険がないとも断言できない。その点では、第2のパターンからの主張は、正当な視点をもっているといえよう。また、この行刑観は、教化改善を通じての犯罪防止という社会的利益と、人権尊重ならびに社会復帰による受刑者個人の福祉とは、対立する原理であって、所詮、調和することのできないものであるとの、行刑に対する厳しい視角をもち、

そこから、受刑者の人権を尊重する方向で刑罰内容の縮減を推し進めるべきことを主張するものであり、これもまた正当な見方というべきである。しかしながら、他面、処遇のもつ意義・効果を否定し、もしくは危険視して、それを行刑から全く排除しようとする立場からは、刑事政策や行刑の改革への積極的な姿勢は引き出されず、それをつきつめていけば、あるいは個人主義的自由主義的ニヒリズムに行きつくのではないか、との疑念が生じるのである。

……将来を目ざした行刑のパターンを考えるに当っては、この両者の正当な面を一層助長しつつ、その不都合な面を排除するものでなければならない。つまりこの二つのパターンを調和し、それを止揚する行刑理論の確立への努力がなされなければならないと思われる。……その調和・止揚は不可能だとの見解もある。しかし我々は、行刑楽観論者ではなくとも、少なくとも行刑悲観論者であってはならないと考える。本稿の第2章は、受刑者の人権および主体性の尊重を基調としつつ、なお積極的な行刑を進めて行くための方法論的試論であった。……施設は、……受刑者に更生の意欲を持たせるよう助言と説得を試み、また有用と思われるあらゆる手段を整える義務がある。しかしその説得にもかかわらず、どうしてもそれに応じない場合にはどうすべきか。それをも無理に施設処遇のプログラムに従うべく義務づけ、それに応じない場合には懲罰を科すべきか。ここがある意味では、受刑者を処遇の主体として扱うか処遇の客体として扱うかの分水嶺であると思われる。そのように問われた場合に我々は、施設側の要請をなるべく控えた、抑止行刑に止まるべきだと考えるのである。けだし、更生するのは受刑者本人であり、その自主的な努力なくしては処遇も意味がなく、また改善・教育といっても未成年者に対する家庭や学校での教育とは異なり、それを受けるのは成人人格をもった主体的人間であって、しかも所詮は刑罰を科する刑務所の中のこととあっては、それには自ずから限界があると思われるからである。だが、だからといって受刑者の処遇に対する協力関係が全的に否定されるのではない。受刑者はやはり施設の処遇に協力しなければならないであろう。但しそれは、前述のように、受刑者もまた施設の処遇計画の立案に主体的に参加することを、制度的に確立してのみのことである。そうして受刑者自らも参加して処遇計画をたてた以上、受刑者はそれに従うのは当然であり、それは主体的な自己拘束であって、施設の側からの一方的な義務づけではないのである。……

……将来の行刑を考える場合には、当然のことながら、現行監獄法の部分的手なおしでは、とうていなし得るものではない。近い将来における行刑法の全面改正が強く望まれる。そして受刑者の法的地位を確立してその人権尊重を基調としながらも積極的な再社会化行刑を行うためには、何よりも行刑組織そのものを根本的に改めなければならないであろう。もっともその場合にも、常に施設内処遇の限界を意識しておかなければならない。したがってより根本的には、閉鎖施設における処遇を出来るだけ回避して、社会内処遇へと向かうことである。（15-19頁）

3　解　　説

▶監獄法改正の論題としての矯正処遇の基本理念

　この論文が発表された時代（1970年代）は、わが国における行刑の理念的基盤を巡って大いに論議された時代であり、監獄法の抜本的改正を意図した新時代を予感させるものであった。フロンデンタールの「自由刑の純化論」（1910年）が改めて注目され、自由刑という刑罰は、受刑者のいかなる権利を制約しまたその限界はどこにあるのか、といった論題は、矯正処遇の在り方を論ずるうえで避けることのできないものとなっていた。刑事法学の論壇にあっても、日本刑法学会が監獄法改正問題を分科会として取り上げただけでなく、主要な雑誌に特集が繰り返し組まれたものである（ジュリスト497号〔1972年〕、同712号〔1980年〕、法律時報48巻7号〔1976年〕、同50巻11号〔1978年〕など）。これらの特集で、決まって取り扱われた論題が、矯正処遇の対象となる受刑者の法的地位の問題である。

　すなわち、受刑者は刑罰に服する立場であるが、拘禁される身であることに付随して改善更生・社会復帰への処遇を受ける（受けさせられる）義務があるのかどうか、という問題に関連する。この問題は、本来、個人としての生存活動や社会活動が全面的に保障されるべき人間が、受刑者になることでなぜ制限されるのか、またどこまで制限されるのか、という問題にも関連する。さらに、実際に行われている刑務作業や改善処遇といった矯正処遇を法的にどのように位置づければよいのかという問題でもある。基本文献は、この問題について、従来の処遇観を、受刑者を矯正処遇の客体として扱ったうえで社会復帰を目指す行刑積極主義として把握し、これに対抗する処遇観、すなわち自由の制限された空間における社会復帰目的には実効性がなく、それは受刑者という人間への不当な介入であるとする行刑消極主義を対置させるところから出発する。行刑を過去の行為に対する制裁の行使としてのみ意義づけるのか、それとも将来の罪をくり返さないための教育として意義づけるのかという19世紀以来の根本的課題がそこにある。監獄法の改正作業にあたって、基本文献は対立する処遇観の止揚ないしは調整が重要であるとの視点から、問題解決への方法論を展開したものであり、矯正処遇の新たな基本理念の構築を指向するものである。

▶模索する矯正処遇論

　石原は、自由刑の在り方を、①理論面、②歴史面、③政策面から検討する。理論面からの帰結として、自由刑を拘禁することに純化することで、健康に有害な執行方法や屈辱的待遇は自由刑から排除され、受刑者となったことで死亡率や罹患率が高まることがあってはならないことになる。また人間としての尊厳を傷つけるような扱いも自由刑の内容を超えるものとなる。また歴史面から見ても、人道主義と科学主義の展開により、刑罰はより合理的かつ緩和的なものになってきており、国家の権力行使も制限されてきた側面がある。そのことから自由刑の目的は、犯罪に対する応報ではなく、受刑者が社会生活へと復帰していくための教育として捉えなければならないものとされる。さらに政策面では、社会復帰目的を実現するための最善の策として、受刑者の主体性を重視すべきものとされる。つまり、自由刑は受刑者をいたずらに拘禁しているだけではなく、社会復帰を目指して更生の道を歩ませる内容でなければならず、さらに、受刑者自らが主体的に社会復帰への歩みを進めることができるような内容でなければならないのである。

　また石原は、行刑を「拘禁関係」と「処遇関係」に区分して考察する。拘禁される者が衣食住等の面で苦痛を感じるような環境は、排除されるべきであり、その生物的存在を危うくすることは否定されなければならない。また拘禁に伴って、社会的存在である人間の活動が制限されることになるが、それも必要最小限度のものでなければならないことが引き出される。具体的には、信教の自由はいかなる制限も認められないが、面会等の外部交通は、合理的な範囲でその制約が可能になる。「行刑法は、受刑者のマグナ・カルタでなければならない」とする石原の言説は、行刑の自由裁量を排除して法律主義を明確にすることの重要性の指摘である。これに対し処遇関係においては、受刑者のかかえる問題は個々の状況によって異なっており、社会復帰のために何が役立ち、何が効果的かはそれぞれ違いがある。ここでは画一的な処遇ではなく個別的処遇の意義が強調されるのであるが、重要なのは、受刑者が処遇の主体であるとしてその地位を確保することである。受刑者は自らの更生のためになると判断する処遇計画の立案に参加して、主体的にその処遇を引受けることで、矯正処遇の目的も効果的に実現するものである。

以上のことから、石原は行刑の2つの理念類型を検討している。ひとつは、「教化改善型積極行刑」であり、他方は「人権擁護型消極行刑」である。前者は、人間諸科学の成果を取り込んで行刑の個別化と科学化を進め、より効果的な再社会化と社会復帰を目指す行刑理念である。多くの国々と同様わが国にあっても、この路線での矯正処遇が推進されている。これに対する後者の行刑理念は、処遇の効果に対する悲観的な視点と受刑者個人の人権尊重の立場から、積極的に処遇対象としていくことに批判的な立場であって、拘禁目的に限定する行刑理念である。ただし後者の行刑理念であっても福祉的な支援活動としての復帰プログラムの提供は、むしろのぞましいとされている。この両者の対立は、受刑者を矯正処遇の客体と捉えるか主体と捉えるかという問題に集約される。石原は、人権擁護型消極行刑の主張するように、自由を拘束されたうえでの改善教育の限界を認識しつつ、行刑施設の閉鎖的な環境に中で悲観的な視点をもつことも了解している。そのうえで、積極的処遇をすすめても、「受刑者に対する人権の配慮が欠けるならば、受刑者を処遇の客体として扱い、積極行刑の名のもとに保安が、分類の名のもとに受刑者の差別的扱いがなされる危険がないとも断言できない」とされる（17頁）。だからといって、処遇のもつ意義や効果を否定もしくは危険視するわけではない。刑事政策や行刑改革の意義を認め、ニヒリズムに陥ることを戒めている。行刑楽観主義であることを否定しつつ、行刑悲観主義からは何も生まれないと論ずるのである。こうしてたどりつくのが、受刑者の主体性を根底に据えた主体的社会復帰処遇行刑論であろう。受刑者が社会復帰に背を向けている場合には、復帰への動機づけを試み、再社会化へ向けた意欲を形成させる努力を矯正当局はしなければならない。説得と合意というプロセスを経て、受刑者自らが、社会復帰への改善処遇プログラムへと参画する道筋が確保されてはじめて、受刑者への積極的な処遇は正当化されるし、効果も期待できるというもので、これが石原の模索する処遇行刑の出発点である。無論、処遇に参加しない受刑者には、そのことを理由に不利益を与えることはできない。それは行刑の限界と考えるほかはないのである。

▶名古屋刑務所事件と新行刑法における行刑論

　監獄法改正作業は、1982年の「刑事施設法案」および1987年の「第2次刑事施設法案」（1991年に再上程）として国会上程へと展開されたが、そこには基本

文献が試みた矯正処遇の理念は反映されず、受刑者の権利に関する規定も見られなかった（結局、廃案）。その後、処遇環境にはほとんど変化はなかったが、それでも社会復帰促進センターのように、新たな行刑を目ざす動きや21世紀に向けた新たな行刑が模索される環境が少しずつ見えていた。そのような状況の中で、2002年から2003年にかけて発生した名古屋刑務所事件は法務省と国民に大きな衝撃を与えるものであった。全国的な過剰収容がもたらした行刑環境の劣悪化と受刑者と刑務官のストレスの増加があったにせよ、また暴力団関係者や処遇困難者が多く収容されていた名古屋刑務所固有の課題があったにせよ、受刑者への不適正な扱い（革手錠による拘束や高圧放水など）によって受刑者を虐待死させたことは、絶対にあってはならない人権侵害事件であった。法務省は急ぎ「行刑改革会議」を発足させ、同会議の提言書（国民に理解され、支えられる刑務所）がまとめられると（2003年12月）、早急に監獄法改正の緒に就いた。学界での議論の展開を待つ時間もないまま、2005年には監獄法の改正が「受刑者処遇法」として通過し、2006年には、未決拘禁者などを含む現行の「刑事収容施設及び被収容者処遇法」として新法が制定された。

　この行刑新法は、行刑目的を受刑者の社会復帰に据え、そのための改善処遇を整備する一方で、受刑者の人間性を尊重し、外部交通や処遇面における社会化の促進を盛り込んでいる。また、受刑者といえども一定の私物の自己管理を認め、限られた範囲で嗜好品や自弁品を認めるといった自己決定、ひいてはプライバシーにも配慮した規定も導入された。さらに懲罰手続の明確化や不服申立など受刑者の権利にも一定の配慮がなされている。何よりも、かつての閉ざされた行刑環境、すなわち行刑密行主義から、開かれた行刑環境への体質改善は、受刑者処遇の面でも「処遇環境の改善」や「行刑の社会化」を一層促進させるものとなった。具体的には、刑事施設視察委員会の活動が施設の内側を見えやすくするものとなったし、以前から各施設が展開してきた「矯正展」もより精力的に展開されて、受刑者への社会的理解を進めるものとなっている。

　しかし、本基本文献に示された矯正処遇の理念に関する本質的問題は、依然として棚上げされたまま、正面から論じられることが避けられているように思われる。行刑新法も、改善処遇を義務的なものとして受刑者に課すこととし、処遇の客体としての地位は変わっていない。主体的なかかわりは、実務的には

尊重されることが一部であっても、それは処遇効果を高めるための手段として認められるにすぎない。改善処遇プログラムが誰のためのものであるのか、という視点で考えると、受刑者個人としてではなく社会の安全要請からの処遇重視がなお一般的なものであろう。矯正処遇は、たしかに福祉化の側面を前進させている。しかしそれは高齢受刑者の増加や医療対象者の増加に伴うものであり、それも再犯防止という視点からの政策推進である。新たな行刑環境のもとにある今だからこそ、矯正処遇の理念をもう一度根源に立ちかえって、考えなければならない。

4 関連文献

▶石川正興「改善・社会復帰行刑の将来──アメリカ合衆国と日本の場合」比較法学14巻1号（1979年）89-116頁

　本論文は、改善社会復帰行刑を批判するアメリカの動向（応報理念への復帰）を紹介しつつ、わが国の行刑の方向性を示すものとして意義がある。1960年代後半以降のアメリカが、処遇効果への失望感から行刑モデルをMedical ModelからJustice Modelへと転換させていく背景が示される一方で、わが国での処遇行刑は、「犯罪を繰り返すことなく、自律心と責任感をもって社会生活を送ることのできる人間の育成」を目ざして行われるものとみる。処遇内容の「助言・説得─同意・納得」というプロセスが保障されることで、受刑者の主体性と尊厳が尊重され、その限りで処遇行刑が正当化されるとする。

▶小沢禧一「行刑をめぐる合理主義と非合理主義」刑政86巻9号（1975年）30-37頁

　行刑の役割は、威嚇と隔離という保安目的からすれば拘禁の確保が重要な使命となる。また応報目的であれば、反省を促すための苦痛に満ちた強制労働に従事させることでその目的を達成できる。社会復帰とするのであれば受刑者個人の特性に応じた個別の教育行刑に徹しなければならない。論者の実務的視点に裏づけられた行刑論として本論文は興味深い。さらに受刑者の社会へ戻ろうとする主体的な姿勢を涵養することがいかに大切かも強調される。矯正事業の主役は、社会内処遇にこそあるとして自由刑の縮小化も論じている。

17 受刑者の法的地位

●基本文献
フロイデンタール［小川太郎訳］
「囚人の国法上の地位」
亜細亜法学 8 巻 1 号（1973年）122-130頁

石塚　伸一

0　原著者紹介

　ベルトホルト・フロイデンタール（Berthold Freudenthal）は、1872年 8 月23日、ドイツのザクセン州ブレスラウに生まれ、1929年 7 月13日、フランクフルト・アム・マインで死去した。ブレスラウ大学、チュービンゲン大学およびベルリン大学で法学を学び、1895年に刑法学で学位を取得し、1905年、フランクフルト・アム・マインの社会科学・商学アカデミーに招聘され、同校の学校長を務めた。1914年、新設されたフランクフルト・アム・マイン大学の法学部教授に就任し、初代学部長に選出された。

　刑法理論では、教育刑論の立場から、少年法の分野で多くの業績を残している。実践では、ドイツの少年裁判所（1908年）と少年刑務所（1911年）の創設に貢献した。

1　基本文献の意義と位置づけ

　基本文献は、フロイデンタールの1909年11月 3 日フランクフルト・アム・マイン、社会・商業学アカデミーの学長就任講演"Die staatsrechtliche Stellung der Gefangenen, Rektoratsrede"（1910）の翻訳である。

　「刑法典（Strafgesetzbuch）」（RGBl.S.127）は、1871年 5 月15日に統一なったドイツ帝国の最初の法典として制定された。同時に「行刑法（Strafvollzugsgesetz）」の制定が強く要望されたが、連邦国家における州間の刑罰や行刑に対する考え方の違いや財政上の理由（行刑に関する財源は各州の負担とされた）から合意が得られず、統一法のないまま、各州政府の行政に委ねられていた。

この「法なき状態」を正当化するため、「人は罪を犯したことによって、囚人という身分の間、国民としてのすべての権利を失う」という無権利説が唱えられた。フロイデンタールは、このような状況を鋭く批判し、「国家と囚人との関係も法的関係である」ことを主張した。

　この講演を契機に議論は、同じ教育刑論の立場から、受刑者の法的地位の確立を過度に主張すると行刑の教育的側面が後退するというような批判が寄せられ論争となった（リスト vs. フロイデンタール論争）。法理論的には、「法なき状態」という説明にはあまりに無理があったので、「国家と囚人との間の関係は、国会と一般国民との間の一般的権力関係とは区別された特別権力関係である」とする「特別権力関係論」が支配的になった。この理論は、国家の内部に位置づけられる国家と官吏との法的関係は、国会と外部との関係である国民との関係とは異なる関係であり、国民の権利を制限する場合における法律の留保（形式的法治主義）、権利制限の具体的内容の法定（実質的法治主義）、そして司法による権利救済の担保（司法審査）という3つの要請の例外であり、法律の定めなくして、国の裁量に基づく権利の制約が可能であるとする理論である。この特別権力関係論の適用範囲は、官吏（公務員）の任用から、学校や病院のような公の営造物の管理領域に広げられ、監獄（刑務所）という営造物を管理する典獄（刑務所長）と囚人（受刑者）の関係もこれに含まれるものとされるようになっていった。

　このような法的状態は、第2次大戦後の西ドイツにも引き継がれたが、受刑者による訴訟が提起され、シューラー＝シュプリンゴルムやハインツ・ミューラー＝ディーツが特別権力関係理論を鋭く批判した。連邦憲法裁判所も、統一行刑法典のない状況の中、州法に基づいて行刑が起立されている状況は、一定の期間は甘受できるものとしても、もはや容認できない状態にあるとして、期限付き違憲の判断を示した。

　議会はこれに応え、刑法改正作業が一応完了した1976年に『統一行刑法典』を制定し、翌1977年1月1日から施行されることとなった。

2　基本文献（原典）

(1)「元来、国法と刑法は、ひとつの領域であった。その本質にしたがえば、刑法は、依然として、国家の利益に関する法の一部分である。しかし、わたしたちが、大逆罪、謀殺罪、銀行強盗などの犯人の刑法上の責任を追求するとき、第一義的には、国家以外の何らかのものに奉仕しているといえると思われる。したがって、かつて刑法は国法の一部分でしかなかったが、時の流れに応じて、次第に多くの特殊領域は加わっていき、国法のより大きな境界から抜け出して、現在は、独自の学問を形成するに至っている」。……「しかし、刑法に関連するさまざまな問題を取り扱おうとするとき、わたしたちは即座に、刑法の問題とされているものが、同時に国法の問題であることに気付く」。「わたしの講演のテーマは、受刑者の国法上の地位である」。(123頁上段)

(2)「すでに見てきたように、拘禁（Gefangenschaft）は、国家による受刑者に対する人格的自由の制約を正当化する内容の法的関係である。これは、自由の制約以外の何ものでもない！　まさに、受刑者に対する！　将来の法（行刑法）のなすべき課題は、以下の2点において拘禁刑の法的性質を明確に際立たせることにある。すなわち、現行法よりも純粋に、将来の行刑法においては、到達可能性の枠組みを示すことで、自由刑によって制限されるべき自由の限界はどこなのか、そして、自由刑は有罪判決の言渡しを受けた本人にだけを対象とすべきことを表現するものでなければならない。以下にその本質を示し、このことのすべてが数千の受刑者の生存条件を脅かしていることを明らかにする」。(128頁上段〜下段)

「1．自由刑は、その執行によって、身体または生命に対する刑罰に転化することは許されない。第15回ドイツ刑務所施設長会同の専門家委員ゲバウアー（Gebauer）視察官は、法的根拠に基づくというよりはむしろ感情的な表現ではあったが、その結論においては正当にも、この関係をつぎのように述べている。すなわち、「健康の日常的侵害は、もとより刑罰的害悪の一部もなく、まつまた、環境によって必然的に健康被害が生ずることがあってはならない」という明文上の確認を基本原則に盛り込まなければならない。自由刑が健康に対する刑罰でないというのと同様に、自由刑はまた、財産に対する刑罰でもない。もちろん、それは、実務上、実現可能な限りにおいてである」。(128頁下段)……

「2．刑罰は、原則として、有罪判決の言渡しを受けた本人以外を対象としてはならない。責任のない第三者、すなわち、受刑者の家族、犯罪被害者とその家族に対して、いくらかでも回避することのできる有害な影響があるのだとしたら、将来の法（行刑法）は、それを回避すべく努めなければならない。エトカー（Oetker）は、この点に関して、国家の一定の責任（Haftung）を提案している。すなわち、彼の言うように、

国家が犯罪を防止することができなかった場合、国家は、犯罪から生じた被害を、犯罪者自身に代わって、被害者に補償しなければならない。もちろん、犯罪者自身が、第一次的な責任を負うとしても、彼が賠償できない範囲についてである」(129頁上段)

(3)　有罪犯人は、かの古き時代には、「刑罰目的を達成するために、その人格と財産を国家権力の意のままに委ねる」ものとされていた（クローネ（Krohne）『監獄学教科書』1889年、2頁）。わたしたちが、国法を遵守する解決策を得るためには、このような見解から、完全に解放されなければならない。すなわち、国家と受刑者との法的関係においては、上記のような見解を維持することは許されないのであり、そのようなことは、有効な法律のどこにも書かれていない。ただひたすら、裁判官の言渡した自由刑に含まれるところのものを、できる限り純粋にそれだけを有罪犯に対して執行すればよい。これこそが、刑法がその母なる大地である国法から離れてもなおもち続けている舫い綱（Richtnur）なのである」。(130頁上段)

(4)　「そのように受刑者自身に対する人道的な処遇、さらにはその家族へのそのような配慮は、国家と社会にとって有害なのではないか」との批判に対しては、「恐れるに足らない」としてつぎのように反論する。「なぜなら、刑法と行刑における偉大なる発展のすべては、その人道化の方向にむかって歩みを進めてきたからである。非難は、的外れである。あらゆる感情の要素——いかにして、より大きな厳しさを追い求めるような人道性——をできる限り、排除することがここでの課題だった。つまり、現行の関連法規を首尾一貫して適用することによって、一連の固定すべき地点を見つけ出し、固い岩盤のような規範に行刑（という船）を錨着させることが、わたしたちの課題であったはずである」。(130頁上段)

(5)　社会の保護に欠けるとの批判に対しては、つぎのように反論する。「シェークスピア（Shakespear）に「殺人者を許すとき、人は殺人を犯す」という言葉がある。しかし、この非難もわたしたちには当てはまらない。なぜなら、わたしたちは、ただ冷静に法律と判決を執行し、社会の保護を配慮しているのである。ひとたび、法律と判決が犯罪者に科したもの（刑罰内容）を行刑が変更すべきではなく、厳格に執行すべきである。行刑は、たとえ、法律と判決の判断が社会になんらかの害をなすのではないかと感じたとしても、それを修正する権限をもった審級ではない。このような非難は、行刑にとって、いわれなき批判である。刑法第2条「犯罪なければ、刑罰なし」は、犯罪者のマグナ・カルタであるといわれてきた。法律と判決は、行刑においてもマグナ・カルタである。この基本原則に基づけば、受刑者の国法上の地位の問題は解決されるのである」。(130頁下段)

＊基本文献は、縦書きで、古い言い回しが多く、現代の読者には理解しづらいと思われるので、基本文献の翻訳を参照しつつ、筆者が原文から訳出した。なお、（　）内の頁数は基本文献の頁数を意味する。

3 解　説

▶用語の定義

　基本的な用語を整理しておこう。犯罪をおかして自由刑の宣告を受け刑事施設に収容されている人を囚人あるいは受刑者という。囚人（独 der Gefangene；英語 prisoner）であり、監獄（独 Gefaengenis；英 prison）に対応する言葉として用いられてきた。日本では明治時代に自由刑を執行する場所を監獄とよび、監獄に囚われている罪人を囚人とよぶようになった。昭和にはいると監獄という名称が古くさい、非人道的な響きをもつということで刑務所という機能的な用語に読み替えられるようになった。これにあわせて、受刑者という用語がもちいられるようになった。

　ドイツでは、第 2 次世界大戦後、自由刑執行の場所を司法執行施設（独 Justizvollzugsanstalt；英 facility／institution）とよばれるようになり、リベラルな立場の研究者・実務家は、倫理的に無職な被収容者（独 Insassen；英 inmate）を用いる。監獄の長は典獄、刑務所の長は刑務所長、刑事施設の長は施設長とよばれる。医療施設や矯正センターではセンター長ということもある。

　帝国刑法典の自由刑には、重懲役（Zuchthaus）と軽懲役（Gefaengnis）があった。日本でいえば、それぞれ懲役刑と禁錮刑に相当する。訳者が、敢えて「囚人」という言葉を用いたのは、フロイデンタールの講演当時の時代背景を配慮してのことであろう。

　本稿では「受刑者」という表現を用いる。

▶基本文献の構成と影響

　基本文献は、学長就任の挨拶にはじまり、「受刑者の国法上の地位」について考察する意義、このテーマとの関連における国法学と関連法令の現状、国法学において自由権の制約原理について検討したのち、将来の統一行刑法典に対する期待を述べ、行刑法は、受刑者のマグナ・カルタたるべきことを確認して、講演を結んでいる。以下、講演の梗概を示すことにする。

(1)国法学における「受刑者の法的地位」

　自由刑を受けた国民の一部の特殊な憲法上の地位については、論ぜられるこ

とは稀である。1907年現在、ドイツには25万8000人の受刑者がいた。受刑者の法的地位は、自由刑を基盤とする現行法の下では刑罰関連組織の基礎をなすものであるから、もしこれが明らかになれば、保護教育などの領域にも適用可能である。

　裁判所は、判決を「被告人を5年の重懲役刑に処す」というように刑種を以て言渡すのみである。判決だけでは、自由刑の内容が明らかでないので、刑法の条文の解釈に委ねられることになる。注意すべきは、拘禁の内容を決定するのは、法源であって、判決ではないということである。判決が被告人を自由刑に処すと宣告したとき、刑務所側は、法律上、「何を行なう権限があるのか」「何を制限できるのか」は解釈に委ねられている。法令に違反するような刑務所側の行為は、責任ある地位にある者の法的責任、詳しく言えば、民事上、刑事上および行政法上（懲戒上）管理法の責任を問うことにつながる。

(2)行刑を規律する法令

　刑の執行について、帝国憲法は、何も語っていなかった。連邦（ライヒ Reich）のレベルでは、刑法典が刑罰の章において、重懲役と軽懲役についてそれぞれの作業義務（15・16条）および独居拘禁（22条）関する規定があっただけで、統一行刑法典は存在しなかった。

　州（ラント Land）のレベルでは、プロシア憲法にも刑の執行に関する規定は存在しなかった。法令としては、議会の承認を得て制定された法律は存在せず、命令（Akte）があるのみである。他のドイツの諸州もほぼ同様であった。刑事施設に関する命令には、内務大臣令と司法大臣とがあり、これらの命令はときに矛盾することもあり、両省令による二元主義が支配していた。これに対し、バイエルンとバーデンの両州では、大臣の発する省令ではなく、王の勅令によって行刑が支配されていた。

　これら命令の整合性を担保するため、帝国参議院（連邦議会）は、1897年『自由刑執行原則』に合意した。しかし、この原則は、各州を拘束するものではなかったので、拘束力ある統一行刑法典の制定が希求されていた。

　したがって、帝国刑法にしたがって統一的に宣告された自由刑が、州ごとに異なって執行されるという状況にあった。

(3)自由権の制約原理

アメリカ独立戦争にその起源をもつ人権思想は、フランス革命におけるいわゆる「人権宣言」、すなわち「人および市民の権利」を経由して、ドイツに継受され、19世紀にはドイツ各州の憲法の不可欠な構成要素となった。

「自由権とは何を意味するのか」という問いに対しては「国家による侵害から個人を保護することである」と答えることができる。この自由権の目録は、プロシア、バイエルン、バーデン、ヴュルテンベルグなどの諸州の憲法の中に実定化された。プロシア憲法は、「個人の自由を制約するための条件と形式は、法律（Gesetz）によらなければならない」（5条）と規定する。それでは、自由刑がもたらすような自由の制約が命令によって規定されていても憲法に違反しないのであろうか。

自由刑は、帝国刑法典に基づいて言渡されている。「自由刑の執行と管理は、すべて州に委任されている」という考え方がある。この立場からは、プロシアでは、王が黙示の委任によって、その命令制定権限を司法大臣と内務大臣に委任しているということになる。しかし、この典に付いて、連邦法には明文の委任規定は存在しない。また、州の内務大臣の命令である刑務官服務規定は一般に公示されていない。

刑の執行に関するラントの諸規定は、法律の効力を有する法律規定ではなく、行政命令にすぎない。「たしかに、行政命令は監獄に関する行政官庁を拘束する。しかし、個人の権利の領域を侵害は行政規定で行なわれるとするなら、それは、自由権、すなわち、わたしたちの生きる立憲国家の本質に適しているといえるのだろうか。わたしたちの生きる国家の実体は単なる命令でなく、法律によって規定するべきである」（127頁上段）。

行政命令は、法律の範囲においてのみ有効である。各ラントの監獄法令は、法律の範囲内にあるといえるであろうか。ベルリン検事総長クラインは、これについて"否"と答えた。彼は、1902年11月14日の内務大臣布告『服務規則』について「この命令は、実際、基本的には行政命令として部内官庁に拘束力をもつが、立憲国家は法律を必要としている」との見解を表明していた。

(4)将来の行刑法への期待

統一行刑法のない「法なき状態」を国法論の自由権の制約原理から批判するこの論理は、将来の行刑法の内容についても一定の方向性を示している。すな

わち、「自由刑の純化」（法律上認められた自由制約以外の生命、身体および財産への制約の回避）と「個人責任の原則」（家族等の連帯責任の否定）である。

「拘禁関係は、国家による受刑者に対する人格的自由の制約を正当化する内容の法的関係である。将来の行刑法の課題は、第1は、自由刑における自由権制約の限界を明確に示すことであり、第2は、行為者以外には如何なる権利制約を課してはならないことを宣明することである」。

フロイデンタールは、これを「自由刑の執行によって、身体または生命に対する刑罰に転化することは許されない」および「刑罰は、原則として、行為者以外を制裁の対象としてはならない」と表現している。

以上のような考察を踏まえ、「犯罪なければ、刑罰なし」という犯罪者に対する刑法のマグナ・カルタ機能は、行刑においても、法律と判決は、受刑者のマグナ・カルタという基本原則を遵守することによって、受刑者の国法上の地位をめぐる問題を解決できると結んでいる。

▶ドイツ行刑法史におけるフロイデンタール

1871年ドイツ帝国の最初の立法事業として帝国の権力と権威の象徴のように制定された『帝国刑法典』は、行為に対する正当な応報によって法秩序を確証し、同時に一般予防を実現しようとする法典であった。しかし、当時のドイツ社会は、もはや自由主義と権威主義の使い分けでは対処できないような状況にあり、社会政策へも配慮する刑事政策を必要としていた。1875年には、刑の執行を法律によって規制する行刑法典を制定すべきであるとする帝国議会の決議がなされ、これに呼応するように、さまざまな草案が起草されていった。1897年『帝国司法省自由刑の執行に関する法律草案』が連邦参議院に提出されたが、財政上の問題や帝国と州の権限配分、さらには刑法改正をめぐる「学派の争い」によって制定には至らなかった。

それぞれの州のレベルでは状況に応じて一定の行刑改革が進んでいたので、行刑実務の暫定的統一を企図した連邦参議院は、1897年『自由刑執行原則』を決議した。20世紀初頭には刑法改正をめぐって白熱した議論が展開され、1909年には帝国政府が『刑法改正準備草案』を発表したが、1911年、フランツ・フォン・リスト（Franz von Liszt）等が『刑法改正準備草案反対草案』を発表し、さらに議論に拍車が掛かった。フロイデンタールがこの学長就任演説を発表し

たのは、まさにこのような時代であった。行刑実務家の団体であるドイツ刑務官協会も、「刑の執行における法的統一と平等の実現は、統一法による規律なくしてはあり得ない」との宣言を発表した。学理の立場からも行刑法典の重要性が自覚され、「最良の刑法は、良き行刑法なくしては、未だ不完全なのである」との認識が共有されていた。

　1919年、第1次世界大戦の敗戦後に制定されたいわゆる『ワイマール憲法』では、行刑法を連邦と州の「競合立法事項」としたので、統一行刑法典制定の権限上の障害は取り除かれた。フロイデンタールやグスタフ・ラートブルフ（Gustav Radbruch）等の刑事政策改革の諸提案に触発されて、ワイマール共和国における行刑法制定の熱意は高まっていった。しかし、刑法改正作業の停滞で行刑法制定の動きも頓挫しそうな状況になったので、暫定的に州政府と連邦政府との間の協定で、1923年『自由刑の執行に関する原則』に合意した。1925年、連邦政府は連邦参議院に刑法草案を提出し、参議院を法案修正して連邦議会に修正案を送付した。連邦政府は、これと同時に、『行刑法公式草案』も参議院を経て、連邦議会に送付された。しかし、1930年、連邦議会が解散し、両法案は成立に至らなかった。1933年、ナチスの政権掌握によって、改革の流れは途絶し、刑罰執行法・恩赦法や自由刑・保安改善処分執行令によって民族共同体への教育改善を目的とする贖罪観念と精神教育を強調された。

　第2次世界大戦の敗戦によってナチス支配は終息したが、ドイツは東西に分断された。法秩序の債権の出発点となったのは、1945年『ドイツの懲役および禁錮の刑罰の執行のための原則に関する連合国管理令第19号』であった。1947年から49年にかけて、西ドイツの各州は、行刑に関する行政命令を発令した。

　1952年、刑法改正作業が再開され、行刑法典の制定は、新たな刑法典の制定以降でなければならないとの意見が支配的になった。1962年に『刑法草案』が発表された。刑法改正の動きと平行して、各州の行刑を実質的に統一し、受刑者処遇の平等を実現するため1961年『服務および執行令』が諸州の司法行政機関協定のかたちで成立し、翌1962年から施行された。

　1962年『刑法草案』をアナクロニズムとして批判し、「カントとヘーゲルからの訣別」をスローガンとする刑法学者たちが政府草案に対する「対案」を発表した。この動きに触発され、1967年には政府内に行刑委員会が設置され、

1971年に『委員会草案』が起草され、連邦司法省は、同年、『政府草案』を連邦議会に提出した。これに対して、前述の対案グループの教授たちは、1973年『行刑法対案』を発表した。対案は「モラリズムからの脱却」のスローガンの下、行刑の目的として社会復帰・再社会化を強調した。

　1972年3月14日、連邦憲法裁判所は、「受刑者の基本権も、法律によってのみ、あるいは法律に基づいてのみ制限することができる。法律的起訴をもたない受刑者の基本権の侵害は、一定の過渡期間にのみ甘受することができる」(BVerfGE.Bd.33.S.1 ff.[S.13])として、第6立法期の終わりまでに統一行刑法典を制定することを命ずる画期的な判断を示した。しかし、第6立法期は1972年11月の連邦議会の開催によって終了してしまった。1973年3月14日、第7期の連邦議会に行刑法案が再提出された。この不測の事態に対処するため、連邦憲法裁判所は、その猶予期限を1977年1月1日まで延期した。連邦参議院における審議は、財政負担の問題によって難航したが、1976年3月16日、政府草案は可決され、1977年1月11日から統一行刑法典が施行されることになった。

　ドイツでは、戦前・戦後を通じての統一行刑法典制定の試みの中で、フロイデンタールのこの講演は、常に改正作業のマイルストーンとして、すべての論者に引用されている。

▶日本への影響

　ドイツ監獄学の影響を強く受けていた戦前の日本の行刑は、1908（明治41）年『監獄法』をもっていたために「法なき状態」との批判を免れた。しかし、日本行刑学に大きな足跡を残し、第2次世界大戦中、行刑局長を務めた正木亮は、その行刑法の著作の中で、ドイツの議論に学んで、「受刑者の法的地位」の確立と「自由刑の純化」の重要性を主張し、無用な権利の剥奪と制約を諫めている。

　日本でも、囚人（受刑者）に訴訟を起こす権利があるなどということは頭の片隅にもなかった。しかし、戦後、ひとりの死刑確定者の提起した行政訴訟において1958（昭和33）年8月20日、大阪地方裁判所は、特別権力関係論によって骨抜きにされた受刑者の権利保障は、違法であることを確認した。

　日本における監獄法改正は、戦前にはじまる。戦後も幾度の改正作業が試みられたが、刑法改正の混迷の中で頓挫してきた。しかし、1974（昭和49）年5

月29日 法制審議会が『刑法改正草案』を決定し、刑法改正の具体的日程が俎上に載るようになった。1976年3月、行刑の「近代化」「国際化」「法律化」をスローガンとして、法務大臣は法制審議会に監獄法の改正を諮問した。1980年11月、法制審議会は、「監獄法改正の骨子となる要綱」を答申した。1982年、法務省矯正局は、「刑事施設法案」を策定し、警察庁立案の「留置施設法案」とともに第96回国会に提出したが、衆議院解散により審議未了廃案となった。1987年一部修正の上、同二法案は、再提出されたが、再び衆議院解散で廃案となった。さらに、1993年には、4つの法案が修正提出されたが、三度、衆議院解散で廃案となった。

　このように監獄法改正作業は、たびたび頓挫したが、紆余曲折を経て、2005（平成17）年、『刑事収容施設及び被収容者等の処遇に関する法律』（平成17年5月25日法律第50号）によって、100年余、自由刑の執行と受刑者の処遇を規律していた監獄法が改正され、2006年5月24日から施行された。さらに翌2007年には未決拘禁者の処遇等を定めていた『刑事施設ニ於ケル刑事被告人ノ収容等ニ関スル法律』（旧監獄法）が廃止され、既決・未決を含むすべての監獄法改正作業が完了した。

　改正作業では、近代化、国際化とならんで法律化がその目標に掲げられたが、その問題意識の底流には、「受刑者の権利」の法的保障が急務であるとの認識があった。

　改正作業と併行して、自由刑の純化とその法律化を徹底すべきとする立場（吉岡一男など）と社会復帰も行刑の内容に含ませしめるべきであるとする立場（沢登俊夫、森本益之など）が対立した。これを「消極行刑論と積極行刑論の対立」という。その理論的出発点は、正木によって紹介されたフロイデンタールの「受刑者の法的地位」論であった。

　翻訳者の小川太郎は、中尾文策と並んで、戦前・戦中を通じて昭和の行刑を主導した正木の両腕であり、日本の戦後行刑の牽引者のひとりであった。小川が、1973年にこの論文を訳出したのは、おそらく重要な分岐点に差し掛かっていた監獄法改正作業を意識してのことだったのであろう。

4 関連文献

▶室井力「受刑者の収容関係と特別権力関係理論」刑政74巻5号（1963年）12-21頁

　室井は、ドイツ公法学の「特別権力関係」を批判的検討し、独自の視点から、一般的権力関係を妥当領域の特性に応じて、具体的に問題解決を図ろうとした。この論文は、室井理論を受刑者の収容関係に適用して考察した論文である。

▶松島諄吉「特別権力関係と基本的人権」『〔憲法判例百選〕ジュリスト臨時増刊』276-2号（1963年）16-17頁

　松島は、死刑確定者・孫斗八による法律の根拠なく受刑者の権利を制限する処分を違法とする行政訴訟に関する事件の大阪地方裁判所の判決（大阪地判1958〔昭和33〕・8・20「文書図画閲読等禁止処分に対する不服事件」〔昭和29年（行）第79号〕判時159号6頁）を検討している。この判決は、日本の被収容者の権利訴訟の画期となった本人訴訟である。

18 刑務所社会

●基本文献
ジョン・ハワード［川北稔・森本真美訳］
『十八世紀ヨーロッパ監獄事情』
（岩波書店、1994年）

浜井 浩一

0　原著者紹介

　ジョン・ハワード（John Howard）は1726年9月2日に現在のイギリスのハックニーに生まれ、1790年にロシアにおいて伝染病にて亡くなっている。彼は、1773年にベドフォードシアの執行官（High Sheriff：主として犯罪防止の任を負い、巡回裁判にも出席した）に任命され、執行官の職務から巡回裁判において囚人が足鎖で出廷させられる様子に疑問をもったことなどから監獄の問題に取り組むようになる。その後100以上の監獄を訪れ、1774年に議会（庶民院）で監獄の現状について報告し、議会から感謝の意を表されている。同年、議会は看守の手数料を廃止し、監獄の衛生状態の改善を盛り込んだ監獄法（the Gaol Act）を成立させた。1777年にハワードは初版『監獄事情（The State of the Prisons）』を刊行した（基本文献は第3版の日本語訳である）。その後もヨーロッパ各地を徹底して実地調査し、監獄の改革を主唱した。なお、原書は以下のアーカイブで読むことができる（https://archive.org/details/stateofprisonsin00howa）。

1　基本文献の意義と位置づけ

　基本文献は、大きく2つの観点からその存在が評価されている。1つは、歴史資料としてである。基本文献は、18世紀のイギリスやヨーロッパ諸国における監獄や刑罰の実態を知るための唯一といっていい貴重な資料である。もう1つは、社会学における社会調査の実践資料としてである。有斐閣の『新社会学辞典』（森岡清美・塩原勉・本間康平編集代表〔1993年〕）によると、社会調査とは、「実際の社会的場面における人間行動に関するデータを収集し、それを解析す

ることによって、対象とする人間行動について記述と説明をすること」と定義されている。基本文献の著者ハワードは、イギリスをはじめヨーロッパ各国の100以上の監獄を、場合によっては数日間にわたって参観し、看守や囚人の話を聞き取りながら、監獄内を克明に観察し、その様子を舎房の大きさに至るまで詳細に記録している。ハワード自身が基本文献のはじめにおいて「ここでは、いまなお残存している問題点を、誇張することなく、ありのままに論じる。もしも、誇張したりすれば、本当の悪弊を矯正したいという私の念願を達成するのに役立つというよりは、それを阻害することになろうからである。」と記している。ハワードは、伝聞を排し、自分で経験したことのみを記述している。その意味で基本文献は、一級の社会調査報告書なのである。

　ただし、ハワードは歴史家や社会学者といった研究者ではない。ハワード自身、監獄の実情を正確に記録し、基本文献を出版することによって人々に監獄の実情を伝え、監獄改革につなげることを目的として執筆したと書いているように、彼は監獄改革の運動家であり、実際、本基本文献の出版後に法整備を初めさまざまな監獄改革が行われている。

2　基本文献（原典）

> 第一章　監獄における惨状の概観
>
> 　監獄のなかには、収監されている人びとを一目見れば、その管理になんらかの誤りがあるに違いないと、誰もが確信するようなところがある。囚人の土気色の瘦せこけた顔つきが、ひどく惨めな境遇を無言のうちに物語るからである。入ってきたときには健康であった者の多くが、数カ月もたてば瘦せ細り、生気を失った人間に変わり果ててしまう。ある者は病気になって——すなわち「病気なのに監獄入り」という状態になって衰弱し、またある者は伝染病の熱病や天然痘に罹り、よどんだ空気のこもる監房の床で息をひきとる。これらの犠牲者が生じるのは、執行官や治安判事たちが残酷であるが故とまでは言わないにしろ、少なくとも彼らの職務怠慢に起因するものだとは言えるだろう。
>
> 　このような惨状の原因は、監獄では物資の配給が乏しく、人間が生存するための最小限度の衣食にさえこと欠くところが少なくない、ということにある。

(まずは)懲治院についていうと、囚人に食物が一切与えられないところがある。管理人が金を受け取って食事を請け負っていながら、囚人にはほとんど何も渡らないところもある。1日1、2ペンス分のパンを支給する契約を囚人と管理人が結んでいても、本来の量の半分に、ときには半分以下にまで切り取られ、削られる場合もある。

　懲治院の囚人が強制労働を科されているのは周知の事実である。ならば、囚人たち自身の労働で彼らの食い扶持を賄うことはできないのか。そう問われるむきもあるかもしれないが、現実は信じがたい有様なのだ。何らかの作業を行なっている、あるいは行なえる状態にある懲治院などはほとんど存在しない。なぜなら、囚人たちは作業のための道具も、いかなる種類の材料をも持たないからである。怠惰と瀆神と堕落のなかで、彼らはいたずらに時間を過ごしている。それがきわめて衝撃的な状況にまでいたっている施設も、現にわたしは目撃してきた。

　このような施設の管理人が、治安判事に自分のかかえる囚人たちの窮乏状態を申し立て、必要な食糧を要求したこともあるのだが、「連中を働かせよ。さもなくば飢えるにまかせよ」という冷酷な言葉で一蹴されてしまったという。囚人を働かせること自体が不可能なのだと知れば、かのジェントルマンたちとて、このような思慮の浅い一言で、哀れな彼らに飢えを宣告することはなかろうに、と思う。

　最近になって、囚人の健康を維持するための法律ができたというのに、なぜ彼らの病気にまったく注意がはらわれていないのかと、何人かの管理人に訊ねてみたところ、「懲治院はその法の適用外だと治安判事がおっしゃった」というのが、その返事であった。

　この結果、四季裁判に出頭する囚人は、ぼろで身を覆い(もはや覆っているとさえいえないくらいだが)、ほとんど餓死せんばかりになっており、そのうえ病にも罹っていて、その病気が釈放先を、あるいは送致された州監獄をもさらに冒すという状況がみられることになるのである。

　食糧が欠乏しているという苦情は、州監獄からも出ている。州監獄の半数以上では、債務囚にパンが与えられていないのだ。その一方では、追剥ぎや強盗、人殺したちにはパンが与えられているにもかかわらず、である。医療にかんしても同様で、このような輩が病気になれば手当が施されるが、債務囚にはそれがない。また、こういった監獄の多くでは、働く意志のある債務囚が、作業のための道具を持つことを許されていない。それが重罪犯の手に渡り、脱獄やその他の悪事に使われることがないようにするためである。債務囚たちが水スープ(パンをただの水で煮たもの)をすすりながら、「わたしたちは閉じ込められ、ほとんど飢え死にしかけているのです」と言うのを、私はたびたび耳にしたものである。

　かの慈悲深き法、すなわちジョージ三世治世36年の法令(貴族院から提出されたものであるため、一般には貴族法と呼ばれている)には、債務囚の救済が規定されているが、この法によって与えられた権利である1日4ペンスの支給を債権者からうけて

いる債務囚は、イングランドならびにウェールズ一円（ミドルセクス、サリー両州は除く）をあたっても、たった12人しか見つけることができなかった。その権利を獲得する手段は、彼ら自身の手の及ばないところにあるためである。また、ある視察旅行の際には、借金が20ポンドに充たない囚人が600人もいた。3、4ポンドを超えない程度の借金にすぎない者もいた。そのような少額の借金のために、彼らは数カ月にわたって拘禁されていたのである。[彼らには訴えた債権者に食費の請求権があったが]、請求に要する手数料が借金の額に等しいことも、しばしばであった。

1774年にカーライルで見た49人の債務囚のうち、小銭を持っていたのはたった1人であった。看守は、自分がそこで勤めている14年間に債権者から金を受け取った債務囚はわずか4、5人にすぎず、それもすぐに支払われなくなって、結局釈放の日を迎えたのだ、と語っていた。ヨーク城やデヴォン、チェシア、ケントその他の州では、食物を与えられている債務囚は1人もいなかった。まことに、このような債務囚こそが、わが国の監獄で最も憐れむべき存在なのである。

必要最小限度の食物にもこと欠く彼らの状況について、付け加えておかねばならないことがある。彼らは看守などに手数料を要求されるだけではなく、執行吏にも不当な金をせびり取られているのである。これらの搾取のために、金を持っている囚人は、法外な料金で彼らの施設（強奪小屋という通称は、まさに言いえて妙である）に止め置かれる。こういう抑圧にたいして法律による規定があることは私も承知しているが、救済を得るにはとてつもない困難を伴うため、誤った運営が続けられているのである。このような掠奪者の搾取にたいしては、なんらかの、より効果的で実効しやすい監督制度が必要である。執行吏が酒屋を営むことは、断じて許されるべきではない。そのために生じる弊害は、全国各地で非難されている。（19-23頁）

ジョン・プリングル卿は、「監獄はしばしば悪性の熱病の発生源となる」とし、さきにスコットランドで発生した暴動に際して、イングランドの監獄からやってきた脱走兵のために、ある一個連隊では200名以上の兵士が監獄熱に罹ったと述べている。

ポーツマス近くにある、ハスラー王立病院のリンド博士は、病室の一つに私を誘（いざな）い、ロンドンのある監獄から釈放されたひとりの男によって船内に持ち込まれた監獄熱に罹った多くの水夫たちを見せてくれた。博士はその著作『船乗りの健康に関する一論』において述べている。「疑いなく、わが国の陸海軍を蝕む感染症の源は監獄である。しばしば監獄からじかにこの病気を持ち込んでくる者の足取りをたどることもできる。街角で強制入隊させた兵士をすぐさま艦隊に配属すると、ときに致命的なことになる。じっさい、そのため、さきの戦争でアメリカへ送られた最初のイギリス艦隊は、2000人以上もの人命を失うことになったのである」。博士はまた別の箇所でも、「感染の種子は、護衛船団によって小艦隊に持ち込まれ、他のいかなる病気、いかなる原因による死者をあわせたよりも、はるかに多くの死をもたらすのだ」と述べている。

この種の害悪の事例をさらに積み重ねることはたやすい。しかし、ここにあげた例だけからでも、いまや監獄熱の問題が国家的関心事となっている——それが囚人への慈悲心からきたものとはいえないまでも——ことは、十分にわかるだろう。
　監獄のなかでひろがった悪業が、釈放された元囚人によって世間にひろめられているという事実は、伝染病の場合と同じであるから、容易に理解されよう。「監獄は借金を返さない」とは［債務囚の立場から］しばしば言われる言葉だが、道徳をもまったく向上させないということを、ぜひとも言いそえるべきであろう。サー・ジョン・フィールディングによれば、「釈放された犯罪者は、仲間が処刑されても、たいがい次の裁判までには、新たな徒党を組んで、まんまとその親玉におさまっている」というが、これが監獄での付き合いによって、悪事の手管が向上したことによるものであることは疑いない。1、2年の刑期で懲冶院に送致された微罪犯は、重労働には従事せず、怠惰とよからぬ交際のうちに時をすごしている。州監獄に送致された者たちは、たいがい希望を失って、出所した頃にはどんな悪事をもはたらきかねなくなっている。ロンドンならびにその周辺で発生した強盗事件の半分は、おそるべき犯罪者の集団と、彼らを訪問する数多くの怠惰な人びとが監獄のなかで企てたものである。このような微罪犯の現状は、彼らを矯正し、感化しようとする法の意図とはまったく逆なのである。それどころか、悪名高い拘禁という手法によって、彼らは抑圧すべきその悪徳を助長している。ささいな罪を犯した数多くの若者が、そこでは完全に堕落してしまう。もしかりに、非行少年たちの現在と将来に破滅をもたらすのが判事たちの希望であり目的であるというのなら、怠惰と諸悪の巣窟であり、悪の育成所（彼らは監獄を適切にもこう称している）であるわが国の監獄に拘禁することこそが、その最も効果的な方法だろうと私は断言してはばからない。(34-36頁)

　わが国の囚人の身にふりかかる悲惨さを知り、怒りをこめた祈りで前置きをしてから、彼らを自分の身辺から遠ざけるようにと命じることで満足するようなジェントルマンたちが、自分たちを彼ら受難者と区別してくださった神の恩寵をうけるにふさわしいとは思えない。感謝を知らぬ者や邪悪なる者どもを思いやり給う、われわれが鑑とすべき慈悲深き父なる神に、彼らは似ても似つかない。彼らはまた、人のいとなみの無常さを忘れている。いかなる人にも逃れられない、予期しない変転というものがある。今は富裕である者とて、やがては困窮に陥り、債務囚や囚人となり果てるかもしれないのである。犯罪にかんしても同じである。殺人の話を耳にして身震いするような人間が、ほんの一時の衝動から、まさにその殺人という罪を犯してしまうこともある。ひとは自らが転落することのないよう、たえず心にとめていなければならない。そしてひとたび堕ちてしまった者たちにたいしては、哀れみをかけるべきなのである。
　そんなことについてなら、大仰な演説口調の書物が、すでに他の人びとによって書かれているとの指摘もあるかもしれない。じっさいすでに多くのことが書かれている

ので、その種の書物の範疇に入るとみなされる、ある有名な著述家の著書から、数行を転写させてもらうことにする。囚人たちの苦難を示したのちに、彼は決意をあらわしている。「ここにあげた悲惨さは、監獄のなかで経験することのできる諸害悪の半分にも及ばない。監獄は、貧困と悪徳が生み出しうるあらゆる種類の堕落に満ちている。すなわちひどい無分別がまねく恥知らずで放埓な大罪の数々、飢えへの怒り、そして絶望にみちた怨嗟といったものである。監獄のなかでは、人目もないだけに、法の力も及ばない。怖れもなければ、恥じらいもない。淫らな者たちが、より慎み深い者たちの欲望にも火をつける。豪胆な者たちが、臆病者たちを鍛えあげる。誰もが心の底に残った分別に逆らうことができるよう、自らを鼓舞し励ます。自分がされることを他人にもしようとし、最も悪い手合いの仲間たちから、彼らのやり方を真似ることで喝采を浴びるのである」。

これまでにあげた問題の他にも、監獄とその周辺にはいくつかの悪しき習慣があり、囚人のおかれた苦況をより悪化させている。(39-40頁)

結　び

そもそも私は、本書の前半部を構成する章は抜きにして、イギリスの諸監獄にかんする前章の記録だけを出版してもらいたいと思っていた。しかしこの問題をより深く考えれば、この目で目撃してきた諸悪の治癒策を提案するのは、ある程度は私自身でなければできない仕事であると思うようになった。また「過ちを見つけることは、それを正すことよりもたやすい」という格言にもあるような反論が出てくることも予想されるし、こうすれば向上するのにと心中では思っていながら、それを口に出さないでいるのは間違いであると思われてきたのである。

これほどの事実を知ったのが、私よりも能力のある人間であったなら、おそらくはもっとよいものを書くことができたであろう。しかし私が熱意をかたむけてめざしたものは、著述家としての名声ではなかった。私は、悲惨な境遇の者たちの叫びを聞き、生涯を彼らの救済に捧げたのである。この目的を実現するため、私はまぎれもない事実としての資料の収集を、自らの任としてきた。思わず声を荒げてしまった表現があることや、いくつかの悪弊にかんして、その解決をことさら熱心に訴えていることについては、苦況におかれた人びとが悲惨の極みにある姿と、それを目にした私がうけた印象——あまりにも強烈であったがために、いくら時がたとうとも忘れられない印象——が、その申し開きとなってくれるものと思う。

本書を通じて提案したことにたいして、反対意見がでてくるであろうことは、むろん承知のうえである。そしてこれらの反論は、自らの安楽や役得のよりどころである悪弊の改革を阻止して利益を得ようとする人びとのあら探しによって、より声高に叫ばれるに違いない。しかし私はこの戦いのなかで、孤立無援にはならないようにと願っている。そしてもし、本書の出版が、この重要な国家問題へのわが同国人の関心を高

める──すなわち、貧しき債務囚やその他の囚人らの苦況を和らげ、彼らのために清潔で健康的な住まいを得、しばしば監獄の外にまで感染の猛威をふるう監獄熱を根絶やしにし、書記や治安判事らの手数料を全廃するか、せめて減額して、看守の詐欺や執行吏の下役の強要をなくし、わが国の懲冶院に勤勉の慣習を導入して、わが国の監獄に蔓延している堕落と不道徳を防止する──ことになり、これらのよき結果のうちのいずれかでも実現することになれば、自分は同胞に善行をなすことなく生きてきたわけではないのだと、著者は振り返って幸福感に満たされ、それまで味わった苦労や費やした時間、そして冒してきた危険はすべて、存分に報われたと考えることであろう。(297-298頁)

3 解　説

基本文献（原著）の目次は、以下のとおりである。

　はじめに
　第1章　監獄における惨状の概観
　第2章　監獄における悪習
　第3章　監獄改革の提案（省略）
　第4章　諸外国の監獄事情
　第5章　イギリスにおける戦争捕虜
　第6章　スコットランドとアイルランドの監獄事情
　第7章　イギリスの監獄事情
　結　び

はじめにでは、基本文献の執筆のきっかけ（動機）や基本姿勢などが描かれている。きっかけについては、「私がこの問題に最初に思いを致したのは、ベドフォードシアの州執行官に任命された直後のことであった。彼らのために何かをしなければならないという気持ちが高ぶったのは、陪審が無罪の表決をした人、大陪審が起訴に値するほどの罪を認めなかった者、あるいは起訴した者が結局裁判に出廷しなかった［ため、裁判が不可能になった］場合の被疑者などを目の当たりにしたからである。彼らは、すでに何カ月も拘禁されていたに

もかかわらず、看守や巡回裁判の書記などに種々の手数料などを支払わないかぎり、再び監獄に引き戻され、拘禁されてしまうのであった。」と述べられている。

　第 1 章「監獄における惨状の概観」では、監獄の様子や債務囚を含む囚人の実情、とくに衛生状態や食事の劣悪さ、老若男女あらゆる種類の囚人が一緒に拘禁され、病のみならず悪行が伝染し、広がっている様子や監獄のなかで多くの囚人が病死や衰弱死している姿が描かれている。

　第 2 章「監獄における悪習」では、新入りの挨拶金や看守に対する手数料の問題などが描かれている。また、この章では、チェーザレ・ベッカリーアの『犯罪と刑罰』（チェーザレ・ベッカリーア［小谷眞男訳］『犯罪と刑罰』〔東京大学出版会、2011年〕; Cesare Beccaria, 'Dei delliti e delle pene'）から「刑罰としての自由の剥奪は、できるだけ短期間にとどめない限り、有罪が確定する以前には許されるべきではない」といった言葉が引用されるなど、ハワードが刑罰に関する思想としてベッカリーアの影響を強く受けていた様子を窺い知ることができる。

　第 3 章「監獄改革の提案」は翻訳版では省略されている。原文では、通気性の良さ等、監獄の設計を含めたハワードの監獄改革の方向性が示されている。

　第 4 章「諸外国の監獄事情」では、ハワードがヨーロッパ各国の監獄を参観した様子が描かれている。オランダの監獄は比較的先進的な取組みが行われているとして紹介されているが、ロシアやポーランドの監獄は、そこにだけは決して入りたくないと思わせる描写となっている。

　第 5 章「イギリスにおける戦争捕虜」では、戦争捕虜を収容していた監獄が、一般的な監獄よりも若干条件が良いことが短く紹介されている。

　第 6 章「スコットランドとアイルランドの監獄事情」では、スコットランドの監獄が、全体として、庭や上下水道もなく清潔とはいえないこと。判事による視察制度がなく、管理人に強い酒を売る免許が与えられ、囚人がパンではなくウィスキーを買ってしまうことなどの問題があると指摘されている。

　第 7 章「イギリスの監獄事情」では、イギリス国内にあるいくつかの監獄の様子が、囚人の身分ごとの人員や看守への手数料や給料などとともに詳細に記述されている。

　結びでは、引用にあるように基本文献が監獄改革につながって欲しいという

ハワードの思いが記されている。

　ハワードの主張する監獄改革は要約すると以下のようになる。

　監獄（刑務所）は清潔でなくてはならない。そのためには、囚人（被拘禁者）は、毎日風呂に入ることができなくてはならない。適切な医療、食事や洗濯の機会が与えられることが望ましい。また、囚人は、性別、年齢、犯罪性の程度に応じて分類収容されるべきであり、雑居ではなく独居拘禁が望ましい。囚人には規律と労働が必要であるが、拷問は許されない。囚人から金銭や衣服を没収するような習慣は改められるべきである。刑務官には人格的に優れ、誠実に勤務することが求められ、そのためには十分な給料が支払われるべきである。監獄に対しては、定期的に司法による抜き打ちの監査が行われるべきである。監査官は、直接受刑者から苦情を聞き、間違いはすぐに正すことができるようにすべきである。刑務官は毎日施設内の点検を怠らず、教誨師とともに、囚人の手本となるように努めるべきである。監獄の規則は、規律と秩序を促進し、それによって施設の安全と囚人の人間としての尊厳が守られるようなものでなくてはならない。ハワードは、規律と労働、そして宗教教誨によって犯罪者を更生させることができると考えていた。ハワードの言葉のなかには、日本の格言「情けは人のためならず」、監獄は、囚人が再び罪を犯さなくてすむような矯正の場所になってほしいという思いがこめられている。

　基本文献は、18世紀の監獄の実情を示し、その改革を訴えた書である。この時代から比べれば、現在のヨーロッパの刑務所はもちろん、日本の刑務所ですら外的条件は比較にならないくらい改善されている。施設内は清潔に管理され、栄養士が管理した食事が与えられ、最低限の医療を受けることができる。刑務官には他の公務員と遜色のない給料が支払われ、被収容者が手数料を刑務官から徴収されることはない。さまざまな職業訓練の機会も用意されている。刑務所の外形的な条件は18世紀の監獄とは段違に整備されたことは間違いない。

　しかし、それでも、人が人の自由を剥奪し、拘禁することの本質は何も変わってはいない。刑務官と被収容者とは決して対等な関係ではなく、両者の間には深い溝がある。日本の刑務所では、特別な場面を除いて受刑者は受刑者としか会話ができないため、塀の中では常に犯罪に関する情報交換が行われている。女子刑務所にはあらゆるタイプの受刑者が混禁され、裁判官による巡視はほと

んど行われていない。関連文献に挙げた浜井浩一『刑務所の風景』（日本評論社、2006年）を読めば、模範受刑者だけでなく、刑務官を訴え続ける訴願受刑者ですら、刑務所の中に居場所と出番を作り出し、出所後すぐに刑務所に戻ってくる様子が描かれている。受刑者は、拘禁されることで、刑務所に適応し、そこでしか生きられなくなっているのである。また、現代でも、刑務所の中には結核などの伝染病がはびこっていて、なかなか根絶できていない。加えて、日本の懲役刑では、労働に対する対価としての給料は支払われない。さらに、未決拘禁においても、自白しない限り勾留され続け、冤罪に追い込まれるようなことも決して過去のことではない。たしかに、基本文献（原著）の出版後200年間で監獄の状況はかなり改善された。しかし、ハワードが今の日本の刑務所を参観したらどう評価するのであろうか。監獄は、どんなに清潔に作られてもやはり監獄、できるだけ使われないのが一番だと確信するのではないだろうか。

　なお、基本文献の監獄描写は詳細で、椅子・机やベッドの配置など居室の様子や囚人の種類や人数、そして食事の内容などがこと細かく描かれ、なおかつそうした記述がたんたんと続いていく。そのため、初学者が最初からすべての章を順番に読んでいこうとすると途中で読み続けることに困難を感じるかもしれない。基本文献の大部分を占めるのは第4章から第7章にかけての各国の監獄事情を紹介した部分である。そして、読み続けるのに最も時間がかかるのもこの部分である。したがって、これまであまり刑務所問題に関心をもったことのないという読者には、まず、「はじめに」から第2章までを読んでもらいたい。そうすれば、当事の監獄のだいたいの様子やハワードの問題意識がわかる。そして、第4章以下は、オランダ、ドイツ、ロシア、スイス、スペイン、フランス、イタリアやスコットランドなどを含むイギリスなどヨーロッパ各国の監獄の様子が紹介されているので、興味をもてそうなところから読んでいくのもひとつの方法である。それぞれの国ごとに複数の監獄が紹介されているので、ひとつの国からひとつの監獄を選んで読み進めるのもよいかもしれない。それだけでも現代同様にオランダの監獄は当時から囚人の生活環境をきちんと整備するだけでなく、就労支援など社会復帰に向けた先進的な試みをしている一方で、ロシアでは、劣悪な環境の下で債務囚が奴隷のように酷使されるなど彼の地の監獄にだけは絶対に入りたくないと思えるはずである。ドイツやイギリスでも

囚人が足かせをされ地下牢に放置されるなど、当時はロシアのそれとそれほど変わらない。このように各国の監獄の様子を比較しながら読むと面白くなるはずである。いずれにしも最初からすべてを読まなくてはいけないと基本文献に挑む必要はない。各国の監獄事情を拾い読みしながら、最後に「結び」を読み、その上でもう一度「はじめに」を読めば、ハワードが何に憤り、基本文献を通して何を訴えたかったがわかるはずである。

　刑務所は社会を映し出す鏡にたとえられることが多い。それは、刑務所を見れば、その国が社会的に困難に陥った人をどのように扱っているのかわかるからである。いつの時代も、そしてどんな社会でも、罪を犯し、罰せられるのは、社会的に弱い立場に居る人たちである。刑務所に幸せな人生を送ってきた人などいない。刑務所を見れば、その国の人権意識や社会のあり方が見えてくる。このような視点から基本文献を読み直してみると、カール・マルクスの考えた階級闘争による社会主義革命が、なぜロシアで起こったのに対して、オランダでは起きなかったのかも少しは理解できる。それは、その国（社会）がもっている社会的弱者に対する姿勢の違いである。人は人として敬意をもって扱われれば人としてまっとうに生きていこうとするが、人でなしとして扱われることに耐えられる人はいない。

　さらに、基本文献の価値は、単に200年前の監獄事情を知ることだけにあるわけではない。読者には、ぜひ基本文献を下記関連文献と合わせて読んで、人が人を拘禁することの意味についてもう一度考えてもらいたい（人が人を拘禁するということは、看守と囚人の関係が生まれるということであり、それが人間の行動にどのような影響を与えるかについては、アメリカの社会心理学者フィリップ・ジンバルドーの刑務所実験について参照されたい。〔フィリップ・ジンバルドー［鬼澤忍・中山宥訳］『ルシファー・エフェクト——ふつうの人が悪魔に変わるとき』（海と月社、2015年）；Philip Zimbardo, 'The Lucifer effect, understanding how good people turn evil', Rider, 2008.〕）。

4　関連文献

▶グレシャム・M・サイクス［長谷川永・岩井敬介訳］『囚人社会』（日本評論社、1964年）（Gresham M. Sykes, 'The society of captives', Prinston University Press, 1958）

　サイクスは、デイビット・マッツアとともに提唱した、中和の技術で著名な犯罪学者である。彼は、20世紀後半にアメリカ・ニュージャージー州トレントンにある重警備刑務所を3年間にわたり観察、幹部職員・刑務官や受刑者等にインタビュー調査を実施し、その様子を克明に記録している。彼の関心は、刑務所という人を拘禁する社会において、刑務官がどのように受刑者をコントロールしようとし、それに対して受刑者がどのように対応（適応）するのかといったことなど、刑務所という刑罰を執行するために人工的に作り出された社会を観察し研究することにあった。「私がねらいとするのは、自由刑について価値判断を抜きにして、社会学的見地から刑務所というものを検討し、人間とその行動を解明するための手がかりとなる生きた社会組織として刑務所を見ていくことにある。このような分析は、何かを改革しようとするに先立ち、いつもしなければならないことだ、と筆者は信じている」という本書の表紙の言葉にその主張があらわれている。

▶浜井浩一『刑務所の風景』（日本評論社、2006年）

　本文献は、幹部職員として刑務所に赴任することになった著者の体験を社会学・社会心理学的観点から記述したものである。本文献執筆の動機は、サイクスとほぼ同じである。刑務官として採用されたわけではない筆者が、あまり馴染みのない累犯刑務所に赴任し、そこで経験したことについて、筆者が感じた違和感を大切にしながら、刑務官や受刑者がさまざまな日常場面で何をどのように判断して行動しているのかなどについて、観察し、聞き取ったメモをもとに執筆した刑務所モノグラフである。刑務所太郎といわれる模範受刑者がなぜ、釈放直後に再犯を繰り返し戻ってくるのか、刑務所を憎み刑務官を訴え続ける訴願受刑者が模範受刑者と同様になぜ刑務所に帰ってくるのかなど、刑務所という社会の本質とは何かを考え続けた著者の3年間の記録である。

19 刑務作業

●基本文献
吉岡一男
「刑務作業」
法律時報48巻7号（1976年）31-36頁（後に、「監獄法改正と刑務作業」と改題のうえ、同『自由刑論の新展開』〔成文堂、1997年〕130-169頁に所収）

本庄　武

0　原著者紹介

　1946年生まれ。京都大学で博士号を取得後、同大学で長く教鞭をとり、2009年に退職。犯罪の事後処理を重視し、必ずしも刑罰賦科に至らずに犯罪に対応する「刑事制度論」の立場から、刑事司法過程全般を視野に入れた独創的な刑事学理論を展開した。刑務作業は、原著者が助手論文「受刑者の作業報酬に関する賃金制の主張について」『刑事制度の基本理念を求めて』（成文堂、1984年）3-30頁以来、多くの論文を通じて取り組んでいるテーマである。

1　基本文献の意義と位置づけ

　刑務作業の意義に関しては、歴史的に種々の見解が主張されてきた。典型的には、①受刑者労働力の国家的利用、②専ら刑罰的害悪を賦課するためのもの、③行刑に要する国家の支出を償うもの、④刑事施設内の規律秩序を維持するための手段、⑤受刑者の社会復帰の手段という諸見解が示され、⑤が通説的地位を占めてきた。そこに⑥一般社会での労働と同質のものとしての刑務作業という考え方を付け加えたのが吉岡一男である。後に参照する原典は、吉岡の構想する刑務作業の具体的あり方を比較的詳細に論じている点で貴重である。
　吉岡の構想の背景を理解するためには、アメリカ法の動向を押さえる必要がある。

アメリカでは伝統的に刑務所内でさまざまな社会復帰処遇が実施されていたにもかかわらず、再犯は一向に減少しなかった。そんな中で、1974年にロバート・マーティンソンは、犯罪者処遇に関する既存の研究をレビューした結果、「何も機能するものはない」(nothing works) という結論を導き、大きな影響力を有した（なお現在では、マーティンソンの方法論には問題があったとの評価が一般的であり、むしろ、犯罪者処遇の中には再犯率を低下させる上で有効なものもある、との見解が有力になっている）。この研究は、受刑者を病人になぞらえ、治療の対象と見なして、社会復帰処遇を実施してきた医療モデルに対する左右両派からの批判を生み出した。すなわち、保守派は犯罪者処遇が寛大すぎると批判し、リベラル派は効果のない処遇を押しつけられることの人権侵害性を問題視した。そのため、アメリカでは社会復帰は公式の行刑目的ではなくなり、行刑実務は正義モデル（刑罰は犯罪者の性格の危険性や再犯可能性ではなく、犯した行為の大きさに応じて科されるべきとの考え方）を基調として運営されるようになった。刑事施設は、社会復帰処遇の場ではなくなり、単に刑事責任を果たさせるための拘禁を実現するための場になった。

　吉岡はこうした動向を踏まえて、裁判以前の司法前処理や裁判段階の量刑のあり方を含む広範な領域で、正義モデルを具体化させる提案を活発に行った。

　しかし吉岡は、受刑者に何もさせず、文字通り拘禁しているだけのことも多いアメリカの行刑の実情を無批判に受け入れたわけではない。外部通勤は一般に、とくに選ばれた受刑者に対する特例と見なされているが、吉岡はこれがむしろ刑務作業の原則形態であるという斬新な発想を提示した。受刑者に逃走のおそれがある場合にのみ、施設内で作業する機会が提供される。これは、できうる限り受刑者に外部社会と同じ生活を送らせるという行刑の社会化原則を踏まえたものであり、一定の説得力を有している。

　吉岡の構想は、現状から大きく離れていることもあって、多数の支持を集めているとは言いがたい状況にある。しかし、刑事政策を学ぶ者であれば、それだけの理由でこの構想を頭から拒絶すべきではない。吉岡理論に真剣に向き合い、その構想の理論的正当性や政策的妥当性につき深く検討した上で、自らの態度を決定すべきであろう。

2　基本文献（原典）

　刑務作業の現実的な目的としては、種々のものが考えられる。以下、主要なものについて概観する。

　第一は、囚人労働力の利用であり、ここでは、そこから得られる労働成果が、もっぱら関心事となる。

　この考えは、近代自由刑の発生に先立ち、端的に犯罪者を刑罰奴隷の地位におとす独立の刑事処分として、あるいは死刑を減ぜられた受刑者を、漕奴を始めとする種々の労役に使用することの中に、その原型が見られる。独立の刑罰として確立された近代自由刑においては、労働力の搾取は直接目的ではなくなった。しかし、刑務所自給自足原則の中にその理念を見い出すことができる。わが国の現行制度のもとでは、大工・左官など建築技能者を営繕作業として刑務所の新築・改築にあたらせることや、炊事・洗濯といった施設維持活動を経理作業として受刑者にやらせること、そのため、未決囚の収容を主目的とする拘置所においても無視しえない数の受刑者が存在すること、女子施設においても営繕のためにごく少数の男子受刑者が収容されることなどが見受けられる。また、一般の工場作業においても、調定目標額が設定され、その達成が自己目的化する場合には、労働成果のみに関心が集中することになる。

　以上のように、囚人労働力の利用という理念は、現在なお大きな現実の力を持っている。しかし、このような囚人労働力の利用を、正面から刑務作業の目的として明文化することには、それを便宜とする側においてさえ、今日ではきわめて大きな心理的抵抗が存すると思われる。少なくとも表面上は、受刑者の労働力といえども、国家が意のままに使いうるものでないことは認められているといえよう。それ故、囚人労働力の利用が刑務作業目的として掲げられる可能性は少ない。ただ、少額の賞与金体制のもとでは、その実質は温存されることになる。理念的にも、実質的にも受刑者労働力の搾取という状態をなくすためには、賞与金額の引き上げ、さらには賃金制の採用が必要であろう。

　以上のような考察は、刑務所内秩序維持のための手段としての刑務作業体制という考え方にもあてはまる。刑事施設における厳格な規律、秩序の維持は、容易に自己目的化し、そのための手段として作業体制の確立が望まれることは否定しえない。しかし、このような作業目的が正面から認められる可能性は少なくなりつつある。そして、それだけに、この理念があいまいな形で現実を動かしていくことには十分な注意が払われなければならない。

　第二は、自由刑において、施設拘禁による刑罰的害悪を補完するものとしての刑務作業である。刑罰内容としての強制労働の本質がここにあることは、作業義務のある

懲役刑が作業義務のない禁錮刑より重いとされること、歴史的には、民業圧迫論を背景に、経済的には何の意味もない空役としてでも実施されざるをえなかったことなどからうかがわれうる。自由刑が死刑にとって代わるためには、単なる施設拘禁では不十分とされたのであり、そこに近代的自由刑の刑罰内容としての刑務作業の第一目的を見ることができる。

しかし現在では、作業目的を痛苦的に構成することは否定されており、刑罰としての実質は、それが強制されるものである点のみに求められている。現行監獄法においても、既述のとおり、定役を具体化する作業と、作業義務のない者が請願によって従事する作業とは同じものが予定されている。その限りで、特殊刑罰労働としての刑務作業は否定される。

かくして、監獄法の次元で、害悪付加物としての刑務作業体制が明文化されることは、もはや考えられない。むしろ、逆に、刑法においてこのような刑務作業を強制することを刑罰内容としておくことに対して疑問が出されることは後述のとおりである。

第三は、犯罪者を再び有用な市民にかえるため、彼に職を与えることをめざして、あるいは勤労意欲を養い、あるいは職業技能・知識を与えるための方策としての刑務作業という把え方である。これが、現在、少なくとも議論のうえでは、主流を占める考え方であり、改正監獄法の条文上も採用して恥ずかしくないものとされている。

たしかに、この作業による犯罪者の改善ないし社会復帰の推進は、一見したところ誰にも異存のないものと受け取られる。16世紀イギリスのブライトウェルやアムステルダムの懲治場をもちだして、この考えこそ近代自由刑の中核だとする立論も多い。しかし、このような歴史把握には前述のようにまだ疑問が残りうるし、また、社会復帰手段としての刑務作業という考え方は、害悪賦課としての苦役や、単なる受刑者労働力の搾取を捨てるという消極的な側面では望ましいものではあるが、そのために作業義務を刑罰内容として残し、積極的に作業を通して改善・更生をはかる点には、若干の難点が存在する。

まず、刑務作業によって勤労意欲を養うということであるが、元来、勤労意欲や働く喜びというものは、対象となる労働の性質と深くかかわっているものであり、あらゆる労働に共通して有効な勤労意欲なるものが存在するとは速断されえない。なるほど、倫理的な観点からは、いかなる労働に対しても喜びを見い出し熱心に働く態度というものも想定しうるかもしれないが、そういった態度が実際に存在するという保障はないし、たとえ存在しうるとしても、どのようにすればそれを身につけうるかは、現在のところ十分に解明されているとはいい難い。また、そのような態度があり、それが望ましいものとされるにせよ、それはあくまでも個人の道徳レベルの問題にとどめるべきであり、国家がそのような態度の形成にのりだしてくることには、たとえそれが教育の名の下に行われるにせよ、強い疑念が存しうる。そのような態度は、他人から押し付けられるものではなく、個人が選択しうるあり方の一つにすぎない。場合

によっては労働を厭う気持が優秀な能力と結びついて省力のための一大発明を生み出し、それが人類の将来を救うことも考えうるのであり、そのような可能性を否定するようなことは、一般的にも、また、たとえ過去の犯罪行為の故に受刑中の者に対しても軽々に行うべきことではなかろう。少なくとも、監獄法の改正によってこのような目的規定を設けることよりは、多くの者が勤労意欲を感じうるような作業体制を整え、職種をそろえることのほうが、国の仕事として望ましいといえるのではなかろうか。

次に、職業的技能の付与を作業目的とすることに対しても若干の批判が存在する。

職業的技能の付与を真剣に考えるならば、莫大な予算を投じて全国の刑務所を職業訓練所に変えねばならない。それが保障されてはじめてこの案の現実性は存しうるといえる。しかし、そのような予算的措置の要求を支えるものが再犯防止目的だけであるなら、説得力がどの程度あるかは疑問であろう。なぜなら定職の有無と犯罪実行の可能性とは必ずしも直結しないからであり、また、刑務所内での職業訓練を外界での就職に生かす者は少ないからである。かくして、現在のところ、そこまでの職業訓練の拡大を主張する者は稀である。

以上見てきたように、受刑者の改善・社会復帰にとって、刑務作業にあまり多くを期待できないのが現状である。それ故、刑務所収容中に再犯防止策を行うべきことを主張する側からは、むしろ刑務作業中心の現状が批判され、より積極的に犯罪者の改善・再社会化をめざしてのいわゆる科学的処遇が実施されるべきことが強調されるのである。その限りで、刑務作業の重要性は減じることとなるが、このような立場からの、刑務作業の個々的な問題についての若干の解決案を見た後、第四の一般労働と同じものとしての刑務作業という考え方を述べてみたい。(31-33頁)

……

刑務作業の意味を、一般的な労働の権利および義務を受刑者にも及ぼすものだとした場合、基本的には、外界での労働関係が、犯行の前後を問わず、刑事訴追、有罪決定さらには刑罰執行の各段階においても維持されるのが望ましい。

監獄法との関連では、自由刑の執行と受刑者の従来の職業生活とを両立させるためには自由刑の側の刑罰内容を縮減することが必要となるが、それは、現在においてもすでに一部の者には認められている外部通勤や私企業の構外作業場への泊り込みなどを一般化することによって可能となる。

受刑の開始時に職場を有する者にはそこへの通勤を継続させ、新たに職を見つける必要のある者も自分で探してきた職場へ通うことを原則とするが、自己の責任において外部での仕事を見い出しえない者に対しては、国が一定の職を与えることも、一般的な失業対策、福祉的な授産活動の一つとしてその必要性が肯定される。これもまた国が開発した外部の職場に働きに出ることを原則とする。

以上に対して拘禁確保の必要上、閉鎖施設への24時間にわたる収容を余儀なくされる者には、刑務所工場での作業や、施設維持に必要な経理作業あるいは、営繕作業な

どが与えられる。

　どの程度の職種を揃えるべきかは外界での失業対策事業と同じレベルで判断されるべきことがらであるが、理由はどうあれ国の制度の一つとして身柄拘束を強制されている人びとに対しては一般よりも手厚い保護が与えられるべきことも主張しえよう。好景気の折には外界企業からの委託作業などで十分賄えようが、不景気で仕事探しも難しくなる場合には、国が企業主としてそのような人びとに与える職を確保するために、製品の販路を確保するべく、官用主義の採用なども当然考慮されてよいと思われる。かつて存在して民業圧迫論は囚人の搾取状況である無料働きを背景にした低価格製品に向けられたものであって、現在では、施設内工場においてしか就労しえない人びとに対して安定的な労働機会を提供するための措置として、当該製品を購入する義務を国の諸機関に課すことまでも正面切って反対する議論は少なくなりつつあるのではなかろうか。また、このような官用主義による問題の解決は、ひとり刑務作業だけでなく、必ずしも一般企業内で適切な職場を見い出しえない人びとに対する授産施設での労働生産物についても考えられるべきであり、刑務作業はその一環としての位置づけを与えられるものである。

　以上のような作業に対しては、当然、通常的な意味での報酬=賃金が支払われるべきであり、この点で刑務作業を外界での労働と区別する必要性はなんら存しない。賃金の使用においても受刑者の自由は認められ、自発的な貯金以外に施設側の集中管理を肯定する必要はなかろう。収容中の諸費用のどこまでを国の負担とし、どこまでを被収容者の負担とするかの決定は重要なものであり、その結果によっては、多くの者にとって賃金の大部分が生活費にあてられることになるかもしれない。しかし、その場合でも、自己の生活責任を自分で負うことはそれなりに意味があろうし、また、釈放後の社会復帰は、多少の貯えの存在によってよりも、職業生活の安定をもたらす就労によってこそ図られるべきものといえよう。

　作業に対する賃金の額としては、私企業で働く者には他の就労者と同じものが、また、国営の刑務所工場で働く者にも外界の類似産業における額と同等のものが望ましい。炊事、洗濯といった経理作業等についても同様である。このような賃金額の支給は、現在の刑務作業予算からはとうてい認められえないが、受刑者の労働力を無料同然で使いうるというそれ自体きわめて前近代的な観念を取り去れば、至極当然のこととして強くその実現が望まれる。このような刑務作業の構成の上に立ってはじめて、作業供給を義務づけられた当局は、堂々と財政当局に予算を請求しうるのではなかろうか。囚人労働力搾取の上にたった低賃与金体制を打破するためには、根底的な発想の転換と新しい視野に基づく論拠が必要だと思われる。

　失業保険、労災補償といった作業関連分野においても以上のような自由化傾向は及ぼされる。これを推し進めると刑務作業に責任を持つものとして、現在のような法務省が望ましいかにも疑問はある。失業対策、福祉事業の一環としての刑務作業を徹底

> させるなら、職業安定所の刑務所内出張所や、厚生省系の授産施設の一つとしての刑務所工場という構想も十分成り立ちうる。ただ、受刑中の人びとのことを総合的に把えて面倒をみるという観点から、現在のように刑務所当局にその運営をまかせることも便宜といえよう。しかし、その際にも、作業の実施が保安職員に委ねられる日常的な囚人管理統制の中核としての刑務作業体制の打破が必要なことは多言を要しまい。
> 　刑務作業を以上のようなものとして把えることが可能であること、さらには、一方で純然たる害悪賦課的要素を否定され、他方で改善・社会復帰手段としてもあまり重要性を認められないとされたことから、以上のような意義しか与えられない刑務作業ということを前提とすれば、そのような刑務作業を自由刑の刑罰内容の一つとしておくことにどれだけの意味があるかは大いに疑問であろう。具体的にどのようなものとして実施されるべきかを考えた結果として得られた作業体制が、もはや刑罰内容として存置するにふさわしいものではなくなったのである。改正監獄法の内容は、単に刑法に拘束されるのではなく、刑法に対して一定の注文をつけうるとすれば、監獄法の作業規定を考えることが、いわば禁錮一元論ともいうべき自由刑単一化論を帰結することになるといえよう。（35-36頁）

3　解　　説

▶刑務作業を理解するための視点

　刑務作業の位置づけを考える際は、懲役刑のように刑罰としてそれを義務づけるべきかという刑法レベルの問題と、施設内処遇の一内容としての刑務作業をいかなる性質のものと理解するかという行刑法レベルの問題の２つが密接に絡み合っていることを意識する必要がある。

　たとえば、刑務作業を一般社会での自由労働と同質のものと捉える吉岡理論は、行刑法レベルでの考察の結果導かれたものであるが、それを実現するためには、刑事被収容者処遇法（以下、処遇法）上の関連規定を見直すだけでなく、懲役刑の内容を「刑事施設に拘置して所定の作業を行わせる」ものと規定する刑法12条２項の改正が必要になる。

▶刑罰内容としての作業強制

　現行刑法は短期間の拘束である拘留を除けば、作業義務を賦科した懲役と賦科しない禁錮という２種類の自由刑を規定している。懲役は原則として禁錮よりりも重い刑であるが、無期禁錮は有期懲役より重く、有期禁錮の長期が有

期懲役の長期の2倍を超える場合は、禁錮の方が重い刑となる（刑法10条1項）。無期限の自由拘束の過酷さは期限があるものと比べものにならず、無期禁錮が有期懲役より重いのは当然であるが、注目すべきは懲役1年は禁錮2年よりも重いとされることである。これは、現行刑法が作業を強制されることの苦痛をいかに重視しているかの表れであろう。

　しかし、禁錮受刑者の大半（過去10年間は82.5％から93.4％の間で推移）は自ら希望して作業に就いている。その背景には、作業以外の処遇がなお充実していないため、何もしない状態で漫然と過ごすことの方が苦痛であるという実情があるのだろう。そうすると、むしろ作業を課さない方が苦痛である場合もあることになる。他方で、作業拒否で懲罰を受ける受刑者が多いことからすれば、作業は苦痛として作用しているようにも見える。しかし、集団室での人間関係の煩わしさから、単独室に逃げ込むための手段として作業を拒否する受刑者も多いとされている。現状の作業には、少なくとも刑法が重視するほどの苦痛の実態はなさそうに見える。

　これは、刑務作業においてかつてのような奴隷的使役が許されなくなっていることと関係があると思われる。処遇法95条は、労働安全衛生法令に準じた安全衛生確保措置を施設長に義務付けており、かつての北海道開拓時代のように、生命を落としかねない劣悪な環境で受刑者を使役することはもはや許されない。また処遇法94条1項は、「作業は、できる限り、受刑者の勤労意欲を高め、これに職業上有用な知識及び技能を習得させるように実施する」と規定しており、殊更に苦痛を感じさせるような作業を実施することも許されない。作業時間についても1日8時間以内が原則とされ（刑事被収容者処遇規則47条1項）、作業を中断して入浴や運動へ行くことも多いことから、実働時間はもっと少なくなり得るため、長時間の使役により苦痛を味わわせることもできない。現状で作業に苦痛の要素があるとすれば、昨今の経済状況の影響もあって、施設内で将来の社会復帰の促進につながりうる作業の確保が困難となりつつあることとの関係で、紙細工等の有用性を実感できない軽作業をせざるを得ない場合であろう。処遇法はそうした実情に配慮して、「できる限り」有用作業を確保すれば施設は義務を果たしたと考えている。しかし、生産性が低く技能の向上にも結びつかない「低格作業」（かつて犯罪白書で用いられていた概念で、内職的手工作

業で、本人の更生上からも国家収入の面からも好ましくない作業を指す）は、現行法上好ましくない存在である。その存在を作業に苦痛の要素を見出す根拠に用いることはできない。

　こうした状況にあってなお刑務作業を苦痛と感じさせようとするのであれば、それはもはや一般社会で大多数の人が生計を立てるために行っている労働を、生きるために嫌々ながらに行っているものであるとみなすことにならざるを得ない。こうした労働を蔑視する考え方は、憲法27条1項が「すべての国民は、勤労の権利を有し、義務を負ふ。」と宣明することにより採用した労働観に沿わないうらみがある。憲法上の勤労の義務とは、働く能力がある場合に生活保護を支給しないという意味であり、働くことを法律により強制できるという意味ではないことについて広く合意がある。そうすると、この規定は、安心して働くことができる環境整備を国に義務付けることに意味があることになり、憲法が採用している労働観は、尊く歓びを感じることのできる自己実現の手段としての労働ということになる。作業を強制する現行刑法12条2項は、労働蔑視の考え方に基づいており、現行憲法、少なくともその基盤となる労働観とは整合しない。直ちに違憲無効といえるかはともかく、将来的に改正を要する。

▶刑務作業の果たすべき機能

　次に、刑務作業が果たす機能に目を転じると、①受刑者労働力の国家的利用に関しては、前述のように既にそれが必要な情勢ではなくなってから久しい。②刑罰的苦痛を賦課するという側面についても、有用作業ができる限り確保されなければならないこととの関係で、正面から目的として掲げることができなくなっているのは先に見た通りである。

　③行刑に要する国家支出の補填に関しては、伝統的に、刑務作業においては収益を上げて、行刑に要する費用を賄うという自給自足の原則が重視されてきた。しかしながら、有用作業確保が困難になる中で、近時は刑務作業による収入が収容費を大幅に下回る状態が常態化している。また、それ自体は収益性のない職業訓練は、社会復帰にとっての有用性から伝統的に刑務作業の一種として扱われてきており、処遇法94条2項も免許・資格取得や職業上有用な知識・技術の習得の必要性があり、相当と認めるときは訓練を作業として実施すると

規定している。しかしながら、収益性確保が至上命題である限り、職業訓練は一部の限られた受刑者にしか実施できないことになり、その状況が長く続いてきた。ところが近年は、2006年以降毎年職業訓練種目の新設が行われ、またとくに2007年より多様な職業訓練種目を用意するPFI方式の施設（「社会復帰促進センター」という名称を有する官民協働運営の刑事施設。権力性がないもしくは低い業務が民間企業に委託され、国が運営する施設には見られない、特色ある処遇が展開されている）が運営を開始したことにより、職業訓練人員は飛躍的に増加している。職業訓練修了人員は平均就業人員の2割程度に達しており、もはやごくわずかな例外とは言えない状況になっている。加えて2011年には、賃金の収支を伴わないボランティア的な労務提供作業である社会貢献作業が導入されるに至っている。社会貢献作業に従事している受刑者は少数にとどまるが、収益を上げることを目指さない作業が導入されたことの意義は小さくない。現状において自給自足原則を明記した法令は存在せず、処遇法94条1項が、2項の職業訓練を含む作業全体について、収益性があることではなく、社会復帰に有用であることを求めていることからしても、自給自足はそれ自体として追求されるべき目的とは言い難い。

　④施設内の規律秩序の維持については、工場で作業を実施することが、多数の受刑者を少数の刑務官により効率よく管理するための手段として機能していることは否めない。しかしこれも正面から刑務作業の目的として掲げうるものではない。

　そこで問題になるのが、⑤社会復帰の手段としての刑務作業の役割である。日本では行刑の場面においては教育刑論が支配的であり続けたこともあり、これを刑務作業の本質として理解する見解が多数である。処遇法30条もまた、「その者の資質及び環境に応じ、その自覚に訴え、改善更生の意欲の喚起及び社会生活に適応する能力の育成を図ること」を受刑者処遇の原則とする。そこでいかなる意味で刑務作業が社会復帰に寄与するのかを問えば、有用作業の確保が容易ではない現状では、「職業上有用な知識及び技能の習得」より「勤労意欲の向上」という精神面の鍛錬に重点を置くしかない。しかし、中には資産家で出所後に働かずとも生活に困らない受刑者もいるはずである。また近年刑務所内に増えてきている高齢者にとっては、出所後も就労ではなく福祉の力を借り

つつ生きていくことが社会復帰である場合も多い。そうした場合にもなお作業、しかも高齢者用の養護工場で行われているような職業上有用な知識・技能の習得におよそ結びつかなさそうな作業を強制するとすれば、作業が社会復帰の手段であるとは言いがたいことになってしまう。現状では、刑法により刑罰内容として作業が強制されているとの理解から、懲役受刑者が作業義務を免除されるのは、休養患者のように物理的に作業を実施することが困難な場合や懲罰中や保護室収容中など規律秩序の要請が高い場合、外出外泊時など特別な場合に限定されている。また、改善指導や教科指導を実施する必要性が高い場合であっても、矯正処遇時間の大部分は作業に従事していなければならないと解されている（現状では、平日は月2回の指導日以外は、日中の時間帯、作業を行うことになっている場合が多い）。しかし、刑務作業が社会復帰の手段であるという前提を維持するのであれば、類型的に作業が社会復帰に有用ではないと思われる場合には作業義務を免除する必要があると考えられる（この立場は、さらに、刑法12条の「所定の作業」は刑務作業以外の矯正処遇も含むと理解し、同条により作業以外の処遇が義務付けられると解する見解と、「所定の作業」は刑務作業を意味するとし、それ以外の矯正処遇の義務付けの是非は処遇法上の問題であると位置づける見解に分かれる）。しかしこうした構想に対しても、懲罰の威嚇の下に有用とは言い難い作業を強制的にさせられることが、本当に勤労意欲の向上につながるのか、という根本的な疑問があり得る。この立場からは、刑務作業を社会復帰の手段として純化するためにこそ、義務付けを解除すべきことになる。

　最後に、⑥自由労働と同質のものとして刑務作業を捉える構想は、先に見た社会復帰を促進するためにこそ意欲のある者に作業機会を提供するとの体制が求められるとの立場と、吉岡説のようにそもそも社会復帰処遇を否定する立場の双方から要請されている。この構想に従えば、職業訓練は刑務作業とは異質な、改善指導等と並ぶ教育の一種として再編されることになろう。また作業の中でも、採算ベースにのらない福祉的就労の意味合いを有するものは、同様に教育あるいは福祉的サービスの一種として再編されると思われる。この立場については、刑務作業の強制を一般的に解除した場合、それが事実上果たしていた、④規律秩序の維持機能をどう代替するかが問題とならざるを得ない。この構想を実現するためには、日中の時間帯に作業に代わる活動として、何を提供

するか、それは義務付けるべきものか、(吉岡説において明確なように)一切の義務付けを否定するとすれば、無為徒食の受刑者は出てこないのか、出てくるとすればそれは正当化されるのかなど、強制作業なきあとの刑事施設の有り様を具体的に提言することが必要に思われる。

▶**作業報酬の性質**

現行の作業報奨金は、釈放の際に支給されるとされ（処遇法98条1項）、出所時の更生資金に充てることが意図されている。しかし、報奨金額は平均月額5000円弱と依然としてきわめて低額であり、出所者の5割以上が3万円以下の報奨金額しか給与されていないことから、出所時の更生資金という本来の趣旨を果たし得ていない現状にある。これは、③費用増大を抑制し自給自足を達成しようとした旧来の考え方の残滓であり、現行制度の趣旨を維持するとしても大幅な増額が望まれる。

報奨金の性格に関しては、「作業の成績その他就業に関する事項を考慮して算出」（同2項）される点で、一般的行状を考慮要素としていた監獄法下の賞与金制度に比べて、作業に対する対価性が強くなっている。しかし、釈放前の使用に制限があること（同3項）、逃走時に零となり（同4項）、懲罰として削減される（同151条）といった点で、作業に対する対価そのものである賃金でないことは明らかである。賃金を支給しないことの正当化根拠は、②刑務作業が刑罰として強制されたもので労働ではない点や、⑤社会復帰を促進するための手段である点に求められてきた。しかし前者に関しては、刑罰としての作業強制は憲法上の職業選択の自由を奪うものに過ぎず、就業した場合の賃金報酬請求権まで奪うとすれば、自由刑だけでなく財産刑も科すことになってしまうと反論されている。また後者に関しても、社会復帰を促進するためにこそ、労働すれば対価として報酬が手に入ることを実感させる賃金制度を採用しなければならないとの主張も見られるところであり、決め手にはならない。多数説による刑務作業の性格付けを前提としても、賃金制の採用には支障がないように思える。それに対して、⑥自由労働の一環として刑務作業を捉えると、必然的に賃金が支給されなければならないことになる。

賃金制を採用した場合、賃金の額が最低賃金を下回る理由は見出せないため、現状に比べて大幅な増額が実現することになる。しかし、賃金制を採用した場

合、能力や機会の制約により有用作業に従事できない受刑者の賃金はかなり低額になることが予定されるがそれでよいのか、現状では更生資金としての意味合いから職業訓練受講者にも報奨金が支給されているがそれをなくしてよいのか、収容費を差し引くことを認めるべきか、認めるとした場合に全額が差し引かれるようなケースにどう対応すべきか、といった課題を解決する必要がある。究極的に自己責任論で解決すべきとする吉岡説に賛同できるかは、判断が分かれるところであろう。

4　関連文献

▶仲里達雄『刑務作業の本質についての研究』法務研究報告書44輯4号（法務研修所、1958年）

　著者は矯正実務家である。憲法13条の求める国民の個人としての尊重が、受刑者の改善を刑罰目的とする教育刑主義を要請するといった、今日では受け入れがたい主張を含むものの、刑務作業を義務付けつつ賃金制採用を主張する、刑務作業の本質は釈放後の労働生産性を最大限高めることにあるため職業訓練に主眼が置かれるべきであるなど、教育刑主義を徹底した場合のひとつの帰結を示しており、参考になる。とりわけ興味深いのが、自給自足原則は、稼働能力がある以上自らの力で生活費を稼ぐべきとの教育目的から採用されており、そうであるが故に、自給自足と受刑者の改善が相反する場合は、当然改善目的が優位に立つとの主張である。自給自足は自己目的ではないという発想に、今なお学ぶべき点は多い。

20 社会内処遇

●基本文献
瀬川晃
『犯罪者の社会内処遇』
(成文堂、1991年)

金澤 真理

0　原著者紹介

　1947年生まれ。同志社大学法学部卒業。京都大学大学院博士課程中退。同志社大学法学部助手。1987年より同志社大学法学部教授。司法試験考査委員、法務省法制審議会少年法部会委員、法制審議会刑事法部会委員、法務省行刑改革会議委員、法務省「更生保護を考える有識者会議」委員等を歴任。また、イギリス・ケンブリッジ大学犯罪学研究所に留学し、同大学より Diploma in Legal Studies を授与された。

1　基本文献の意義と位置づけ

　基本文献は、ケンブリッジ大学留学中に書かれた「社会内処遇の序論的考察」をはじめとして、社会内処遇の理論と実践に関する英米法との比較法的研究成果をまとめた瀬川晃のモノグラフィである。当時先行していた英米の議論状況の変化を比較考察の対象としながら、現実を直視し、日本における社会内処遇論に対し、冷静な批判的検討を加えた基本文献の具体的提言は、その後の実務はもとより、立法に対しても少なからぬ影響を与えた。

　社会内処遇とは、施設内処遇に対するものとして、比較的近年になってとりあげられるようになった概念である。日本では、アメリカ型のパロールに倣って制度的に導入されたとされ、仮釈放、保護観察（個別の内容に関しては、後掲仮釈放、保護観察の項目に譲る）、更生緊急保護を主たる内容とする、刑事施設外で行われる社会復帰を目指す諸施策を指し、公的には、ほぼ同義の「更生保護」

が用いられている。

　基本文献は、社会内処遇概念が近年注目される理由を、①一般的な理解可能性、②実態に則した処遇の表現、③施設内処遇との対比に見出し、犯罪者への改善更生の制度として日本に導入、展開された経緯を時系列に沿って区分したうえで、社会内処遇の「神話」を切り崩すべく、批判的考察を加えている。基本文献の意図は、社会内処遇の意義を再定位し、現実を踏まえた社会内処遇の量的拡大・質的充実を提言する点にあるが、社会内処遇実務に対する問題意識より生じた、「楽観的」という評価の表現が誤解を招き、一部の批判を浴びることともなった。

　もっとも、基本文献の意義を、かかる論争的な点からのみ捉えるべきではない。当時相次いで出されたパロール廃止論にまず着目し、英米の公的組織や研究機関の出した豊富な資料を渉猟し、政治状況の動向にも目配りしながら、組織、制度整備はもとより、実施における諸問題、効果への疑問、人権保障手続に至る多岐にわたる論点を実証的に分析して、日本における改革の示唆を得ようとした総合的な研究成果であり、瀬川自身が委員となった「更生保護を考える有識者会議」提言を通じて、近時の更生保護立法へと結実した。基本文献の刊行時と比較すると現在は、諸外国の政策、制度論に示唆を得た社会復帰理念、ソーシャル・インクルージョンに関する議論の深まり、刑事政策と他領域（とくに福祉分野）との連携等、日本の議論状況に大きな変化が見られるが、基本文献は、比較法的視座に基づき、日本の社会内処遇論に影響を与えた貴重な研究として位置づけられよう。

2　基本文献（原典）

> 第一編　英米における社会内処遇批判の展開
> 　現代は社会内処遇の時代であるといわれる。刑務所を中心とした施設内処遇の限界が明らかになるにつれ、社会内処遇に大きな期待がよせられているからである。……しかし、他方、英米を中心として社会内処遇に対する批判も無視できない潮流を形成している。以下には、まず今日の社会内処遇批判の源流というべきアメリカ合衆国を中心としたパロール批判をとりあげた後、イギリスにおけるパロール（parole）及び

プロベイション（probation）に対する批判論を検討する。（15頁）
……
第四章　社会内処遇批判の基本的視座
一　パロールの本質
　一　パロールの目的
（1）公式に表明されたパロールの目的
　……パロールの目的については次の5つに要約できよう。①受刑者の社会復帰（パロールは受刑者が再犯に陥ることなく普通の社会生活ができるように導く）。②受刑者の所内行状に対する褒賞（パロールは受刑者の刑務所内での行動が良好な場合に与える褒美である）。③刑務所運営の一手段（パロールは刑務所当局の管理・運営能力を強化・拡大するもので、刑務所人口を調節し、刑務所内の秩序を維持することに役立つ）。④費用節約（刑務所に受刑者を拘禁するのに要する費用は莫大なものであり、パロールは拘禁費用を節約し、他の処遇方法に比べて安価である）。⑤公共の保護（パロールは、釈放後の保護観察と仮釈放の取消し《再収容》を伴う点で、無条件の絶対的釈放に比べ社会防衛に資する）。

　①の受刑者の社会復帰に重点をおいてパロールを捉える見解が、これまでの刑事政策の主流をなすものであった。イギリスでも、パロールを正当化する理論的根拠としては、導入当時、ピーク理論が主張された。ピーク理論では、第一に、刑務所のなかで受刑者を改善し処遇の最良段階（ピーク）に到達させることが可能であること、第二に、受刑者が処遇の最良段階に到達したことを認定できること、第三に、釈放後の保護観察は刑務所内で到達した処遇の最良段階の維持を可能にすることが前提となっており、楽観的な社会復帰理論・改善主義が基礎となっていた。

　しかし、この楽観的な社会復帰理論に基づくパロールは、まずアメリカ合衆国で強い懐疑にさらされ、イギリスにも影響を与えた。刑務所内で受刑者を改善し処遇の最良段階に到達させる処遇技術は存在するのか。受刑者が改善し処遇の最良段階に到達したと仮定したとしても、それをいかに認定するのか。仮釈放委員会は、受刑者の釈放後の再犯予測に無力ではないのか。仮釈放者に対する保護観察は、処遇の最良段階を持続させうる改善効果を持っているのか。このような疑問は反社会復帰思想及び正義モデルの台頭とともに、イギリスでもパロール廃止論につらなったが、同時にパロールを支持する者にとっても、パロールの主要根拠がそれほど確実な実証に基づいておらず、改善効果に対する幻想を前提としているのではないかとの反省を迫ったものとして重要な意義を要する。（146-147頁）
……
二　プロベイションの理念と現実
　従来、イギリスでは、プロベイションは伝統的ケースワークの一環であるとの見方が定式化していた。したがって、伝統的ケースワーク論の後退は1970年半ば以降、プ

ロベイション分野にも大きな影響を与えずにはおかなかった。伝統的ケースワークの一環としてのプロベイションにおける理念と現実の齟齬を、ここでは次の五点に整理しておきたい。

　第一に、プロベイションとケースワークとは本来的に矛盾する。……
　第二に、保護観察官がケースワーク原理を実践しようとしても、実現するための具体的な方法が曖昧で不明なままである。……
　第三に、プロベイションは対象者のニーズにこたえておらず、対象者が直面している経済的及び社会的問題の解決に役立っていない。……
　第四に、プロベイションの運用には正義の観点からみて問題が多い。プロベイションはケースワーク原理に基づいている建前をとりながらも、刑事制裁として国家機関の関与を認めるものであり、対象者は種々のハンディキャップを負わざるをえない。……
　第五に、プロベイションは喧伝されてきた効果が未だに明らかになっていない。……
　このようなプロベイション批判論の台頭は、保護観察官の間に波紋を描くとともに、プロベイションの役割・機能をリアリスティックに洗い直し、保護観察の実態を明らかにしようとする作業を促した。(155-158頁)

三　社会内処遇と現代刑事政策思潮――「社会復帰思想への反乱」から「社会復帰思想の変質化」へ――
　一　社会復帰思想への反乱
　刑事政策思潮の観点からみると、社会内処遇批判の原型であるアメリカ合衆国のパロール廃止論の底流には、社会復帰思想への強い懐疑があったということができる。けだし、不定期刑制度と結びついたパロール制度を支えた刑罰哲学は、何よりも社会復帰思想そのものであったからである。この思想によれば、第一に、刑務所内で犯罪者を「改善」することが可能であり、第二に、刑務所のなかで犯罪者が「改善」したかどうかを判定すること及び将来の危険予測が可能なのであった。すなわち、受刑者の社会復帰にとって必要な期間は予め画定することができないので、刑期を不定期にしておき、受刑者の「改善」が判定できたとき、すなわち、将来における再犯の危険がないと判断できたとき仮釈放委員会が受刑者を釈放すればよいと考えられた。そして、仮釈放と同時に受刑者を保護観察に付すが、その理由は社会防衛とともに刑務所内で始められた社会復帰のための処遇を継続するということであった。他方、このような社会復帰思想の背景には、施設内外での犯罪者に対する改善処遇、行動変容の測定及び危険予測を支える「科学」が存在するという楽観的な科学主義が基礎となっていた。
　しかし、刑務所のなかで受刑者を「改善」する可能性については多くの研究が消極

的な結論を明らかにしたが、パロールの現実についても、パロールの調査結果に従えば、このようなパロールの前提をことごとく破るものであった。すなわち、それらの調査結果を総合すると、次のようになろう。＜仮釈放委員会は社会復帰・改善の判定はおろか将来の危険予測についても、無力であった。また保護観察も、通常、無意味であるばかりか、時には対象者にとり有害でさえあった。さらに仮釈放の取消しの威嚇効果についても「周辺的なものにすぎなかった＞。(161-162頁)
　……
四　社会内処遇の新たな地平
　……
一　リアリスティックな視点からの社会内処遇の推進――パロール廃止論の教えるもの
　(1)アメリカ合衆国及びイギリスにおけるパロール廃止論の最近の動向（171頁）
　……イギリスではパロール廃止論には、イギリスの代表的な刑法学者や犯罪学者が参加しており、パロールに対する重大な疑念は今なお刑事政策思潮として無視しえない潮流を形成している。イギリスでのパロールに対する主要な批判点としては、パロールが自然的正義に反する、社会復帰効果がない、さらに受刑者に対するコントロール強化の一手段にすぎないとするものであった。パロール廃止論者はこのような批判を背景として、小手先の改善は無用ないし有害であるとして、ストレートに廃止の主張を打ち出したのであった。しかし、イギリスでパロール全面廃止の主張が立法提案として採用される可能性は、今のところ小さい。この点は、わが国でも同様であり、仮釈放と保護観察を完全に廃止せよとの立法提案は存在しないし、今後も当面は出てこないであろう。
　(2)わが国へのインパクト
　ではなぜわが国においてパロールの廃止論が実際的な影響を持ちえないのか。まず、仮釈放が適正手続に反するとしても、仮釈放は受刑者の「権利」ではなく、受刑者に与える「恩恵」にすぎず、問題はないとする考え方が一般的にきわめて根強いことがあげられる。さらに仮釈放は社会復帰効果の点で不十分であるとしても、刑務所人口の調節や刑務所内の規律の維持という実務上の大きな利点をもっていることも仮釈放の意義を強めているといえる。また、アメリカ合衆国では、パロールを廃止した場合でもなお拘禁期間の長期化や刑務所人口の増加が指摘される一方、代替案として提起されるものも善時制に近い性格のものがほとんどであり、新鮮味にかけることも考えられる。
　このようにして、パロール廃止論それ自体はわが国では今後大きな支持を得るとは考えられないが、パロール廃止論が、従来の社会内処遇に重大な反省を迫った点は高く評価すべきである。すなわち、パロールの基本的前提は、第一に、刑務所内で受刑者を改善することが可能であり、仮釈放委員会は受刑者が改善したかどうかを判定することができる、第二に、受刑者を釈放後保護観察に付すことによって刑務所で始

られた社会復帰のための処遇を継続することができる、第三に、仮釈放の取消しの威嚇効果によって公共を保護できる、というものであった。しかし、パロールをめぐる現実は、これらの前提を保障しなかった。この点、わが国についても、これまでの仮釈放及び保護観察に関する調査結果をみるかぎりにおいては、かなりの程度に妥当する。それゆえ、施設内処遇から社会内処遇への転換は刑事政策の国際的潮流であるとの認識にたって、社会内処遇を無批判的に展開したり、社会内処遇は大きな成果をえていると高唱することはあまりにオプティミスティックというべきである。

　現代刑事政策は施設内処遇から社会内処遇への提言は、楽観的社会内処遇からの離脱の提言におきかえられるべきである。そうして、このように社会内処遇をリアリスティックに捉えてはじめて社会内処遇の着実な発展が期待できると同時に、対象者の人権・法的地位の問題が真剣に検討されることが可能になると思われる。
……

二　仮釈放と社会内処遇体制の相互連関
　……仮釈放は社会内処遇体制に密接に関連しており、仮釈放の運用は社会内処遇体制の実力の程度に左右されている。端的にいえば、仮釈放の消極的運用こそは社会内処遇体制が弱体であることを反映する。……予後の見極めのつかない対象者については、できるだけ仮釈放を認める時期を遅らせ、リスクを回避しようとされる。それゆえ、このような対象者群に対する仮釈放を活発化させる重要な方策は、何よりも社会内処遇体制を着実に充実・強化させていくことにあるといえよう。（169-175頁）

終論――総括と提言――
一　総括――社会内処遇におけるユートピアニズムとの訣別――
　啓蒙思想の台頭を背景に、死刑が中心であった時代から自由刑中心の時代に移った時、自由刑は開明的な刑事政策の希望の星であった。自由刑は何よりも死刑、流刑及び身体刑などの過酷な刑罰から解放する人道的な処遇形態であった。そして、刑務職員を改善処遇の専門家として養成し、受刑者を改善する処遇技術を開発することによって、自由刑を科学的な処遇形態として発展することができると考えられた。しかも、自由刑には一般予防はもちろん、とくに受刑者の社会復帰にも大きく寄与することが期待された。当時、死刑から自由刑への転換は、疑いを挟む余地のない刑事政策的提言であり人道的かつ科学的で社会復帰に有効な自由刑こそは犯罪者処遇のユートピアであった。しかし、今やこの自由刑の神話は崩れつつあるといってよいであろう。自由刑のもつ強烈なスティグマが指摘され、自由社会のなかで自由を剥奪する刑の苛酷性が非難された。さらに自由刑は受刑者を改善できるのか。改善処遇の専門家や処遇技術は本当に存在しうるのか。自由刑は、このような疑惑・非難にさらされ、危機の時代を迎えているのである。そして、自由刑の危機と呼ばれる状況のなかで、非拘禁化が叫ばれ、施設内処遇から社会内処遇への転換が必然的な刑事政策的提言と

なった。社会内処遇こそは人道的かつ科学的で社会復帰に有効な処遇形態である、とされるに至った。このようにして、今や社会内処遇が犯罪者処遇の新たなユートピアとなる時代を迎えつつあるのである。

　非拘禁化の提案のなかに、自由刑導入の際と同じユートピアニズムがあると指摘するS・コーエンは、社会内処遇のもつ重大な危険性として次の三つをあげた。第一は、「不明瞭化」である。社会内処遇は、壁なき刑務所ともいうべき社会のなかで行われるものであり、刑務所での強制的な処遇と比べ、刑罰としての限界が曖昧で漠然としたものとなる。第二は、「介入の拡大化」である。社会内処遇は、犯罪者を国家のコントロールから解放しようとするものではなく、社会内での監視体制を利用して、むしろコントロールを強化しようとするものである。第三は、「人道主義的偽装」である。社会内処遇は一面社会全体を刑務所化する苛酷さをもっているが、さまざまな人道主義的な修辞によって、これをカモフラージュする。さらにコーエンは、社会学的な観点からみて、高度に工業化された社会に於いて伝統的なコミュニティーが崩壊しつつあるなかで、社会内処遇がその実践の場をコミュニティーに求め、「前近代的な村の復活」を目指しているのは歴史皮肉であると指摘した。

　いずれにせよ、かつての自由刑に対するのと同じように、今また社会内処遇に対して過大な期待がかけられていることは警戒を要する。アンチラもいうように、「われわれは同じあやまり」を繰り返してはならないし、社会内処遇が奇跡を起こすと考えてはならない。では、社会内処遇を新たなユートピアとして終わらせないために、何をなすべきか。最も大切なのは、楽観的な社会内処遇の発想を捨て社会内処遇体制の現状を客観的に分析・把握し社会内処遇の限界をみきわめたうえで、社会内処遇の着実な発展を目指すことである。現在の社会内処遇体制において、何が可能で何ができないかをみきわめ、社会内処遇に過大な幻想を抱かないことこそが、社会内処遇の着実な発展の第一歩であるというべきである。そして、そのうえにたって、社会内処遇体制の飛躍的向上が積極的に図られるべきなのである。以上を要するに、社会内処遇の展望を開くためには、楽観的社会内処遇を完全に否定し、社会内処遇を新たなユートピアとして終わらせないための努力が必要であるということである。……

　本書の提言を総括的にまとめれば、次の4点になる。①社会内処遇の量的拡大。②社会内処遇の質的充実。③社会内処遇における着実な科学化。④社会内処遇における適正手続及び対象者の人権保障の強化。（421-423頁）

3　解　説

▶英米における社会内処遇批判

　基本文献は、日本の社会内処遇の整備状況を時代区分ごとに整理し、担い手

や手続に配慮しつつ問題点を析出したうえで、英米におけるパロール批判から改革の視座を得ようとする。基本文献を読み解くキーワードのひとつが「科学」である。まず、検討対象となるのは、パロールの現状に対する批判、廃止論である。恩恵、契約、管理というパロールの理論的根拠に向けられた不信に端を発し、実施実態に則して社会復帰への有効性に疑義を向ける調査報告を紹介しつつ、基本文献は、刑事施設内での矯正可能性、釈放後の行動予測可能性への不信に基づいた批判論が大きな潮流を形成することに科学的見地から着目し、読者の注意を喚起する。

とくに、イギリスでパロールの根拠とされた内務省白書のピーク理論（社会復帰のための処遇に積極的に反応し、その反応がピークに達したと認められるときがある。しかし、このピークに達した後は、拘禁をつづけると受刑者は悪化する。このような受刑者を適当な時期に釈放し、社会内で指導・援護を受けさせることが、受刑者の社会復帰にとって決定的に重要である、とする理論）に対して、白書公刊直後から批判が向けられ、パロールの導入根拠となった社会復帰理論自体への批判も根強くあること、また、仮釈放者の選択手続に関するスリー・タイヤズ・システム（地方審査委員会、仮釈放委員会および内務大臣の３つの機関が関与する方式）についても、実際には地方審査委員会で事実上の判断がなされている等の問題点が明らかにされたことを指摘している。

英米におけるパロールへの批判、就中、パロール廃止論をとりあげて、基本文献が論証しようとしているのは、刑務所内における受刑者の改善可能性および仮釈放委員会による改善状況の判定可能性、保護観察による社会復帰処遇の継続可能性、仮釈放の取消の威嚇効果がいずれも科学的に十分に実証されていないことである。このようにパロール自体が危機に直面したことに示唆を受け、また、社会内処遇自体にも権力的介入の契機があるとの問題提起を受け、基本文献は、日本での社会内処遇の無批判な展開に警鐘を鳴らし、真に有効で、適正手続に基づいた、対象者の権利保障に資する制度設計の指針を得ようとするのである。

注意する必要があるのは、英米において、パロール廃止論が社会復帰思想そのものへの根本的な批判となっている点である。基本文献は、英米の廃止論の背景事情が必ずしも日本では認められるわけではない、従って、社会復帰思想

への批判も含めて、日本において廃止論が必ずしも大きな支持を得るとは考えられないとしつつも、提起された問題を真摯に受け止め、「楽観的社会内処遇からの離脱」、社会内処遇におけるユートピアニズムからの訣別を提唱しようとする。

▶社会復帰思想の堅持と機能的処遇の提言

英米において厳しい批判にさらされた事実を受け止めながらも、基本文献は、社会内処遇の目的としての社会復帰思想・理念を放棄せず、むしろその維持を主張する。批判の対象とされるべきは、社会復帰思想そのものではなく、むしろ処遇の困難を予想して、仮釈放に踏み切らない慎重かつ消極的な仮釈放運用であるとするのである。基本文献が指摘するとおり、社会内処遇の実績や社会復帰に的をしぼった、限定的効果測定は困難である（基本文献436頁）が、背景となる政治的状況をも踏まえて英米の議論を検討したうえで、仮釈放の成否と社会内処遇体制の関連性に考察を及ぼし、仮釈放を活発化させるためには、何よりも社会内処遇体制を着実に充実・強化させるべきであるとの具体的提言を行う基本文献の主張には、説得力がある。

しかし、日本における社会内処遇体制は、必ずしも盤石ではない。つとに指摘されるように、保護観察官の絶対数は不足し、個々の対象者へのきめ細かな処遇は困難であり、更生保護施設も経営難に直面している。それ故、基本文献は、かかる状況を客観的データに基づいて示したうえで、法制度の整備、社会内処遇の量的拡大、質的充実、すなわち、制度的裏付けのある積極化策を提示する。さらに、対象者の社会復帰の利益を機軸とした仮釈放手続の適正化の提案も基本文献の特色をなす重要な点である。伝統的な仮釈放、保護観察にとどまらず、諸外国において先行して導入された新たな社会内処遇たる社会奉仕命令、電子監視にも検討は及び、瀬川は、新しい施策に限界があることを認めつつ、一定程度社会内処遇の新時代を切り開き、活性化をもたらしたと評価する。

▶更生保護法の制定

基本文献がその必要性を強調していた立法については、その後重要な動きがあった。2007（平成19）年、保護観察対象者、もしくはその対象であった者による殺人事件、監禁傷害事件が相次いで報じられたことで、社会内処遇に対する関心が高まったことを契機として、既存の犯罪者予防更生法、執行猶予者保

護観察法を一本化する形で更生保護法が制定されたのである。更生保護法立法過程では、瀬川自身もその一員として検討に加わった「更生保護のあり方を考える有識者会議」が提言を出した。提言は、更生保護が今日、機能不全に陥りかけており、抜本的な改革を必要とするとし、また、改革の実現に当たっては、国が現在の危機的状況を招いた責任が自らにあることを謙虚に反省し、不退転の決意で、強靱な更生保護制度実現のための具体的な改革を推進することを要望した。その改革の方向性として、第一に、更生保護制度に対する国民や地域社会の理解を広げること、次いで、民間に依存してきた更生保護制度を抜本的に改革し、更生保護官署の人的、物的体制を整備することで、実効性の高い官民協働を実現すること、第三に、実効性の高い積極的な処遇を実現するよう、保護観察の有効性を強化することを掲げ、これらの改革の方向性に従った具体的施策を、制度整備の方向性から担い手の再構築、相互の連携に至るまで詳細に項目を挙げてまとめた。

　提言を受けて成立した更生保護法のポイントとして、瀬川は、①「再犯防止」目的の明確化、②機能強化のための遵守事項の改正、③処遇の義務化、④段階的処遇の４つを掲げたうえで、①従来の社会内処遇が対象者との信頼関係構築、社会復帰支援を優先するあまり強制的な措置に踏み切れない面があったことに対し、「再犯防止」目的の明記により適正に講じる規定が整備されたと評価したうえで、②弾力的に特別遵守事項を用いることでメリハリのある保護観察の実現、③（詳細な実態把握の必要性を留保しつつ）体系的・科学的な専門的処遇プログラム、および④実効性の高い官民共同体制の実現を図ることができると、諸点について検討し、期待をも寄せている。いずれも瀬川が年来主張する、科学的見地に則した実効的機動的な社会内処遇の目的に沿うものである（瀬川晃「犯罪者の社会内処遇の変遷と現在」『大谷實先生喜寿記念論文集』〔成文堂、2011年〕107頁以下）。その成果がどのようにあがるかについては、刑の多様化をねらいとして刑法の一部改正を経て導入された刑の一部の執行猶予の影響と併せて、見守っていく必要がある。

▶変革する現代における社会復帰思想

　この間、立法の動向に加え、社会内処遇をめぐる議論状況にも変化があった。社会内処遇に関する最近の動向を踏まえた体系的な研究（染田惠『犯罪者の社会

内処遇の探求——処遇の多様化と修復的司法』〔成文堂、2006年〕、刑事立法研究会社会内処遇班『非拘禁的措置と社会内処遇の課題と展望』〔現代人文社、2012年〕）や、社会からの排除と再統合の視点からの研究（日本犯罪社会学会編『犯罪からの社会復帰とソーシャル・インクルージョン』〔現代人文社、2009年〕）等が相次いで発表されたのである。諸外国の最近の動向を踏まえた新たな課題の検討（土井政和「世界の刑事思潮から見た更生保護の将来——ドイツにおける最近の動向を中心として」『更生保護の課題と展望——更生保護制度施行50周年記念論文集』〔日本更生保護協会、1999年〕）に加え、福祉との連携を通じた実践的な社会内処遇のための諸施策が実施されたのを受けて、福祉と矯正・保護との連携の動きをフォローし、これに考察を加える動きも活発になっている。このような社会内処遇をめぐる最近の議論状況や諸施策の評価にあたり、いかなる視点から理論的検討を加えるべきかが再び問われている。

　この点で、基本文献が維持を主張した社会復帰思想がなお意義を有することには疑いがない。「更生保護のあり方を考える有識者会議」提言ならびに更生保護法も、再犯の防止を目的に掲げている。しかし、問題は、社会復帰の意味するところが再犯の防止に尽きるかどうかである。基本文献が取り上げた英米のパロール廃止論は、施設内処遇や、その代替としてのパロールだけでは、犯罪者を「改善」し、再犯のない普通の社会生活を達成することはできないと、社会復帰思想を痛烈に批判した。基本文献は、この批判を吟味し、社会復帰思想に立脚した改革の方向性を提示した。しかし、社会復帰思想そのものや、その前提たる「社会」「復帰」の意義についての洞察には、なお不十分な点があり、時代状況の制約もあり、社会復帰の到達点とその評価についても依然として明らかでないという憾みがあった。

　今日、変革する社会に直面して、社会科学の各領域における研究の深化、ならびに、社会的排除や疎外の実態、メカニズムの解明の努力が払われた。これに応じて明らかにされてきたのは、社会復帰を語る際、復帰を目指す者とそれを迎える社会との両側面から、しかもその相互作用に着目して洞察する視点の重要性である（金澤真理「日本の行刑改革と社会復帰理念」髙田昌宏・野田昌吾・守矢健一編『グローバル化と社会国家原則——日独シンポジウム』〔信山社、2015年〕349頁以下参照）。そうだとすれば、他者と共生しつつ社会生活を継続する前提とし

て、犯罪により他者を傷つけないことは不可欠の要素であると言えるが、社会との結節点をいったん失った者がそれを取り戻す再統合過程の中で社会復帰を捉えるとき、復帰の条件は決して再犯防止に尽きるものではない。むしろ社会内処遇の目的を再犯防止に特化することは、対象者への監視を強化し、強力な不良措置により復帰すべき社会から排除することにもなりかねないとの指摘に耳を傾けるべきである（山岸信雄「改善更生と再犯防止——更生保護制度の見直し」立法と調査261号〔2006年〕39頁）。社会復帰を妨げる要因には、もとより対象者本人の更生意欲、努力不足に帰するものもあろう。そのため、施設外だからこそ、対象者に対し、時に強く働きかけることの必要性があるとの主張には頷ける面もある。しかし、改善更生が強制に至れば、自律的な社会復帰の本来の意義を損ねることになりかねない。楽観主義によるのではなく、科学的、理論的論証に基づき、かかる指摘がなされることに注意を致すべきである（金澤真理「更生保護の現代的意義」浅田和茂ほか編『刑事法理論の探求と発見　斉藤豊治先生古稀祝賀論文集』〔成文堂、2012年〕445頁）。また、現実に則して、社会内処遇の対象となる者にとって、自律的に「普通」の生活を送ることだけでも困難があるところ、善良な社会の一員となるという、より高いハードルを設定することは、かえって社会内処遇の効果を殺ぐことにならないか、疑問なしとしない。

▶社会内処遇の課題と展望

　更生保護法施行後も、刑罰の多様化の動きを受けて、刑事司法、関連諸法の整備、改正、再編が進められている。社会内処遇の新たな手法に一層の注目が集まり、それ故社会復帰概念の内実、担い手に関する研究の深化が求められている。しかし、実務的経験を踏まえ、地道にこれを検討し、犯罪者とみなされた者が、あらゆる意味でそうみなされなくなる状態への推移、そのための援助過程を社会復帰と捉える広い視角から、社会復帰の阻害要因を内的人格的なものと、外的な社会的、法的阻害要因とに区分し、これを克服しようとする見方が既に示されていたことは注目されてよい。保護観察の現場での経験を踏まえ、社会内処遇の形成、発展過程を歴史的に丹念にフォローする研究（安形静男『社会内処遇の形成と展開』〔日本更生保護協会、2005年〕）は、「楽観」論に陥ることなく、地に足のついた社会内処遇の実践への提言として、現代的課題解決にとって、示唆に富むものと言えよう。

4　関連文献

▶法務省　更生保護のあり方に関する有識者会議「提言」
　2005年7月20日、国民の期待に応える更生保護を実現するため、幅広い観点から更生保護制度全般を検討するために、さまざまな分野の有識者による構成で議論すべく立ち上げられた。17回の会合を重ねた末、2006年6月27日、検討結果をまとめ、報告書（提言）を提出した（http://www.moj.go.jp/shingi1/kanbou_kouseihogo_index.html）。

21 保護観察

●基本文献
菊田幸一
『保護観察の理論』
(有信堂、1969年)

小長井 賀與

0 原著者紹介

　1934年生まれ。中央大学法学部を卒業し、明治大学で法学修士号取得。カルフォルニア大学客員研究生、法務省法務総合研究所研究官補を経て、明治大学法学部教授。現在は同大学名誉教授、弁護士。専門は刑事法、刑事政策、犯罪学。1967年法学博士（明治大学）。法務省での研究実務と大学での理論研究を基礎に、国際制度比較を含めた体系的刑事政策論を打ち立てた。さらに、死刑制度の廃止や行刑改革について、積極的に政策提言をしてきた。主著に基本文献のほか、①『犯罪学〔7訂版〕』（成文堂、2009年）②『概説　少年法』（明石書店、2013年）③『受刑者の法的権利』（三省堂、2001年）④『日本の刑務所』（岩波書店〔新書〕、2002年）などがある。

1 基本文献の意義と位置づけ

　基本文献の大綱は菊田幸一の学位論文である。「近代的司法政策としての保護観察」に関する研究の集大成である。菊田の目指す保護観察は、「犯罪者の改善と社会復帰が目的刑の見地にたって三位一体論的なもの」（3頁）であり、そのための方策が、研究者としての豊かな学識を基盤に情熱と誠意をもって論じられている。
　基本文献の独創性の多くは菊田の経歴に由来する。大学での法学徒としての修学に加え、法務省法務総合研究所の研究官補として国内外の広範な関連情報や研究成果に触れた経験は、基本文献の理論に信憑性と奥行を与えている。基

本文献では主要先進国の保護観察制度を概観し、さらに、保護観察の成果に関する膨大な研究に目配せがなされており、その研究射程は広く深い。その意味で、本来の意味での「根拠に基づく（evidence-based）研究」の、わが国の刑事政策領域でのひとつの金字塔を打ち立てた。

基本文献の発行から約半世紀が経過し、時代状況や刑事司法を取り巻く事情が大きく変化した。基本文献の主張が当てはまらない事態がいくつか生じているものの、基本文献の趣旨は保護観察制度の本質論、原理に係る議論であり、時代を越えた普遍性をもつ。とくに、執行猶予制度とそれに付随すべき判決前調査の意義と機能については、菊田の透徹した議論の意義は決して色褪せない。一部執行猶予制度の導入を契機に新たな段階に入ろうとしているわが国の保護観察制度にとって、基本文献は現在でも示唆に富む。

基本文献では、刑事政策上重要な論点が複数扱われている。しかし、本稿は「成人の犯罪者処遇の仕組みとしての保護観察の実効性を高める方策」に論点を絞って、菊田の主張を紹介する。ただし、実務体験を基礎に刑事政策の理論を研究している筆者による、ひとつの見方に過ぎない。

2 基本文献（原典）

第一編　緒論
第一章　改正刑法における保護観察
1　プロベーションの現代的意義
　国際連合は、真のプロベーションは、(a)犯罪行為があったことに疑いがないこと、それが裁判手続きによって確立されることが必要である。(b)プロベーションの方法は、犯罪人の個人調査（personal examination）にもとづいて選択したところに従い個別化せられねばならぬ。(c)犯罪人の観察（personal supervision）および援助の組織は資格のある特別の職員を使用する組織ある機関によって設定されなければならぬとした。（5頁）
2　保護観察の実質的領域
　独立の処分としてのプロベーションは必ずしも自由な社会においてのみ適用されるべきものではない。……とくに治療・禁断ないしは教育の必要のために一定期間施設に収容することを条件の一つとすることはプロベーションをよりダイナミックな社会内処遇たらしめるところなのである。（9-10頁）

3　保護観察付執行猶予
　（我が国の）保護観察は、本来的に宣告猶予と結ばれるべきものであったということは別にしても判決前調査もなく、さらに、成人に対する保護観察であるという理由から保護観察の条件がいちじるしく緩和されたものとして登場した。……加えて執行猶予条件の緩和により、従来以上に施設外処遇の困難な対象者で占められるにいたった。かくして当然のことながら保護観察体制の不備もあいまって保護観察付き執行猶予者の取消率は30パーセントを前後するにいたった。……
　かかる現象が、保護観察の本来の目的である犯罪者の積極的な社会内における処遇手段たるイメージにマイナスであることはいうをまたない。ここでの保護観察は単なる執行猶予より保護観察付のばあいがより実刑に近いことを示し、再度の執行猶予が必要的に付けられるばあいは社会内処遇の最終的手段であるという段階を示す手段として、保護観察が使用されているにすぎないといってよいのである。「指導監督」という手段を「補導援護」の背後におくことにより補助的役割を強くした執行猶予者保護観察法は、積極的な処遇（指導監督）を怠ることにより執行猶予者について責任の重さを表示する手段として保護観察が使用されることを許しているのである。(13-14頁)
4　宣告猶予の保護観察
　独立の司法処分としての保護観察を有用たらしめるためには保護観察につけられる条件はできるだけ多様な条件の中から具体的なものを付すことがのぞましい。準備草案において主として問題とすべきは裁量による順守事項である……単に禁止条項のみならず、……保安処分の一種として治療施設への一定期間の収容、プロベーション・ホステルその他の保護施設への収容を条件とする等により積極的でダイナミックな処遇手段が保護観察の体制の中でとられるべきである。……かかる積極的な手段をとることが逆に取消しについても積極性をもたせることになる……。(17頁)

第二章　保護観察における刑事政策的意義
2　社会的見地からみたプロベーション
　……プロベーションの社会的評価は財政的見地からみたプロベーションに比べていわば暗黙の価値というべきものがあろう。
　その第一は、社会人としての仕事、家族との交わり、娯楽等の営みをつづけることができる。
　第二に、刑務所への収容にともなう汚名をさけることができる。
　第三に、プロベーション業務は、……既存の社会資源である公共団体や施設等の無限の援助をうけることができる。
　第四に、家族扶養のほか、損害賠償ないし弁償をするための収入源を確保することが許される。
　第五に、麻薬・アルコール等の中毒者および精神病者等の治療、さらに交通事犯者

の短期訓練所への収容とプロベーションが直接に結びついて効果的である。
　第六に、……罰金の執行猶予、日割り罰金制度、不定量の罰金等と保護観察の結びつきを検討することにある。罰金刑に刑事政策的意義をもたせる役割を果たすのが保護観察における将来の一分野であると考えられる。
　以上、犯罪者と社会が対照的なものでなく結合しているものであることを実例によって示すものであり、社会化された正義の概念を実践するものであるといえる。社会から犯罪者をよけ者にするかわりに社会に犯罪者をうけいれることにより、個人に対し社会的責任の概念をうちだすことにより、本人に力を与え、犯罪者をして社会への責任をのがれさせるのでなく、市民としての機能を果たすことを補助するのがプロベーションの姿といえよう。(24-25頁)

第二編　プロベーション法制の発達
第一章　アメリカにおけるプロベーション法制の発達
　プロベーションに関する立法が、「刑罰を加えることなしに改善されることが、合理的に期待される人には」プロベーションに付する者として選ばなければならないと規定し、……また同法が、プロベーションの適用につき特定種類の犯罪者、特定種類の犯罪、特定の年齢の若者等に限定しないで、「刑罰を加えないで改善される見込みのあること」のみを基礎としたことも重要な意義のあることである。(47頁)

第四編　保護観察の一般理論
第一章　刑の量刑と保護観察
1　司法制度における量刑の弊害
　量刑の一般的な意義については「法律に規定せられたる犯罪と刑罰との抽象的関係を具体化するものである。」とするのが、古典学派を中心とする一般的な定義とされる。それは犯罪の軽重は違法性および道義的責任の軽重であるとする考え方に由来する。しかし、……短期自由刑の弊害を除去する手段を考案し、常習犯罪者を減少させる努力がつづけられ、少なくとも犯罪者に刑（制裁）を執行する段階においては社会復帰を目的として運用されなければならないことは、いずれの刑罰理念にたつにせよ共通の立場となっているものと思われる。(158頁)
2　保護観察における量刑の不均衡
　保護観察対象者選定のためにその前提条件とされるものが二つある。第一は、犯罪者の社会調査および社会報告のための機関が設置されていなければならない。第二は、少なくとも審理前の調査が不可能であったりのぞめない事件について、必要なばあいは医学的調査だけでも命ずることができるようになっていなければならない。保護観察が失敗するのは第一に、保護観察対象者の選択を誤ったばあい、第二に、保護観察をする者とされる者との意志疎通に欠けているばあいである。保護観察の処遇は、対

象者の内面にたちいった理解と信頼のうえにすすめられなければならない。
　……犯罪者はもとより社会、保護観察機関の能力を加味した上での量刑でなければならぬ。(159-160頁)
　3　保護観察における量刑の近代化
　量刑の近代化をすすめる……のも保護観察の面からまず実現されなければならない。
　その第一に、……判決前調査制度により裁判官の判断に十分な資料が提供されなければならない……。同時に、保護観察対象者選択のための補助手段として科学的犯罪予測方法が用いられるべきこともものぞましいといえよう。しかし、それ以上に重要なことは、保護観察に付することにより処遇が可能か否かを責任をもって決定できるのはやはり保護観察に直接たずさわっている保護観察官であろう。保護観察は裁判の確定とともに出発すべきであり、その時点で保護観察処遇が不可能な者については逆に拒否することも可能とすべきである。(163頁)

第二章　保護観察における期間
　2　保護観察期間の性質
　適当な保護観察期間がどれくらいであるかはきわめて技術的にむずかしい問題であるが、……、保護観察の期間も不定期刑とすることがのぞましいものと考える。しかし、絶対的不定期刑への過程にはまだ多くの保証的機能と再犯予測等の技術をもつにいたった後でなければ現時点において不可能であると考えられる。
　そして、実際に保護観察に必要な期間は2〜3年であろうといわれている。
　わたくしは、裁判官は保護観察の選択権のみをもつ、そして保護観察に付されたものは自動的に3年以下（相対的不定期）の保護観察に付されるものとすることを提案する。(170-171頁)
　3　保護観察期間の不定期
　3年以下という不定期刑を採用したばあい成人については、むろん執行猶予期間とは別の期間となる。すなわち、5年の執行猶予をうけている保護観察対象者は3年満期もしくは解除後……もひきつづき執行猶予のみを受けている。執行猶予だけの間に犯した犯罪は猶予の取消しのみの対象となる。したがって、再度の執行猶予にも付されることとなる。(173頁)
　4　保護観察の解除
　問題は、保護観察の主体から考え、保護観察に付されている者が社会内での処遇を保護観察体制の中で受ける必要が依然としてあるか否か、という観点から考えるべきであろうと思う。……保護観察の成否はその初期の処遇の成否によって全過程を決定するといえる。少年、成人とも再犯の大半は保護観察に付されてから1年の間に集中し、2年以内でほぼ90パーセントに達するといわれている。……すなわち、保護観察開始後、継続して6か月も成績良好がつづくならば自動的に解除しなければならない

ようにしてはどうか。……3年というわくの中で行政機関に全面的に委された保護観察を実施するということになれば活きた保護観察を行うにいたると思う。(175-176頁)

第六編　保護観察制度への展望
第一章　保護観察における分類と予測
1　保護観察対象者分類上の概念
　保護観察に付された者に対し、可能なかぎりの科学的犯罪予測の手段をかり科学的な処遇を施し、さらに、大量観察をよぎなくされている保護観察の合理的処遇の必要から、対象者の分類性による経験からの全体的考察方法をとらねばならなくなっている。
　……保護観察対象者たる個人についての分類もさることながら、その個人をも含めた社会的環境についても類型化のために考慮しなければ無意味なものとなる。社会内処遇が環境を無視してなりたたない以上、環境上の要素を考慮しない分類は目的にそわないものと考えられる。(269-270頁)
2　保護観察対象者分類の実際
　問題となるのは、分類基準と保護観察官の数の不足である。
　……今後この分類を効果的たらしめるためにはさらに㈠処遇を行なう者と対象者との特質との関連を十分に考慮しなければならない。㈡調査研究によりとくに分類基準に修正を加えてゆくことが考慮されなければならない。
　分類処遇を施すにしても保護観察官の不足は致命的である。……科学的な分類処遇を施す以前に必要な最低の要件すらみたされない状況にある。
　重（点）的観察は、必ずしも負担事件数を減らすことのみに向けられるべきでなく、……たとえば……ミシガン州……は……決して負担数を極度に少なくせず職員に改めてソーシャル・ワークの訓練を施し、ある者には専門的な訓練を施した。そして、対象者の家族、環境の調整に力をいれ、転職に力をかすことに集中させた。このことは、プロベーションにおけるケース・ワークの近代的概念は社会に利益になることが対象者にも満足のいく補助となるよう適合してゆくことになることを実証したものである。(273-275頁)

第二章　判決前調査制度の論点と展望
2　判決前調査制度の意義と必要性
　本来、わが国の刑事裁判において事実認定と量刑が分離していない。しかも裁判官の主たる努力は事実認定に集中し、……情状に関する資料はもっぱら具体的な犯罪行為の道義的・規範的意義を明らかにし、せいぜいその責任の量を決定するに必要な犯行の動機、目的、方法、結果に限られている。こうした状態においては改めて特別の情状調査をする必要はなかった。ところが、執行猶予、保護観察、売春事件の補導処分ならびに現在議論されている宣告猶予を考えると、これを決定するについては、そ

の者の人格についての危険性の度合、必要な処遇について、素質、性格、精神状態、知能程度、健康状態、更生意欲等の状況についての鑑別調査、さらには成育史、家族、学校、交友、職場などについての社会調査を行なった上でなければ決定できなくなる。(294頁)
　……
　いかに科学的な資料が集められたとしても、それを利用する裁判官……が、どこまで各専門家があつめた資料をこなすことができるかが第一の課題となる。つぎに、処遇方法は絶対的なものではありえない。いかに科学的な資料が集められたとしても要するにそれは一時点における一指針にすぎない。処遇方法は本人の改善の度合に応じて変化させなければならない。したがって、調査制度を採用したとしても、それは自ら刑事裁判に寄与するといった点だけの限度においてであり、前述したごとく、せいぜい、いかなる形式の処遇方法をとるかを決定するための手段として、さらには、処遇のための参考基礎資料にこれを利用するところに意味があるものと考える。……これをあまりに過大評価することは許されない。(294-295頁)

4　訴訟構造と判決前調査
(1)　調査時期
　わが国では「裁判所は被告事件について犯罪の証明があったときは、裁判で刑の言渡をしなければならない。」(刑訴法第333条) としていて、事実認定と同時に結論が出る。……そこに調査時期について現行刑事訴訟法となじまないとする批判も出る。(301頁)
　事実認定が少なくとも内部的に成立した時期において調査の手続きをし、その時期において報告書を裁判所に提出することを規定することは必要であろう。(302頁)
(2)　当事者主義
　現在の刑訴では公判中心主義・当事者主義を原則とし、証拠はすべて当事者から提出され、その証拠にもとづく適格性を有するものでなければならない。したがって、判決前調査……は当事者主義の侵害であり、職権主義への逆行であるという批判が生じている。
　この批判の根拠には、一つには、事実認定と量刑が整然と区分けせられていないわが国において、いっそう危険が大であるとする。しかし、形式上はたしかにその区分はないにしても、理念上、あるいは実際上においては、はっきり分けられていることは多くの実務家の指摘するところである。(303頁)
　……判決前調査報告書は、犯罪事実の証拠として利用されることがあってはならず、その旨の証拠法上の制限を刑訴法上に明記する要がある。これを徹底するためには事実認定を量刑から区別する刑訴上の改正が必要かもしれない。(305頁)
(4)　調査機関
　調査機関について、裁判所に属するべきであるとする立場、法務省に属すべきだと

する立場、さらには中立的な立場を提案するものの三つの意見についてあらためて検討する。

　……調査と観察が同一機関によってなされることが理想的なものかどうかについては……広い範囲にわたって意見の一致がみられている。もともと調査と観察はまったく異なった仕事ではあるが、調査時に要求される各方面からの全体的な評価と、それを基礎とした処遇とが結びついていることは処遇への一貫性をもたせる意味ですぐれているといえるだろう。(308頁)

　裁判所に調査員をもうけることはわが国の家庭裁判所における調査官制度が一応成功を収めていることからしても妥当である。これからの問題は、裁判所に調査官制度をもうけるばあい、従来の家庭裁判所調査官のごとき、完全な裁判官の下部機構として設けるものでなく、最高裁の指揮のもとに、ある程度独立性のある機関として設けることの方がよい。(311頁)

3　解　説

▶保護観察制度を巡る状況の変化

　基本文献は司法政策の有効な仕組みとして保護観察を位置づけ、その実効性を高めるための方策を、法制度と犯罪者処遇構造の両面から論じている。そして、保護観察を近代的司法政策にするには、中立的な立場からの科学主義に基づく判決前調査が必要条件であるとして、その意義とあるべき形について考察をしている。十分条件は財政的裏付けを伴うプロベーション・オフィサーの資質の向上と処遇の多様化であるとする。

　基本文献の刊行は1969年である。それから、半世紀が経ようとしている。当時に比べ、今、保護観察を巡る時代状況は大きく変化した。本節では、菊田の提唱する理論が現在の時代状況の中でいかなる意義を有するか、考察してみたい。

　筆者の認識している範囲で列挙すると、現在次のような事態が生じている。

① 　世界中で時間と場所を選ばず凶悪犯罪やテロリズムが発生するリスクが高まっていることを反映して、刑事政策や犯罪者処遇において、犯罪者の改善更生よりも再犯リスク管理が最も重要な課題となっている。どの国においても、重大な犯罪・再犯をいかに抑止するかが、保護観察を含めた刑事政策の重要課題となっている。

②　ケースワーク的な手法や心理療法的な介入の再犯抑止効果への疑問から、1970年代には犯罪者処遇における改善更生モデルは失墜し（主要論文：Martinson, Robert, 1974, "What Works? Questions and answers about prison reform", Public Interests, 35: 22-54）、代わって犯罪行為の悪質さと責任非難の大きさに均衡する刑を適正手続きに従って科すべきだとする正義モデルが隆盛となった。それに伴い、保護観察にはケースワークよりも行動統制を中核とする法執行が期待されるようになり、また、少年の不定期刑を除き、個別受刑者の改善可能性への信頼に基づく不定期刑が大半の国で廃止された。

さらに、イギリスやカナダの「危険な犯罪者」の規定のように、重大再犯のリスクが消失するまで拘禁を続けるという保安処分的な趣旨の不定期刑が創設されている。

③　②のとおり、現在では、改善更生のための処遇に対する素朴な信頼は消失しているが、1980年代末にはカナダの犯罪心理学者アンドリューズやボンタら（主要論文：Andrews, Donald Arthur & Bonta, James, et al., 1990, "Does Correctional Treatment Works? A Psychologically Informed Meta-analysis", *Criminology*, 28: 369-404.）が、処遇密度を犯罪者の再犯リスク（Risk）レベルに合わせ、再犯リスク因子のうち変化させることが可能な因子である犯因性ニーズ（Criminogenic Needs）に的を絞り、当人の働き掛けへの応答性（Responsivity）に則した介入をすれば、再犯リスクを低減させられることを検証した。このような介入の方法を、鍵概念の頭文字を取って「RNRモデル」と言うが、再犯リスク管理のための介入方法の原理として、多くの国で支持されている。

RNRモデルに基づいた介入のひとつに、認知行動療法に依る処遇プログラムがある。これが再犯リスク低減の有効な方法であることが検証され、現在では保護観察処遇のひとつの標準となっている。RNRモデル自体は価値とは無縁の科学的な方法論であるが、改善更生モデルは実証研究によって洗練され、連綿として信奉され続けているとも言える。

④　③の科学主義はメタアナリシス（＝同趣旨の多数の調査を統合し、さらに高次の統計的分析を行った体系的なレビュー分析）による厳密な統計的手法に基づくものだが、短期間の（通常は2年間、長くても5年）の再犯リスクに照準を当てたものであり、その方法論から必然的に人間の精神性や情緒性（たとえば、

将来の夢や希望、自己評価、他者や社会に貢献することによる自己効力感など）の再犯抑止効果が抜け落ちることになる。

　そこで、RNRモデルへの揺り戻しとして、長期間にわたる立ち直り（Desistance）に関する研究が台頭している。これは、犯罪者を含めどの人生も善を志向するプロセスであり、その実現を支援するのが犯罪者処遇であるとする「Good Lives Model（善い人生モデル）」と方向性を同じくするものであり、両者が結び付き、「人的資本（Human Capital）」を向上させるための伴走型のケースワーク的支援も、保護観察処遇の標準となっている。

⑤　グローバリゼーションの進展とともに世界的規模で社会経済的な格差が広がる中で、貧困と犯罪の結び付きが改めて着目されている。職や住居さらには他者との関係性がない、あるいは不安定であることが犯罪リスク要因であることが検証され、社会から孤立している犯罪者を地域社会へ再統合することが保護観察処遇の目標のひとつとされている。こういう観点から、民間人や市民セクターの犯罪処遇への参入が推進されている。市民セクターの活用は犯罪者を社会関係資本（Social Capital）へ繋ぐ有効な手立てであり、多くの国で採られている緊縮財政にも寄与する。

　したがって、今や日本の保護司制度は保護観察制度の不備を示す欠点ではなく、保護観察の有効な仕組みとして世界から一定の評価を得ている。

⑥　社会の統治や運営、思潮のあり方が1960年代後半以降に近代から後期近代に移行したという見方がある（たとえば、Jock Young, "The Exclusive Society", 1999、ジョック・ヤング［青木秀男ほか訳］『排除型社会──後期近代における犯罪・雇用・差異』〔洛北出版、2007年］）。刑事司法領域でも後期近代の思潮の影響を受け、市民や当事者の意向を制度に取り込む動きが生じている。裁判への市民参加、刑事司法の各段階での犯罪被害者への配慮、代替処分としての修復的司法の活用などは世界の趨勢である。

　非常に大まかな見方であるが、先進国の多くで上述のような変化が生じている。このような現代の犯罪者処遇状況の中で、基本文献の論点を確認しつつその意義を検討していきたい。

(1) 改善更生モデルと不定期刑

　前述の①と②の変化によって、菊田が構想する様な改善更生モデルに立脚する不定期刑と結びついた保護観察の制度設計を許す余裕のある国は、ほぼ無くなっている。また、個別の事情による量刑での罪刑の不均衡は、公平性の観点から社会の支持を得にくくなっている。

(2) 科学主義

　一方、③と④の変化については、菊田の先見性を証明する様に事態が進んできた。菊田は科学主義に基づく対象者選択と処遇設計を推奨している。科学主義は③のRNRモデルによって極度にまで押し進められたが、短期間の犯罪抑止に照準を当てたRNRモデルへの批判も多く、その揺り戻しから④の動き、すなわち、Desistance研究やGood Lives Modelの知見を処遇に盛り込む動きが生じている。ただし、RNRモデルは現在も保護観察処遇構造の中核に位置し、④の動きはそれを部分的に修正し、補完するものである。

　菊田は科学主義を推奨しつつ、最終的には処遇者の全体的考察によって対象者の改善と社会復帰を見守るべきとしている。つまり、菊田は科学主義が本来意味する事、その機能と限界を正しく理解しているのである。菊田の卓見は、時代の辿っている方向性が証明している。菊田のもつ科学主義に対する透徹した現実認識は、内外の実証研究を深く読み込んできたことに依ると思う。

(3) 刑事政策と社会政策

　⑤と⑥の変化は、今多くの国で刑事政策の重要な課題となっている犯罪予防対策に関連する。一国内での所得格差にとどまらず、地球規模の南北問題がテロリズムや凶悪犯罪の温床となっていると言われ、厳罰化と犯罪統制の強化だけでなく、犯罪者の再統合支援の充実が結局は確実な犯罪予防になると認識されてきた。日本の更生保護でも「居場所と出番」というキャッチコピーで、対象者の住居確保と就労支援が重点施策とされている。つまり、社会政策の充実なくして刑事政策が成り立たない事態になっている。

　菊田は、「保護観察……の限界は流動的であり発展的であると考える。保護観察が刑事政策の一環であり、刑事政策が社会政策の一環である以上、これらの発展とともにその限界は拡大されうる」（269頁）と書いている。これは保護観察対象者の分類に関する文脈で述べられているが、保護観察の指導監督と補

導援護が有効に機能すれば当人の社会復帰を促進するので、その点で保護観察は社会政策に通ずる機能を有し、逆に社会政策が発展すれば、対象者への補導援護も充実し、保護観察の射程も拡大するという趣旨であろう。現在の時代状況では、保護観察が何をなしうるかということは、社会が社会経済的弱者である犯罪者に何をなしうるかにかかっている。かつてドイツの刑法学者フランツ・リスト（Franz von Liszt）は「最良の刑事政策は最良の社会政策である」と言ったが、後期近代社会では「刑事政策の一環としての社会政策」が必要な事態が生じている。どちらが先であるにせよ、社会の統治において刑事政策と社会政策が不可分の関係にあることを菊田は明確に意識している。

▶一部執行猶予制度の導入

さらに、2016年6月からは刑の一部執行猶予制度が施行される。これは、薬物使用者および（罪種を問わず）刑事施設初入者の刑法犯に対する3年以下の懲役又は禁錮刑の言渡しについて、犯情の軽重その他の事情を考慮して、一部執行猶予の言渡しが必要、相当であると認められる場合に、その刑の一部について1年以上5年以下の期間執行を猶予する制度であり、薬物使用者には必要的に、初入者には裁量的に保護観察が付けられる。この制度は施設内処遇と社会内処遇の接合による再犯防止の実現を目的としており、制度の実効性を高めるためには、必要性（＝改善更生のために施設内処遇と社会内処遇を繋いだ介入を必要としているか）および相当性（＝この制度での介入を行うことで、再犯防止効果を期待できるか）の観点から対象者選択を適切に行うことが眼目である。

これについても、菊田のいう「施設収容も取り込んだ包括的な意味での社会内処遇としての保護観察」（序2頁）が現実のものになろうとしている。

▶基本文献の適正な事実認識と先見性

上記に示した状況を踏まえ、これからの保護観察がどうあるべきかを考えると、基本文献で論じられている事項の多くが現在も重要な争点であり、改めて基本文献の意義と価値がわかる。

さらに、菊田は日本の保護観察に「指導監督」が弱いこと、「指導監督」を「補導援護」の背後におくことにより、保護観察は執行猶予者の責任の重さを表示する手段とされていることを許していると指摘している（14頁）。現在さらに、日本の保護観察は、主に補導援護の強化によって再犯抑止効果を高めようとし

ている。この点で、菊田の憂いている事が一層進んでいる。長年更生保護の現場にいた解説者も、菊田の主張に大いに賛同したい。補導援護偏重の現状は制度設立以降の歴史的経緯や日本人の気質に由来すると思うが、やはり補導援護は堅固な指導監督の基盤があってこそ十分に機能する。科学主義に裏付けられた指導監督の強化が望まれる。その上で、今後一層の補導援護の充実、そのための社会政策や地域福祉との連繋や協働を望みたい。このことは、大きな意味では基本文献で既に語られていることであり、基本文献の秀逸な考察力と政策的意義を示すものである。

　以上のように、菊田は半世紀前に日本の保護観察の問題点を鋭く洞察し、行くべき方向を提言した。今でも菊田の知見の大半は説得力をもつものであり、現実のいくつかはその方向に動いてきた。むしろ、菊田の政策提言が刑事政策を動かしてきたというべきかもしれない。

　基本文献は根拠の裏付けのある真摯な研究の成果であり、時代が下っても折りに触れて戻っていくべき基本書だと思う。

4　関連文献

▶北澤信次『犯罪者処遇の展開――保護観察を焦点として』（成文堂、2003年）
　これは更生保護の創設期から長年保護観察実務に携わり、経歴の後半には更生保護行政の中枢に居て、政策の企画立案を行なってきた著者の犯罪者処遇論である。実務の内側からの制度建設の営みの報告であり、菊田とは異なる意味で、実態に則した深い考察が熱い情熱とともに語られている。

　本書を読むと、決して保護観察が篤志家である保護司の恩恵に依存し切ったものでなく、科学主義に基づく合理的な指導監督を目指していたことが伝わってくる。それにもかかわらず、財政的裏付けと十分な保護観察の人員が不足していたことが、制度発展の桎梏となってきたことがわかる。刑事政策の中で保護観察への役割期待が増している中で、北澤の保護観察制度を確立させるための種々の営みは、今後の発展の礎となるものである。

　なお、菊田は、保護観察を実施する者が判決前調査を実施するのが本来であると主張する（308頁）。本関連文献を読むと、やはり処遇の実施者に試行錯誤と実践経験があるからこそ、保護観察に付することが相当で、処遇効果が期待できる対象者を適正に選択できると納得できる。

22 仮釈放

●基本文献
森下忠
「仮釈放」
平場安治・平野龍一編『刑法改正の研究1　概論・総則——改正草案の批判的検討』
(東京大学出版会、1972年) 306-317頁

太田　達也

0　原著者紹介

1924年生まれ。京都大学で法学博士号を取得し、岡山大学、広島大学、駿河台大学で長く教鞭をとる（岡山大学・広島大学名誉教授）。刑事政策および国際刑事法の第1人者であり、語学力を生かした諸外国の比較法的研究でも多くの業績がある。志願囚の経験があることでも知られる。仮釈放については、基本文献のほか、刑事政策に関する自著のなかで仮釈放期間に関する持論が展開されている。

1　基本文献の意義と位置づけ

基本文献は、戦後の刑法全面改正作業において、法制審議会が進める刑法改正の基本方針や内容に批判的な研究者が集まって発足した刑法研究会による共同研究の成果として出版された著書において、研究会の一員であった森下忠が仮釈放について執筆したものである。

仮釈放の制度は、1880（明治13）年の旧刑法によって正式に導入され、1907年の現行刑法によって現行の制度に改められたが、戦後、犯罪者予防更生法の制定によって保護観察が導入されたことを除くと、制度自体の根本的な改正は行われないまま現在に至っている。

そのなかにあって、仮釈放制度を巡る議論が最も活発に行われたのが、1960年に改正刑法準備草案が公表されてから1974年に法制審議会が改正刑法草案を

答申するまでの間の刑法全面改正作業においてであった。とくに問題となったのが仮釈放後の保護観察期間と必要的仮釈放の導入是非であった。基本文献は、その時期、上記研究会において原著者が改正刑法準備草案や法制審議会刑事法部会での参考案における仮釈放制度について検討を行ったものである。

　仮釈放の研究は、こうした刑法改正における議論を除くと、許可基準について論じた文献が僅かに見られる程度で、ほとんどが仮釈放の運用や方向性を指摘したものであり、「制度論」としての仮釈放を論じたものはきわめて少ない。その意味で、基本文献は、短いながらも、仮釈放の理念や法的性質に基づいた仮釈放期間や要件に関する自説が展開されており、貴重な論稿である。

2　基本文献（原典）

　1　仮釈放の法的性質　(1)　仮釈放の制度とその法的性質に関する刑事思潮は、いま国際的な転換期にのぞんでいるように見える。もともと、仮釈放は、刑の執行猶予とは異なって、古くからさまざまの、時として異質の目的を達成することを使命とした。したがって、仮釈放に共通する根本思想なるものは、この制度の発達史から認定することはできないといわれている。

　それにもかかわらず、仮釈放に関する古典的な考え方は、仮釈放をもって行状の良好な受刑者に対する褒賞ないし恩恵として刑の満了前に条件つきで釈放するもの、と解した。したがって、仮釈放者は、実際に自由の身になっていても、なお法律上は刑に服している（sub poena）ものとされた。ここでは、仮釈放は緩和された形における刑の執行の一形態（un mode d'exécution de la peine）と解され、それゆえ、通常の刑の満了日に仮釈放の効果は終了し、刑の執行を終えたものとされた。(306頁)

　これに対し、社会防衛の新しい理念にもとづく仮釈放は、再教育的処遇の最後の段階を構成し、もっぱら被釈放者の社会復帰をめざすものである。この新しい型の仮釈放は、刑の事前消滅の一方法（un mode anticipé d'extinction de la peine）または刑の事前猶予の一方法（un mode anticipé d'suspension）と呼ばれている。Aberkaneによれば、新社会防衛論は、仮釈放をもって刑の消滅の一形態（un mode d'extinction de la peine）と解している。いいかえると、再教育的処遇の最後の段階において、受刑者の社会復帰をはかるために条件つきで釈放するのであり、この仮釈放は部分的な執行猶予と同様に考えるべきものとされるのである。ドイツの学者も、仮釈放は刑の執行猶予と一対をなすものであって、時間的に刑事訴訟法手続に対する最後の干渉である、と説いている。

この立場にあっては、刑の執行猶予は最初から刑の執行を猶予するものであるのに対し、仮釈放は自由刑の一部を執行した後に残りの部分の執行を猶予するものと解される。今日、執行猶予は単に短期自由刑の弊害を回避するという消極的な目的を超えて、犯罪者の改善更生と犯罪の防止とをめざす社会内処遇の重要な制度の一つと解されているが、仮釈放もこれと同様に、受刑者の社会復帰をめざす社会内処遇の一方法として、刑の一部執行の後に残刑部分の執行を猶予する制度と考えられるのである。つまり、執行猶予も仮釈放も、ともに刑の一形態だということになる。

　ただし、注意すべきは、いわゆる部分的執行猶予（sursis partial）と仮釈放とを混同してはならないことである。部分的執行猶予の制度は、ベルギーの1964年6月29日法律で採用され、これにならって、フランスの1970年7月17日の人権保障強化法により追加された刑事訴訟法734条の1で採用されたものである。これによれば、裁判所は、たとえば、1年6月の拘禁刑の言渡をするにあたり、そのうち1年を執行すべきものとし、残りの6月の執行を猶予することができる。これを、かりに事前の部分的執行猶予というならば、仮釈放は、これを事後の部分的執行猶予と呼ぶことができるであろう。

　(2)　このようにして、仮釈放に関する国際的な刑事思潮は、仮釈放を恩恵とみる古典的な考え方（以下、かりに「恩恵説」という）から仮釈放を刑の一形態とみる新しい考え方（以下、かりに「刑の一形態説」という）へと移行しつつある、ということができる。（307頁）

　刑の一形態説を採るときは、仮釈放に関して従来採られてきた法律上の諸制度に大きな改革がもたらされることになる。その1は、仮釈放期間と残刑期間との概念的分離である。この分離は、論理的にみちびき出されるものである。その2は、一定の要件が備わったとき、単に仮釈放資格を認めるにとどまらず、受刑者に仮釈放審査請求権を与え、場合によっては必要的仮釈放の制度を採用することが考慮されることになる。これは、政策的な観点によるものである。

　まず、第1点について。従来、恩恵説の立場では、仮釈放期間は、執行すべき刑期から執行ずみの期間を除いた残刑期間とイコールであるとされてきた。しかし、概念的には、両者は区別すべきものである。仮釈放期間とは、条件つき釈放の期間、いいかえれば、一定の事由に該当するときは仮釈放の処分が取り消されることがある一方、取り消されることなく経過すれば刑の執行を終わったそのとされる期間をいう。この期間は、執行猶予のばあいの猶予期間に相応するものである。これに対し、残刑期間とは、仮釈放の処分の取消があったばあい、執行すべきものとされる残りの刑期をいう。

　仮釈放期間をもって執行猶予のばあいの猶予期間に相応するものと考えるならば、仮釈放期間が残刑期間とは別個に定められることが理解されるであろう。あたかも、たとえば、懲役2年、執行猶予3年という刑の言渡において、猶予期間が宣告刑の期

間を越えることがあるように、残刑1年、仮釈放期間2年、ということはありうるのである。そして、この仮釈放期間は、原則として保護観察期間と一致する。両者が例外的ではあるが一致しないことがあるのは、仮釈放に保護観察が付せられないばあい、および保護観察が仮解除もしくは解除されるばあいがあるからである（部会草案87条2項但し書、93条、94条参照）。(308頁)

　以上、仮釈放の法的性質に関する新旧2つの考え方を対照させて論じてきた。しかし、実際には、この両者の中間にいくつかの折衷的な移行過程が存在する。この折衷説の立場は、つぎの2つの類型に整理することができるであろう。その1は、仮釈放を刑罰の個別化の一方法としてとらえ、受刑者の自発的な改善更生への努力をうながそうとするものである。ここでは、仮釈放は、刑期の範囲内において自由刑を不定期刑化する機能を果す。その2は、仮釈放の重要な意義を犯罪者の改善更生と再犯防止に見出そうとするものである。ここでは、仮釈放にさいして必ず保護観察を付し、そし社会に適応できないようなときには、再び施設に収容する可能性を残しておく必要がある。残刑期間が一定の期間（たとえば、デンマークとノールウェイでは30日）より短いときは仮釈放は認められないとする立法例が存在するのも、仮釈放の取消による再収容の期間があまり短くては処遇の効果を期待しえないという考慮にもとづくものであろう。

　わが現行刑法、準備草案および部会草案は、古典的な仮釈放概念を基礎としながら前記第1の折衷説の立場に立って仮釈放を運用しようとしているようにみえる。しかし、そこには、おのずから制度上の限界がある。それは、しばしば指摘されているところであるが、(イ)行状の良好な者は仮釈放されて保護観察に付せられるが、行状の不良な者は満期釈放されて保護観察に付せられないこと、(ロ)残刑期間をもって仮釈放期間とされているため、残刑期間の短い被仮釈放者は短い期間の保護観察に付せられるにとどまり、また、仮釈放の取消事由に該当するばあいにも、この取消の行なわれないことが少なくないこと、である。(309頁)

　このような制度上の欠陥にかんがみ、近時の立法例の多くは、第2の折衷説の立場に立って、保護観察の期間を定めるにあたり、残刑期間を基本としながら、これに最低期間（たとえば、1年）と最高期間（たとえば、5年）のわくづけをほどこして、これを修正することを試みている。いいかえれば、仮釈放期間を定めるにあたり、残刑期間主義を原則としながら、これに試験期間（考試期間）主義を加味した折衷主義を採用しているのである。立法例については別の機会に紹介したが、その他、フランス法は1年を限度として残刑期間を越えることができるとし（刑訴732条2項）、ベルギー法は保護観察の期間を少なくとも2年とし、1996年のポーランド刑法は、残刑期側を原則としながら、少なくとも1年（多累犯のときは3年）、長くても5年と定めている（93条）。

　仮釈放期間を定めるにあたり、試験期間（考試期間）主義を採るときはもちろん、

折衷主義を採るときにも、仮釈放期間が残刑期間よりも短くなることもあり、長くなることもある。残刑期間よりも短くなるばあいには犯罪者の利益になることであるから問題はないが、残刑期間よりも長くなるばあいについては、人権侵害であるとの批判がなされている。しかし、仮釈放をもって刑の一形態であると解する立場では、仮釈放期間を残刑期間よりも長くすることに理論的な支障は存在しない。仮釈放の法的性質に関する前記第2の折衷説にあっては、この刑の一形態説の立場が部分的に採りいれられていると解されるから、そこでも残刑期間よりも長い仮釈放期間を認めることは可能である。

　(3)　刑の一形態説の立場を推し進めると、一定期間刑に服した受刑者について、その行状のいかんにかかわらず、仮釈放を行ない、これに再犯の危険性が一応消滅したとみなされる期間(すなわち、試験期間)、保護観察に付すべきだということになろう。この考えは、必要的仮釈放の制度の採用に結びつく。立法例としては、米国模範刑法典6.10条、米国連邦刑法416条・4205条、ニューヨーク州刑法70条・40条が必要的仮釈放の制度を採用し、西ドイツ刑法も、1966年の総則代案(48条1項)にならって、有期刑の3分の2を経過した後で、かつ少なくとも2月を経過した後に、本人の同意があることを要件として、この制度を採用した(新26条1項)。(310頁)

　刑の一形態説の立場を徹底すれば、米国模範刑法典6・10条に見られるように、刑期満了者に対しても必要的に仮釈放を行ない、一定の仮釈放期間(1年以上5年以下の間)に条件違反があれば再収容をする制度の採用も可能である。同法典によれば、1年を越える不定期拘禁刑の言渡は、拘禁期間のほか、仮釈放または仮釈放の条件違反による再収容の期間の言渡をともなうものとされているのである(6・10条2項)。模範刑法典におけるこの制度は、罪刑法定主義に違反しないとしても、被釈放者の法的地位をあまりにも不安定にするとの批判を免れないであろう。責任主義を量刑の基礎とするかぎり、わが国の刑法改正作業において採用可能と考えられるのは、満期釈放者に対する必要的保護観察の制度であろう。

　それはともあれ、刑期満了前の必要的仮釈放の制度に対しては、1950年ハーグで聞かれた第12回国際刑法及び刑務会議で強い反対が表明されたのを初めとして、多くの批判が向けられている。反対の主たる論拠は、㈤事実上、刑期の短縮と同様の結果になるので、宣告刑のもつ意義がうすれる。㈹必要的仮釈放を見越して、裁判官が幾分重い刑を言い渡す可能性がある。㈥任意的仮釈放の運用がにぶくなり、処遇の個別化をはかることも、受刑者の改善意欲をふるい起こさせることも困難になる、ということである。たしかに、この批判には理由がある。とくに、わが国のように、量刑の緩和化の傾向がかなり顕著なところでは、しかりである。もし、必要的仮釈放の制度を採用しようとするのであれば、一方では、受刑者の同意の有無にかかわらず、他方では、仮釈放期間を残刑期間とは別個に定めて、仮釈放を行ない、これに保護観察を付すのでなければ、意味はないであろう。しかし、被仮釈放者の意志に反した

必要的仮釈放がどこまで効果を挙げうるかは、疑問である。

　必要的仮釈放の制度は、刑の一形態説からみちびき出される論理的帰結ではない。政策論としては、一定期間、刑に服した者について仮釈放審査請求権を認めることが考えられる。最近の立法例としては、1969年のポーランド行刑法78条3項が受刑者に仮釈放審査請求権を与えている。わが刑法改正作業にあっては、仮釈放審査請求権の問題は考慮されていないが、たとえば、有期刑についてはその3分の2を経過した後に、また、無期刑については15年を経過した後に仮釈放の審査を受けうるように、受刑者に審査請求権を与えることが検討されるべきであった。(311頁)

2　仮釈放の要件　(1)　部会草案は、前述した恩恵説および第1の折衷説の立場から仮釈放の要件を規定しているように見える。この立場は、少なくとも前述第2の折衷説にまで歩みを進めるべきであったと思われる。

　まず、85条1項については、拘留受刑者についても仮釈放を認めるべきかの問題がある。拘留の上限が90日（併科されたときは120日）とされるのであれば（39条1項、40条）、仮釈放を認め、仮釈放者を短期の保護観察に付することができるようにすることが望ましい。

　つぎに、仮釈放資格の取得時期が「無期刑については10年、有期刑についてはその3分の1を経過した後」とされていることにつき、学説中には批判的な見解も見うけられるが、次の3つの理由から部会草案の規定は妥当なものと考える。①86条の規定による未決勾留日数等の執行期間への算入によって、この要件は、多くのばあい、現行法に比べてかなり緩和した結果になると考えられる。②近時、わが国における刑の量定は、緩和の傾向をたどっており、実刑判決の多くは1年前後のところに集中している。③行刑の実際では、仮釈放を許された定期刑の受刑者のうち、執行率（執行すべき刑期に対する執行ずみの刑期の割合）50％未満の者は皆無に近い状態であり、執行率80％以上の者が全体の80％以上を占めている。したがって、仮釈放資格の取得時期を部会草案の規定するところより緩和しても、ほとんど無意味なものになってしまうであろう。

　無期刑についても、草案の規定は是認される。有期刑について前述した①の理由のほか、最近における無期刑の仮釈放者の在監期間は14、5年のところに集中しているのであり、比較法的に見てもこれを緩和するに及ばないと考えられるからである。(312頁)

……

4　仮釈放の期間および保護観察　(1)　仮釈放の期間を定める制度としては、①残刑期間主義、②試験期間（考試期間）主義および③折衷主義の3つが存在する。かつて、第1次参考案は、準備草案の考えを承け継いで、折衷主義へ一歩ふみ出した規定を設けた。すなわち、「但し、残刑期間が〔6月〕〔1年〕に満たないときは、〔6月〕〔1

年〕とする」と定めた（90条1項但し書）。しかし、この規定は、第17回刑事法特別部会で採択されないこととされたため、部会草案は、現行法が採用する残刑期間主義へと後退した。それは、おそらく、残刑期間を経過すれば刑の執行を終わったものとされる、という伝統的な考えを基本にしたためであろう。

　理論的には、試験期間主義、すなわち、犯罪者が社会復帰をなしとげることができるかどうかを社会の中で試験的にすごす期間をもって仮釈放期間とする主義、を採るのがすぐれている。この主義は、仮釈放をもって刑の一形態と解する見地に立つもの、またはこの見地に親近感をもつものである。この主義にあっては、科学的な再犯予測を参考にして試験期間が決定されるが、事情の変更があるときは、この期間は、必要に応じて事後的に延長または短縮されることがある（たとえば、西独刑法26条3項）。（314頁）

　わが国で試験期間主義を採用することは、強い抵抗が予想されるので、現段階では無理であろう。そこで、現実的な立法論としては、残刑期間主義を原則としながら試験期間主義を加味した折衷主義を採用するのが、妥当であろう。すなわち、残刑期間をもって仮釈放期間とする原則を採りながら、一方では、仮釈放期間を少なくとも一定の期間（たとえば、1年）とし、他方では、刑の執行を受けた期間と同一の期間とする（ただし無期刑について別に定める）ことによって、原則に修正を施すのである。

　(2)　部会草案87条2項は、仮釈放を許された者に対し、仮釈放の期間中保護観察に付することを原則とし、仮釈放を許した行政官庁においてその必要がないと認めたときは、この限りでないとする。仮釈放を許された者の中には保護観察に付する必要がないと認められる者もあり得るから、部会草案が現行法とは異なって、仮釈放を許された者に対する保護観察につき弾力的な規定を設けたことは是認される。（315頁）

3　解　　説

▶基本理念と仮釈放期間

　基本文献は、まず、仮釈放には、行状の良い受刑者に対する褒賞または恩恵と捉える古典的理念と、被釈放者の教育と社会復帰のための段階と捉える社会防衛論の立場があり、前者の理念によれば、仮釈放は行状の良い受刑者を刑の満了前に仮に釈放し、残りの刑をきわめて緩和された形で社会の中で執行する刑の執行の一形態に過ぎないということになるのに対し（恩恵説、刑の執行の一形態説）、後者の立場に立つと、仮釈放は、刑事施設での処遇に続き、被釈放者を仮に釈放して、社会内で指導や監督を行う処遇期間を確保するための制度

ということになるとし（刑の一形態説）、国際的な刑事思潮は恩恵説から刑の一形態説へと移行しつつあることを説く。

　恩恵説では、単に恩恵的に残りの刑期（残刑期間）を社会内で過ごさせることが仮釈放であるので、社会内でも刑期が進行し、残刑期間が経過した時点で仮釈放が終了し、刑が満了するため、仮釈放期間は残刑期間と一致することになる。こうした仮釈放を、残刑期間主義または残刑執行主義という。

　これに対し、刑の一形態説は、被釈放者の社会復帰のための処遇期間を確保することが仮釈放の目的となるため、仮釈放後の社会内処遇期間を残刑期間に限ることはむしろ適切でなく、これを分離したうえで一定の期間、社会内処遇を行うことができるようにすることが望ましいということになる。そのため、仮釈放は単なる仮の釈放ではなく、残刑の執行を猶予したうえで、一定の期間、社会内処遇を行うことができる刑の一形態とも言うべきものであり、その意味で、刑の執行猶予と性質的に類似するものということになる。刑の執行猶予は、当初よりすべての刑の執行を猶予するものであるのに対し、仮釈放は、刑の一部を執行したうえで、残刑の執行を猶予するものとであると見るわけである。この場合の仮釈放期間は、執行猶予の猶予期間に相当し、この期間に再犯や遵守すべき事項の違反があれば仮釈放が取り消され、残刑の部分が執行されることになる。この仮釈放期間は考試期間ともよばれるため、残刑期間に拠らず、社会内処遇の必要性に応じて仮釈放期間を定める仮釈放制度を考試期間主義といい、残刑を猶予する性質に着目して残刑猶予主義ともよばれる。

　さらに、残刑期間主義と考試期間主義の間に折衷的な制度も存在する。基本文献は、刑期の範囲内において被釈放者の改善更生を促す不定期刑的なものと、被釈放者の改善更生と再犯防止を図るため、必ず仮釈放にして保護観察を付し、仮釈放期間は残刑期間を基本としながらも、最低期間や最高期間の枠付けをするものの2つの方法があるとするが、通常は後者の制度を折衷主義とよぶ。改正刑法準備草案や法制審議会刑事法部会で検討された当初の案（第1次参考案）では、仮釈放の期間を残刑期間としながら、残刑期間が6月（または1年）に満たない場合は6月（1年）とするという折衷主義が採られていたが、1969年の小委員会で折衷主義を採用しないことが決定され、1971年の参考案（第2次参考案）以降、改正刑法草案に至るまで残刑期間主義を採っている。

これに対し、森下は、行状の良い者は仮釈放となって保護観察に付されるのに、更生に支障が予想される者は満期釈放となって保護観察に付されないことや（「仮釈放のジレンマ」とよばれる）、残刑期間主義では被釈放者が短い保護観察に付せられるに止まることなど制度上の限界があることを指摘した上で、考試期間主義が理論的には優れているとしながらも、強い抵抗が予想されるので、現実的な案として、残刑期間を原則としながら、1年など一定の仮釈放期間をとり、一方では刑の執行を受けた期間と同一とする折衷主義を採用すべきだという立場を明らかにしている。

　しかし、基本文献でも指摘されているように、考試期間主義に対しては当時も今も批判が多く、採用には至っていない。主な批判の内容は、司法機関（裁判所）が判決で言い渡した刑期を超えて仮釈放期間（保護観察期間）が設定されるため責任主義上問題があるだけでなく、僅かな刑期を残して仮釈放にし長期の仮釈放期間が設定されると刑の長期化・厳罰化につながり、受刑者も仮釈放より満期釈放を望むようになりかねないというものである。2006年に設置された法制審議会被収容人員適正化方策に関する部会において、被収容人員の適正化を図るとともに、犯罪者の再犯防止および社会復帰を促進するという観点から刑事施設に収容しないで行う処遇等の在り方について審議が行われた際も考試期間主義の導入が検討されたが、同様の理由から採用には至らなかった。

　一方、考試期間主義に対するこの種の批判に対しては、現行の全部執行猶予が宣告刑を超えた猶予期間を設定している（たとえば、懲役1年執行猶予3年）のが問題とならないように、考試期間主義は残刑の執行を猶予するのであるから、残刑を超える仮釈放期間（猶予期間）を設定することは理論的に不可能ではないという反論がなされている。ただし、これに対しても、仮釈放を裁判所（行刑判事）が決定するドイツのように、仮釈放に裁判所が関与するならばともかく、行政委員会（地方更生保護委員会のこと）が仮釈放を決定する日本では難しいとの再反論がなされている。

　なお、基本文献においてベルギーとフランスの部分的執行猶予が紹介されているが、日本でも2013年の刑法改正により刑の一部執行猶予が導入された。これは、裁判所が判決において言い渡す自由刑の最後の一部分の執行を猶予し（猶予刑）、それ以外の実刑部分を刑事施設で執行した後、釈放し、裁判所が定め

た猶予期間（日本では1年以上5年以下）、一部執行猶予を取り消されずに経過すれば、猶予刑の効力を失わせ、実刑部分の刑期に相当する刑に減軽するという制度である。考試期間主義が受刑者の改悛の状をみながら事後的に仮釈放を決定するのに対し、一部執行猶予は裁判の段階において釈放する時期を決しておく点で異なるが、刑の最後の一部の執行が猶予され、猶予期間が設定されるという点で、考試期間主義を採る仮釈放と法的性質が類似している。

▶必要的仮釈放の是非

　前述した仮釈放のジレンマを解消するための方策のひとつが、刑期の一定割合（［第1次参考案］6分の5、［アメリカ一部の州］3分の2など）を経過すれば、実質的な審査なしに受刑者を自動的に仮釈放にする必要的仮釈放である。同制度は、満期釈放を回避し、社会内処遇を確保できる点で一定の意義は認められるが、基本文献で指摘されている問題のほか、通常の仮釈放が認められず満期近くまで収容される受刑者の多くは再犯の可能性も高く、これを自動的に釈放するのでは社会の安全にとって大きな脅威となるほか、仮釈放を積極化することで同様の効果を期待できるなどの理由から、改正刑法草案では採用されなかった。

　また、必要的仮釈放の一類型ともされる善時的仮釈放は、善時制ともよばれ、アメリカ（テキサス州やニューヨーク州等）で採用されているものである。刑事施設で大過なく刑に服し、あるいは処遇に参加していれば、定期的に一定の日数が付与され、その日数の合計分、本来の釈放予定日より早く釈放されるもので、日本でも日本弁護士連合会が導入を主張している。しかし、懲罰を受けると日数が没収されるため、必ず刑期満了前に釈放されるわけでなく、刑事施設での行状が必ずしも更生の可能性を徴表するものではないなどの批判が強く、日本では導入されていない。

▶仮釈放の法定期間

　現行法上、仮釈放の形式的要件たる法定期間については、有期刑は刑期の3分の1、無期刑は10年と非常に緩和されたものとなっている。改正刑法準備草案以前の刑法改正仮案（1940年）においては有期刑の場合4分の1とされていたが、現行法以上に法定期間を緩和しても、実務上ほとんど影響がないことから、現行法を維持する方向で議論がまとまり、基本文献もこれを妥当なものと

している。

　なお、死刑存廃論との関係で、死刑を廃止する代わりに、現在の無期刑より法定期間の長い（15年説や20年説など）特別無期刑を設けるべきであるとの主張がかつて見られた。法制審議会の第２次参考案においても、死刑の執行を延期し、５年後に死刑の執行をする必要がある場合を除いて無期刑に変更する死刑の執行延期制度が盛り込まれ、その場合の無期刑の仮釈放法定期間を20年とすることが提案されたが、死刑執行延期制度自体が否決され、特別な無期刑も採用されなかった。

　しかし、近年、無期刑に対する仮釈放の消極的運用と仮釈放までの長期化が顕著となり、問題となっている。基本文献の出版当時、年間50人から80人程度の無期受刑者の仮釈放があり、刑事施設での執行期間も13年から17年といった者が最も多かったのに対し、近年、無期の仮釈放は年間一桁台に落ち込み、仮釈放が認められる場合でも30年から35年を要していることから、あまりに法定期間との格差がありすぎ、法定期間が要件として事実上意味のないものになっているからである。これは有期刑についても同様で、現在、仮釈放となる有期受刑者のほとんどが刑期の３分の２以上で仮釈放となっている。無期刑については、2009年、刑の執行が開始された日から30年が経過したときは、その経過した日から起算して１年以内に、仮釈放の職権審理を開始するなど無期刑受刑者に対する仮釈放審理の透明性と適正化に向けた運用が開始されたが、無期の仮釈放者数という点で大きな変化は見られない。

　なお、参考案や改正刑法草案では、常習累犯に対する不定期刑の導入が企図され、仮釈放についても、特別な法定期間が規定されていたが、不定期刑の制度そのものに対し責任主義の観点から批判が加えられ、基本文献においても、仮釈放の要件から不定期刑の存在意義や在り方に疑問が呈されている。

▶**仮釈放の実質的要件**

　基本文献には、仮釈放の実質的要件についての言及はとくにない。参考案でも改正刑法草案でも、「改善の状が認められ、刑の執行を中止してその更生を期することを相当とするとき」と、現行法の「改悛の状」とはやや文言が異なる形で規定されているに止まる。「刑の執行を中止して」とあるものの、この文言が実質的な意味をもつのは、仮釈放後、保護観察を行い得る期間を残刑期

間から切り離し、仮釈放期間として構成するために仮釈放の性質を刑の執行猶予ないし執行中止と位置づける場合であって、最終的に残刑期間主義を採ることとされた上記草案においては、「刑の執行中止」という文言に特別な意味を見いだすことができない。

4 関連文献

▶小川太郎「仮出獄の思想」犯罪と非行43号（1980年）24-47頁

　国内外における仮釈放の理念と制度の歴史的変遷を詳細に解説した文献として重要である。著者は、戦前から戦後に亘り、長年、矯正保護の第一線に携わった実務家であり、同分野における著名な研究者でもある。本文献は、仮釈放の思想が報償主義から処遇主義へと発展してきたことを指摘したうえで、仮釈放の要件や許可基準について論ずる。とくに、刑事施設における行状証拠は仮釈放の要件から外すべきであるが、善時制の併用も考えられるとし、許可基準のひとつである社会感情は、判決後に生じた処遇の個別化に適切なもの（被害者への賠償や謝罪等）以外は考慮すべきでないと主張する。

▶野中忠夫「仮出獄と応当日」更生保護と犯罪予防3号（1967年）24-45頁

　仮釈放の要件のひとつである法定期間（条件期間）の意義や本質について論じた数少ない論文のひとつとして貴重である。法定期間経過日（応当日）を処遇方法の変更について検討すべき機会と捉え、仮釈放は、予防のみならず応報も含め総合的に判断すべきものとの立場に立つが、仮釈放相場の存在や消極的な職権審理、軽い量刑などから法定期間経過日の意義が薄れており、刑の執行順序変更や仮釈放取消刑中の仮釈放が適切かつ積極的に運用されるべきとする。

23 少年法の理念

●基本文献
森田宗一
『少年保護事件における調査審判の理論と実際』
司法研究報告書4輯4号（司法研修所、1951年）

川出　敏裕

0　原著者紹介

　1915年生まれ。1941年、東京帝国大学法学部卒業後、司法省保護局嘱託を経て、1944年、東京地裁予備判事、その後、旧少年法下の東京少年審判所審判官を務めた。1949年、現行少年法施行にあわせて設けられた最高裁家庭局で、少年関係の事務官として勤務した後、東京家裁判事補、家庭局第三課長、東京家裁判事等を務め、1973年の退官後は、弁護士として活動した。団藤重光氏との共著となる注釈書をはじめとして、少年法に関する数多くの著書・論文がある。2007年死去。

1　基本文献の意義と位置づけ

　基本文献は、現行少年法が施行されて間もない時期に、司法研究として行われた研究の成果を公表したものである。現行少年法は、その当時のアメリカの少年裁判所制度の強い影響の下に制定されたものとされているが、要扶助少年一般を対象としていない点など、むしろ旧少年法の内容を引き継いでいる部分も少なくなかった。そのため、現行少年法の基本的な性格をどのように理解し、それを運用していくかについては、異なる見方があったのである。

　そのような状況の下で、基本文献は、比較法的に見ると、少年保護立法には、英米の衡平法に由来する国親思想に基づくものと、近代刑事思想に由来し、少年に対する特別な刑事司法制度と位置づけられるものがあることを示したうえで、アメリカの少年裁判所自体が、この両者の思想を取り入れたものであると

する。

 そして、わが国の現行少年法も同様であるとし、両者をケース・ワーク機能と司法的機能という言葉で代表させたうえで、少年保護事件の審判は刑事裁判とは異質なものであることを強調しつつも、ケース・ワーク機能のみを重視する運用に対して警鐘をならし、両者の調和を図ることが肝要であるとしている。

 少年法が、少年の健全育成を目的とするものであるとはいえ、純粋な意味での福祉法ではなく、刑事法のひとつとして位置づけられることは、現在では異論のないところであるが、それとは異なる見解も有力であった当時において、明確に現行少年法の性格を分析し、今後の実務の方向性を指し示したという点で、基本文献は先見性をもったものであった。

2　基本文献（原典）

第1編　基礎理論
第2章　少年保護立法の沿革
　少年保護立法には、二つの大きな伝統があるといわれている。その一は、衡平法的伝統であり、他は刑事法的伝統である。
　少年保護法制の原理は、まず第一に、英国の普通法（Common Law）に由来するその例外法たる衡平法（Equity）の思想である。国家、若しくは国法守護の役割を担当する裁判所は、国民のうちの力の弱い者、保護を要する児童少年の究極の親である。子供は野放しにすれば、やがて社会的に適応性を欠くに至ることは、自然の理であるから、これを保護し、教育し、正常な人間として生活し得るように、すこやかに育成してやらねばならない。ことに後見を要する少年、放任された少年（Neglected Child）、或は、扶養を要する少年（Dependent Child）に対し、国家は進んで親ともなり庇護者ともならねばならない。こういう考え方は、国法はその良心の保護者とも言うべき大法官（Chancellor）を介し、衡平法裁判所によって、国内のすべての幼少な者に対し、国の親（Parens Patriae）たる資格において、保護の手をさしのべねばならない。こういう思想に基くのである。この伝統を非常に重く見る人々は、少年裁判所が犯罪少年を同様に処遇することをも、一切前述の衡平法上の後見の原則の論理的拡張に外ならないと説明する。
　第二は、刑事学の進歩に伴う近代刑事思想に由来するものである。それが実証的教育刑主義によるものであれ、社会主義的理論であれ、将又人道主義的宗教的立場からであれ、とにかく刑事裁判権を修正して少年犯に対しては、特別な教育的処遇をしな

ければならないという思想である。少年の犯罪者に対し、成人と同様な裁判をなして刑罰を科し、刑務所に収容するということが、その少年の一生を暗くするばかりでなく、国家社会の利害からみても、いかに刑事政策として拙劣なものであるか、近代社会はいやというほど経験させられたことであった。また刑事政策上最も難問題である常習犯、改善困難な累犯者が、大多数少年時代足を踏みすべらし、犯罪に陥った者であり、しかもその中の多数が、刑罰中心の処遇を受けたものである。こういう現実の事実は、切実に少年保護制度、これを運営する少年裁判所設立の運動を促進したであろうことは、疑いのないところである。

……

　少年保護制度、少年裁判所制度を最も早く真剣に考想して、模範的な実例を示し、欧州各国にも強い感化を与えたのは、アメリカである。アメリカにおける典型的な最初の少年裁判所というべきものは、1899年のシカゴの少年裁判所、正確に云えば、クック郡少年裁判所であるといわれる。

　アメリカにおいては、すでに1840年代から、ジョン・オーガスタスの人間愛に基づく犯罪少年の為めの保護観察の活動に刺激されて、刑事裁判を修正して、少年犯罪者に対する特別処遇の方法も考えられて来ていた。然し何よりもピリグリムス・ファーザーズの子孫たるこの国の人々が英本国の法観念を移植しているところから、「国王」がここでは「国家」に代置され、前述の様な衡平法的な考えが一般を支配し、それが少年裁判所運動の基礎となったということは、疑い得ないことであろう。この国の多くの論者が、この衡平法思想を以って少年裁判所の起源となし、説明の根拠としているのも故なきではない。

　しかしながら犯罪少年に対する刑事政策の任務をも担当する少年裁判所を総て衡平法原理だけで説明し尽そうとするのは、いささか行き過ぎではなかろうか。他面に又「少年裁判所がその起源を衡平法に発しているという議論は全然誤謬である」(Edward Lindsey) とか、「衡平法上の権限は、少年裁判所を創設する上に、何等因子となっていない。少年裁判所は主として刑事法上の必要から生じたのである」(Roscoe Pound) と断定するのは、理論的にも歴史的事実からも、独断に過ぎるきらいがある。それらの考え方を共におおらかに肯定し、総合的に理解することは、決して不可能ではないと思う。むしろ歴史的には、現実の必要が少年裁判所の誕生を促し、右二つの考えは、相互に経となり緯となって、少年保護制度の理念を説明し、逆にまたこれを育成して来たものと考えるべきであろう。現在合衆国の標準少年裁判所法にも見られる如く、少年裁判所の対象少年は、非行ある少年を始め、放任された少年、扶養を要する少年は勿論、精神的欠陥ある少年に至るまで、ひろく国家社会の保護を要する少年を包含し、更に少年の監督、後見の決定、未成年者の養子、少年の婚姻に対する同意、私生子認知等の問題を取扱う。更に少年の福祉を害する成人に対する事件として、少年の非行または保護なき状態を助長した所謂原因供与の事件や、少

年を遺棄し扶養を怠る者に対する事件をも管轄する。こういうところにも、前記二つの伝統がよく調和してとりいれられているのを見るのである。
　……
　わが国の少年保護制度が、かかる各国の立法の傾向との関連において、どの様な発展の跡をたどって今日に至ったか。それを一瞥することにしよう。
　少年保護制度の広義における原型というべきものとして、まず感化制度を挙げることができよう。……キリスト教の宣教師等によって、欧米の感化制度が紹介され、民間人の総意と工夫によって感化院が設立された。この機運に促され、明治33年の感化法が制定され、法的基礎の下に感化事業が行われることになった。やがてこの制度もその弱体と不完全が意識されると共に穂積陳重博士等によって少年裁判所が紹介され、少年法制定の機運がたかまり少年保護制度確立の準備が進められた。……頭初は明らかに衡平法的伝統と刑事法的伝統とが相平行してくみ入れられ、明らかにアメリカ少年裁判所法をモデルとしたものであった。ところが大正11年議会を通過して誕生した少年法は、衡平法的色彩は、極めて薄く、主として刑事法的伝統の線に沿うものであり、かなり跛行的のものであった。この少年法は、「愛の法律」などと呼ばれ、わが国少年保護制度の基本として、昭和23年改正される迄運営されてきたのである。ただこの少年法は、対象も犯罪少年の外は僅かに虞犯少年というものを認めたにとどまり、一般に不良性にある者、遺棄され、虐待された者等の要保護少年については、閑却された。やがて既存の感化法は少年教護法として再生し、児童虐待防止法、母子保護法等が、相次で制定され、衡平法的な面はこういう形をとってあらわれたと言えるわけである。
　以上の如くわが国では、刑事政策的伝統に沿う少年法、矯正院法、司法保護事業法と、どちらかといえば、衡平法的社会政策的伝統に沿う感化法—少年救護法、児童虐待防止法、母子保護法の系統とが、相平行して二本立ちのかたちで存在して来たのである。而して前者は司法行政として、後者は内務行政の一環として運営されて来た。
　終戦後児童少年の問題は、切実な社会問題となり、憲法改正に伴い、法律制度の画期的改正の時に際会したわけである。ここで総合的な立法が真剣に考えられるべきであったと思われるにも拘らず、依然として右の様な二本立ての態勢が継続して今日に至ったことは、真に残念なことである。つまり、少年教護法、虐待防止法、母子保護法等は、新しい理念の下に統合されて児童福祉法として誕生し、少年法も重要な改正を施されて再生したものの、依然として刑事的な色彩が濃く、少年保護本来の基本法としては、不満足なものというべきである。（9頁）
　……

第3章　調査審判の機能と構造
　調査審判の関心事とする非行（Delinquency）とは、明らかに社会的法律の概念であるとはいえ、それは客観的な犯罪（Crime）という様なものではない。内容として

は多分に社会学的、心理学的性格を持っている。少年の人格を中核とし、その環境・社会に対する不適応を診断し、これに社会的治療の措置を加えて行くところに、調査審判の過程がある。それは明らかに通常の司法的な領域の限界をはみ出る実質を有している。neglect されたもの、或は dependent の少年を対象として取り扱うとなれば、一層その感が深い。この様な実質的過程を法的な軌道に沿って、裁判所において行うとすれば、いかなる構造を持つべきであるか。ここに一つの重要な問題がある。しっかりした理論を樹立し、実践のための安定した軌道を敷設することによって、少年保護に固有の領域を開拓し、調査審判の構造と方法論を明らかにすることが出来ると思う。

そこで、われわれは、所謂ケース・ワーク（Social Case Work）の機能と司法機能との両者の性質を考え、少年保護事件の調査審判の手続とを対比してみる必要がある。

ケース・ワークとは、その基礎理論と方法論の確立に貢献したリッチモンド（M.E.Richmond）によれば、「個々人をして、社会的環境に適応せしめるため、意識的に調整をはかり、その人格の更生発展に役立たしめるに用いられるところの方法及びその過程をいう」のである。つまり種々の社会関係の不調和、社会不適応に陥った者を再調整するために、まずその個性や環境の調査をなし、当該社会的疾病に関する資料を蒐集し、相互の因果関係を明らかにする。これによって当該問題の所在を確認し診断（Social Diagnosis）をなし、治療更生のための処置をとる一連の方法である。それは、医学・生物学・社会学等の関係諸科学を応用したところの綜合的技術なのである。アメリカにおいては、早くから少年保護の理論と実際に採用されて、輝しい成果をあげたものである。刑事裁判的であってはならないという時、それはとりも直さずケース・ワーク的にということを意味する位に常識になっている。わが国において、少年保護事件の取扱がケース・ワークの過程でなければならないということが、盛んに唱えられるに至ったのは、比較的新しいことに属する。新制度の下、調査審判の科学化ということが力説されると共にこの部面にも採用され強調されて来た訳である。そこには急激な進歩の一面と共に屢々無反省な転用も見られるのである。

次に通常の裁判手続に対比して考察するを要する。ことに刑事裁判に対比してである。

少年保護事件の審判が小型の刑事裁判であるという感は、わが国ではかなり一般に流布しているもののようである。そこには、少年保護の本質に対する理解の欠如からくる大きな誤りがある訳であるが、前述のわが国少年法の伝統と現行法の性格からみると、ある程度無理からぬ点もあるのである。ことに調査も審判も、裁判所の中において法律の軌道に沿って行われる一連の手続き過程である点、並びに殆ど大部分が罪を犯しまたはその虞ある少年を対象とし、その行為行状の故に対象とされたものである点から、極めて親近性を持つのである。

……

　しかし、少年保護事件の調査審判は、小型の刑事裁判ではない。刑事裁判と質的に同一なものでもない。それは、法的規範的な意味における責任原理を中心としたものでない。また実体法の実現を目的とする裁判の内容が、当然に実体的規範に規制されるのと、甚だしく趣を異にする。手続における法律的規制の内容も、対立当事者間の法律関係の安全の保障としてのものでなく、実質的診断の過程を運んで行く行政的合目的的な規範なのである。「少年裁判所がその職能を果す場合の原則は、刑事裁判所のそれとは根本的に異なる。……ここでは判事は窮屈な法律の規定に束縛されずに、社会と児童の利益、或は良心に従って、事件を判定する。……陪審員、検察官、弁護士というものの代りに今やプロベーションオフィサー、医師、心理学者、精神病学者を有するのである。」といわれ、「その手続は腕白小僧に対する賢明にして親切な親の行為に近いのである。それ故法律はただ大体の範囲だけを規定し、その範囲内において比較的に伝統とか先例とかに束縛されないことになっている。」とされる所以である。従って手続規定も出来るだけ必要最小限度の原則的な柔軟性のあるものであることが、少年保護立法として望ましいとされるのである。且つ又「人間」を対象とするという表現上の一致の故に、ある一つの学説による裁判の理念との同一性を簡単に結論することは出来ない。人間と社会に対する基本的な考え方が相異しながら、表面上一致していることがある。

　また調査審判の中心となるものは、将来への予測ということである。いかなる手当をすれば将来どうなって行くであろうか、という見透しにもとに判断を下し、処遇を決定するのである。つまり予後という問題が重要な内容となる。通常の裁判においては、いかなる理論をとるにせよ、これ程流動的な内容を持つことは出来ないであろう。

……

　裁判手続は、私人間における権利侵害に対する恢復の手段として（民事裁判）、或は犯罪行為によって侵害された国家公安の秩序の維持とその恢復の方法として（刑事裁判）、実体法並びに訴訟法によって規定された手続過程である。それは社会的法律的な国民生活における病理現象に対する国家活動のうち、所謂司法機能の中枢を為すものである。

　ソーシャル・ケース・ワーク・メソッドは、前述の様に、社会的な疾病としての人間生活の病理現象に対し、諸科学と人間智の結合の上に築かれたところの社会的教育的な方法論であり綜合技術である。家庭並びに児童少年をめぐる人間関係の諸問題に対する調査・診断・治療の実践の上に、最も有効に適用されてきたところの技術である。

……

　新しい少年保護制度の進展につれて、調査審判の科学性の強調と共に、ケース・ワーク技術の応用が目立って来ている。それは誠に当然のことであり、オーソドックスな

裁判所的考え方に対して、極めて有効なアンチテーゼをなし、啓蒙的役割を果しているものといえる。しかし少年保護の沿革、基本的性格、調査審判の対象、非行の意義と内容等からして明らかである様に、少年事件の調査審判は、ソーシャル・ケース・ワーク機能のみで説明し去ることは出来ない。その一連の手続過程が、法に基づき裁判所の機能の中で行われるのみならず、法的規範的機能が、実質面にも浸透しているのである。対象とするところが、社会的法的概念たる非行というものに具体化された社会の規範生活への不適応状態である。問題の診断の結果は、裁判権を背景として強制力を伴い得る。必要があれば、個人の自由の拘束を伴う措置をとり、親の監護権を奪う内容も持ち得るのである。また少年個人の福祉の増進を目睹すると共に、社会の福祉をも護るべく、法と社会正義とにより托せられた使命があるのである。われわれは調査審判の科学性、教育性、社会性、行政的性格等を強調する余り、司法的機能を無視してはならない。それは却って少年保護事件に対する調査審判をソーシャル・ワークの中に解体し、独自の領域を不明確ならしめるものである。家庭裁判所の独立的存在の意義をも危うくするものである。相矛盾する二つの理念を如何に結合し調和せしめるか。二つの機能と理念を単なる二律背反として放置してしまわずに、両者を有機的関連の下に理解するには、如何にしたらよいか。ここに大切な眼目がある。かくて両者の葛藤の中に調和均衡を得た理論を構成し、実務のための安定した軌道を敷設することが是非とも必要とされる。少年事件における調査審判の独自の領域の開拓は、ここから始まるものといえるであろう。(27頁)

3　解　　説

▶少年法の意義と法理

　少年法（少年裁判所法）は、非行少年の処遇のための基本法と位置づけられる。基本文献が指摘するように、その法理には、大別すると2つの潮流があるとされている（団藤重光・森田宗一『新版少年法〔第2版〕〔ポケット注釈全書〕』〔有斐閣、1984年〕3頁以下）。そのひとつは、刑事学の進歩に伴う刑事思想に由来するものであり、犯罪の客観面を法律的に判断するだけでなく、その行為者に着目して適切な処遇を加えることにより、犯罪の防止という目的をよりよく達成するという考え方を基礎とするものである。この観点からは、少年は可塑性に富み、教育による改善可能性が高いがゆえに、教育的方法をもって個別的な処遇をすることが、少年を健全な社会の一員とするために効果的であり、ひいては社会防衛の目的にもかなうと考えられる。これによれば、少年法は刑事法の特別法

であり、それが対象とする少年は、犯罪に該当する行為をした少年ということになる。この考え方を基礎とする少年法、少年司法制度は、現在もドイツなどの大陸法諸国に見られる。

　これに対し、もうひとつの潮流は、少年法は、衡平法（エクイティ）の思想に由来する後見的・福祉的なものだとする考え方である。これによれば、適当な親の保護を欠く児童や福祉が損なわれている少年に対しては、国が、司法を背景にして、児童の親となり後見者となって、親が本来与えるべき世話と教育を施し、社会に適応し自立できるようにしてやる責任があることになる。これが国親（パレンス・パトリエ）思想であり、そこでは、犯罪を行った少年は、不良行為を行っている少年や、親による虐待や遺棄を受けた少年と同様に扱われることになる。少年保護に関するこのような考え方は、19世紀のアメリカにおける児童救済運動の延長線上で生まれたものであり（A・M・プラット『児童救済運動──少年裁判所の起源』〔中央大学出版会、1989年〕）、その具体的な現れとして、1899年に、イリノイ州のクック郡に、初の少年裁判所が創設され、その後、アメリカ全土に拡大していった。その集大成と位置づけられるのが、全米プロベーション協会が発表した、標準少年裁判所法の1943年改訂版である。これが、わが国の現行少年法に大きな影響を及ぼしたとされており、基本文献にも参考資料として添付されている。

▶現行少年法の性格

　少年法の法理には上記の2つの潮流があるが、基本文献が指摘するように、各国の制度は、多かれ少なかれ、その両面を取り入れたものとなっている。それでは、わが国の現行少年法は、どのような立場と位置づけられるのであろうか。

　その制定経過から、現行少年法が、当時のアメリカの少年裁判所の理念とされていた国親思想の影響を受けていることは明らかである。その内容を見ても、少年の健全育成を目的として掲げ、審判から検察官を排除したうえで、専門的なスタッフを抱える家庭裁判所が少年の要保護性に応じた保護処分を課すという制度の枠組みは、国親思想になじむものといえよう。

　しかし、他方で、現行少年法は、その対象を犯罪少年、触法少年、虞犯少年に限っており、アメリカの当時の少年裁判所のように要保護少年一般を対象と

はしていない。また、国親思想は、少年に対する保護処分と刑罰とをまったく異質で相いれないものとするところから出発するが、現行少年法の中には、逆送後の刑事手続および刑罰に関する規定も含まれており、そこにも少年法1条が掲げる健全育成の理念が同様に妥当するとされている。つまり、現行少年法においては、刑事司法制度という枠内で保護処分と刑罰とが並存するかたちになっているのであり、その点で純粋な意味での国親思想に基づく制度とは異なったものであるといえよう。このことは、基本文献が指摘するように、少年法とは別に、1947年に児童福祉法が制定され、非行を行った少年に対する処遇が法律の上で二本立てとなったことにも現れている。

▶調査・審判の司法的機能

このように、現行少年法が、両方の潮流を取り入れているものであることを前提に、基本文献は、その運用において、ケース・ワーク（福祉）機能と司法的機能の調和を図らねばならないとしている。このことは、その後、とくに2つの点で問題とされることになった。

第一は、少年審判の対象は何かという問題である。これは、少年審判において言い渡される保護処分の実体的要件は何かという問題の手続面への反映として論じられてきた。少年法の制定当初は、少年審判の対象は要保護性のみであり、非行事実は家庭裁判所が当該少年に対して審判権を取得するための条件にすぎないとする見解も有力であった。このことを実体面からいえば、保護処分の要件は要保護性のみであり、非行事実は要保護性判断のための一資料にとどまることになる。少年保護手続が、非行事実に対する制裁を科すものではなく、少年の性格や環境上の問題点を明らかにしたうえで、その再非行を防止するために最も適切な措置をとることを目的としたものであることを重視する見解であり、一般に人格重視説とよばれる。

しかし、これに対しては、①保護処分は、少年が再び犯罪を行う危険性があることを根拠として課すものであるが、将来の犯罪の予測は現在の科学水準では決して確実なものではないから、少年が非行事実を実際に行ったことにより犯罪的危険性が現実化した場合に、それを一資料として将来の犯罪的危険性を認定するのが最も確実な方法であり、少年の人権保障の観点からも妥当である、②保護処分といえども、少年の意思に反してその自由を制約するという不利益

処分としての性格を有する以上、それを課すためには、少年側にそれを甘受するだけの帰責事由がなければならず、それにあたるのが反社会的行為である非行事実である、という批判がなされた。こうした理由から、現在では、要保護性とならんで非行事実をも審判の対象とする非行事実重視説が通説的地位を占めるに至り、実務もその考え方で運用されている。

そして、この議論は、少年保護事件における非行事実の重要性を認識させることになり、裁定合議制の導入や検察官関与の承認等の、非行事実の認定手続の改善を目的とした、2000年の少年法改正へとつながることとなった。その意味では、基本文献が想定した以上に、実務においては司法的機能が重視されることになったという評価が可能であろう。

第二は、少年審判の手続の在り方である。少年審判が、ケース・ワーク的な手法に基づき、少年が抱える問題を発見し、それに適した処分を課すものであることからは、個別の事案に応じて柔軟な対応ができる手続が望ましい。現に、少年法には、刑事訴訟法におけるような証拠調べ手続に関する規定がほとんどなく、また、証拠法則に関しては何らの規定も置かれていない。そこから、少年法施行当初は、どのような証拠調べの手続をとるか、また、いかなる証拠を採用するかは、裁判所の自由裁量に委ねられているという考え方も強かった。

しかし、基本文献が指摘しているとおり、保護処分といえども、少年の自由を制約し、親の監護権を奪う内容をもち得るから、対象少年の人権や親の権利を保障するための措置が必要であるとする意見が、制定当初からあった。その後、現行少年法の成立に大きな影響を与えたアメリカの少年裁判所制度に関し、連邦最高裁が、1960年代の後半から1970年代にかけて、その事実認定手続にもデュー・プロセス（適正手続）が妥当すべきとする一連の判例を下し、その影響もあって、わが国でも、少年審判においても適正手続が保障されるべきだとする見解が有力となった。判例においても、いわゆる流山事件に係る最高裁決定（最決昭和58・10・26刑集37巻8号1260頁）に付された団藤裁判官による補足意見が、それを明示している。それを具体化した法改正は未だなされていないが、現在の実務では、少年に対する非行事実の告知と弁解の機会の付与、黙秘権・付添人選任権の告知、重要な証人に対する反対尋問の機会の保障等、少年の手続的権利の保障を図るための運用が行われてきた。また、一連の改正により、

国選付添人制度が導入されたことも、この流れの中に位置づけられるであろう。

▶少年法における責任

　最近では、現行少年法の性格如何という問題が、かたちを変えて、少年法における責任という観点から議論されている。それは、少年法に基づく強制的介入の正当化根拠をどのように考えるかという問題を基礎とするものであり、具体的には、①保護処分に付すためには、少年に責任能力が具わっている必要があるのか、②非行事実と保護処分との間に均衡が要求されるのかが論じられている。

　この点についてのひとつの考え方は、いわゆる保護原理（パターナリズム）に基づいて、非行少年に対する国家の強制的介入を基礎付けるものである。これによれば、保護処分を含めて、少年法に基づく措置は、あくまで少年の利益のためになされるものであり、少年が行った過去の行為を非難するものではないから、その意味で制裁ではありえない。つまり、保護処分と刑罰はまったく異質な処分であり、それゆえ、少年法には、刑法的な意味での責任という概念は存在しないことになる。したがって、保護処分に付すのに責任能力は不要であり、また、保護処分は要保護性に対応して課されるのであって、非行事実との間の均衡を考える必要はないことになる。

　これに対して、もうひとつの考え方は、国家による強制的介入の根拠を、少年が非行により他者の利益を侵害した点に求め（侵害原理）、少年法の目的を少年による再犯の防止を通じた社会の安全の確保にあるとするものである。この考え方のもとでは、保護処分は、少年による過去の非行事実に対する非難を前提として、それに対する制裁として課されるものであることになる。その点で、保護処分は刑罰と同質な処分であるから、少年法においても刑法におけるのと同様の責任が観念できる。それゆえ、保護処分に付すためには、少年に実質的な責任能力が備わっていなければならないし、罪刑均衡と同様の意味で、責任に対応した処分が要求されるから、非行事実と保護処分との間には均衡が必要となる。

　強制的介入の根拠が保護原理か侵害原理かという対立は、前述した少年法の法理を基礎づける2つの潮流と対応している。それゆえ、現行少年法が、そのいずれをも取り入れたものであることからすれば、この場面でも、どちらか一

方でそれを説明することはできず、両方の原理が根拠になるということになろう。

4　関連文献

▶佐伯仁志「少年法の理念——保護処分と責任」猪瀬愼一郎ほか編『少年法のあらたな展開』（有斐閣、2001年）35-54頁

　少年法における責任の観念を、保護処分の正当化根拠から明解に導き出し、少年法の理念に関する議論を再燃させるとともに、少年犯罪に対する厳罰論に一石を投じた文献として重要である。刑罰論の成果を踏まえて、保護処分の正当化根拠を侵害原理に一元化し、保護処分は刑罰と同質の制裁であるとする。そこから、保護処分に付すには実質的な責任能力が必要であること、少年審判において刑事手続と同様の適正手続が保障されるべきこと、虞犯は少年法の対象から除外すべきこと等の帰結が導かれている。

24 少年矯正

●基本文献
広田照幸・古賀正義・伊藤茂樹編
『現代日本の少年院教育——質的調査を通して』
(名古屋大学出版会、2012年)

後藤　弘子

0　原著者紹介

　広田照幸：日本大学文理学部教授。専門は教育社会学。社会や家族の中で教育が果たす役割について研究。基本文献が前提としている調査を実施した「矯正施設における教育研究会」の代表を務めるほか、「少年矯正を考える有識者会議」のメンバーでもあった。
　古賀正義：中央大学文学部教授。専門は教育社会学。教育困難校など「困難な子ども」について研究。「矯正教育における教育研究会」メンバー。
　伊藤茂樹：駒澤大学総合教育研究部教授。専門は教育社会学。いじめ自殺や教育問題等の語られ方について研究。「矯正教育における教育研究会」メンバー。

1　基本文献の意義と位置づけ

　基本文献は、教育学研究者を中心とした研究グループによって行われた少年院の矯正教育に関する質的調査の成果をまとめたものである。この文献を一読することにより、矯正教育の実務がどのようなものであるかを知ることができるという意味で類書のない文献となっている。
　とりわけ、本書が矯正教育についての基本文献として意義がある点は、次の3点にある。まず第一は、教育学者の手によるものであるという点である。
　少年院における教育は「矯正教育」という教育であるにもかかわらず、これまで教育学からの関心は薄いままであった。教育学には特殊教育というカテゴリーが存在するが、そこで中心となっているのは、「障害のある子ども」に対

する教育であり、矯正教育という非行少年に対する「特殊教育」にはほとんど関心が向けられることがなかった。また、同じ状況は刑事法学（刑事政策学）にもみられ、例外的にしか少年院に関する研究は存在しなかった。

　もちろん、少年院は保護処分として重要な位置を占めているために、少年院での矯正教育に対する関心は高く、それなりの文献は存在した。ただし、少年院に関する文献は、少年院の法務教官等少年院関係者が矯正教育の内容やプログラムの実際について紹介や研究した論文がほとんどであり、少年院での教育的営みが教育学の観点から外部から客観的に語られたことはほとんどなかった。そのため基本文献は初めての本格的な学術的矯正教育研究ということができる。

　第二に、教育という「他者を変容させようとする営み」（基本文献6頁）がどのようにして可能になっているのかについて、これまでの経験知・臨床知を少年の語りや少年院での指導課程の構造を分析することによって科学的汎用性がある営みへと高めようとしている点である。

　これまで、少年院では、「少年院が保護処分の執行として、在院者を社会生活に適応させるために行う意図的、教育的、組織的な教育活動」（同書ⅱ頁）である矯正教育を行うために、個別的処遇計画に基づいて、さまざまなプログラムを実施し、それを確実におこなうための指導と評価の構造を構築してきた。しかし、それらが少年に対してどのような変化をもたらしているのかについては、データに基づいて科学的に検討されることは少なかった。これまで、臨床知・経験知にとどまっていた矯正教育を科学的評価の対象とした点に特徴がある。

　第三は、少年院でのフィールドワークに基づいた調査を基にしているという点である。このフィールドワークには、朝から晩までの3日間の現地調査や、学園祭や運動会などの行事の参観、およびその際の少年や法務教官へのインタビューなどが含まれている。そのため、調査対象としては閉鎖的であることが多かった少年院においては従来ほとんど存在しなかった深さの研究となっている。もちろん、それが可能になったのは、法務省とのきわめて詳細な共同研究ガイドラインに基づいた研究であることが大きいが、少年院関係者にとっても利益となる研究であったという側面は無視できない。これまでの矯正教育の臨床知・経験知を科学化する試みを少年院が歓迎する素地ができていたことがこの研究を可能にしたといえる。

2　基本文献（原典）

▶少年院における矯正教育

　少年院で行われている少年への働きかけは、基本的に教育であって科罰ではない。その対象として義務教育就学中の者をも含むこともあって、少年院はある種の（特殊な）教育機関と見ることができる。実際、そこで矯正に携わる職員は法務「教官」であり、矯正教育は「生活指導」「職業補導」「教科教育」「保健・体育」「特別活動」という、学校教育に極めて近い5つの領域から成っている。教育棟……の構造や内部の作り、時間割、少年たちが着用する制服などのセッティングも全体として学校に非常に近いほか、P少年院をはじめとする女子対象の少年院や、短期処遇を中心に行う男子少年院の多くは「学園」など、学校のような名称を名乗っている。

　しかしその一方で、少年院に固有の特徴も当然ながら様々にある。これは、非行少年を強制的に収容し、矯正教育を施すという少年院の目的や、そのために定められた環境などの諸条件から導かれているほか、女子少年院、あるいはP少年院に固有の特徴もなにがしかあると思われる。この、少年院の固有性、女子少年院の固有性、P少年院の固有性の三者を峻別することが重要であるのは言うまでもないが、一か所のみのフィールドワークでは限界があることも確かである。これについては可能な範囲での検討もまじえながら、さしあたりP少年院での観察から見えてきた、ここでの矯正教育を特徴づけている基本的な特性と思われることがらについて整理したい。

　これを整理するにあたっては、まず全体的特徴、次いで集団指導、個別指導の順に記述していく。少年院は非行少年を集めて収容し、集団生活を行うなかで矯正教育を行っていく場であり、その点で「全寮制の学校」に近い面がある。平日の日中に教育棟で行われる日課の多くは、教室での授業や実習、体育館やグラウンドでの体育など、学校と同様に集団単位での指導が行われるし、クラブ活動や行事などの特別活動も、多くは集団で行われる。また、生活の場である寮には、単独処遇を行う寮もあるものの、主には集団寮という形をとる。

　その一方で、個別指導や個別的な処遇も様々に行われる。これは、少年が行った非行と、それに至った過程はそれぞれ極めて個別性が高く、それに応じた指導が必要であることによる。1977年以降、法務省矯正局が少年院運営の改善の基本方針のひとつとして「処遇の個別化」を打ち出し、それが以後一貫して推進されてきたこともあり、学校以上に個別指導が占める位置は大きいと言っていいだろう。

　集団指導と個別指導は、どちらが主／従という関係ではなく、「車の両輪」と位置づけられている。また形としては、上述の通り日課は集団指導が中心となるが、そこに個別指導が随時入り込むような形で行われており、双方が分離されているようには

見受けられない。(70-71頁)

　少年院などの施設における矯正教育や生活の全体像を部外者がとらえることは容易でなく、我々もこのフィールドワークにおいてそれが十全にできたと言うことはできない。この困難さの理由のひとつは、少年院がまさに全制的施設であることである。閉ざされた施設で24時間、365日にわたって拘禁されている被収容者は、空間的にも時間的にもすべてを更生というひとつの目的のために捧げることが求められているのであり、このような生活を、我々部外者のほとんどは経験したことがない。部外者が見たり擬似的に経験できるのは、空間的、時間的にごく限られた一部分や一断面であり、これは被収容者への働きかけと、彼(女)らが生きている生活の全体像とはなにがしか異なるものと言わざるを得まい。

　我々は継続的な調査を行い、通常部外者が見ることのないような局面にも様々に出会うことができた。もちろん、これをもってP少年院の矯正教育と生活の全体像をとらえたと言うことはできないが、従来の調査研究やルポルタージュ等よりはそれに近づいた、あるいはなにがしか感じとることはあったと言ってよいように思われる。それを、空間と時間という観点からひとまず整理しておきたい。

　すべてが矯正という目的のために位置づけられる少年院の生活には、「外部」が少なくとも可視的な形では存在しない。そのため、空間も時間も非常に濃密なものとなり、それをどのように編成するかということが、監督者である教官らの側と被収容者である少年の側の双方にとって重要な課題となる。

　しかし、文字通りの意味ですべての空間と時間を矯正や更生のために編成するのは、現実的でもなく、またかえって効果をそぐような面がある。監督者の側にとっては、すべてを直接的な形での矯正教育のために編成するのではなく、メリハリをつけるなどの工夫をすることで、より効果が上がることが期待されるし、被収容者たる少年たちは、彼らなりにこの全体的な空間と時間に対処していこうと試みる。そうした両者のせめぎ合いや相互作用の結果として、閉じられた空間と長い時間がある形をとって立ち現れる。(89-90頁)

▶少年院で多彩なプログラムが存在する理由

　日本の少年院で採用されているさまざまな教育方法は、実に多彩である。(25頁)「自己という物語の書き換え」を少年院教育の核心だと見た場合、多種多様なプログラムの配置には、それ自体重要な意味があることになる。さまざまな形で、変容の契機が埋め込まれている、ということになるからである。

　教育プログラム自体は、累積的で直線的な教育モデルに沿って計画されている。たとえば、新入期の課題、中間期の課題、出院準備期の課題、というふうに、時間が進むにつれて発展的で高度な課題に少年が取り組むよう設定されている。教育をする側

の意図は、連続的に少年が変容していくことを想定しているのである。

　しかしながら、実際の少年の様子を観察すると、少年の人格の変容は、必ずしもそうではないようである。確かに、少年院の生活の仕方に慣れていく過程には、連続的な変容が観察される。しかし、人格の変容に関しては、いつごろどこまで変化するかについての、教官が描いたモデル通りに変化するわけではない。むしろ、教官が事前に予測し得ない何らかの契機で、少年が急に変化する、というのが実際に起きていることのようである。

　重要なことは、濃密に配置された多様な教育プログラムが果たしている役割である。多様な教育内容・教育方法をもつそれらのプログラムは、少年が自分と真剣に向き合うことが要求される機会を、多様な形で提供している。

　それぞれのプログラムは、すべての少年に均一の効果を持つわけではない。むしろ、事前に予見することが不可能な仕方で、多様なプログラムのうちのいずれかが、ある少年に深い影響を及ぼすことがある、というべきである。前に述べたように、「教育の不確実性」が存在するからである。すなわち、ある一つのプログラムは、ある少年にとっては意義深い教育の機会になり、別の少年には単に「こなす」だけの意味しか持たない。別のプログラムは、別の少年を大きく変容させる契機になるが、他の多くの少年にとっては、教育的効果がみられない。――そういうことが、あたりまえなのである。

　個々の少年にとって、どのプログラムが大きな影響力を持つことになるのかは、事前には容易に予測しがたい。だが、たくさんの種類のプログラムが準備されていることによって、少なくない少年が、少年院のさまざまな教育プログラムのうちの何かを契機に、自分の人格を変容させることがあるのである。(34-35頁)

▶具体的なプログラム

　少年院における職業訓練は、指導領域上「職業補導」に位置づけられる。M少年院では5つの実科において、配管や電気工事などの資格や専門的技術付与のための職業訓練を実施している。

　本節では、M少年院において職業補導の一環として実施されているSST（Social Skills Training：以下SST）の実践について検討する。一般に、矯正教育におけるSSTは、謝罪の気持ちがある程度深まった段階で、「自分の気持ちを誤解なく伝える」ための方法、あるいは、「社会生活上望ましい生活態度、基本的な人間関係、日常の言葉遣い、応接の仕方などを含めた指導」として、あるいは「状況に対する認知能力を高め、具体的、実際的な行動の取り方を学習」するためのものとして導入されている。これらの学習目標に即して、謝罪の仕方、生活態度の涵養などをねらいとした対人行動リハーサルとして実践されている。……

しかし、SSTは、実際にはスキル習得のための個別の「訓練技法」としてのみ位置づけられるものではなく、集団による指導・訓練を通して、対人スキル訓練としての機能以上の有用性を持っているものと考えられる。(216頁)
　SSTの訓練は、少年たちの経験あるいは想定している社会環境の場面を協同的に再設定した上で実践されている。その際に、職場や社会でのトラブルの解決やその回避といった少年たちに共有されるべき課題が教官によって設定されていた。その題材としては、少年たちが実際に経験したり、身近に理解してきた職場や社会でのトラブルやその類似場面が挙げられ、課題の共有がよりリアルな形で行われ、その課題を協同で達成するよう、集団指導としての特質が維持されていた。被雇用者としてのP少年のような立場だけではなく、雇用者の役割や先輩の役割などを少年たちが演じること、当該SSTで直接の台詞を持たない少年もそれを見て問題点や改善点を指摘するという参加の仕方を確保することなども、その一つの側面として挙げられる。少年たちに社会での就労場面で語るべきことを具体的に想起させ、実際にレスポンスさせる機能を持っていたからである。このような形での実演やレスポンスを通すことによって、集団指導としてのSSTは、マニュアル化された技術の個別的習得に留まらず、個別の課題を集団で乗り越えるという特異性を保持しているものと考えられる。(224頁)

▶少年院における人間関係

　少年たちがもっとも苦痛を感じているのが人間関係における自由の喪失である。少年院では少年同士の関係が厳しく統制されている。少年院における人間関係をめぐる統制が最も顕著にあらわれるのは、少年相互の私的交信（＝私的なコミュニケーション）の統制にある。多くの少年院では、少年間の私的なコミュニケーションは、許されておらず、これを破ると規則違反となる。
　少年院で私的なコミュニケーションが禁じられているのは、まず第一に、少年たちが出院後の連絡先を教え合い、このことがきっかけとなって再非行、再犯につながることを防止するためである。そして、この少年院における私的コミュニケーションの統制は、再犯防止にとどまらず、少年院内での少年たちの振る舞い、学びを枠づける重要な方法として機能している。
　P女子少年院の寮生活においても、原則として少年たちの私的なコミュニケーションは禁止されている。したがって、少年たちの振る舞いは、一般的な家庭や学校での子どもたちの振る舞いと大きく異なるものになっている。例えば、食事中、少年同士がおしゃべりすることはなく、同じテーブルに整然と座りながら、ただ黙々と食事が進められる。掃除中も、少年同士がおしゃべりすることはなく、他の少年に何か言いたいことがあったら、まず少年は挙手して職員に発言の許可を求める。そうして許可

が下りてから、「Sさん、終わったら、モップを貸して下さい」というような発言を行うことになる。

　このような私的なコミュニケーションの最小化は、少年たちの生活、教育にどのような影響を及ぼしているのだろうか。まず第一に考えられるのが、私語の統制により、少年たちのコミュニケーションの可視性が高まり、インフォーマルな文化の発生が抑制されるということである。インフォーマルな文化が抑制されることで、仲間に対して権力を使用することにたけている少年は権力の濫用を制限され、仲間から抑圧されることの多い少年は守られる。また、むやみに私語をしない、すなわち黙るということにより、自己内対話が促され、自己を育む機会が生まれる。このほかにも、P女子少年院のA幹部教官へのインタビューでは、「場の状況を見極めるとか、自分の衝動を抑える」といった能力を育てる教育効果が見込まれるということが語られている。私語を禁じられることで、少年たちは内省的に自分自身を見つめる機会を得ることになるというのである。

　続いて、少年同士の私的コミュニケーションの統制は、少年の職員に対する依存度を高め、少年と職員との間に親密な関係性を生み出している。私的なコミュニケーションを禁じられているため、施設内で少年同士が親密な関係性を築くことは難しい。そのため、少年は、職員との面接などの場面において、自分自身を語るという欲求を満たすことになる。少年院では、うわべだけの変容は厳しく指弾されて、内面の変容が求められている。したがって、職員との面接では、内面を語ることが要求されるし、内面を語るという行為はそれだけで評価される。そのため、少年は、とりわけ担任の職員に対して、自らの内面を語り、そのことによって両者に親密感と信頼感が醸成されやすくなる。

　このように私的なコミュニケーションの統制は、少年院における少年の育ち直しを促す上で、ある効果的な働きを担っているのだが、そこにはデメリットも存在する。まず私的なコミュニケーションの厳しい統制は、施設と現実の社会との隔たりを大きくすることが挙げられる。少年院を出院したあと、少年たちが生活を営んでいく現実の社会には、私的なコミュニケーションがあふれている。そこで、少年たちは職員のまなざしのない社会のなかで、人々と私的なコミュニケーションを行いながら、あまり不快ではない人間関係を築き上げ、自分自身の居場所を確保するという課題に直面することが予想される。私的なコミュニケーションが厳しく統制されている環境の下では、このための準備教育の機会が少年たちに与えられないという問題が生じる。

　さらには、私的なコミュニケーションの統制は、少年たちの自立を困難にする側面もある。一般的に、思春期の少年たちは親密な友だちを作ることによって、自分自身の育ちを相対化し、親離れの準備をする。だが、私的なコミュニケーションの統制は、少年の職員への依存度を高めてしまい、自分自身で自律的に判断する機会の減少につながるおそれがある。（269-271頁）

▶成績評価

　成績評価とその結果としての進級審査は、日常の生活指導を通した非行の原因改善や態度形成に貢献するばかりでなく、同時に、家族や職場など院外の世界への適応という課題にも応えうるものとして理解され語られている。そうであればこそ、生活に密着したきめ細やかな、いわばホリスティックな指導実践と成績評価との再帰的な一体化が模索されることになるのである。

　そうは言っても、このように成績評価が包括的になればなるだけ、評価者による評価の違いも生じてくる。以下の事例は、珠算の級（技能資格）に合格したことが学習への真摯な「取り組み」に値していたのかが問われている。資格に関する結果主義からの評価なのか、総合的な態度を読み取った評価なのかが論点となっているのである。（307頁）

　「A」という特別な高評価をつける基準には、このデータからみる限り、いくつかの条件がいると語られている。第1には、資格取得がそれ自体目的化することの問題がないのかが問われる。目に見える成果は、非行改善の態度形成とつながってこそ意味がある。第2に、本当に少年が自分自身の意欲から自発的に取り組んだ成果なのかが問われる。教官の働きかけでやらされていることはないのか、あるいは仲間の援助が受けられない結果であることはないのかなどが議論されている。第3に、少年個人の嗜好にただ合っているだけという評価であってはならない。個人内の評価項目がバランスよく設定され達成されているのか自体が問われている。最後に、評価が寮間でばらつくことはないのかが問われる。寮ごとの評価である限り、一定の幅での評価でなくてはならず、「甘い寮」と「辛い寮」が出ることはあってはならないし、その根拠がまちまちになることは問題である。

　こうした評価の実際的な運用基準の理解は、会議ばかりでなく、さまざまな場面での職員間の話し合い、社会学的な意味の「ネゴシエーション」（交渉）によって共有化されていくと言える。日々の少年に対する「行動観察の積み重ね」を前提にして、世代を超えた職員間での評価をめぐる話し合いが絶えず行われている。（309頁）

3　解　　説

▶少年院法の改正の影響

　基本文献における主張について検討する前に、基本文献の基となった調査が行われた時点以降の少年院を取り巻く状況の変化について触れておきたい。

　基本文献が前提としている調査は、2006年11月から2008年1月にかけて行わ

れた。この時期は、第2次少年法改正（2007年）が行われた時期と一致する。第2次少年法改正は、長崎幼児殺害事件（2003年）、佐世保同級生女児殺人事件（2004年）を受けて、14歳未満の触法少年の場合には、当時の少年院法では、少年院に収容できないことや明確な警察の調査権に関する規定がないことなどが問題とされたことに端を発する。

　強制的措置（少年法6条の7第2項）に対する裁判所の許可がなければ、触法少年を鍵のかかる部屋に入れることができない児童自立支援施設では、殺人を行った少年に対しては十分ではないという世論に後押しされて、「おおむね12歳以上」であれば少年院送致が可能になるように少年院法が改正された。

　小学生が少年院に入ってくる可能性を受け、小学生を収容する少年院が全国に男女計8ヶ所指定され、受入れ体制が整えられた。なお基本文献の調査対象となった2つの少年院（M少年院とP少年院）はその指定を受けていない。

　2009年4月には、複数の少年院教官が在院者50名ほどに100件あまりの暴行等の不適正処遇を行った広島少年院事件が発覚し、最終的に5人の法務教官が特別公務員暴行陵虐罪で有罪となった。この事件を契機として、法務大臣等への苦情の申出の制度が整備（2009年8月）されたほか、「少年矯正を考える有識者会議」（2009年12月）が設置され、多様な観点からの議論がなされ、2010年に同提言がまとめられた。

　法務省矯正局は、少年院法の改正に関連して、有識者会議での提言を受けて、2011年「少年院法改正要綱素案」を公表し、パブリック・コメントを求めたのち、少年院法案と少年鑑別所法案をとりまとめ、2012年に内閣提案立法として参議院に上程されたが、何らの審議も行われないまま、衆議院解散による国会閉会に伴い廃案となった。その後実質的に同内容の両法律案を再上程し、2014年6月に成立、2015年6月1日から新少年院法が施行された。

　新少年院法は、少年院での処遇は、「その人権を尊重しつつ、明るく規則正しい環境の下で、その健全な心身の成長を図るとともに、その自覚に訴えて改善更生の意欲を喚起し、並びに自主、自律及び協同の精神を養うことに資するよう行うものとする」（15条1項）とし、さらに、在院者の処遇に当たっては、「専門的知識及び技術」の活用および「個々の在院者の性格、年齢、経歴、心身の状況および発達の程度、非行の状況、家庭環境、交友関係その他の事情を

踏まえ、その者の最善の利益を考慮して、その者に対する処遇がその特性に応じたものとなるようにしなければならない」(同条2項)としている。

さらに、これまでの初等・中等を合わせて第1種、特別少年は第2種、医療少年院は第3種、少年院収容受刑者は第4種(4条)としたほか、「開かれた少年矯正」を目指す必要から、少年院視察委員会を設置したこと(9条)、広島少年院事件以降に整備された不服申し立ての規定が法律化された(120条以下)など、大幅な改正が行われている。また、矯正教育課程も、義務教育課程、社会適応課程、支援教育課程、医療措置課程、受刑在院者課程(30条)に再編され、さらには、この教育課程ごとに、少年院矯正教育課程の指定を行い(32条)、その上で、少年ごとに個別矯正教育計画を策定するという三段階で矯正教育を実施するという整理が行われた。

なお、矯正教育の内容としては、生活指導(24条)、職業指導(25条)、教科指導(26条)、体育指導(28条)、特別活動指導(28条)という従来の内容が法律として書き込まれた。

このように大幅改正が実施されたにもかかわらず、基本文献が現在も矯正教育を知るための重要な文献に該当するかどうかについては、疑問の余地もあるであろう。しかし、もともと基本文献における調査は、52庁ある少年院の2つのみの調査という限界を前提に成り立っている。さらに、両少年院とも受け入れている矯正教育課程の少年には変わりがない。また、今回の改正はこれまでの矯正教育の法律化であることから、長年にわたって積み重ねてきた矯正教育の手法や評価の枠組みはそのまま維持されていると考えることには、少年矯正関係からの話から十分合理性がある。その意味で、基本文献が繰り返し主張している少年院が「更生を目指した生活の場」であることや、矯正教育が「自己という物語の書き換え」であることは、法改正後も変化していないといってよいだろう。

ただし、法改正後の外部交通についての変化や一定の範囲で少年間のコミュニケーションを解禁する動きには注意が必要である。基本文献が指摘しているように、少年間のコミュニケーションの制限の条件付解除が「少年たちの自立」を促進する要因として積極的な機能をもつための条件について、十分検討されているかについては検証が必要である。

▶保護処分としての矯正教育

　どのような法改正が行われても、非行少年が保護処分として少年院に送致されるということは、それが非行に対する国家的反作用だということには変わりはない。そのために、保護処分の制裁として行われる教育という側面についてまず検討する必要がある。

　非行に対する制裁としての保護処分における「責任」は、刑罰とは異なる。自由の拘束と、刑務作業の付科を基本とするのではなく、少年院に収容して社会から切り離したうえで、集団生活を行い、教育を受けるなかで、自分の問題を確認し、それと向き合い、解決方法を模索する。その上で、再非行や犯罪を行わない自分を再構築しなければならないのである。

　加えて、少年院という空間は、社会から切り離されているという点、24時間365日、更生のための何からの教育的働きかけが行われているという点、少年相互のコミュニケーションを最少化しているという点、再非行再犯をしないという目標を達成したかどうかについて、少年院の在院中にははっきりしないという点、教育的働きかけには常に評価の視点が付きまとっている点で特殊である。

　その特殊な空間で、変化するための努力を行うことが少年に課された責任の取り方だとしたら、それは正当な責任の取り方なのだろうか。少年にとって過度な要求とならないだろうか。

　このことを考える場合に、重要な視点は、少年を健全育成することは国に課せられた義務であるということ、少年には成長発達する権利があること、そして教育には「不確実性」が付きまとうということである。

　少年に保護処分を課すということは、国が親に代わって少年を健全に育成する義務、つまり少年の成長発達権を保障する義務があることを認めたことになる。その義務を果たすために、国は、できる限り多くの効果的なプログラムを用意するだけではなく、能力のある職員を養成し、さらには、適切な評価の仕組みを構築しなければならない。また、少年に自己変容を促すような動機付けや機会を提供することも重要となる。

　保護処分が少年に要求しているのは、国が用意した矯正教育を受けることであり、それが効果的であれば、可塑性の高い少年たちは自らを変容させ、非行を行わない方向へとシフトしていくのである。

非行少年の多くは、それぞれに応じた適切かつ十分な教育的働きかけを少年院に収容されるまで経験してこなかっただけではなく、児童虐待やいじめ等の被害者でもあった。その少年たちに、矯正教育のために準備されている少年院の立地、建物の構造、職員の配置といった環境の中で、毎日の日課、週・月のスケジュール、各種の教育プログラムが提供されることで、自己変容が促される。それまで自分のやりたいことしかしてこなかった少年たちに対して、やりたくないことをやらせ、考えたくないことを考えさせる。毎日の日記指導や面接など、さまざまな手法を使って、非行への直面化や自分の問題を考える機会が精緻なシステムとして用意されている。そのできれば避けたいことに直面化し、変化を促すシステムに身を置くことが、少年に対する制裁であり、少年法が要求している責任の取り方である。

　そして、その教育的働きかけが少年にどの程度届いているのかをあらゆる場面で確認し、最終的には成績評価という形で、個別担任、寮担当、職業訓練や学科担当などを含む法務教官全員でそれを確認するのである。

　矯正教育は、国の非行少年を生み出した責任の果たし方であり、その中で教育を受けることが、非行少年にとっての責任の取り方なのである。したがって、少年に求められるのはあくまで変化への努力で変化ではない。

▶安全な場所としての少年院

　少年院への収容は、自由を制限するという意味で、不利益処分である。しかし、これまで見てきたように、少年にとって教育的働きかけがされるという意味で、利益でもある。その他の利益も存在する。少年院への収容は、少年を有害な環境から離脱させ、安心できる場所を与えるという役割も果たしている。

　少年院に入院する少年の多くは、それまでの人生のどこかで、被害体験をもっていることが多い。たとえば、家庭内で、親やきょうだいから身体的性的暴力やネグレクトの経験をもっている少年は、少年院収容者の7割を占める。とくに女子少年の場合、保護されるべき家庭において性的虐待を中心とした児童虐待の被害者であることが少なくない。また、男子少年も、両親のドメスティック・バイオレンスを目撃するという心理的な児童虐待の被害を受けている少年も多い。このような少年にとって、家庭は安らぎの場所ではなく、戦場であり、その戦場から引き離されることは少年の保護につがなるだけではなく、これま

での被害体験ゆえに、十分に保障されてこなかった成長発達権を保障することにもなる。

　さらに重要なことは、少年が隔離されることで、家族が自らを立て直したり、見つめ直す機会をもつことができることは、少年が戻るための環境整備に役立つということである。社会においても、少年が地域集団に存在しないことで、少年を中心としたグループが解体したり、異なる関係性が生まれることで、地域社会が変化する可能性が生じる。このように、少年が少年院に収容されることで、少年の社会復帰ための環境整備がやりやすくなるという効果も期待できる。

　なお、少年の社会復帰のためには、少年を社会の中で引き受ける親等の存在は重要である。少年が少年院への収容で変化したとしても、その変化が持続するためには、引受人の親等も少年の変化に応じた対応をすることが求められる。親等には少年に対するような密度の濃い働きかけではないが、親に対する働きかけ（17条）を行うことで、少年院における少年への教育の成果を確実にする努力がなされている。

　さらに、日常生活から切り離されることで、自分の非行や被害者について、深く考える機会を少年院は提供することができる。少年院では、被害者に向き合いながら、加害者として生きる方法を教えている。ただ、それは、虐待等の被害者でもある少年が、自分の被害に向き合い、そこから回復し、自分やおとなや社会に対する信頼を取り戻した後でなければならない。そして、それができるかどうかもまた不確実なものなのである。

　とはいえ、このように、少年院の収容は、少年の健全育成という側面から見た場合には、利益の側面が少なくないのである。

▶社会復帰に向けた働きかけ

　少年院での働きかけは、少年の社会復帰を目指して行われる。少年院では、義務教育の少年や高校での教育を希望する少年には教科教育を行い、また、必要な場合には、職業訓練を行うことで、社会で自立して生きていくために必要な資格等を身につけることになる。それ以外にもそれまで身についていなかった歯磨き、洗顔といった基本的な生活習慣など、社会で生活をしていく上でより社会に適合し、より負担や摩擦が少なく生きていくためのスキルや知恵も教育される。さらには、基本文献におけるSST（Social skill training）のように、

対人コミュニケーション・スキルを学ぶ機会も提供されている。

　少年院でどのような矯正教育が行われたとしても、社会復帰した後は、これまでとは異なる、教育的働きかけが十分ではない、むしろ少年院での努力を無効化する圧力の中で生活をしていかなければならない。少年院は、これまで更生保護との役割分担を意識して、出院後の少年とのコミュニケーションを積極的には行ってこなかった。少年にとって再非行や元の生活に戻るという危機は、少年院の仮退院の直後にまず生じる。保護観察官や保護司とのコミュニケーションやラポールが十分ではない中で、その危機を乗り越えることは容易ではない。そのため、新少年院法では、出院後でも社会復帰の支援として、「健全な社会生活を営むために必要な援助」が行える制度を整備した（44条）。

　少年を取り巻く社会における環境が簡単には変化しないなかで、最初は保護観察の支援を受けながら、少年は少年院での教育の成果の確率を上げていかなければならない。

　教育は、基本的にはパターナリスティックなものである。その中で、同時に、どのように少年の自己決定能力や自立能力を育てていくのかは、教育施設である少年院が直面する最大の課題であるといえる。

4　関連文献

▶矯正協会『矯正教育の方法と展開──現場からの実践理論』（矯正協会、2006年）

　少年院における矯正教育の多様なプログラムが、それぞれどのような理念や方法論に基づいて実践されているのかについて、実務に携わっている法務教官が書いたもので、矯正教育の多様性についての理解を深めることができる。

▶セカンドチャンス！編『セカンドチャンス！──人生が変わった少年院出院者たち』（新科学出版社、2011年）

　少年院で矯正教育を受けた元収容者の自助グループとして、少年院の矯正教育にもかかわっている少年院出院者たちが、自分たちの非行を見つめなおし、出院後の人生をどのように生きているかを知るための好著である。

25 少年法改正

●基本文献
守屋克彦
「少年法改正の歴史と少年法」
斉藤豊治・守屋克彦編著『少年法の課題と展望 第1巻』(成文堂、2005年) 1-36頁

武内 謙治

0　原著者紹介

　1934年生まれ。裁判官として長年にわたり刑事・少年司法実務に従事した後、東京経済大学、東北学院大学で教授として教鞭をとる。司法制度論や刑事訴訟法の研究でも知られており、その研究業績は膨大である。少年司法分野では、第一次資料を渉猟した上で精緻な分析を加えた歴史研究と、実務経験をも踏まえた理論研究の第一人者である。著書である『少年の非行と教育』(勁草書房、1977年)と『現代の非行と少年審判』(勁草書房、1998年)は、必読文献である。

1　基本文献の意義と位置づけ

　基本文献は、少年法改正の動きを受けて少年法をめぐる課題の確認と、将来の展望を目的として編まれた2巻からなる書籍の冒頭に置かれた論文である。この論文は、2000年に少年法が改正された後、2007年に法改正として実現することになる触法少年の扱いをめぐる論議が激しさを増していた時期に公表されている。

　少年法は、2000年以降4度の大改正を経験している。2000年の第一次改正では、非行事実認定と被害者等への配慮、刑事処分のあり方に、2007年の第二次改正では触法少年の扱いに、2008年の第三次改正では被害者等の審判傍聴に、そして、直近の法改正となる2014年の第四次改正では、弁護士国選付添人制度と検察官の審判関与の対象範囲拡大、少年に対する刑の上限の引き上げに、各々

焦点があてられている。

　しかし、こうした法改正の動きは、2000年代に入り突如として出てきたわけではない。1966年には法務省により少年法改正構想が、1970年には少年法改正要綱が公表されている。それに基づく法制審議会の議論は、日本弁護士連合会推薦委員の辞任に象徴される学理上・実務上の強い反対により、立法には結実しなかった。果たして2000年代の一連の少年法改正は、少年法部会だけで70回の会議を重ねた先の改正論議とどのように結びつく（あるいは、つかない）のか、その関連性は、歴史的にも理論的にもいまだ十分に解明が進んでいない重要課題である。2000年代の少年法改正の分析に限定しても、戦後の歴史の中でそれを位置づけて分析するものは、ほとんどないといってよい状況にある。

　その意味で、3つの期に区切った戦後の歴史の中で、2000年以降の法改正を分析している基本文献は、それ自体としてきわめて貴重である。そこで用いられている「司法手続的保護」対「行政手続的保護」という現行法と旧少年法との対置で鮮明になる分析視角が、守屋克彦による戦前期からの詳細な歴史研究を踏まえて析出されたものであることを考えると（『少年の非行と教育』を参照のこと）、基本文献は、2000年以降の少年法改正を戦前期からの歴史の中で位置づける試みとしても読むことができる。日本における検察官の特殊な地位や社会的な役割に鑑みた場合に検察官の審判関与を認めることがもつ意味や、立法のあり方、そして法改正時に度々強調される「適正さ」という言葉の内実に関する分析も、こうした歴史的な視角を背後にもっている。

2　基本文献（原典）

> 2．分析のキーワード
> 　まず、刑事立法過程としての少年法改正問題を観察するために、いくつかキーワードを設定したい。すなわち、①少年法の適用年齢、②刑事手続と保護処分との篩い分けの権限（先議権）、③審判手続における少年側の権利保障（国選付添人選任を含む）、④検察官の審判関与と抗告権、⑤処遇手段の改善（多様化）、⑥警察の権限拡大（司法前処理）である。……さらに、これらのキーワードを縫い合わせる太い糸として、少年法における検察官の役割ないし位置づけのテーマがある。我が国における検察官は、捜査権及び刑事訴追権を有する刑事政策の担い手であると同時に、法務省の中枢

にあって法案作成にも従事する、諸外国にも類の少ない大きな権限を持つ中央集権的な官僚組織である。そして、少年法は、審判手続に関する検察官の権限に関する限り、大正11年制定の旧少年法との断絶の上に出発した。……このように、旧少年法が、18歳未満の未成年者の犯罪に対する起訴便宜主義の内容をなしていたことに比べて、20歳未満を対象とし、しかも16歳以上の少年を刑事手続に付するための判断権を家庭裁判所に委ねた（平成12年改正前の少年法20条）少年法に改正されたことは、刑事政策の担い手をもって任ずる検察官にとって、権限を大きく縮小されたことを意味していた。その権限の回復を含めて、少年法における検察官の役割とその関与をどのように位置づけるかが、少年法改正問題のまさしくアルファであり、オメガであるといっても差し支えない。（2-3頁）

3．時代区分

　本稿では、少年法改正問題の時代区分として、少年法の制定後、家庭裁判所周辺の組織や制度がひとまず整備される昭和40年ころまでを第1期とし、昭和41年に発表された少年法改正構想（以下、「構想」と略記する）やその後の少年法改正要綱（以下「要綱」と略記する）に基づいて本格的な改正論叢がなされた昭和40年代から昭和50年代までとその後の空白期間を第2期とし、平成8年に、最高裁判所、法務省及び日本弁護士会〔ママ〕の三者で「少年審判に関する意見交換会」が開催された以降を第3期として整理することにした。改正に関する論争一般と、現実に結実した改正作業あるいはその準備作業とをひとまず区別して、後者に焦点を絞りたいと思ったからである。この視点に立つと、第1期は、現行法体制の整備のための改正作業が中心であり、少年法の法理論に本質的な変動のなかった期間ということになる。そして、第2期は、少年法改正問題が、法制審議会で長期間にわたって審議が行われながら、改正に結実しなかった期間として特色づけることができ、その空白を経た第3期は、議論よりもむしろ改正の要請が先行し、法改正もスピードを速めて実現しているという特色を見いだすことができるように思われるからである。（3-4頁）

4．第1期

　この時代は、少年法が制定施行されて家庭裁判所が発足してから、法制上の整備が一応完了するまでの期間である。終戦後は、法制度の根本的な改革が行われたことと、社会的にも復興途上であったことから、少年法も、施行後、数年間は家庭裁判所や保護関係機関の態勢が十分整わず、少年法の適用年齢を18才未満に制限するなど、多くの応急、暫定措置を余儀なくされた。そのために、しばらくの間は、毎年のように、少年法及び少年審判規則の一部改正がなされ、関係法規の制定・改正が繰り返されて法制上の整備が進み、昭和29年ころまでに、今日の少年法保護制度の骨格がほぼ完成するに至る。……（4頁）

5．第2期
(1)この期間は、……法務省が、昭和41年の「構想」に続いて、昭和45年に『要綱』を発表し、後者について法制審議会少年法部会の審議が行われ、約7年にわたって本格的かつ広範な検討がなされ、昭和52年にそれを踏まえて法制審議会から中間答申が行われながら、立法には至らなかった期間を包括する。この期間は、法改正には結実しなかったが、少年法の制定後初めて行われた本格的な改正のための審議がなされた期間であり、その結末とともに、我が国における少年法のあり方や法理論に多大の影響を及ぼすものと思われる……。

(5)「要綱」に対する審議の総括
　……
　中間報告の最大の意味は、それが、現行少年法の基本構造内でさしあたって改正すべき事項としてまとめられていることから明らかなように、「要綱」が基本構想としていた年長少年すなわち「青年層」の構想が、部会における大方の賛同を得られなかったということにある。……少年法部会は、18歳以上の年齢層の非行について、保護処分の選択を視野に入れるにしても、原則を刑事裁判手続として、検察官に手続選別の先議権を与えるという制度化に対し、明確に消極的な結論を下すにいたったと見ることができる。このような結論を導いた理由はいくつか観測されるように思う。まず、第1に、18歳以上の年齢層の非行に対する教育的な取組みの必要性と有効性に関する認識である。当時少年法部会に出席していた裁判所側の委員は、……少年審判の経験豊富な裁判官であり、最高裁判所家庭局側の委員や幹事も自ら少年審判の経験をもち、法の運用についても豊富な情報を持っていたために、随所において、家庭裁判所における具体的な審判における教育的な体験から導き出された意見を紹介している。このような発言は、単に理念から出発し、法運用の現実体験に裏付けられていない改正案の提案者に対して、しばしば、激しくかつ有効な反論となり得ていたように思われる。第2は、少年非行対策を司法手続としていることの意味の確認である。法務省側は、「構想」と同じく、少年法による措置を行政処分と見て処分の均一化や公平化の意味を説き、司法手続として家庭裁判所に委ねられているために、裁判官の個性による処分の不統一などが生じているとして、事例を挙げて検察官の関与あるいは抗告権の付与の必要性を強調した。しかし、それに対して、裁判所側及び日弁連側の委員から、非行事実の認定手続の適正な認定と個別的な要保護性の判断が不可欠であればこそ、司法手続に委ねられたのではないかと反論されている。第3は、適正手続に関する「要綱」のとらえ方に対する批判である。すなわち、「要綱」の提案者は、「要綱」に基づく改正は、適正手続の実現にあるものとしたうえで、適正手続としての権利保障は刑事訴訟手続でこそ実現されるものであるから、「青年層」を設けて、18歳以上の少年の非行については、刑事訴訟手続において権利保障の実現を図るべきであると主張し

ていた。しかし、仮に権利保障が実現されるとしても、手続によって選択される処遇が保護処分からより不利益な刑罰に変わるとすれば、はたして実質的に権利保障の名に値するのかどうかという批判がなされることになり、また、適正手続論が、保護処分の強制処分性と、審判の非方式性からの少年側の不利益性をカバーしようとするものであるとすれば、18歳以上とそれ以下とで手続を区別する理由になるかという批判を免れることはできなかったといえよう。

　以上のような理由で、「青年層」に対する検察官の先議権の回復を目途にした「要綱」は、少年法部会で審議未了となった。そして、このことは、14歳以上20歳未満の未成年者の非行対策として司法手続において教育的取組みを行うこと、すなわち非行事実を司法手続によって適正に認定した上で、家庭裁判所調査官や執行機関を主体とする教育的措置を刑罰に優先させて行うことの必要性と有効性を確認したことを意味しているといえよう。この点で、少年法部会の審議は、森田明教授が「刑事政策的保護」と「児童福祉政策的保護」との2項対立として整理されていることに加えて、「司法手続的保護」か「行政手続的保護」かという別個の対立があったことも視野に入れながら、複眼的に分析するほうがより焦点を明確にするように思われる。そうすると、「司法手続的保護」が、「刑事政策的保護」と「児童福祉政策的保護」のいずれの色彩を帯びるかという論点が明確になり、その後の少年法の在り方に関する論争も整理しやすくなるのではないかと思えるのである。「司法手続的保護」は、司法手続である以上、適正手続の要請が働き、少年側に対する告知と聴聞の機会が確保され、処遇に対する少年側の意見（付添人の役割となろうが）を聴くことも当然に伴うことになる。「司法手続的保護」は、そのような手続を本質的に内在させるので、「行政手続的保護」よりも個別的な手続になり、少年側の要保護性を個別的に考察した保護手段を取ることがより可能になるのである。そうだとすれば、個別的に要保護性に対応して取られる保護手段は、当然のことながら、低年齢のものに対する文字どおりの福祉的な措置から、年長少年に対する教育的な措置まで、多様なものとなることを想定することになる。それは、言葉のニュアンスから言って、福祉主義あるいは保護主義という表現よりも教育主義という表現がより正確だといえよう。少年法が、児童福祉法の領域や子どもの権利条約に定める対象年齢を超えて、20歳未満までを保護処分の対象と定めていることの意味は、未成年者に対する保護処分が、本人の更生のうえでも、再犯防止という公共の安全のためにも、必要であり、有効であるという考えと制度的な実践に裏付けられた教育主義であると考える方がその本質に近づきやすいのではないだろうか。問題は「司法手続的保護」の内実に帰着することになり、それを具体化する少年審判のあり方が重要になってくる。少年側にとっては、付添人の役割が検討される課題になるし、論者の教育観と関連させて、検察官の関与が教育主義とどう関わってくるかが重要な検討課題になってくるといえよう。……（5頁、17-20頁）

6．第3期
(1)法曹三者による意見交換会

　この時期の特色を見る前に、……中間答申後、長い立法の空白期間が経過する中で、少年法制の運用が展開するままに、弁護士である付添人活動が格段に普及したことに触れなければならない。弁護士である付添人の活動が活発になってきたのは、昭和48年に名古屋と東京で、家庭裁判所と弁護士会及び法律扶助協会支部との申し合わせにより、家庭裁判所からの申し入れを受けて、法律扶助協会が財政上可能な範囲で扶助を行うという形で弁護士である付添人の援助活動が始まったことがきっかけになっている。……昨今では、否認事件はもとより、社会的関心を引くような少年事件は、弁護士である付添人の活動を抜きにしては考えられない状態になっている。このような活況を呈するようになった背景には、日本弁護士連合会推薦の委員が「要綱」の審議途中で委員を辞任した後、日本弁護士連合会の少年法「改正」対策本部が、その後子どもの権利委員会に名を変えながら、付添人活動の普及に努めた功績がある。……このような付添人活動の発展が、非行事実の存在が激しく争われる事件の審理にまつわる制度の不備を引き出すことにつながり、少年審判における非行事実の認定のあり方が問われ、少年法の一部改正をもたらすきっかけになった。これが第3期の特徴である。すなわち、第2期が、少年審判手続全体に関連する改正が検討されたのに対して、少年審判における非行事実の認定手続という局面に絞り込んだ法改正が出発点となっているところに第3期の特色がある。……

(5)終わりに――第3期のまとめを兼ねて――
……

　第2期は、前述したように「司法手続保護」か「行政手続的保護」かをめぐって、最高裁判所と法務省が対立し、日本弁護士連合会は、当初は最高裁判所と共同歩調を取ったが、中間報告の方針で最高裁判所と法務省が折れ合ったために孤立し、委員及び幹事が辞任するという経緯があった。その審議の過程で少年非行の実情や少年審判の実態について豊富な経験を有していたのは最高裁判所側であり、そのために「司法手続的保護」が制度として定着することになった。第3期は、その「司法手続的保護」の中身が問われることになっていると理解することができるであろう。「司法手続的保護」の内実をなす非行事実の適正な認定が、その意味を含めて問題とされているのである。注意すべきは、第2期で、「適正」が「厳正」と抱き合わせて使われたように、第3期では、「適正」は、社会的に納得し得るとか、実体的真実の発見というニュアンスを意味するものとなり、少年の「適正」手続の観点は抜け落ちてしまっていることである。第2期の中間答申に基づく立法が実現されていないのに関わらず、そのテーマは、その後の諮問事項の対象から外されてしまっている。僅かに、前出のように最高裁判所が規則化の方向を選ぶことになったに過ぎない。第3期で諮問43号の審議に

あたった法制審議会少年法部会の構成は20名であり、第2期よりもはるかに規模が小さい。審議は、日本弁護士連合会推薦の委員3名が、最高裁判所・法務省の共同歩調に対抗して、議論を展開するという形になり、最終的な結論も、日本弁護士連合会推薦の委員の意見が、他の委員から同調されないままに、孤立して終わっている。それにもかかわらず、審議の場で、具体的な事案の取組みについて豊富な事例を提供しているのは、日本弁護士連合会推薦の委員たちである。その具体的な活動に対する評価が、検察官関与事件の国選付添人という諮問事項を超えて、広く国選付添人の制度が将来の継続的なテーマとなるべきであるとする審議会の雰囲気を引き出すことになったことが窺える。これに反して、最高裁判所の委員や幹事から見るべき体験の紹介があったようには見えない。非行事実の認定という限局されたテーマであるために発言の場が少なかったのかもしれないし、何よりも第2期と比べて、少年審判の経験の豊富な委員の数が少なかったことによるものではないかと思われる。それに加えて、当初の最高裁判所側の改正構想が少年審判を担当する裁判官の意見に裏づけられているといいながら、事実認定が激しく争われる事件の検察官関与の範囲が、「死刑又は無期若しくは長期3年を超える懲役若しくは禁錮に当たる罪の事件」に限定され、また立法の過程で、さらに「故意の犯罪行為により被害者を死亡させた罪の事件及び死刑蔦（ママ）は無期若しくは短期2年以上の懲役若しくは禁錮に当たる罪の事件」に縮減されたことや、観護措置期間の延長の限度が、政府案では最長12週間とされていたのが8週間までとされたことなどについて、抵抗する姿勢をまったく示していない。もし、事実認定が激しく争われる事件の審理の必要からの改正を求めるのであれば、暴走族の道路交通法違反事件の例を挙げるまでもなく、法定刑の重さとは必ずしも関連性を持たないはずであろう。このような態度を、司法機関として立法に対する謙抑的な姿勢によると考えるなら、「要綱」の審議との落差が著しい。その反面で、第2期では、率先して適正手続を主張し、その中核に国選付添人選任制度の実現を置いていたのにもかかわらず、非行事実に争いのない事件については、家庭裁判所調査官との役割分担の点から調整が必要であるという趣旨に論調が変化し、むしろ国選付添人否定論に傾いているような態度変化すら見せている。一方、法務省は、検察官の関与は、原告官としての責任を負うものではなく、公益の代表者として審判における事実認定の協力者として関与するという立場を崩さず、立証責任などの責任を負うことを回避し、論理を追うよりも、制度に対する監視者の地位に自らを置こうとしているかに見える。

　このように見てくると、少年法改正の歴史は、「司法手続的保護」こそ確実に定着したが、その具体的なあり方については、検察官が同時に立法府に属するという特色が、陰に陽に強い圧力となって影を落としているという総括をすることにならざるを得ないように思う。公共の安全や秩序の維持という観点からの規制については意欲的であるとしても、適正手続の保障など少年側の権利の法制化に関しては積極的であるとは言えないという法務省の方針に加えて、家庭裁判所側も、法務省に追随的で、少

年側の権利強化には迷惑を隠しきれないような状態であるように思われる。そうだとすると、「司法手続的保護」の内実を豊かにして、少年の健全な育成に裏打ちされた更生を実現し、保護主義の有効性に対する社会的信頼を確保する手だてをどこに求めることになるのであろうか。それは、本来は、家庭裁判所にとっても教育主義の活性化を確保する途であるはずである。家庭裁判所が、弁護士である付添人の地域社会とのつながりとそのエネルギーなどを積極的に取り込んで、本人の更生と同時に、公共の安全にも寄与できるような制度構築を行い、「司法手続的保護」の適正な実現を果たすことが、少年法に対する社会的な信頼をつなぎ止める途であることを、改めて確認する必要があるといえないであろうか。（22-23頁、31-34頁）

3　解　説

▶2000年代以降の少年法改正の内容

　まず、2000年代以降に行われた4度の少年法改正の概要をみておく。第一次改正（2000年）は、①少年事件の処分等の在り方の見直しと②少年審判の事実認定手続の適正化、③被害者への配慮の充実を内容とする。第二次改正（2007年）は、①触法少年および虞犯少年に係る事件の調査、②14歳未満の少年の保護処分の見直し、③保護観察における指導を一層効果的にするための措置等を内容とする。第三次改正（2008年）は、①被害者等による少年審判の傍聴、②被害者等による記録の閲覧および謄写の範囲の拡大、③被害者等の申出による意見の聴取の対象者の拡大、④成人の刑事事件の管轄の移管等を内容とする。そして、第四次改正（2014年）は、①家庭裁判所の裁量による国選付添人制度および検察官関与制度の対象事件の範囲拡大、②少年の刑事事件に関する処分の規定の見直しを内容とする。

　一連の法改正は、まず、審判関与者に大幅な変更を加えている。少年審判は、刑事訴訟手続とは異なり、職権主義をとっている。そこでは、検察官を排除し、裁判官1人で審判を行う（単独制）というのが、従前の審判のあり方である。しかし、第一次改正により、裁判所の裁量により裁判官3人で合議できる裁定合議制が採用されるとともに（裁31条の4第2項、同第3項）、非行事実認定に関係して検察官の審判関与が認められた（少22条の2）。また、第三次改正により、結果が重大な事件などの被害者等が審判を傍聴できるように改められている

（少22条の4）。

　次に、一連の法改正は、少年司法制度と隣接制度との関係性を大きく変えうるものになっている。とくに問題になるのは、児童福祉法制や刑事法制との関係性である。従前、少年司法制度と児童福祉法制との関係性は、児童福祉機関先議主義により規律されてきた。これは、14歳未満の触法少年および虞犯少年に対してはまず児童福祉機関が対応にあたり、その裁量判断により家庭裁判所送致の措置がとられた場合にのみ少年司法上の対応をとるというものである。しかし、第二次改正は、被害者死亡事件などを、児童福祉機関が原則的に家庭裁判所に送致しなければならないかのような規定ぶりをとる制度を置いている（少6条7第1項。いわゆる「原則家裁送致」制度）。また、従前、少年司法制度と刑事司法制度との関係性は、保護処分優先主義により規律されてきた。犯罪少年事件につき、捜査機関は、微罪処分や起訴猶予と比較できるような独自の事件処理権限をもたずに、犯罪の嫌疑があるか虞犯として審判に付す理由がある以上すべて家庭裁判所に送致しなければならない（少41条、42条。全件送致主義）。家庭裁判所が刑事処分に付すことがふさわしいと判断した場合にだけ事件が検察官に送られ、刑事手続にのせられる仕組みがとられているため（家庭裁判所先議主義）、少年法は刑罰よりも保護処分を優先していると考えられてきたわけである。しかし、第一次改正は、被害者死亡結果などがある重大事件について、家庭裁判所が事件を原則的に検察官に送致しなければならないかのような規定ぶりをとる制度（いわゆる「原則逆送」制度。少20条2項）を採用した。

　最後に、一連の法改正は、例外的に科されるべき少年に対する刑罰のあり方を変化させている。従前は、死刑の処断刑を義務的に緩和して無期刑を宣告した場合でも、7年で仮釈放が可能とされていた。また、処断刑が無期刑の場合には10年以上15年以下の有期刑に義務的に緩和すべきものとされ、この場合の仮釈放は3年で可能とされた。さらに、処断刑が長期3年以上の懲役または禁錮の場合、不定期刑を言い渡すべきこととし、短期は5年、長期は10年を超えることができないものとした。しかし、第一次改正は、処断刑が死刑である場合に義務的に無期刑に緩和されたときの仮釈放要件を刑法の原則通り10年とするとともに（少58条2項）、処断刑が無期の場合の緩和を裁量によるものに改めた（少51条2項）。その上で、第四次改正は、無期刑を緩和して言い渡す有期刑

の範囲を10年以上15年以下から10年以上20年以下に改め（少51条2項）、この場合の仮釈放要件を3年の経過から、刑法の原則通り刑の3分の1の経過に改めている（少58条1項2号）。また、有期の懲役・禁錮で処断すべき場合における不定期刑の長期の上限を10年から15年に、短期のそれを5年から10年に引き上げ、長期から5年を減じた期間（長期が10年を超えるときは長期の2分の1）を下回らない範囲内で短期を定めて言い渡すように改めている（少52条）。

▶2000年代以降の少年法改正の基本的性格をどうみるか

　問題は、こうした一連の法改正が少年法の理念に反し、その基本構造を切り崩すものであるかどうかである。2000年以降の少年法改正の基本的性格をどのようにみるか自体が、ひとつの大きな争点になる。一方で、こうした改正は、画一的な扱いや厳罰化、刑事司法化を推し進めるものであり、少年司法制度の個別処遇理念や基本構造を切り崩すものであるという見方がある。他方で、かかる改正も、少年司法制度の理念に反しておらず、基本構造の枠組みを変更するものではないとの考え方がある。後者の考え方を支えているのは、検察官の審判関与や、いわゆる「原則逆送」制度、「原則家裁送致」制度、被害者等の審判傍聴制度、少年に対する自由刑の上限の引上げといった各々の法改正を象徴する制度が、当該措置をとるか否かの判断を最終的には家庭裁判所の職権判断や裁量に委ねる仕組みをとっていることにある。後者の立場は、例外を認めることで原則そのものが根本的に全否定されることが回避できると考え、例外的なケースへの対応として改正措置に合理性を見出す傾向にある。そのため、少なくともその限りにおいては、一連の法改正を「適正化」と評価する傾向にある。

　こうした2つの見方の対立は激しいものの、その価値評価が何を基準や基盤としているのかは、実は、十分に明確にされているとはいいがたい。こうした状況の中で、基本文献は旧少年法との断絶に着目して現行法の基本構造を浮き彫りにした上で、その最大のポイントである検察官の制度への関与の仕方や改正論議へのかかわり方を基点として、第一次改正を位置づけている。

　もっとも、公表時期から明らかなように、基本文献は、4度にわたる法改正のすべてを取り上げて網羅的に分析しているわけではない。それにもかかわらず、基本文献の議論は、結論として、4度の法改正全体を射程に収めていると

みることができる。というのも、まず、2000年以降の法改正は、なおも検察官の審判関与を機軸としている部分が大きいからである。たとえば、一見、少年の人権保障や適正手続保障のための措置であるようにみえる国選付添人制度は、第一次改正で導入され、第二次改正から第四次改正で制度が拡充された。しかし、その対象範囲は、検察官の審判関与の範囲とほとんど重なり合っており、国選付添人制度が拡充すれば検察官の審判関与の対象も拡大するように制度設計がなされている。

次に、第二次改正以降の法改正でも、改正措置を「適正化」として説明する局面が多くみられるからである。たとえば、第四次改正による少年に対する刑罰の上限の引き上げに関しても、裁判所が一律に引き上げられた刑を科さなければならないわけではないので「厳罰化」の評価はあたらないとして、これを刑の「適正化」と表現する見解もある。これについては、まさに、基本文献が戦後の少年法改正の歴史を分析する中で、「適正」という言葉の遣われ方とその文脈を明らかにしているところである。すなわち、基本文献によれば、「第２期で、『適正』が『厳正』と抱き合わせて使われたように、第３期では、『適正』は、社会的に納得し得るとか、実体的真実の発見というニュアンスを意味するものとなり、少年の『適正』手続の観点は抜け落ちてしまっている」のであった。この指摘に基づけば、たとえば第四次改正においても、少年の利益の観点を抜きにして「適正化」という言葉が遣われているのではないかとの疑問が生じることになる。そうであるとすれば、少年の人権保障とは距離を置き、「社会的な納得」を重視する形で、改正が進められるという第３期の特徴は、第四次改正に至っても、なお継続していると評価することが可能であろう。

▶日本における少年法改正をめぐる立法過程の特徴

少年法の改正に関しては、以上のような法改正の内容面だけでなく、その立法のあり方も問題になる。近時の少年・刑事司法の改革動向を分析するツールの１つとして、Penal Populism という概念がもち出されることがある。この言葉は、「法と秩序」の強化を求める市民グループ、犯罪被害者の権利を主張する活動家やメディアが一般市民の代弁者となり、政府の刑事政策に強い影響力をもつようになる一方で、専門家の意見が尊重されなくなる、という1990年代から先進諸国で観察される現象をとらえるものである。日本では、検察官が

立法にも携わる仕組みがとられているため、この現象への耐性が弱いことが指摘されている。

　基本文献は、Penal Populism の議論が日本で紹介・展開される前に公表されており、その分析を踏まえたものにはなっていない。しかし、基本文献による立法論議におけるアクターの役割の変化に関する分析は、Penal Populism の議論と部分的に重なり合っており、またその議論に奥行きを与えうるものになっている。すなわち、基本文献は、第 2 期と第 3 期の法制審議会の場における議論を比較し、法運用に関する保護主義的な取組みや教育経験を具体的に紹介している主体が、最高裁判所推薦の委員から日本弁護士連合会推薦の委員へと変化していることを指摘しており、そのことが戦後定着はしたもののなお争いのある「司法手続的保護」の内実と関連していることを示唆している。そして、こうした変化があるにもかかわらず、その背後には、検察官が刑事政策の担い手であると同時に、法務省の中枢にあって法案作成にも従事し、巨大な権限をもつ中央集権的な官僚組織の中に組み込まれているという、戦後（あるいは戦前から）一貫して存在し続けている構造を見い出していたのであった。こうした日本における検察官の特殊性は、厳罰化立法を推し進めた Penal Populism の一要因としても指摘されているところである。もっとも、Penal Populism の議論では、立法過程において最高裁判所がどのような役割を果たしているのかが、十分に明らかにされてこなかった。この点で、日本弁護士連合会のみならず最高裁判所の立法過程における役割を分析している参考文献は、Penal Populism の議論に奥行きを与えるものにもなっているといえる。

▶**少年司法の機能**

　少年司法には、福祉的機能（教育的機能、ソーシャル・ケースワーク的機能）と司法的機能があることが、一般に承認されてきた。しかし、その内実については、理論上激しい争いがある。まず、司法的機能に関しては、適正手続保障という手続的要素に限定して理解するのか、それとも非行（結果や態様）と処分の重さとの均衡という実体的要素をも含めて考えるのか、という問題がある。福祉的機能に関しては、少年の主体的な非行克服のための側面援助的な働きかけとして理解するのか、それとも犯罪性の除去と考えるのか、という問題がある。こうした対立は、社会防衛を達成するための機序や家庭裁判所の役割の差

にもつながる。司法的機能を適正手続の意味に限定して理解する見解は、ケースワークが十全に果たされ、非行にまつわる少年の困難や生きづらさが解決・克服されることで再非行が防止され、社会の安全が確保されると考える。そのため、家庭裁判所の役割としても、処遇機関としての役割が重視される。それに対し、実体面をも考慮する見解は、処分を非行事実と均衡させることを通じて直接社会防衛の達成を図ろうとするものである。そこには、裁判所の処分宣告で犯罪が抑止されるという一般予防、あるいは応報的なジャスト・ディザートの発想があるといえる。ここでは、過去の非行と均衡した処分を裁判所が選択し、宣告すること自体が重要な意味をもつことになる。

　この図式からもわかるように、少年法の分野においては、司法と福祉、そして社会防衛や治安維持の関係をどのように考えるべきかが基本的かつ重要な理論的課題である。基本文献は、この理論的対立と密接に関連する「司法手続的保護」の担い手の問題を、踏み込んで検討している。すなわち、基本文献は、法務省が、公共の安全や秩序の維持という観点からの規制については意欲的である一方で、適正手続の保障など少年側の権利の法制化に関しては積極的であるとはいえないことに加えて、司法への社会的信頼の確保に敏感となっている家庭裁判所も、こうした法務省の態度に追随的で、「少年側の権利強化には迷惑を隠しきれないような状態である」ことを指摘している。それでは、家庭裁判実務家の実践により第2期に定着したとされる「司法手続的保護」はいかにすれば発展でき、その内容はいかにすれば豊かなものになるであろうか。第3期にその活動が活性化した弁護士付添人がもっている地域社会とのつながりを家庭裁判所が積極的に取り込むことで、本人の更生と同時に、公共の安全にも寄与できるような制度構築を行い、「司法手続的保護」の適正な実現を果たすことが、少年法に対する社会的な信頼をつなぎ止める途ではないか、というのが基本文献の見立てである。

　刑事政策や少年法をめぐる理論問題の検討は、担い手論が抜ければ空虚なものとなる。担い手の分析を踏まえて、少年法の理念や基本問題と通じる問題を論じている基本文献は、問題の検討方法という点でも、示唆するところが大きいものになっている。

4　関連文献

▶斉藤豊治『少年法研究 2　少年法改正の検討』（成文堂、2006年）

　著者は、刑法および少年法の研究者であり、国際人権法の研究をも踏まえて少年法理論の学理的展開を牽引してきた第一人者である。本文献では、検察官関与やいわゆる「原則逆送」制度といった第一次改正により実現した措置の理論上・運用上の問題が具体的に検討されているだけでなく、第二次改正法の措置や、少年法改正を支えている構造自体が分析されており、貴重である。

▶松尾浩也「少年法──戦後60年の推移」家庭裁判月報61巻1号（2009年）87－101頁

　刑事訴訟法のみならず、少年法の領域でも多くの業績をもつ研究者が、少年法の戦後の歴史を簡潔に回顧した文献である。本文献は、時期を6つに区切り、各々の期の特徴を論じている。少年法改正だけでなく多くの刑事法制を改正するための法制審議会などで重要な役割を果たしてきた著者の分析には、基本文献と対照をなす点も存在している。その差がどこから生じているのか、その理論的・実践的意義を考える際に有益な文献である。

26 犯罪予防モデル

●基本文献
オスカー・ニューマン［湯川利和・湯川聰子訳］
『まもりやすい住空間――都市設計による犯罪防止』
（鹿島出版会、1976年）

伊藤 康一郎

0　原著者紹介

　オスカー・ニューマン（Oscar Newman）は、アメリカの建築家、都市計画家。1935年生、2004年没。原著刊行［1972年］当時は、ニューヨーク大学計画・住宅研究所所長、同大学都市計画学科准教授。合衆国住宅都市開発省、ニューヨーク市住宅局、その他全米の住宅開発機関のコンサルタントを務める。『関心を共有するコミュニティ（Community of Interest）』（1980年）、『まもりやすい空間を創る（Creating Defensible Space）』（1996年）等、多数の著作がある。

1　基本文献の意義と位置づけ

　犯罪問題が深刻化し市民の間に不安感が高まるに従い、1970年代のアメリカにおいては、市民の被害を事前に阻止する「犯罪予防」が、犯罪対策の重要な位置を占めるようになっていった。この基本文献『まもりやすい住空間』（Defensible Space）は、そのような流れのなか、1972年に公刊され、学問や実務の分野のみならず、メディアの世界にまで大きな反響をよび、その後のアメリカの犯罪対策に強力な影響を及ぼした古典である。

　基本文献においてニューマンが焦点を合わせたのは、アメリカの諸住宅形態の中でも、とくに、低所得階層の居住する「公営住宅団地」（housing project）である。アメリカでは、1950年代以降、連邦政府のプログラムとして、低所得者向けに高層の公営住宅団地が大量に建設されるようになる。しかしこの公営

住宅団地は、建設後まもなく荒廃しはじめ、1960年代後半には、その多くが犯罪の多発する危険地帯となってしまう。

　ニューマンは、ニューヨーク市を中心に全米の団地を調査し、分析の結果、犯罪を予防できる「まもりやすい住空間」を作る方法として、①「領域性（territoriality）」（環境を住民が縄張り意識をもてる小区画に分割する）、②「自然的監視（natural surveillance）」（住戸の外の公共エリアを自然に見渡せるようにする）、③「イメージ（image）」（団地のイメージに負の烙印を押すような作りを避ける）、④「環境（milieu）」（団地を安全なエリアに隣接させる）という4つの指針を示した。

　1970年代のアメリカにおいて、この「まもりやすい住環境」の構想は、「防犯環境設計（CPTED）」（crime prevention through environmental design）に引き継がれてゆく。1970年代中期には、イギリスにおいても「状況的犯罪予防」（situational crime prevention）の開発が進み、犯罪予防の領域における英米間の相互的な影響が強まるなかで、その周辺に「環境犯罪学」（environmental criminology）、「合理的選択」（rational choice）、「日常的活動」（routine activities）といった諸理論が展開してゆく。

　この発展の起点となった『まもりやすい住空間』には、すでに後続の理論や実践における発想の多くが見いだされると同時に、そこに一貫する問題点もまた含まれており、本書を古典として今の時点で振り返る意義のあるものにしている。

2　基本文献（原典）

▶まもりやすい住空間とは

> 　私たちの結論は、都市環境の新しい形態は社会を犯罪の犠牲者とすることにおいて強力な共犯者になっているということである。大規模な都市地域における人口の集中は、その住民を不運な犠牲者とするひとつの都市形態をつくりだしてきたのである。（21頁）
> 　高層アパートは、私たちにとって100年とたたない新しい様式であり、アメリカの低所得家族の居住手段としては、ほぼ50年代以後のものである。……それらの形態は、より高密度をもとめる圧力にこたえて進展してきたものであって、伝統は少しも参考

> にされることはなかった。……そして今、犯罪率が高くなった時期において、それらは居住者が犯罪犠牲者となるための容器(コンテナー)になってしまっているのである。この本は、それの代案――つまりそれのフィジカルな設計によって居住者が犠牲者になるよりも、むしろ彼らの生活環境をコントロールすることのできる中密度居住形態を示そうとするものである。(27頁)
> **まもりやすい住空間** defensible space とは、自衛する社会的組織の物的な表現を創りだすことによって犯罪を阻止する居住環境のひとつのモデルである。まもりやすい住空間を形づくるためにたがいに結合しているすべての構成要素は、ひとつの共通の目標をもっている。その目標とは、そのなかで居住者の潜在的ななわばり意識(テリトリアリティ)と共同体意識が安全で生産的でよく保全された居住環境を確実なものにしようとする責任感にまで発展することのできる環境である。犯罪をおかそうとする者は、そのような空間が居住者によってコントロールされていることを知り、またたちまち見つけられ捕えられることを察知して侵入をあきらめることになる。(21-22頁)

▶問題の背景

> 公営住宅は……50年代に花開くようになったところの、また経済的余裕のない貧困層と老齢層にみぐるしくない住宅を供給する責任を政府にもたせたところの連邦政府プログラムの産物である。(64頁)
> もちろん、高層住宅はアメリカにとってまったく新しい未知の概念(コンセプト)ではない。……しかし、低・中所得の子供のある家族にたいする大量の住宅供給(マス・ハウジング)としては、それは新しい現象であり、多くの予期せざる問題をもたらしたのである。……貧困家族や欠損家族にとって、また流入してきた都市生活に慣れていない農村出身の家族にとって、高層住宅内での生活の結果(エフェクト)は破局的なものであることが分かりつつある。(260頁)

▶4つの指針

> まもりやすい住空間の設計は、個々の住戸の外部の公共スペースが生産的に利用されることをめざすものである。そのような公共スペースとは、廊下・ロビー・地表・周辺の街路などを指し、いま居住者のコントロールの及ばないものになっているエリアである。フィジカルな設計の次の4つの要素は、個々にまたたがいに力をあわせて、安全な環境の創造に寄与するものである。(27-30頁)
> 居住者の影響力のおよぶエリアを反映している団地内空間の領域的画定(テリトリアル・デフィニション)。このこ

とは、居住環境を、隣接する住戸の居住者がわがもの意識にもとづいた態度をもてるゾーンに分割することで可能となる。

居住者が、彼らの生活環境の外部および内部の公共エリアを自然に見渡すことができるような位置に、住戸の窓を配すること。

ほかの者が、居住者の弱みや孤立を知ることができるという異常な汚点を避けうる建物の形態と手法を採用すること。

永続的な脅迫をくわえないような生活・生産施設に隣接した機能的に思いやりのある都市地域に住宅団地を立地させることによって、安全を高めること。

▶指針①——領域性

　以下には、高密居住集積体を、領域的に分割され、特定の人間を見わけることのできる下位単位にわかつために利用できるさまざまな手法を明らかにする。これらの手法は、居住者と外来者の双方にたいして、ある建物や土地に個人やグループが重大な関係をもっていることについて知覚しうる宣言をあたえるのに成功している。より重要なことは、そうすることでそれらの手法は、居住者が環境を気づかったり、外来者によるそれの侵害をコントロールする責任感を高めることを可能とすることである。(89-90頁)
　高層住宅の周辺の土地が画定され、特定の建物群に関係づけるよう配置するならば、高層住宅は領域的に制限されたエリアをつくりだす……これらの画定されたエリアは、居住者と外来者にたいして、その土地もしくは建物が居住者の私的な利用のためのものであるらしいということを強く示すことになる。(90頁)
　境界あるいは領域承認主張を画定するための道具として認められるようになった象徴的伝達手段がある。……そのあるものは実際の障壁である。つまりそれらはＵ型の建物であり、高い壁と塀であり、錠のかかった門や扉である。ほかのものは象徴的な障壁である。つまりそれらはオープンな進入路、照明灯、短い石段、植樹、そして歩行面のテクスチャーの変化である。……それらの目的は、ひとが彼の存在を問いただされない公共エリアから、障壁を通過して、彼の存在が正当だと証明する必要のある私的なエリアへ進みつつあることを、彼に知らせることである。(102頁)
　経済的配慮が高層住宅の最高の設計基準になるとき、その結果はいつも多くの住戸が長い廊下によってサービスされる板状高層住宅の建設となる。この廊下のフィジカルな形態は、分割されていたならばあたえられていたであろう領域的特権を行使する

機会を欠如させた、圧倒的に大きく匿名的な公共スペースを結果する。それに代わるものとして、高密度な建物の内部空間は、特定の住戸群ならびにその共用の垂直アクセス用の階段とによって、居住者が彼らの住戸のすぐそばのスペースに関する、領域的関心を発展させる機会をあたえるよう設計することができる。(108-110頁)

　分割のさまざまなスケール——廊下当たりの住戸数、建物当たりの住戸数、団地当たりの建物棟数——において、数が少なければ少ないほど状況はよくなるという法則があるように思える。……次の２つの作用メカニズムが「数」を重要なものにしている。人びとが、一棟の建物と入口を共用している家族のメンバーを見わけたり、知合いになったりする可能性。数が少なければ少ないほどそれはより速く、より容易になる。……ほかの人びとと共用する施設の価値は、共用する人数が増加すると減少する。(113-115頁)

▶指針②——自然的監視

　監視能力とは、居住環境の公共的エリアを見はることができ、団地内園地や建物内部の公共的エリアにいる人がほかの居住者によってたえず見られていると感じることができることを意味する。その監視能力を改善することは、環境に平穏な活動だけが行なわれることを保証するのに大きな効果をもつことができる。さらに、こちらのほうがより重要かもしれないが、ひとつの付加的な利益は、監視は居住者のあいだにひろがる不条理な怖れや不安を軽減するのにはっきりした効果をもっていることである。これは、居住者にある地区は安全であるから、もっと始終使いたいと思わせ、実際そのようにそこは絶えず使われていることから安全が高まるというような、自己達成的な特徴をもっているのかもしれない。(123頁)
セルフ・フルフィリング・アトリビュート

　改善された監視は居住地域の領域的分割と結びつくときに、最大の効果を発揮するものである。こうすることによって居住者は、自分のものの一部であり、だから責任があると考えるところのそれらの公共的エリアを見はることになるのである。もうひとつの作用するファクターは……（目撃者にとって）犠牲者が知りありであるか、彼に同胞意識をもっていることである。このことは、外来者を見分ける能力を意味し、アイデンティフィケーション
団地の分割されたエリアの各レベルで特定の画定されたエリアを共有する世帯の数と密接な関係があることが分かっている。(125頁)

　街路に面しそれの近くにあり、通行人から見えるロビーをもつ建物の団地が、こうした要因がはたらかない団地と同じほどの犯罪を経験するということは、ほとんどありそうにないということは決定的である。(130頁)

　(1)避難階段の壁に窓のあること、(2)ロビーと郵便受エリアの照明がよく、街路からよく見えること、(3)各階のエレベーター溜りが下の街路からよく見えること。これら

のエリアは一目で街路から監視することができる。(137頁)
　住戸内部から外部エリアを監視しやすくする設計は、多くの方法によって達成することができる。これには、共同に利用されている通路、入口、遊びと座るためのエリアを、住戸内にいる人びとが、日常の家事をしながら自然に視野におさめることのできるような住戸の設計もふくまれる。(138頁)

▶指針③──イメージ

　既存の都市組織のなかに目立つ高さとテクスチャーをもった新しい建物の巨大な集合を導入することは、これらの建物に特別の注意をひきつけることになる。もしこの目立つイメージが否定的なものであれば、団地は悪い評判をとり、居住者は懲らしめられ、犠牲にされる結果となる。……公営住宅特有のイメージはほかの設計特性や居住者の社会的特性とあいまってこれらの住宅を犯罪活動の格好の標的にしているのである。(153頁)
　……私たちは美化そのもののためにだけ、廊下や住戸の美的な処理を勧告しているのではない。私たちの論議においては、美的な配慮は、それらが環境の画定と分割に寄与しえ、同時に住民の心理状態の改善に貢献しうる点において重要なのである。(160頁)

▶指針④──環境

　さまざまな理由から安全だと考えられているエリアに面するようにそれらの公共エリアや入口を位置づけることによって居住地区の安全性を高めることが可能である。……もっとも普通に安全だと確信されるエリアは、車両と歩行者の両方の交通を結合している、交通量の多い公共街路や幹線街路である。またそれは、買物時間帯の小売商業地区であり、公共施設地区であり、そして官公庁である。(161頁)
　入居者は、首尾一貫して、建物の入口、入口前の園地、およびロビーが都市街路に直接面している場合に、その建物をより安全なものとランクづけしてきた。大きなスーパーブロックの団地は、都市街路が通り抜けている同規模同密度の団地よりも一貫してより高い犯罪発生率を示してきたことがわかっている。(167-169頁)

▶問題点①──転移

　私たちが調査しているあいだ、その対象とした団地に隣接するコミュニティの人びとから関心をもたれつづけた。彼らの関心は、私たちの努力はただ犯罪をひとつの地

区からもうひとつの地区へ移すだけに終わるのではなかろうかということである。……犯罪活動の性格は、犯罪者の意図と動機によって分けられることがある。犯罪は、計画的なものよりも好機をつかまえたふとしたはずみの犯罪(クライム・オブ・オポチュニティ)であることが多い。住宅団地における犯罪はかなりの部分が、このふとしたはずみの犯罪だと推定されるから、好機を減らせばそれの転移よりも減少が結果すると言えよう。(284-285頁)

▶問題点②──監視社会・排除社会

……領域的境界画定は、開かれた社会の対立物と思われるかもしれないし、監視は社会的自由のより強い制限と見られるかもしれない。領域や監視は、つまるところ伝統的には資産階級(プロパーティド・クラス)ならびに彼らの代理人もしくは警察機関の手段として理解されてきた。しかしながら、私たちの開かれた社会の**市民**が、そのなかで追求したいと望む活動のために彼の環境のコントロールを遂行できるところの――言い換えれば、他者が犯罪者であろうと反動的機関(リアクショナリィ・オーソリティ)であろうとも、その他者がかれの棲み家を破壊することを抑止することにおいて彼に役立つところの領域的境界画定と監視機会の創出を提案したいのである。(282-283頁)

3　解　説

▶「まもりやすい住空間」の構想

　犯罪予防の手段は「人的」な手段(住民のネットワーキング)と「物的」な手段(物的な環境の改善)に大別できる。その両者の手段のうち、「物的」な手段を重視する方向性は、1970年代の展開において「まもりやすい住空間」から「防犯環境設計」へと引き継がれてゆく。一方、「人的」な手段による犯罪予防は、犯罪の警戒に向けて住民を組織化する「近隣警戒」(neighborhood watch)の活動を中心に進展することになる。

　建築家であるニューマンは、その当時の公営住宅団地の惨状を建築的な欠陥に起因するものと分析し、解決策として「まもりやすい住空間」を作りだす建築上の指針を提出した。その提出した解決策は、建築上の改善という「物的」な手段である。しかしニューマンの構想では、「人的」なものが無視されていたわけではない。むしろ逆に、ニューマンは「安全な生活環境を保証する唯一

の手段は、コミュニティによるコントロールである」(282頁)として、犯罪に対抗するために中心的な役割を果たすのが、コミュニティの住民の団結した力であることを力説している。つまり、その構想においては、最終的な目標はコミュニティの住民に団結した力を発揮させることであり、その住民の力を引き出すために、まずは、建築上の仕掛けが使われるのである。

団地の設計において、領域性と自然的監視性を高める「物的」な仕掛けを施し、その仕掛けの中に住民を置くことで、自然と住民の間に共同の縄張り意識が生じ、コミュニティに対する責任感とコントロールの力が育つ。その「人的」な力の強さを潜在的な犯行者(犯行の機会を狙っている者)は感じとり、犯行に出るのをあきらめるというのが、想定されている影響力の流れである。その流れから見て「まもりやすい住空間」の構想は、「物的」なものの中に「人的」なものが組みこまれた「入れ子」構造となっており、ニューマンはそれを「自衛する社会的組織の物的な表現を創りだす」(21頁)という言葉で語っている。

▶ニューマンの先行者

ニューマンの「まもりやすい住空間」の構想は、ジェイン・ジェイコブズ(Jane Jacobs)の1961年の著書『アメリカ大都市の死と生』(The Death and Life of Great American Cities)に、核心的なアイデアの多くを負っている。ジェイコブズの著書は、アメリカの都市再開発の現状を広い視野から批判したものであり、犯罪予防に問題を限定したものではないが、建築上の仕掛けという「物的」な手段により犯罪を予防する可能性に着眼した、パイオニア的作品である。

ジェイコブズは、都市の街路を安全にする条件として、①公共空間と私的空間を明確に区別する、②街路に向けられる目を増やす。街路の建物は、街路に顔を向けていなければならない、③歩道には人々が継続的にいるようにする。それにより、街路上にある目を増やすと同時に、建物から街路に向けられる目を増やす、という指針を示した(関連文献50-51頁)。

1970年代の展開において、「まもりやすい住空間」の構想は「防犯環境設計」の潮流に引き継がれてゆくが、この「防犯環境設計」という用語を最初に使用したのは、ニューマンの著書に先立つ1971年に公刊された、C・レイ・ジェフリー(C. Ray Jeffery)の『防犯環境設計』(Crime Prevention Through Environmental Design)である。ジェフリーの著書は、内容自体は広く受容されるに至らなかっ

たが、「防犯環境設計」という用語は、「まもりやすい住空間」の構想を住宅地以外の学校や商業地にまで拡張する語として採用され、一般に普及した。

▶後続の諸理論

　建物や街並の設計により犯罪を予防する「防犯環境設計」の基本的な指針は、次の３つである。①「アクセス・コントロール」（access control）——犯行者によるターゲットへのアクセスを制限する。ドア、窓、錠、格子、フェンス、防犯灯、警報機などにより、防備を固める「犯行ターゲットの強化」（target hardening）がその中心となる。②「自然的監視」（natural surveillance）——日常生活において意識的に監視しなくても、不審な行動が「自然」と目に入るようにする。歩道を拡幅して人の通りを多くしたり、街路の照明を改善したり、住宅の窓からの見通しを良くして、「街を見守る目」の数を増やす。③「領域性」（territoriality）——住民の結合力が強く、侵入の困難な「領域」であると、犯行者が認識するような外観を作り出す。集合住宅の戸数を小規模化したり、一戸建ての住宅地の道路を袋小路化して、住民の接触の密度が高まる環境を形成する。

　ニューマンは「人びとが共同体としてではなく個人として自衛しはじめるや犯罪にたいする闘いはいちじるしく弱められる」として「住戸を強固にするという到達目標」に否定的であったが（22頁）、「防犯環境設計」では指針に「アクセス・コントロール」が挙げられている。また「防犯環境設計」では、結果的に住民の団結が強まらなくても、領域性の建築的な「外観」自体が犯行者に影響を及ぼす可能性も排除されていない。

　アメリカにおけるこうした発展に随伴する形で、1970年代半ばからは、イギリスにおいても「状況的犯罪予防」の開発が進み、後には、それがアメリカに逆輸入されることで、英米間の協働が進んだ。「状況的犯罪予防」とは、①個々具体的な犯罪形態を対象とし、②犯行の直接的な環境を管理、設計、操作することで、③犯行者が認識する犯罪の手間とリスクを増大させ、報酬を減少させることを目指した、「機会削減」（opportunity reduction）の諸方策である。

　犯行の機会を削減するには「物的」・「人的」な多種の手段が使用されるが、その手段の使用にあたっては、犯行に出る者の意思決定のプロセスが重視され、その決定に影響する知覚的な要素をいかに犯行の意欲をそぐ方向に作り変えて

ゆくか（いかに知覚の対象である「状況」を変化させるか）に関心が注がれる。そこで想定されている影響力の流れは、「物的」・「人的」な仕掛けによって、犯行者の認識に働きかけ行動を変えることである（この「状況的犯罪予防」の台頭に伴い、それまで伝統的であった、犯罪の根本原因〔教育、就業、住居等の劣悪な環境〕に働きかけ、将来的に犯罪者を生みださないことを目指すアプローチは「社会的犯罪予防」とよばれるようになる）。

1980年代にはこの流れに、空間的・時間的な犯罪発生パターンに影響する環境的要因を分析する「環境犯罪学」、犯行機会における犯行者の意思決定のプロセスを説明する「合理的選択」理論、犯行ターゲットやターゲットの防護者に対する操作により犯行を阻止する方法を追求する「日常的活動」理論といった周辺的な諸理論が加わってゆく。

デイヴィド・ガーランド（David Garland）が「日常生活の新しい犯罪学」（the new criminologies of everyday life）と批判的に名付けた、この「まもりやすい住空間」に始まる諸理論においては、それまでの犯罪学の関心であった「人間はいかにして犯罪者となるのか」という「原因」論的な問いは（答えることが困難な無駄な問いとして）無視され、ただ端的に、潜在的な犯行者としての人間が、犯行に出る（あるいは出ない）空間的・時間的な「状況」に関心が集中されることになる。

▶問題点①――転移

この「日常生活の新しい犯罪学」が台頭する英米の1970年代は、犯罪者の処遇に「なにも有効なものはない」（nothing works）という処遇否定論が唱えられ、社会復帰思想の衰退が始まった時代であった。この時代の潮流に乗り、「日常生活の新しい犯罪学」の諸理論は、人間が犯罪者となる原因を探究し、処遇により改善する取組みを、労のみ多い無駄な試みとして捨て去り、原因論なき対策論を追求する。

しかしこのように、人間が犯罪者となるプロセスを阻止せず、状況的にその犯行を阻止するだけでは、社会全体としては、犯罪の絶対量の減少は保証されない。つまり「日常生活の新しい犯罪学」の原因論なき対策論では、阻止された犯罪が、たんに他に「転移」（displacement）するだけに終ってしまう可能性がある。犯罪の転移には、時間、戦術、ターゲット、犯罪タイプなどの転移が

あるが、最も問題となるのは「場所」の転移（地区から地区への転移）である。
▶問題点②——監視社会・排除社会
　基本文献でニューマンが「領域的境界画定は、開かれた社会の対立物と思われるかもしれないし、監視は社会的自由のより強い制限と見られるかもしれない」（282頁）と述べているように、「まもりやすい住空間」の実現がもたらす監視社会化や排除社会化に対する危惧は、本書の刊行時から存在し、それはまた「まもりやすい住空間」に始まる「日常生活の新しい犯罪学」全般に対する批判点でもある。
　監視社会化に対する批判者によれば、「日常生活の新しい犯罪学」の構想は、ミシェル・フーコーが『監獄の誕生』で論じた「パノプティコン」（一望監視）的な監視を、監獄から社会に拡大するものとなるが、「まもりやすい住空間」の「自然的監視」のコンセプトには、ただ建築上の仕掛けが住民による監視を強化するだけでなく、その仕掛けにより住民自身が自然的に（意識せずに）監視する装置として組み込まれるメカニズムも備えられている。
　排除社会とは、内側にあって守られるべき人々（我ら）と、外側から脅威をもたらす人々（彼ら）を峻別し、その脅威をもたらす人々を排除する社会である。現在のアメリカに常態化した「ゲート閉鎖型コミュニティ（gated community）」（周りをフェンスで囲い、数少ないゲートを設け、警備員に監視させる住宅地）は、この排除社会の進展の典型的な例である。
　排除社会化に対する批判は、「日常生活の新しい犯罪学」全般に向けられたものであるが、この点についてニューマンは、住宅協同組合形式（組合が建物等を所有、入居者が区分を占有。入居に資格審査あり）の巨大団地として有名な「コウオプ・シティ」（Co-op City）を例に引き、そのように「大きな画一的な人口を分離する」ことで貧困層を排除しようとする試みは「私たちの都市の救出にすこしも貢献しないだろう」（43頁）と断じる。
　しかしその一方で、ニューマンは、住宅開発における「経済的諸階層の混合」自体については、ユートピアン的な企てとして反対し（279頁）、「都市環境の居住地区は、小さな排他的で同質的なクラスターという形態」を採ることを勧告している（282頁）。
　ニューマンの「まもりやすい住空間」の構想は、建築上の仕掛けにより、自

然に、そこに生活する住民を犯罪予防のシステムに組みこむ。その場合の自然とは、住民が仕掛けを意識せずとも、おのずから求められる役割を果たすようになる、という意味での自然である。それはまた、たとえこの「まもりやすい住空間」の構想に、監視社会化・排除社会化に繋がる危険があったとしても、この自然さが住民をしてそれに気づかせないということでもある。

　どのようなコミュニティを作るかは、そのコミュニティの住民が決定すべきものである。そして、その決定がコミュニティの安全にかかわるものであるとき、自分の選択する犯罪予防の手段が、どのような仕掛けで、どのような結果を生むのかを理解しておくことは、その決定の主体である住民にとって必須のものになる。そのような理解を深めるうえでも、基本文献は、今も読み返す価値のある古典である。

4　関連文献

▶ジェイン・ジェイコブズ［山形浩生訳］『アメリカ大都市の死と生〔新版〕』（鹿島出版会、2010年）

　旧い建物を一掃して高層住宅を建てる都市再開発を批判し、都市の活力を取り戻すため、多様性のある街作りを主張。1961年の原著公刊時には、賛否両論の大きな反響を巻き起こした。ニューマンは、領域性や自然的監視の重要さに注目した先人としてジェイコブズを評価するが、住宅や店舗が混在し、老若、さまざまな階層の人々が集まる、多様性のある街作りが、都市の安全に寄与するかという点では、反対の見解に立つ。

▶J・ロバート・リリー＝フランシス・T・カレン＝リチャード・A・ボール［影山任佐監訳］『犯罪学――理論的背景と帰結』（金剛出版、2013年）

　なぜ、犯罪学が伝統的に対象としてきた「犯罪者」を生み出す「根本原因」ではなく、「犯罪」を生み出す「機会」に注目する諸理論が登場してきたのか。本書の第13章「日常生活で犯罪を選ぶ――日常活動と合理的選択理論」では、日常活動理論、合理的選択理論、環境犯罪学、状況的犯罪予防といった諸理論の内容だけでなく、そうした理論が出現した社会的な背景、発想の経緯、理論的な特徴などが簡潔にまとめられている。

27 再犯防止

●基本文献
染田惠ほか
『法務総合研究所研究部報告42 再犯防止に関する総合的研究』
(法務省法務総合研究所、2009年)

辰野　文理

0　原著者紹介

　研究リーダーの染田惠（そめだ　けい）は、法務省保護局、国際連合アジア極東犯罪防止研修所、複数の保護観察所等勤務を経て、執筆当時は、室長研究官。2007年に中央大学から博士（法学）授与。多数の著書、論文がある。主要研究メンバーの小板清文（心理技官）、水上太平、櫻田香（心理技官）は法務省矯正局出身、郷原恭子および山田利行は検察官である。研究メンバーの中川利幸、猪間徳子（心理職）、大場玲子、明石史子は法務省保護局出身、川島ゆか（心理技官）、岸井篤史、小林美智子（心理技官）、姫田卓朗は法務省矯正局出身、鈴木亨、石田友則は検察出身である。

1　基本文献の意義と位置づけ

　法務総合研究所研究部報告は、法務省の法務総合研究所により毎年公刊されている研究報告書である。本号は再犯防止をテーマとし、全4編366頁から構成される。
　近年、犯罪の認知件数は減少傾向にあるものの、依然として、刑務所出所者や少年院出院者による再犯は続いている。犯罪の総量を減らすためには、再犯を減らす対策、すなわち初犯者が再犯者とならないための対策や多数回再犯者とならないための対策を講じることが重要である。そのためには、再犯に到る過程の分析や、再犯を抑止する要因を分析し、再犯防止のための諸施策や各種処遇プログラムに結びつけることが必要となる。

刑務所出所者の再犯に関する研究は、個人の属性や処遇形態と再犯の関係に着目したものと、社会変動とくに経済状況が再犯にどのように作用しているかというテーマを扱ったものがある。法務総合研究所が行う研究は、種々の一次データにアクセスできる特徴を生かし、前者に分類される調査研究が多い。

　たとえば、昭和63年版犯罪白書においては、多数回の前科や受刑歴を有する者に関する調査研究が取り上げられ、その特徴として多種類ないし異種類の犯罪を行っている者が多いことや、犯罪初発年齢が25歳未満である者が多いことなどが明らかとなっている。

　その後20年を経て行われた基本文献の調査では、検察庁の電算犯歴を活用し、1948年から2006年の約60年間の犯歴から100万人を対象として詳細な再犯分析が行われている。その結果、全体の約30％である再犯者によって、全体の約60％の犯罪が行われていることや、覚せい剤取締法違反や窃盗が同種の犯罪を繰り返す傾向が強いことが明らかにされた。さらに、分析結果をもとに、20歳代前半の者や65歳以上の高齢者、窃盗、覚せい剤取締法違反、傷害・暴行といった罪名の者について、その再犯状況や特徴を踏まえた再犯対策の必要性が指摘されている。

　その上で、米国、カナダ、英国およびオーストラリアにおける実地調査の結果も踏まえて、再犯防止対策の今後の在り方について検討されており、基本文献は、実態把握のための資料としての価値と、総合的、横断的な研究成果としての価値を併せもったものとなっている。

2　基本文献（原典）

第2編第2章　再犯者対策の重要性
　ここでは、第1章で述べた、日本における初犯者と再犯者の構成比が犯罪の件数に及ぼす影響について、100万人初犯者・再犯者混合犯歴（全期間）を対象として、実証的に分析し、初犯者と再犯者が社会に与える影響の違いを検討する。
　まず、総犯歴数別の人員及び犯歴の件数の構成比に関して初犯者と再犯者を比較すると、総犯歴数別の人員構成比では、初犯者が約70％を占めているのに対して、再犯者は、約30％にとどまっている（2-2-1図）。ところが、総犯歴数別の犯歴の件数構成比を見ると、初犯者による犯歴の件数は約40％にとどまるのに対して、再犯者に

よる犯歴の件数は約60％を占めている。このことは、約30％の再犯者によって、過半数である約60％の犯罪が行われているという事実を示しており、それが、刑事政策として再犯者対策が重要であることを実証的に根拠づけている。

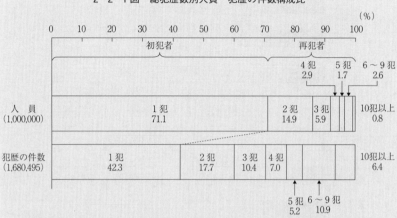

2－2－1図　総犯歴数別人員・犯歴の件数構成比

注　法務総合研究所の調査による。

　また、この図を見ると、多数回の犯歴を持つ者ほど、犯歴の件数の増加に寄与しており、特に、10犯以上の犯歴を持つ者（以下、本章において「多数回再犯者」という。）は、100万人のうちの8398人（0.8％）にすぎないが、この者たちによる犯歴の件数は10万8201件（6.4％）となっている。これは、ごく少数の者によって多数の犯罪が引き起こされていることを示している。同じ傾向は、欧米の実証研究でも確認されており（例えば、英国では、2001年の調査によれば、0.5％の多数回再犯者が、9％の事件を引き起こしているとされている。英国内務省資料による。）、それを基に、多数回の犯歴を持つ者に対する対策が採られている。（26頁）
……
第2編第4章　再犯者の実態　第1節　罪名
1　一般的再犯危険性と同一罪名又は同種再犯危険性
　前記のように、再犯防止の基本は、1犯目から2犯目に至ることの防止にある。そこで、本節では、まず、1犯目の罪名別に、2犯目以降10犯目までの再犯の有無及び罪名別の特徴があるかどうかを、70万人初犯者・再犯者混合犯歴（全期間）を対象として分析する。これは、広い意味で、1犯目の罪名を基準に、再犯危険性の高さ、及びどのような罪名・罪種の再犯をする危険性が高いのかについての検討である（2－4－1－1図）。

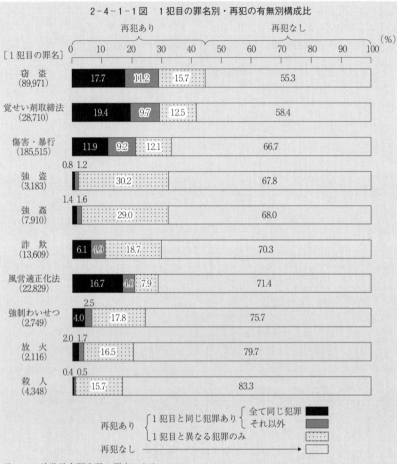

2-4-1-1図　1犯目の罪名別・再犯の有無別構成比

注　1　法務総合研究所の調査による。
　　2　1犯目から10犯目の犯歴により分類した。
　　3　「強盗」は、事後強盗、強盗致死傷、強盗強姦・同致死を含まない。
　　4　（　）内は、実人員である。

　この図は、罪名を問わず再犯自体を行う危険性を示す「一般的再犯危険性」の高さを基準に、罪名別の再犯率を示したもので、上位から順に、窃盗（44.7％）、覚せい剤取締法違反（41.6％）、傷害・暴行（33.3％）という、本編第1章で紹介したものと同じ罪名が見られる。これらに続く、強盗（事後強盗、強盗致死傷及び強盗強姦・同致死を含まない。以下、本節において同じ。）及び強姦も30％を超えており、一般

的再犯危険性が比較的高いことがうかがえる。

　他方、同じ罪名の犯罪を繰り返すという観点から、「同一罪名再犯危険性」（1犯目とまったく同じ罪名のみを反復する傾向）及び「同種再犯危険性」（1犯目と同じ罪名の反復及び1犯目と異なる罪名の反復という傾向を併せ持つこと）の高さを見ると、状況は変わって、覚せい剤取締法違反の同一罪名再犯危険性が最も高く（19.4％）、窃盗（17.7％）、風営適正化法違反（16.7％）及び傷害・暴行（11.9％）がそれに続いている。強盗及び強姦は、それぞれ0.8％、1.4％に過ぎず、同種再犯危険性まで含めても、2.0％、3.0％に留まっている。

　以上のことから、強盗及び強姦の「一般的再犯危険性」は比較的高いものの、一般人の認識と異なって、「同一罪名再犯危険性」及び「同種再犯危険性」は低いことが分かる。（38-39頁）
……
第4編第2章　日本における再犯者の実態及び効果的な再犯防止対策の在り方

　今回の研究において、再犯危険性の高いことが判明したのは、下記の類型に属する者であった（第2編）。本編第1章で述べたように、最も効果的な再犯防止対策は、再犯危険性が高い者を判別して、それらの者に対して、重点的な処遇を実施することである。

　そこで、以下では、再犯危険性及びその対策の検討を、①年齢層及び②罪種に分けて行う。③再犯期間については、年齢層及び罪種との関係での分析結果を踏まえた対策を、該当部分において述べる。

1　年齢層別再犯対策

　年齢層別の犯罪傾向一般に関しては、①年齢犯罪曲線（age-crime curve）が日本においても妥当すること（Hirschi and Gottfredson, 1983; Gottfredson and Hirschi, 1990; Moffitt,1993; 1997）、②その中に、一般的な傾向とは異なって、再犯者化ないし多数回再犯者化する者が含まれていることが今回の犯歴分析から明らかとなった。

　すなわち、年齢層別に見た一般的再犯危険性では、20歳代前半（20歳から24歳）の者が、最もそれが高く、加齢とともにそれが減少していくこと、及び20歳代前半の者の約5％が、10犯以上の再犯を繰り返す多数回再犯者化していることが確認された。この5％という比率だけを見ると少ないように思えるが、20歳代前半の犯罪者の実人員は、他の年齢層に比べてかなり多いので（2-4-2-1-3表で示した、年代ごとの20歳代前半の者の実数とその合計）、20歳代前半の者の中で多数回再犯者化の危険性が認められる者を再犯危険性評価によって識別し、その再犯を効果的に防止することができれば、かなりの再犯事件減少効果を期待することができると考えられる（第2編第4章第2節1）。

　また、既に多数回再犯者化している者について見ると、近年高齢者の占める比率が急速に高まって、2005年には20.3％となっており、これに再犯期間が短くなり始める

55歳以上64歳以下の者を併せると64.4%に達して、これらの者の高齢化が進んでいる（2-3-1-5図、第2編第3章第1節）。

　他方、再犯期間との関係では、20歳代前半の者の再犯期間が比較的短いほか、55歳以上の年齢層において再犯期間が急速に短くなる傾向が見られ、特に65歳以上の高齢者については、1年以内に再犯をする者が47.0%と他の年齢層に比べて際立って短い再犯期間を示していることが判明した（2-4-4-1図、第2編第4章第4節及び第2編第4章第2節5）。（348頁）

……

〔引用者注：原典における参考文献は次のとおり。

　Hirschi, T. and Gottfredson, M., 1983, "Age and the Explanation of crime". in American Journal of Sociology, No.89, pp.552-84.

　Gottfredson, M. and Hirschi, T., 1990, "A general theory of crime", Stanford University Press.

　Moffitt, T.E., 1993, ""Life-course persistent" and "adolescent-limited" anti-social behavior : A developmental taxonomy" in Psychological Review, No 100, pp.674-701.

　Moffitt, T.E., 1997, "Adolescence-limited and life-course persistent offending : A complementary pair of developmental theories", in Thornberry, T.P., Ed., "Advances in criminological theory volume7 : Developmental theories of crime and delinquency", pp.11-54, Transaction.〕

2　罪種別再犯対策

　今回の分析から、罪種別に見て、1犯目の罪名を基準として、①同一罪名再犯危険性の高い犯罪及び②再犯期間の短い犯罪があることが確認された。①は、窃盗、覚せい剤取締法違反、傷害・暴行であり、②は、覚せい剤取締法違反及び窃盗が中心的な罪名であるが、傷害・暴行についても、一部、再犯期間の短い者が見られる。①と②は、ほぼ重なり合うので、ここでは、罪名別にまとめて対策を検討する。

(1)窃　盗

　窃盗は、認知件数及び再犯者数ともに極めて多いが、これまで、体系的にその再犯防止対策が検討されてきたことはなかった。窃盗には職業的な犯行から機会犯的なものまで含まれ、その態様や被害の程度は、粗暴犯以上に多様であり、警察庁の認知件数統計を見ると、侵入盗、非侵入盗、乗り物盗の基本的区分の下に多様な類型が見られる。これがパターン別の対応を困難にしている一つの要因と考えられる。加えて、窃盗は、今回の調査においても、年齢層を問わず多く見られる犯罪であった。しかし、その対策を考えるためには、今後、まず、1犯目の者又は初犯で終わっている者と再犯者とを区別しつつ、その手口、動機、年齢、性別、生活環境などを総合した、窃盗発生要因についての実証研究を行うことが重要であると考えられる。（353頁）

……

第4編第3章　今後の課題と展望
　以上を踏まえて、ここでは、今後の日本における効果的な再犯防止対策を構築する上で、有用と考えられることについて、その要点を述べる。
1　実証的根拠に基づく実践の徹底
　まず、犯罪者処遇は、実証的根拠に基づいて再犯防止効果が確認された方法を中心とすることが必要である。日本においても、1990年代に認知行動療法の応用である生活技能訓練（Social Skills Training, SST）が社会内処遇において導入され、最近では、2006年に専門的性犯罪者処遇方法がカナダ及び英国から施設内処遇及び社会内処遇において導入され、また、認知行動療法に基づく、覚せい剤事犯者処遇プログラムや暴力防止プログラムなども導入されつつある。既に施設内及び社会内処遇で実施されている処遇方法の中には、前記のように、諸外国の研究で効果が認められた方法も含まれている。今後は、処遇の中心を、このように実証的根拠に基づいて効果が認められた方法にシフトするとともに、日本においても、実際に再犯防止の効果が認められるかについて、中・長期的視点に立った独自の効果検証のための実証研究を行うことが不可欠である。
2　処遇実施側の体制整備（処遇実践者のプログラムへの忠実性）
　調査対象国で現在問題となっているのは、実証的根拠に基づく実践を徹底し、再犯率減少の根拠が確認された犯罪者処遇プログラムを運用しているのに、なぜ、地域によって、効果（再犯率）に違いが生じるのかということである。これは、処遇実践者の処遇プログラムへの廉潔性（integrity）ないし忠実性（fidelity）の問題として、以前から認識されていた。しかし、実際に、どのような要因が影響しているのかを確認した全国規模の研究はなかった。そこで、カナダでは、ランダム化比較試験（RCT）によって、地域別に保護観察官を無作為に抽出し、実験群は、前記のRNRの原則等について、十分な事前研修とその後のフォローアップを受けて特定の犯罪者処遇プログラムを行い、同様に無作為に抽出された統制群は、それらの研修等を受けずに特定の犯罪者処遇プログラムを行った。現在追跡調査中であるが、中間的結果としては、前者によって処遇された犯罪者の方が、約20%再犯率が低く、その結果は統計的に有意であった。この結果を踏まえて、体系的な保護観察官研修とその後の現場におけるフォローアップ体制の見直しについて提言が予定されている。また、米国、英国及びオーストラリアにおいても、この点を踏まえた対応が採られている場合もあるが、予算・人員の制約、現場職員の意欲等様々な要因によって、直ちに体制整備に結びつかない場合も見られる。
　日本において、今後、再犯防止効果が確認された方法を中心としていく場合、同時に、処遇実践者のプログラムへの忠実性の問題及びそのような忠実性実現を可能とする予算・人員等体制整備も同時に行うことが、本来予定された再犯防止効果を得る上

で不可欠の前提となると考えられる。
　……
　4　犯罪者処遇における多機関連携の徹底
　犯罪者が抱える動的再犯危険性は、多様で重層的であり、薬物依存のように対応に長い時間的経過を要する因子もある。これらに幅のある対応を同時に行い、かつ、時間軸として、アフターケア段階まで見据えた対応を行うには、多機関連携方式以外に効果的な選択肢は存在しない。調査対象国では、就労、住居、保健・医療、教育、福祉等関係機関・団体・個人（専門家やボランティア）との緊密な連携体制が、専門官方式又はチーム方式によって採用され、1か所で多様な問題に継続的に対応することが可能なワン・ストップ・サービスの提供体制が整備されている。
　日本においては、前記のように、法務省と厚生労働省の連携による刑務所出所者等総合的就労支援対策及び法務省と文部科学省とが連携した、刑事施設及び少年院に収容されている者に、これらの施設内において高等学校卒業程度認定試験を受験させる制度によって、あるいは、一部の刑事施設における釈放時の福祉等との連携によって、多機関連携が進められつつあるが、第3編で紹介した調査対象国の例に比べて、まだ不十分な点が多いと考えられる。効果的な連携のためには、常時、ワン・ストップ・サービスが提供可能な程度に、関係機関・団体の関係者や各分野の専門家が一つの場所に集まって、恒常的に、チームで問題解決に当たることができる体制を構築することが極めて重要である。日本においても協力雇用主制度の充実のための特定非営利活動法人全国就労支援事業者機構が2009年1月から事業を開始するなど、効果的な連携に向けた取組は進められている。今後、連携の範囲の拡大とそれらの体制の制度化のために、調査対象国に見られる社会資源調整官のような専門官の導入も含めて、具体策が検討される必要があろう。
　5　継続的処遇体制の整備（地域に根ざした司法を含む）
　拘禁刑の宣告を受けた者、ある程度の期間にわたって未決拘禁された者は、そのことによって、就労、住居を失う場合が多く、また、家族関係など人間関係にも重大な影響を受ける。この施設内から社会内への移行に際しては、生活全般の基礎が不安定な場合、釈放直後が、最も再犯危険性の高い時期であり、また、無職状態が続くことは、動的再犯危険性が高まることを意味している（第2編第6章）。日本の場合、特に、満期釈放者について、継続的処遇の観点から問題が少なくない。その点についての抜本的な対応策の一つは、米国やカナダのように、原則として、すべての受刑者を正式の釈放前に、中間処遇施設に移送し、そこで地域との連携を図りながら、釈放に備える体制を導入することであろう。第3編で紹介した、多様な社会再統合支援プログラムは、この体制を支える機能を有している。日本の場合、そこに至らないまでも、最低限、満期釈放された者が、釈放直後の生活困難に直面しないため、刑事施設、保護観察所、福祉・保健・医療等関係機関・団体との密接な連携体制の構築が不可欠と考

えられる。その際、全体的に見た社会的費用の負担軽減の見地からは、釈放直後の生活困難を原因とした再犯により、短期間で刑事施設に再収容されることによる費用(収容費用、一連の刑事司法手続に要する費用すべてを含む。)と生活保護など福祉的支援の費用を比較すれば、前者の方が、社会全体からみて、より重い負担となる可能性が高いことを念頭に置く必要があると考えられる。

6　犯罪者の処遇参加への動機付け

　犯罪者の処遇参加への動機付けについては、いずれの国においても重要な課題となっている。例えばカナダの場合、犯罪者を単に処遇の対象としてではなく、問題解決に共に当たるチームメンバーと位置づけ、刑務所収容時から、受刑者本人、刑務官、刑務所駐在保護観察官がチームを構成して、本人の処遇計画について話し合いながら処遇を進める体制が採られている。チーム内では、前記の再犯危険性評価結果を含め、犯罪者管理システム(OMS)に登載されている本人に係る電子情報はすべて本人公開され、透明性の高い処遇が行われている。この透明性の高さが、受刑者本人の自己改善への動機付けを高めることにつながっている。また、カナダでは、保護観察官は、全員、動機付け面接(Motivational Interviewing)の研修受講を義務づけられており、施設内・社会内を問わず、犯罪者の更生意欲喚起に十分な注意が払われている。

　処遇プログラムの効果を十全にするためには、このような処遇を受ける側の準備が重要であり、前記の処遇実践者のプログラムへの忠実性(fidelity)とともに、今後の日本における処遇効果向上の前提として、対応が必要な事項であると考えられる。
(356-359頁)

3　解　説

▶再犯の実態把握

　基本文献が再犯の実態把握に用いた対象は、戦後約60年間の電算犯歴(検察庁における電子計算機により把握している有罪の確定裁判に関する記録)および矯正・更生保護関係の統計資料である。これらの資料における、罪名、年齢、量刑、再犯期間などをもとに、どのような罪種の犯罪が多いのか、そして、初犯者と再犯者がどのような構成比で存在し、犯罪の件数にどのように影響しているかの分析を行っている。

　この分析において、初犯と再犯は犯歴の有無を基準として分類している。再犯の有無については、検挙の有無や不起訴も含めて再犯とみなす場合もあり、今回の分析は、比較的狭い範囲を対象としていることになる。一方で、生涯に

おいて複数回の犯歴を有するかどうかを基準としており、たとえば出所後の一定期間内の犯罪を再犯とする分析に比べ、長期間の再犯の有無を対象としていることになる。

ただし、電算犯歴を利用した再犯分析においては、分析対象に含まれる情報の制約のため、再犯に到った原因や抑止要因を直接抽出することは難しいという限界がある。今回の電算犯歴による分析は、マクロなレベルでの分析ということができる。

▶再犯防止対策の意義

基本文献の犯歴分析により、犯罪者の約70％は「初犯者」にとどまっており、残りの約30％が再び犯罪を行う「再犯者」となっていること、そして、この約30％の再犯者が全犯罪の約60％を行っていることが明らかとなった。犯罪の総量に対する影響度を基準に考えると、初犯者に比べ、再犯者がより大きな影響を与えたことになる。基本文献は、人員では少数である再犯者が過半数の犯罪を行っていることにこそ、刑事政策における再犯防止対策の必要性と重要性の根拠があると述べている。

さらに、10犯以上の多数回再犯者（100万人初犯者・再犯者混合犯歴人員の0.8％）が、6.4％の犯罪を行っていることから、再犯者の中でも多数回再犯者対策がひとつの重要な柱であることも指摘している。

その上で、1980年代から欧米諸国を中心に続けられてきた実証的根拠に基づく効果的な犯罪者処遇探求の成果を踏まえた再犯防止対策の要点として、以下を挙げている。

(1)犯罪者処遇は、実証的根拠に基づいて効果が確認された（再犯減少効果が認められる）処遇方法を用いるべきこと（実証的根拠に基づく実践、evidence-based practice）。

(2)犯罪者処遇は、最も処遇効果の高い者に対して優先的に実施されるべきこと（処遇効率および費用対効果）。

(3)再犯防止のための犯罪者処遇は、実証的根拠に基づく再犯危険性の程度に応じて実施されるべきこと（RNRの原則）。

最も効果的な再犯防止対策は、再犯危険性が高い者を判別し、それらの者に対して重点的な処遇を実施することにあるとしている。

▶基本文献が提言する再犯防止策

　基本文献は、犯歴データの分析結果を踏まえて再犯防止対策の必要性と重要性を指摘した上で、以下の再犯対策を提言している（(3)、(7)以外は、前記2 **基本文献（原典）**「第4編第3章　今後の課題と展望」で原文を紹介している）。

(1)実証的根拠に基づく実践の徹底

　施設内処遇および社会内処遇においては、2006年以降、専門的性犯罪者処遇方法がカナダおよび英国から導入された。また、認知行動療法に基づく、覚せい剤事犯者処遇プログラムや暴力防止プログラムなども導入されている。今後も、こうした実証的根拠に基づいて効果が認められた方法にシフトするとともに、日本においても、実際に再犯防止の効果が認められるかについて、中・長期的視点に立った独自の効果検証のための実証研究を行うことが不可欠である。

(2)処遇実施側の体制整備（処遇実践者のプログラムへの忠実性）

　犯罪者処遇プログラムを運用しても、地域によって再犯率に違いが生じる要因として、処遇実践者の処遇プログラムへの廉潔性ないし忠実性の問題が指摘されている。カナダの研究によると、保護観察官が十分な事前研修とその後のフォローアップを受けて特定の犯罪者処遇プログラムを行った場合の方が、それらの研修等を受けずに行った場合より有意に再犯率が低い。

　一方、米国等の例では、予算・人員の制約、現場職員の意欲等さまざまな要因によって、直ちに体制整備に結びつかない場合も見られることから、日本において、今後、再犯防止効果が確認された方法を中心に行っていく場合は、処遇実践者の研修と、予算・人員等の体制整備も同時に行うことが前提となる。

(3)犯罪者の再犯危険性評価の徹底と電子化された情報共有

　処遇体制を整えるためには、刑事司法の全段階における犯罪者の再犯危険性評価の実施と評価結果の関係機関における共有が必要である。とくに重点的処遇を要する対象を絞り込むには、刑事司法の早い段階で犯罪者の再犯危険性評価を行って、それに基づいて処分を決定し、その結果を処遇機関が引き継ぐというのが、最も効果的であり、かつ、社会的コストの観点からも無駄が少ない。処分決定前から犯罪者の再犯危険性評価を行い、処遇の節目において、評価を繰り返しつつ、最も適した処遇方法が、常に選択されるようにする必要がある。

　さらに、こうした評価結果を関係機関で共有するためには、評価基準の統一

と評価結果のデータベース化が不可欠である。

(4)犯罪者処遇における多機関連携の徹底

犯罪者が抱える動的再犯危険性は、多様であり、対応に長い時間的経過を要する因子もあることから、多機関が連携して対応する必要がある。調査対象国では、就労、住居、保健・医療、教育、福祉等関係機関・団体・個人（専門家やボランティア）との緊密な連携体制が採用されている。

日本においても、今後、連携の範囲の拡大とそれらの体制の制度化に向けて具体策が検討される必要がある。

(5)継続的処遇体制の整備（地域に根ざした司法を含む）

施設内から社会内へ移行に際しては、生活全般の基礎が不安定な場合、釈放直後が、最も再犯危険性の高い時期である。とくに満期釈放者については、釈放直後の生活困難に直面しないために、刑事施設、保護観察所、福祉・保健・医療等関係機関・団体との密接な連携体制の構築が不可欠と考えられる。

(6)犯罪者の処遇参加への動機付け

カナダにおいては、犯罪者を問題解決に共に当たるチームメンバーと位置づけ、受刑者本人、刑務官、刑務所駐在保護観察官がチームを構成して、処遇を進める体制が採られている。さらに、本人に係る電子情報はすべて本人に公開され、透明性の高い処遇が行われており、受刑者本人の自己改善への動機付けを高めることにつながっている。また、保護観察官は、動機付け面接の研修受講を義務づけられている。

処遇プログラムの効果を十全にするためには、処遇を受ける側の準備が重要であることから、今後の日本における処遇効果向上の前提として、犯罪者の処遇参加への動機付けは、対応が必要な事項である。

(7)今後の研究の充実

近年、欧米の犯罪学では、犯罪者はなぜ犯罪を止めるのか（desistance）に関する研究が盛んである。日本においても、この観点を踏まえつつ、犯罪者が再犯をしなくなる要因についての研究が推進されることが期待される。

▶再犯防止に向けた総合対策

基本文献の分析結果は、以後の犯罪対策を検討する際の基礎資料として重要な意味をもつことになる。とくに、「約3割の再犯者によって、約6割の犯罪

が行われている」という結果は、その後の「再犯防止対策は、重要な政策課題である」という方向性に大きな影響を与えたと考えられる。

政府は、2010年12月、犯罪対策閣僚会議の下に「再犯防止対策ワーキングチーム」を設置して省庁横断的な検討を進め、2011年7月には、短期間に集中して取り組むべき施策として「刑務所出所者等の再犯防止に向けた当面の取組」を策定した。さらに、2012年7月、内閣総理大臣が主宰する犯罪対策閣僚会議において、その後の再犯対策の取組の方向性を示したものとして「再犯防止に向けた総合対策」が決定されたのである（**4 関連文献**参照）。

「再犯防止に向けた総合対策」における重点施策は、以下の4項目により構成されている。

①対象者の特性に応じた指導および支援の強化

少年・若年者および初入者、高齢者または障害者、女性、薬物依存の問題を抱える者、性犯罪者、暴力団関係者等再犯リスクの高い対象者に対し、個々の特性に応じた効果的な取組を充実し、刑務所等収容中から出所等後まで一貫性をもって継続的な取組を進めるとしている。

②住居と就労の確保

「居場所」を作る、すなわち住居の確保についての取組として、更生保護施設や自立更生促進センターにおける受入れの推進がある。これに加え、2011年度から開始された緊急的住居確保・自立支援対策による自立準備ホームなどの一時的帰住先を拡大するとしている。

一方、「出番」としての就労の確保については、刑務所等における就労に必要な基礎的能力の付与を目的とした指導・訓練を充実するとともに、厚生労働省との連携による刑務所出所者等総合的就労支援対策や更生保護就労支援モデル事業を拡充するとしている。

このほか、社会内での孤立や社会不適応による再犯を防止する施策として、社会貢献活動、犯罪被害者の視点を取り入れた指導・支援の推進、満期釈放者等が相談、助言等の支援を受けることのできる機会や場所を拡充する施策が盛り込まれている。

③効果検証等を踏まえた新たな施策の検討・実施

再犯の実態や対策の有効性等に関する総合的な調査研究を継続的に進めると

ともに、再犯に陥った要因のみならず、更生した要因についても調査・分析することとしている。

また、刑事手続の各段階で各機関が種々の情報を収集・保有しているにもかかわらず、それが他機関との間で適切に共有されていないとの指摘を踏まえ、関係機関が一貫性のある処遇を行うとともに、処遇の効果を検証するため、さらには、捜査力の強化等による犯罪抑止のためにも、効果的な情報連携体制を構築するとしている。

さらに、満期釈放者等を念頭に、既存の制度や枠組みにとらわれない新たな施策について、関係省庁の連携の下で、法改正等も視野に入れた検討を行うこととされている。

④広く国民に理解され、支えられた社会復帰の実現

国民に対する啓発事業や法教育の実施を通じて、広く刑務所出所者等の再犯防止への理解や支援が得られる基盤を整備しようとするものであり、長期的な取組が必要なテーマである。

また、保護司制度の基盤整備、弁護士および日本弁護士連合会等との連携、ボランティアやNPO法人等の民間協力者の参画による支援策についても、今後一層取り組んでいくこととしている。

4　関連文献

▶犯罪対策閣僚会議「再犯防止に向けた総合対策」(2012年)

2012年7月、犯罪対策閣僚会議において決定された「再犯防止に向けた総合対策」は、政府として、再犯防止に向けた施策を総合的かつ体系的に取りまとめ、その後10年間における取組の方向性とその推進を図るための仕組みを示したものである。

「再犯防止に向けた総合対策」における重点施策は、①対象者の特性に応じた指導および支援を強化する、②社会における「居場所」と「出番」を作る、③再犯の実態や対策の効果等を調査・分析し、更に効果的な対策を検討・実施する、④広く国民に理解され、支えられた社会復帰を実現する、の4項目により構成されている。

また、再犯防止対策について、「過去5年における2年以内再入率の平均値を基準とし、これを2022年までに20%以上減少させる」という数値目標が設定された。これは、刑務所出所者や少年院出院者の再入率の具体的削減目標を示すものであり、矯正や保護の現

場においては、今後、新たな施策を導入したり、関係機関や民間団体等との連携を進めながら、この数値を目指して処遇を進めることとなる。

　なお、本資料は、首相官邸、―政策会議、―犯罪対策閣僚会議のページで閲覧可能（http://www.kantei.go.jp/jp/singi/hanzai/kettei/120720/honbun.pdf）。

28 被害者学

●基本文献
宮澤浩一
『被害者学の基礎理論』
（世界書院、1966年）

太田　達也

0　原著者紹介

1930-2010年。慶應義塾大学名誉教授。刑事政策、犯罪学、被害者学の第一人者として活躍した研究者で、とくにドイツ語圏の刑事法制に関して膨大な研究業績がある。ドイツ留学中に被害者学に接して以来、犯罪被害者に関する研究と支援の必要性を説き続け、日本被害者学会の創設と被害者支援制度の構築に尽力した。世界的研究者として知られ、世界被害者学会会長、国際犯罪学会副会長など国際学会の要職を歴任したほか、西ドイツ政府（当時）から１等功労十字章を授与され、1995年には犯罪学界最高の栄誉とされるベッカリーア・メダル金賞を受賞している。

1　基本文献の意義と位置づけ

　この文献は、被害者学の理論に関する日本初の体系書である。
　宮澤浩一（当時、慶應義塾大学法学部助手）は、ドイツ留学中であった1958年に、ハイデルベルグ大学のハインツ・レフェレンツ講師（精神医学教室）からベンジャミン・メンデルソーンが1956年にスイスの『犯罪学・警察科学国際雑誌』に発表した「生物・心理・社会科学の新しい一分野・被害者学」と題する論文を紹介され、そこで初めて被害者学に接したという。
　宮澤は、それ以前の1957年５月から、被害者学の創始者の一人とされるハンス・v・ヘンティッヒの刑罰論や各種犯罪の心理学に関する文献の書評を公表していたが（法学研究30巻５号〔1957年〕ほか）、この時点ではヘンティッヒの『犯

罪とその被害者』（1948年）には気づいていなかったと後に述懐されている。メンデルソーンの上記論文も、宮澤が帰国する前の1958年に、中田修（後の東京医科歯科大学教授、犯罪精神医学）がすでに翻訳を公表している（犯罪学雑誌24巻6号〔1958年〕）。これには、当時、被害者学の開祖であるベンジャミン・メンデルソーン氏と親交があった犯罪学者で精神科医の吉益脩夫が同氏から論文を送られ、それを中田に翻訳して紹介するように勧めたというエピソードが残っている。

　その後、宮澤は、1957年に刊行されたハンス・v・ヘンティッヒの『個別犯罪の心理学第3巻──詐欺』の書評において、ヘンティッヒの詐欺の被害者に関する分析を紹介しつつ、メンデルソーンの業績にも触れながら被害者学の可能性を指摘している（法学研究33巻5号〔1960年〕）。さらに、1963年には、メンデルソーン、ヘンティッヒ、アンリ・エレンベルガーによる被害者学研究の成果を初めて紹介する論稿を公表し（「被害者学」綜合法学6巻12号〔1963年〕）、1965年には被害者学に関する論文や資料をまとめている。

　基本文献は、被害者学に関するこれら一連の論文を骨子に書き上げられたものであり、宮澤の学位論文であると同時に教授資格請求論文でもある。メンデルソーンの上記論文が公表され、被害者学の輪郭が構想されたのが1956年であるから、それらから10年余りの歳月の後にこうした被害者学の理論に関する単著がまとめられたことは、海外においても被害者学に関する体系的な研究成果は未だ公刊されていなかったことを考えると、驚くべきことである。そうした意味で、基本文献は、当時の被害者学に関する最先端の文献であると同時に、今日にあっては、被害者学創生期を知る唯一の手掛かりとしてきわめて貴重な文献である。

　しかし、基本文献は、斯学の長い歴史を俯瞰し、さまざまな知見を集約・体系化したものではない。宮澤が「はしがき」で述べているように、散在する資料を集め、整理を行い、今後の研究者の利用に供する露払いの役を演じたものであり、すぐに凌駕されるべき運命にあるはずのものであった。にもかかわらず、宮澤が期待したような被害者学の体系化への道のりは、その後、決して順調とは言えない。体系書としても、1967年に宮澤自身が、被害者学を一般読者向けに概説する新書版の『被害者学』（紀伊國屋新書）を出版し、1970年には、

中田らと共に、被害者学の総論と各種被害者の特性に関する実証研究を集めた『犯罪と被害者——日本の被害者学』（成文堂）を編纂しているが、日本でも、1980年の犯罪被害者等給付金支給制度や1994年の警察庁「被害者対策要綱」など、被害者支援の諸施策が導入されるようになると、被害者学の中心は「基礎理論」から「支援論」へと移り、被害者の研究も支援論が隆盛を極めるようになった。そのため、被害受容性や被害者特性など被害者化に関する研究は、DVや児童虐待など特定の犯罪被害に関するものを除くと、むしろ低迷し、モノグラフとしても諸澤英道の『被害者学入門』（成文堂、1992年。2001年新版）以外、まとまったものがない状況にある。

2　基本文献（原典）

第3節　メンデルソーンの被害者学
"被害者学"という名称を被害者の科学的研究にはじめて与えたのは、メンデルソーンであるということはすでに述べたところである。メンデルソーンは、被害者に関する生物・心理・社会学的な側面を統合する新しい科学を提唱するのみならず、それを実証的に研究するための"被害者に関する資料"を蒐集する図書館、中央クリニックの建設、国際会議の開催等、多方面のプログラムを提示しているのである。（148頁）
……
刑事上の対立者
被害者について、この重要な要素を考えていなかった従来の犯罪科学のあり方、犯罪人人格に注いだ努力と同じような研究が、被害者についてほとんどなされなかった現実に対し、深く遺憾とする論者は、被害者を犯人により作られた、"消極的要素"としてしか扱っていない従来の研究の修正を迫るのである。
もちろん、被害者にも各種のタイプがある。あらゆる面から見て、正常で調和のとれたタイプを一方の極とすれば、他の極にはマゾヒズムの傾向が現われている被害者がおり、これらの中間に、その限界づけが漠然としており、各種の先天的または後天的な理由や、容易に被害者となるような傾向をもつ中間的カテゴリーの者がいる。
メンデルソーンはこれらの局面について、従来の刑法学、犯罪学の研究対象と重なる面があることを認めつつ、なお、この分野を開拓することが従来の研究では明らかになしえなかった点を解明し、犯罪に対する闘争に新しい志向を示しうると強調する。つまり、これまで犯罪者に集中していた注意を減少することなく、犯罪者と並んで、従来影の中に置かれていた要素を考慮の中心に移すのであり、考察・研究・判断の対

象からはずされていた被害者を、学問的興味の中心にとりあげることによって、従来それを度外視した結果、部分的にしか扱われていなかった問題の全容がつかめ、歪曲されていた現実像に修正が加えられると考えるのである。(149頁)

ここにおいて、被害者学は犯罪を抽象的にではなく、また加害者＝被害者関係をも抽象的・図式的にではなく、生物学・心理学・社会学的な具体的関連性として考えるのである。

このような、刑法上問題となる葛藤関係の現実的な、なまの要因、具体的な相関関係が確定できれば、犯罪防止のためのより有効な手段を発見できるであろうという、実践的な意図が背後に置かれているわけである。

そこで、メンデルソーンは"刑事上の対立者"という概念を用いる。これは、すでに上に述べたv・ヘンティッヒの doer-sufferer-relation や、エレンベルガーの Criminel-Victime という概念とはいささか内容を異にする。しいて言えば、v・ヘンティッヒのそれに近いといえよう。

これは具体的な犯罪行為の中に見られる対という関係である。同じように"対"として発現する"共犯"では共同して行動する、すなわち意志の志向方向を同じくするのに対し、"対立者"は方向を逆にとる。つまり両者の関係は共同（協力と調和）ではなくて、闘争し、対立し、拮抗するものである。(150頁)

……

もちろん、被害者学が犯罪学と協力して、犯因性複合体（complexe criminogene）を解明し、犯罪の予防と治療に重要な寄与をするという意図は正しい核心をもっている。そこで論者は、犯罪から犯罪人へと重点が移ったことに犯罪学の進歩を認めつつも、被害者から分離した加害者などは考えられない、はたして被害者なくして加害など存在するのかと問う。また、加害という事実を被害者から分離することによって科学、特に犯罪予防、司法が全く誤った基礎の上に立つことになる、という。加害者（犯罪者）と同様に興味深い人格をもち、生物学・心理学・社会学的に特徴のある相貌をもった被害者の研究の必要を力説するのである。(151頁)

……

「被害受容性」について

被害受容性という概念を検討するに当たってまず、若干の言葉の定義を見ておく必要がある。

Criminel, Criminalité という言葉は通常用いられているところであるが、ここに、Victimal, Victimité という新語が用いられる。被害者学という語は英語の victim と科学を表わす logy との合成新語である。(154頁)

……

次に、被害名学では被害受容のポテンシャル（potentiel de réceptivité victimale）という新語が用いられる。これは被害の状態に無意識的に順応する個人の能力である

という。
　……
　ここで論者は、このような被害受容性のポテンシャルという考え方が、現実的に立証しうる根拠をもった概念であることを示すために、カール・マルベの研究成果を証拠として提出しようとする。
　マルベは各種の事故の被害者3000人について、潜在的意識下の被害者性を調べたのであるが、5年間に1回も事故に遭遇しなかった人は、その次の5年間に0.52回の頑故に遭う。5年間に1回の事故に遭った人は次の5年間に0.91回の事故に遭い、同一の期間内にしばしば事故に遭った人は、次の5年間に1.34回の事故に平均して遭遇しているというのである。(155頁)
　ここでの結論は、①一定の期間に事故を受けたり、起こしたりすることが多い者ほど、以後の期間により多く事故を受けたり起こしたりするものであること、②同一の素質は持続的に同一の行為を惹起させると言えるのではないかということ、③だから、犯罪を決定する要因があるように、被害を決定する要囚も存在することが推測できるのではないかということである。
　マルベの結論はこうである。「ある程度、個人は類似の状況において同じ方法を用いて行動するものである。類似の事情の中で、同じように現われる精神的活動の傾向として、本能または習慣によって課せられた多くの活動は、心理的出来事の反復の法則をつくる原因をなす。この法則は、人間は常に彼自身と同一のものであり続けるという事実を確証するものである」。
　右の結論を用いてメンデルソーンは言う。「私見によれば、この真理は個人の有機的・心理的条件においても、社会的存在の条件においても、およそいかなる変化にも妨げられることのない価値をもつ」と。(156頁)
　……
　そこで、メンデルソーンのいう「有責性」の相関関係を見てみよう。もちろん、加害者＝被害者に関する道徳＝司法上の関連点である。
　被害者の人格の生物―心理―社会的基礎の中に存する五つの関係は次のとおりである。
　①完全に無罪な被害者。理想的な被害者ともよばれるものであって、罪のない者、たとえば小児、幼児の被害者である。これは誘拐罪について問題となる。(158頁)
　……
　②有責性の少ない被害者。これは無知による被害者とよばれる類型であって、私生児をはらみ、処置に困り、しろうとの経験で堕胎を企て、その生命をおとす女がこれである。
　③加害者と同じ程度に有責な被害者。自発的被害者とよばれるものである。
　　a. 自殺を刑法上処罰しているところでは、厭世自殺を行なうものがこれに入る。もちろん、未遂に終おったときに問題となる。

b. 同意による自殺。いわゆる安楽死の場合がこれに入る。また、心中もこのカテゴリーに入り、絶望した恋人同志で病気の相手に同情して健康な者が心中をする等いろいろな類型を含む。
　④加害者よりも有責な被害者。誘発的な被害者とよばれるものであって、その行為により加害者を加害行為へと誘発するものと、不注意による被害者とよばれるものであって、自制心の欠如、怠慢等の事由で事故を起こす者などがこれに入る。
　⑤最も有責な被害者、または、もっぱら被害者の側に責任のある類型。
　　a. 攻撃的な被害者とよばれる者としては、攻撃を加えた者自身が反撃によって被害者となる例、つまり正当防衛行為の相手方がこれである。
　　b. 欺瞞的な被害者としては、意図的または無意識的に被害者を装い、他の者を告訴して裁判上支障をきたそうとする者、つまり誣告罪の犯人がこれに当たる。
　　c. 想像的被害者とよばれる者は、病的な偏執狂（好訴癖、被害妄想）、ヒステリー、病的虚言症、危機性の年齢群の者の突発的衝動行為がこれに入る。（159頁）
　かくして、加害者と被害者との有責性の相関関係は心理的・精神病学的な原因を加えて処罰という観点から見るならば、次の三群に分けて考えるべきである、という。
　第一群は有責性のない被害者であって、この場合には加害者に科せられるべき刑罰は軽減されることはない。
　むしろ、この場合には厳しく処罰すべきであるという社会的要請が大であり、時としては刑法の一部改正をうながす立法上の契機となることは、吉展ちゃん事件の後、身代金を目的とする営利誘拐罪の規定が新設されたことにも現われている。
　第二群は誘発的な被害者、不注意による被害者、自発的な被害者、無知による被害者がそれである。この場合には被害者と加害者の両方に責任があるので、加害者に科せられる刑罰は相当に軽減される。
　第三群は最も有責性のある被害者であって加害的、欺瞞的、想像的被害者がこれに入れられる。これらにおいては被疑者の側での立証に成功すれば刑罰を免れうるのである、という。
　以上簡単に紹介した事項をまとめるならば、「被害者学は犯罪学の一部ではなくて、犯罪学と併立する科学であり、いわば犯罪学の裏側である。犯罪学は犯罪人を追及するのに対して、被害者学は犯罪者に対立する被害者を対象とする。両者は隣接科学ではあるが、相互に明確に限界づけられねばならず、両者はいずれも独自の科学である」ということができる。（160頁）
　右のプログラムを実現するために、国際的協力体制の整備が提案されている。そのためには国際被害者学会を創立し、ユネスコの協力をえて、常設国際委員会を設置し、科学的資料をできるだけ集中し、被害者の問題にできるだけ寄与する力を統合するため図書館を作り、資料の完備化をはかり、図書・論文の資料カードを整理する。被害者に対する調査をできるだけ客観的に、かつ精密に実行するため、質問表や測定の原基

を定め、統一的な国際用語を制定し、各国で企てている研究の能率的な促進をはかる。

被害者研究のための有力な資料として、国際統計を整備し、組織化する。また、各国に被害者に対する中央クリニックを作り、工業の中心地、道路交通の要衝などに研究所を設け、中央からの指導の下に、交通事犯、工場災害等を研究する体制を整備する。

もちろん、通常事犯に関しては、ヨーロッパ警察（Euro-Pol）の制度に似た組織化を急ぐ。それと同時に、公報局を設け、被害者研究の成果をPRして、犯罪の予防に努力することが大切である、とする。

なるほど、その説くところはいささかユートピアのきらいはあるが、犯罪の広域化、国際化を考えるとき犯罪現象が20世紀の後半の社会解体現象の所産として、ほとんど世界的レベルで発現している現状を見るとき、われわれは現代に生き、現代の悪の犠牲となった人々の記録をインターナショナルなレベルで検討し、研究する必要を痛感するところである。

最後に、被害者保険という問題についてのメンデルソーンの提案を紹介し全体としての彼の提案を評価したいと考える。

被害者学は、現代社会の必然的に産み出す犯罪という社会悪に対し、それの正しい認識を司法に提供し、公正な処罰を実現しうるために寄与することを目的とするが、同時に、犯罪の予防についても豊かな知見を提供する。この場合、単に制度としての国家機関に犯罪防止のための知識を提供するのみならず、その構成員たる国民に自己防衛のための知識を授ける必要もある。加害の種類、手口、加害者と被害者の心理、不意うちを防ぐための用心と自制心を喚起しておくことが、どれだけ有効な成果をもたらすかばかり知れない。（161頁）

このような体制と相まって、特殊の保険機構を整備する必要がある。つまり、被害者の注意が正常であり、被害者としてできるだけのことをしたのに、社会の構成機関に義務の懈怠や非能率があって被害を受けたとき、加害者から賠償がない限り、同家から損害を填補してもらうことができるよう制度化を急ぐ必要はないか。ことに、復讐権を国民からとりあげ、自力救済の方法を極端に制限している現代国家にあって、国民の側で被実者とならない努力を重ねているにもかかわらず、損害が発生した場合の救済は国家が窮極的にはカバーする形をとり、公的なニューアンスをもった保険制度を用いることが一つの解決といえるのではなかろうか。

以上の諸点について、メンデルソーンの"被害者学"の長所と短所をいかに考えるべきか。

メンデルソーンが「被害者"学"」というものを体系的な"科学"にしようとする努力は大いに評価すべきであると思う。科学であるためには、"体系"と"方法"の整備がなければならない。この点で、独立の科学として成立する可能性の検討を試みている点は、たとえばv・ヘンティッヒやエレンベルガーには見られない志向であり、また、その研究の実現の方法についても提案を行なっているのは、他に例をみないと

ころであり、問題提起として充分検討に価する。

　さらに、「刑事上の対立者」「被害受容性」という概念においても、われわれの研究を刺戟する興味深い提案がみられる。ことに、被害受容性の問題は、いろいろな資料的な裏づけをして、概念として、科学的にも確立したものにしなければならないと私は考える。(162頁)

　つまり、ここにメンデルソーンの業績の限界があると私は指摘したい。彼は弁護士であるから、せっかくの着目点に資料的な裏づけが不足している。体系的な整備という点ではすぐれていても、肉づけがあまりにも貧弱である。

　……

　……いずれにせよ、すでに指摘したところであるが、「責任性」という考え方の中に、いわゆる「刑事責任」と通常考えられていたものとは異質な発想がある。もちろん、われわれの考えている「責任」という概念を反省する資料にはなるが。そして、この考え方がヨーロッパの最近の国際学会の主流に近いのではないかという点も、充分検討を要するところであろう。

　メンデルソーン自身もその論文の中で、V・ヘンティッヒやエレンベルガーの仮説を借用していることからも、われわれは、これらすぐれた人達の思考上の産物の総合的な検討と文字どおりの"総合"を実現したいと思う。ことに、V・ヘンティッヒの「構成力」の弱点、エレンベルガーの「全体性への洞察の不足」等は、彼らがそれぞれの特徴をもった資料的な豊かさを備えているだけに、メンデルソーンの体系との結合がこの際、急務であることをわれわれには教えるのである。(163頁)

3　解　説

▶基本文献の構成

　基本文献は、「被害者学とその隣接科学」(第Ⅰ部)、「被害者学の過去と現在」(第Ⅱ部)、「被害者学の体系」(第Ⅲ部)の3部から構成されている。

　第Ⅰ部の「被害者学とその隣接科学」では、事実学たる犯罪学と政策学たる刑事政策学が規範学たる刑法学とどのような関係に立ち、どのような寄与をし得るかを考察したうえで、犯罪学の射程範囲と方法論を整理し、従来の犯罪学における諸仮説が被害者学にどのような形で応用しうるか、その可能性を模索する。

　基本文献において、まず、このような学問体系や方法論についてくどいほど考察されているのも、当時、被害者学がまだ創生期の段階にあり、被害者学の

必要性や位置づけも明確になっていなかったからである。その中で、宮澤は、従来の犯罪学が、犯罪者の行為形成の動機や環境など、その考察の重点はあくまで犯罪者に向けられており、被害者を扱うことはあっても、その位置はあくまで付随的なものに過ぎなかったのであり、それでは問題の本質に迫ることはできないとする。そこで、被害者学という新しい固有の学問が必要になるのであり、被害者になりやすい人や心理状況、社会的状況にはどのようなものあるかを追究することによって、犯罪の本質を解明するとともに、潜在的な被害者に対し警告や注意を発することによって予防することが可能になるとする。

被害者学の必要性や固有の学問領域としての存在意義を疑問視する見解や風潮は、その後、犯罪被害者等給付金やその他の被害者支援の施策が導入されるようになった後々までも、長く残ることになる。今日、流石に被害者学や被害者支援の重要性を否定する者はいないが、基本文献からも、被害者学の道のりが決して順風満帆でなかったことがわかる。

第Ⅱ部「被害者学の過去と現在」では、まず、従来の犯罪学のなかで、被害者との関係を分析した研究について紹介している。そこでは、古くはフォイエルバッハの研究から、スイスのv・クレリックの詐欺師の研究、サザランドの職業的窃盗犯の研究、レースナーの殺人犯とその被害者の研究のほか、エクスナーやゼーリッヒなどの研究のなかで、被害者についての考察が行われていることを指摘する。後に本格的な犯罪被害者についての研究を行うv・ヘンティッヒやメンデルソーンの戦前の研究にも触れられている。

しかし、これらの研究では、一部を除いて、犯罪者と被害者の関係を数量的に把握することに終始しており、被害者になりやすい状態や地位を、社会学的または精神病理学的に分析するという生物・心理・社会的な全体像としての被害者の総合的研究であるべき被害者学の特色を有していないという。そこで、宮澤は、被害者学の創始者ともいうべきハンス・v・ヘンティッヒ、アンリ・エレンベルガー、ベンジャミン・メンデルソーンの研究成果について詳述するのである。

第Ⅲ部の「被害者学の体系」では、それまでの被害者学の研究成果を踏まえ、宮澤自身が被害者学理論の普遍化・体系化を試みている。まず、一般的に人が犯罪被害を受けやすい状況としての一般的被害者性として、年齢（嬰児、子ども、

高齢者など)、性（とくに女性)、職業（農林業、企業家、医師、タクシー運転手、俳優、家政婦、第一次産業従事者など)、社会的地位（家庭関係など)が考察され、続いて、犯罪被害に遭いやすい精神的・身体的特性として、知的障害、アルコール依存、意思喪失・意志薄弱、情緒不安定、被抑圧者・抑圧者、パラノイアなどが取り上げられている。そして、最後の章では、被害者各論と称して、誘拐、窃盗、殺人、詐欺、性犯罪の被害者特性や被害要因を、国内外の研究データを踏まえながら分析を行い、基本文献を締めくくっている。

▶ハンス・v・ヘンティッヒの被害者学

　ヘンティッヒは、1947年の『犯罪、原因及び条件』と題する著作においても黒人（原文ママ)による犯罪とその被害者について考察しているが、1948年に公刊した『犯罪者とその被害者』中の1章において犯罪の発生に対する被害者の関与について詳しい分析を行っており、これが後に彼が被害者学の創始者の一人と言われるようになった所以である。

　ヘンティッヒの理論で最も重要なのが「犯罪の二重（奏)構造」（duet frame of crime）である。従来の刑法学や犯罪学は犯罪を「主体と客体」または「加害者と被害者」という外的ないし固定的な基準から捉えるが、心理的・社会的観点からみた場合、両者には広い意味での相互作用が働いている。したがって、現実には、加害者と被害者の区別が明確でなかったり、その立場が入れ替わったりする場合があるほか、被害者の方が実は決定的な犯罪の原因であったり、時には生来的と思われるような被害者がいるなど加害者＝被害者の関係はより複雑で多彩であるとする。

　そのうえでヘンティッヒは、被害者になりやすい一般的類型として、若者、女性、高齢者、精神障害者、移民、少数民族などを、また被害者になりやすい心理学的特性として、抑鬱、強欲、浮気性、孤独、失恋、暴君、窮状状態を挙げ、その類型や特性がどのように犯罪被害に結び付きやすいかを解説している。

　宮澤は、以上のようなヘンティッヒの諸説が、後の論者によって継承され、被害者学という学問体系となるに至った点を大いに評価しながらも、事例の紹介や解説が時代や地域の差を無視して行われているという方法論上の問題のほか、加害者と被害者の関係を相互作用という動的な側面から捉えることをせず、年齢や性別、友人・恋人といった静的事項に分類するに止まっているところに

欠陥があると批判している。

▶アンリ・エレンベルガー（仏　アンリ・エランベルジェ）の被害者学

　精神科医のエレンベルガーは、1954年の「犯罪者と被害者の間の心理学的関係」とよばれる論文において、ヘンティッヒの提唱した理論を基に、犯罪者と被害者の心理的＝精神的関係や被害者の心理的特性について分析を行っている。

　犯罪者と被害者の関係については、ⓐ家庭内で暴君的に振る舞ってきた父親が家族によって殺害されるような、加害者から被害者への立場が変わるもの、ⓑ心中や集団自殺のように、個人が加害者でもあり、被害者にもなるもの、ⓒ人に知られない性格の部分が突然に現れてそれが個人を加害者にしたり、被害者にしたりするもの、という3つのカテゴリーに分けている。とくに、ⓒのカテゴリーについて、エレンベルガーは、さらに細かな類型に分けて分析しているが、その中で、自分の心の中にあるものが、他人の中に見えなくなる視野暗点症（スコトーマ、盲点）が犯罪被害の要因となりうるとし、詐欺の例を挙げている。

　また、エレンベルガーは、人の中には、一時的な状態ではなく、永続的かつ無意識的に加害者を魅了し、自ら被害者の役割を演ずる特質をもつ「潜在的被害者」がいるとしている。その類型のうち年齢、職業、精神病理学的・社会的・身体的状況についてはヘンティッヒの内容とほぼ同じであるが、心理的特性として、自己嫌悪性、憂鬱のほか、自己が他人より幸福であることに漠然とした罪悪感を覚えているが故に自己防衛をすることができない心理的特性をもつ者がいるとして、これを旧約聖書の逸話にちなんでアベル症候群とよんでいる。

　さらに、エレンベルガーは、犯罪者と被害者の間に認められる心理的な特殊関係のうち、神経症的な関係がある例として、子が異性の親に対して強い愛情を感じ、異性の親に対して憎しみや対抗心を頂くエディプス・コンプレックスの仮説を挙げ、ここから激情犯としての親殺しなどの犯罪が生ずるとしている。

▶ベンジャミン・メンデルソーンの被害者学

　ルーマニア出身で、イスラエルの弁護士であったメンデルソーンは、1937年や1940年に発表した論文において既に被害者についての分析を行っているが、1947年のルーマニア精神医学会での報告において初めて「被害者学」（victimology）の用語を用いた後、1956年の「生物・心理学の新しい領域：被害

者学」の論文において、刑事上の対立者、被害受容性、加害者と被害者の責任関係（被害者有責性）の理論を展開し、被害者学の礎を築くに至った。メンデルソーンが「被害者学の父」とよばれる所以である。

　まず、メンデルソーンは、ヘンティッヒやエレンベルガー同様、犯罪者と被害者には生物学的・心理学的・社会学的な関連性があり、被害者学が犯罪学と協力してこれを明らかにすることによって、犯罪の予防や刑事裁判に貢献することができるとする。そして、交通事故に関するカール・マルベの実証研究を根拠としながら、人には一定の条件下で犯罪の被害に遭いやすい犯罪被害への親和性とも言うべき傾向や素質があり、メンデルソーンは、これを被害受容のポテンシャル（被害受容性）とよんでいる。

　さらに、メンデルソーンの被害者学理論として最も知られているのが、加害者と被害者の責任関係（被害者有責性）である。これは、加害者との被害の関係を、被害発生における被害者の関与度という観点からみるものであり、メンデルソーンは「完全に有責性のない被害者」、「有責性の小さい被害者」、「加害者と同程度に有責な被害者」、「加害者よりも有責な被害者」、「最も有責な被害者」の５類型（段階）に分けている。その内容および具体例は上記の基本文献に示した通りであるが、メンデルソーンは、こうした加害者と被害者の責任関係を捉えることによって、加害者に対する適切な量刑が為しえるとするのである。

　宮澤は、メンデルソーンが被害者に関する考察を体系的な科学として構築しようとした点について高く評価しつつも、刑事上の対立者や被害受容性については実証的な裏付けが不十分であることが課題であるとしている。

▶被害者学の初期の理論に対する現代的評価

　伝統的な犯罪学が犯罪者や犯罪者を取り巻く環境に原因や要因を求めようとしていたのに対し、ヘンティッヒやメンデルソーン等が、被害者自身の要因や犯罪者と被害者の関係から犯罪を捉えようとしたことは、正に「コペルニクス的発想の転換」であり、犯罪現象の解明のみならず、後に被害者に対する支援の必要性が認知される契機となったという点からも、刑事司法制度の歴史上、きわめて大きな意義と影響力をもっていたと言えよう。

　ただ、ヘンティッヒやメンデルソーン等の理論には、女性や性犯罪に対する

ジェンダーバイアス的な視点や移民など当時の時代背景に基づく発想が散見され、これらは、今日、到底容認し得ないものである。また、メンデルソーンの被害者有責性の理論のほか、ヘンティッヒの「ある意味で被害者こそが犯罪者を作る」(基本文献123頁)といったテーゼも、被害者に対する非難、すなわち、被害者学で言うところの「ブレイミング」(blaming)が目的ではないものの(基本文献87頁)、取り方によっては被害者に酷な内容ともなる。

　しかし、これらの点を除けば、被害者学の初期理論には、単に歴史的な意義に止まらない、現代の刑事司法実務や医学においても依然として重要な指摘や問題意識が数多く認められる。たとえば、ヘンティッヒは高齢者が詐欺の被害に遭いやすいことを指摘しているが、現代の日本において、警察の広報や警戒にもかかわらず、非常に多くの高齢者が振り込め詐欺などの特殊詐欺に遭っており、本来であれば、どのような高齢者や状況において特殊詐欺の被害に遭いやすく、どうすれば効果的な予防策を取り得るのかが研究されてしかるべきである。このほか、ヘンティッヒやエレンベルガーが唱える精神障害(知的障害)、暴君、孤独、窮状などの被害要因も、現代の詐欺や家庭内殺人における要因としても研究に値するものである。

　さらに、メンデルソーンは、被害者学の国際的発展のために、国際被害者学会や国連委員会、被害者学研究所の設立を提案している。このうち、世界被害者学会は、1973年以降、3年毎に開催されている国際被害者学シンポジウムの第3回大会(1979年、ミュンスターにて開催)において設立され、以後、被害者学や被害者支援の発展に多大な貢献をしている。

　また、ほとんど知られていないが、メンデルソーンは犯罪被害補償制度の提案も行っている。ただし、被害者補償という概念ではなく、犯罪被害者が加害者から賠償がない場合、国がその損害を補填する公的な性質をもった保険制度を設けるべきであるという形をとる。日本の犯罪被害者給付金支給法(1980年)制定の過程においても、社会保険の仕組みとすべきかどうかが議論の俎上に上り、日本は最終的にこうした法的性質の給付制度を採用しなかったが、メンデルソーンが1950年代半ばから被害者補償制度のアイデアをもっていたことは注目に値する。

4　関連文献

▶宮澤浩一ほか編『犯罪被害者の研究』(成文堂、1996年)
　犯罪被害者等給付金支給法施行10周年を記念して1991年に開催されたシンポジウムの席上でなされた被害者遺族の大久保恵美子氏による問題提起がきっかけとなり、その前年に設立された日本被害者学会のメンバーを中心に行われた日本初の総合的な犯罪被害者調査の結果をとりまとめたものである。この調査結果をも踏まえて、警察庁は、1996年に被害者対策要綱を策定しており、その意味で、本調査は日本の被害者支援を大きく前進させることとなった歴史的にも重要な研究である。

29 修復的司法

●基本文献
ハワード・ゼア［西村春夫・細井洋子・高橋則夫監訳］
『修復的司法とは何か——応報から関係修復へ』
（新泉社、2003年）

高橋　則夫

0　原著者紹介

　ハワード・ゼアは、刑事司法問題に関する著述家およびコンサルタントである。1979年から、メノナイト中央委員会の U.S.Office of Criminal Justice の所長を務めた後、1996年から東部メノナイト大学において社会学および修復的司法の教授となり同大学の紛争変容プログラムの共同責任者を務めている。彼は、アメリカにおける最初の被害者・加害者和解プログラム（VORP）の設立に尽力し、修復的司法の祖父と称されている。

1　基本文献の意義と位置づけ

　基本文献は、修復的司法の古典とされている著書であり、原題は、Changing Lenses : A New Focus for Crime and Justice, Herald Press, 1990. である。修復的司法の原語は、英語では、Restorative Justice、ドイツ語では、wiedergutmachende Justiz であり、他の訳語として、「修復的正義」、「回復的司法」、「関係修復正義」などがある。これらの訳語は、それぞれ、Restorative Justice をどのように構想するかという点の差異から生じてくることから、共通語として、「RJ」と称されることが多い。
　修復的司法とは、刑事司法システムの「内と外」に位置づけられる「新しい動き」に付与される名称である。修復的司法は、一定の具体的な方法、施策、プログラムを示す場合もあるが、基本的には、一定のアプローチ、グローバル

な考え方、すなわち、「ものの見方」を示すものである。まさに、基本文献の原題である『Changing Lenses』という書名がこのことを見事に表現しているように、修復的司法は、これまでとは異なった、新しい「ものの見方」を提供するものである。その意味で、修復的「正義」という訳語が最も適切かもしれない。

　ゼアは、応報的司法と修復的司法とを対置させた。すなわち、応報的司法は、犯罪を法違反と有罪によって定義づけられる国家違反と把握し、司法を加害者と国家とのコンテストにおいて非難と苦痛を決定するものと理解する。これに対して、修復的司法は、犯罪を人々およびその関係の侵害と把握し、司法を被害者、加害者、コミュニティが一緒になって、それぞれの回復、和解、保障を促進する解決を探るものと理解するのである。

　問題は、修復的司法を刑事司法の内外にどのように組み入れ、実践するかにある。国際的には、さまざまな形で実践化されているが、わが国では、まだ緒についたばかりである。しかし、修復的司法は今後徐々に実現されていくことが予想される。その際、基本文献は、つねに参照されるべき重要な著書といわなければならない。

2　基本文献（原典）

　犯罪には癒しを必要とする傷を伴う。これらの傷には、害悪に関する四つの基本的な側面がある。

一、被害者に対する側面
二、対人関係に対する側面
三、加害者に対する側面
四、コミュニティに対する側面

　応報レンズは主として最後の社会的側面に焦点を合わせる。その場合、コミュニティを抽象的で非個人的なものとしてとらえる。応報的司法は国家を被害者とし、悪行を規則の違反として定義し、被害者と加害者の関係は重要視しない。したがって、犯罪は他の悪事とは類型的に別のものである。

　修復レンズは人々を被害者とみなし、対人関係の側面を中心に据えて考える。加害

> 行為は個人的な害悪と対人的な関係として定義される。犯罪は人々および人間関係を侵害することである。
> 　私たちは、これまでほとんどの討議を、通常、犯罪としてレッテルを貼られる害悪や紛争に限定してきた。だがそのような狭いとらえ方は、聖書の教えにそぐわない。聖書は、人々が、シャローム、すなわち健全な関係を保ちつつ、いかに共生すべきかという考えを示している。いわゆる犯罪という行動はこうした関係を侵害するものだが、権力のある者が権力のない者に行う正義に対する行為や抑圧的行為を含めた他の種々の害悪も同様に、そうした関係を侵害するのである。私たちの理解する聖書の教えによれば、犯罪と他の不正義をあえて区別せず、不正義を全体的にとらえる必要があるだろう。私たちは、害悪をひとつの大きな連続体としてとらえるべきである。犯罪は、他の害悪や、通常は民事と呼ばれる個人間の紛争とは区別できない。だが、こうした不正義は権力や富の不正とも結びつくのだ。旧約聖書の預言者は、構造的な不正義は罪であり、その不正義がさらなる不正義を作り出すのだと、私たちに想起させる。（187頁）

修復——目標

　犯罪が害であるとすれば、司法とは何か。またもや聖書は次のように示している。もし犯罪が人々を害したなら、司法は、事態および人々の関係を健全にするよう意図しなければならない。悪事が発生した場合、まず問うべきことは、「加害者に何がなされるべきか」とか「加害者には何が相応しいか」ではなくて、「事態を健全化するためには何ができるか」である。

　私たちは、司法を応報と規定するのではなく、修復と規定したい。犯罪が害ならば、司法は害を修復し、癒しを促進させるものである。修復という行為（さらなる害を与えることではない）は、犯罪の害によって壊れたバランスを取り戻すことであるのだ。もちろん完全な回復を保証できないが、真の司法ならば、その回復というプロセスが始まる場を与えようとするはずである。

　犯罪の害に四つの側面があるのなら、回復のエネルギーはこれらの側面に向けるべきである。その場合、司法の第一目標は、被害者のための回復と癒しでなければならない。

　被害者のための癒しは、侵害を忘れたり過小評価したりすることができるとか、そうすべきだという意味ではなく、むしろ、回復の感覚、すなわちある程度の区切りを意味する。侵害された者（被害者）は、再び人生に意味を見いだし、自分は、安全でコントロールできるという感覚を持てるようにならなければならない。侵害した者（加害者）は自らを変えるような援護が必要になる。害悪を与えた者といえども、新たな生活を始める自由を与えなければならない。癒しには、回復感と将来への希望が含ま

れている。

　被害者と加害者の関係を癒すことが、司法の第二の関心事でなければならない。被害者—加害者の和解運動では、運動の目標を和解している。

　和解は、十分な改悛と赦しを意味する。それはまた、被害者と加害者の間に前向きな関係を築くことも含む。VORPの経験からみれば、このことは可能であるといえるが、すべての事例において和解を期待するのは現実的ではない。多くの場合、和解のようなものは達成できないだろう。また一応満足のいく関係は生まれても、親密さや完全な信頼までは至らない場合もある。参加者は和解に向けて強制されていると感じるようなことはあってはならない。メノナイト和解斡旋サービスの前責任者、ロン・クレイビル（Ron Kraybill）は、和解にはそれ自身のリズムと力学があることを教えている。意識的に和解を望んだとしても、私たちの感情は別の方向に行ってしまうこともあるのだ。（188頁）

……

　加害者もまた癒しが必要である。もちろん加害者はその行動に責任をとらなければならない。「責任を免除される」ことはありえない。だが、この責任自体は変化と癒しへ向かう第一歩になりうる。また、加害者の他のニーズにも注意を向けられなければならない。

　コミュニティもまた、癒しが必要である。犯罪によってコミュニティの十全性の感覚が傷つけられるので、その傷への手当てが必要である。

　正義を体験することは人間の基本的なニーズである。それを体験しなければ、癒しも和解も難しいし、不可能ですらある。正義を体験することは事件に区切りをつけるための前提である。

　完全な正義の感覚は、むろんめったにないことかもしれない。けれども、「近似的（approximate）正義」でさえ役には立つのである。部分的な経験でも、回復や区切りの感情にとって欠かせない土台を築くことができる。たとえば、加害者が特定されなかったり、加害者が責任をとろうとしない場合、コミュニティが正義の体験を与える役目を果たすことができる。事件の卑劣さに同感し、また彼らのニーズに耳を傾けそれに応えることで、被害者の言葉を親身になって聞き、被害者を尊重することができる。近似的正義は、正義をまったく経験しないよりもましであり、それは癒しのプロセスに役立つ。（189頁）

司法はまずニーズから始まる

　満ち溢れ出ることをめざす司法は、人のニーズを見極め、それを満たそうとすることから始めなければならない。犯罪の場合、出発点は被害者のニーズでなければならない。犯罪が発生したとき（加害者の特定とは関係なく）、第一の問題は、「誰が害を

受けたのか」、「どのように害を受けたのか」、「被害者のニーズは何か」、ということでなければならない。こうしたアプローチは、むろん応報的司法のアプローチとはまったく違い、応報司法のアプローチではまず、「誰がそれをやったか」、「加害者をどう処置すべきか」を問題とし、その問題より先へ進むことはめったにない。

　被害者には多様なニーズがあり、近似的正義であっても経験しようとするなら、そのニーズは満たされるべきである。多くの場合、まず何よりも緊急を要するニーズは、支援と安全感への対応である。（193頁）
　……
　応報は正しさを確証するひとつの形であるが、回復もまたそうである。北アイルランドのジョン・ランペンは、『傷を癒す』と題する重要な小冊子で、回復は少なくとも応報と同じく人間の基本的な反応である、と述べている。

　回復は損失を取り戻すことを意味するが、その本当の重要性は象徴的なものである。回復が意味するのは、悪を認めて責任を宣言することである。健全化すること〔making right＝回復すること〕はそれ自体一つの確証であり、応報に比べ癒しを促進しやすい形である。

　応報は、往々にして憎しみという遺物を残す。正義の経験は、まったく正義が行われない場合に比べ満足度は高いだろうが、敵意の対処にはほとんど役立たない。こうした敵意は癒しの妨げとなる。それゆえ、赦しは美しいことなのである。敵意に対処することで、被害者も加害者も自分たちの生活をコントロールできるようになる。だが和解と同じように、赦しは簡単ではなく、強制することはできない。多くの人々にとって正義を経験することは、赦しを生み出すのに必要な前提条件である。だが、なかには赦しなど不可能だと思っている人もいる。

　応報も回復も、不均衡を正すことと関わっていくことになる。だが応報も修復（restoration）も象徴的な重要性を持つけれども、回復（restitution）は公平さを取り戻すためのより具体的な手段である。また応報は、被害者が突き落とされたレベルまで加害者のレベルを落とすことによって、バランスを回復する試みである。それは、悪事を行った者を打ち負かし、優越感を棄てさせ、被害者の尊厳感を改めて確認させようとすることである。一方、回復は被害者を元のレベルまで引き上げようとするもので、被害者の精神的尊厳を認め、加害者の果たすべき役割と改悛の可能性を認めている。それによって、加害者の精神的尊厳も同じように認めることになる。（195頁）

犯罪は義務を生み出す

　ニーズについて討議すると、責任と負債の問題に直結する。侵害は義務を生み出す。もちろん、第一の義務は侵害を引き起こした側にある。ある者が他人に悪事を行った場合、加害者は事態を健全化する義務を負う。これが司法のあるべき姿である。それ

は、加害者になされた害悪を理解させ、認知させ、さらにたとえ不十分あるいは象徴的であっても、悪事を健全化させる手だてを促すということである。

健全化（making right ＝修復）は司法の中核である。それは副次的な任意の活動ではなく、義務なのである。理想的には、加害者が進んで責任を認め、それを引き受けるように、司法手続は手を貸すことができる。それは実際にも起こりうることだし、VORPの過程ではしばしばみられる。だが、たいていの場合、最初はいやいやながら責任を引き受ける。加害者の多くは自分の行為の結果を知ろうとすることによって、自分自身が傷つきたくないと思っている。結局は、加害者はまさにこの種の情報から身を守ろうとして、決まり文句や自己正当化の山を築いてしまうのだ。修復責任を引き受けるのを嫌がる者が多く、多くの点で処罰を行う方が容易である。一時的に傷つくことはあっても、修復責任を伴わないし、自己正当化や決まり文句をやめさせる圧力にはならない。加害者には、自らの義務を受け入れるための強い動機や強制さえも、しばしば必要とされる。（199頁）

責任（accountability）の問題

ニーズと応答責任（responsibilities）、これが責任（accountability）の問題である。害悪がなされたとき、加害者は責任を負わなければならず、そしてその方法は、彼らの実際の結果に相当するものでなければならない。この責任は、害悪を理解し、認め、それを修復するための措置をとることである。

加害者による責任について第三者の中間的な側面がある。いかなるニーズが満たされるべきかを決定するための責任を共有することである。チャリーン判事は、応答責任に基づく量刑（responsible sentencing）について語っている。

加害者の行動には、無責任なところが見えるから、今後のことをただ告げただけでは、罪を免れさせ、無責任さをさらに助長させることになりかねない。そこで彼の法定では、加害者が取り組むべき事柄を告げ、それから、その要求をどう満たしていくつもりか、判決がどのように監視され執行されるかについての提案を携えて法廷に戻ってくるよう、加害者に命じる。ここでのVORPの仕事は、回復の交渉や合意を加害者に行わせることである。

インディアナ州のコミュニティ司法センターが実施した「少年の修復」の新しい実験では、「量刑」が決まる前に、若い加害者は私たちのプログラムに参加しなければならない。そこで、彼らの行為が①被害者に対して、②コミュニティに対して、③自らに対して、害悪を与えたという理解を促されるのだ。この三者に向けられる「量刑」を彼らが提案できるように、スタッフは力を貸すことになる。たとえば、VORPによって、彼らは被害者のニーズを知り、回復を行うこともある。コミュニティ奉仕活動によって、コミュニティに償おうとすることもある。個別指導やアート療法、あるいは

他の活動を通じて、自分自身のニーズと取り組むことだろう。この実験がどういった実を結ぶかは未だはっきりしないが、重要な点は、責任によって応答責任を高め、奨励していくべきだということである。さらにその責任は、被害者、コミュニティ、加害者への三つの義務をすべて真剣に受けとめるべきである。
　加害者は当然責任を負わなければならないが、社会もまた責任を負わなければならない。社会は被害者に対して責任を負うことになるが、被害者のニーズを確認し、それを満たす手助けをする必要がある。同様に、大きなコミュニティは、加害者のニーズに取り組まなければならず、単に修復だけではなく、変容させる道を探る。責任は多面的であり、そして変容的である。（203頁）

二つのレンズ
　先に、応報レンジと修復レンズを簡単に要約したが、この二つの視点は、やや長い形で定式化することができる。応報的司法によれば、①犯罪は国家と国家の法の侵害である。②司法の焦点は有罪の立証である。③その結果、苦痛の量が割り当てられる。④司法は対抗事者間の争いによって追求される。⑤争いでは、加害者は国家と戦わされる。⑥成果よりも手続と〔応報という〕目的の方が重視される。一方が勝者で、他方が敗者。
　修復レンズによれば、①犯罪は人々および関係の侵害である。②司法はニーズと義務を明らかにすることを目的とする。③その結果、事態は健全化される。④司法は対話と相互の合意を促す。⑤被害者と加害者に中心的役割を与える。⑥司法の判断は、責任の引き受け、ニーズの充足、癒し（個人および関係）の促進具合によって決まる。（213頁）
　……
　応報的司法と修復的司法。この二つのレンズを使えば、司法の世界はまったく違って見える。今あるのは応報的司法である。応報的司法では、実現されるべきことを実現していないかもしれないし、あるいはすでに実現していると実務家たちが主張しているものすら実現していないかもしれないが、私たちがその実現する手続を心得ているという意味では、どうにか「機能している」。私が修復的司法と呼んだ、より曖昧な視点についてはどうだろうか。ここから、私たちはどこへ向かうのだろうか。（214頁）

3　解　説

▶修復的司法の展開
　修復的司法は、もともと実践的な経験の産物であり、諸外国の先住民が実践

し現在も実践されている司法であり、近代の史的展開で埋もれてしまった紛争解決方法である。このような先住民の司法を除いて、一般に、修復的司法のパイオニア的存在として挙げられるのは、1974年、カナダのオンタリオ州キッチナーにおいて実践された「被害者と加害者の和解（Victim-Offender Mediation）」である。その後、オーストラリア、カナダ、イギリス、ニュージーランドなどの諸国で、修復的司法の実践運動が活発化し、たとえば、アメリカ合衆国においては、45以上の州で300以上、ヨーロッパにおいては、900以上の「和解プログラム」が実践され、成人犯罪者のケースや重大犯罪のケースにも適用されるようになった。このような国際的潮流の原因としては、各国の諸事情もあろうが、一般論として述べれば、第一に、刑罰の危機であり、再犯率の高さや悪風感染など自由刑に対するネガティブな側面が指摘され、これに代わる建設的な刑事制裁への期待が生じたこと、第二に、被害者の利益であり、被害者の地位を刑法や刑事訴訟法において向上させるべきという主張が高まったこと、第三に、アボリショニズムの視角から刑法の役割を減少させ、私的な犯罪処理を支持するという傾向が強まったこと、第四に、刑罰の目的の再考であり、応報や改善に対して、法的平和の回復という視点が出され、犯罪に対する建設的な処理の方向を目指すべきとの主張が有力となったこと、第五に、実務における実践であり、とくに少年司法の領域で、「被害者と加害者の和解」プロジェクトがしばしば実施されるようになったことなどが挙げられる。

▶**修復的司法とは何か**

基本文献から明らかなように、修復的司法は、応報的司法の対抗軸として登場した。すなわち、応報的司法は、犯罪を刑罰法規の違反と把握し、刑事司法を国と加害者との勝ち負けにおいて刑罰を決定するシステムであるのに対して、修復的司法は、犯罪を人々およびその関係の侵害と把握し、被害者、加害者、地域社会が関与して、それぞれの修復・回復をめざすシステムを探求するものである。基本文献の原著書名『Changing Lenses』に表現されているように、応報的な見方から修復的な見方に変えるということである。

応報的司法と修復的司法との違いは、「問い」という点での違いにある。すなわち、応報的司法は、「どの法律に違反したのか」「誰がそれを行ったのか」「加害者はどのような報いを受けるべきか」という問いを発するのに対して、

修復的司法は、「誰が傷ついたのか」「彼らは何を必要としているのか」「それは誰の義務であり責任であるのか」「この状況の利害関係者は誰なのか」「解決策を見つけるために利害関係者が関与できる手続はどのようなものか」という問いを発するのである。このような「問い」の違いは、犯罪・非行についての「問い」と理解が異なるという点から生じている。第一に、修復的司法は、犯罪・非行は誰のものかという問いがその出発点にある。たとえば、ノルウェーの犯罪学者ニルス・クリスティ（Nils Christie）は、「財産としての紛争」という論文（本論文については、田口守一「『財産としての紛争』という考え方について」愛知学院大学法学部同窓会創立30周年記念『法学論集　第1巻』〔1991年〕93頁以下参照）の中で、犯罪という紛争は、加害者と被害者から奪われ、国の財産になってしまったのであり、裁判官は、ある種の窃盗行為をしているとして、犯罪を、被害者、加害者およびコミュニティに戻すべきであると主張している。彼は、犯罪や非行に対しては、被害者、加害者および彼らが所属しているコミュニティが最も強いかかわりをもっているのであり、国家機関の役割としては、犯罪によって生じた害を修復し、今後の犯罪を予防するという彼らの活動を支えるという発想をすべきだと考えている。第二に、修復的司法は、犯罪・非行について異なった理解をしている。一般に、犯罪は、法益を侵害する行為であるとされ、法益という抽象的な概念により理論構成される。たとえば、殺人罪であれば、被害者がAであろうとBであろうと、人を殺すという点ではまったく同じであり、具体的な被害者AやBは問題とならない。これに対し、修復的司法の考え方からすれば、犯罪や非行は、特定の被害者やコミュニティに与える害であると捉えられることとなる。つまり、刑法学では、法益という抽象的な利益を守るという考え方をするのに対し、修復的司法では、具体的な害を修復するという考え方をするわけである。このような修復的司法の考え方からすれば、加害者の責任の概念も変わってくる。すなわち、害の修復ということを考えた場合、加害者の責任は、刑罰という国家に対する受動的な責任としてだけではなく、被害者あるいはコミュニティに対する積極的な責任、すなわち、能動的な責任としても理解されることとなろう。この場合の責任は、応答責任ともいうべきものであり、加害者は、事態をできる限り健全化する応答責任があるということである。また、この応答責任は、加害者のみならず、コミュニティ

も負うべきものである。

▶修復的司法のモデル

　修復的司法は、草の根的に生じてきたものだけに、その定義づけは困難であるが、一般に、次の2つのモデルが提示されている。1つは、純粋モデルであり、修復的司法を、「当該犯罪に関係するすべての当事者が一堂に会し、犯罪の影響とその将来への関わりをいかに取り扱うかを集団的に解決するプロセスである」と定義するものであり、最も純粋な理想型を想定している。具体例としては、ニュージーランドやオーストラリアの「家族集団会議」などがこれである。純粋モデルは、加害者や被害者、コミュニティに属する人々が一堂に会して犯罪や非行について考え、問題を解決しようとするものである。そこでは、損害賠償や謝罪等による害の修復よりも、当事者が一堂に会して討議するというプロセスそのものが重視されている。そのため、このモデルでは、関係者の納得する結論が得られず、議論が分裂した場合、結局、刑事司法の手続に戻ることになるわけであり、修復的司法の考え方が、刑事司法全体ではなく、その一部分に及んでいるのに過ぎないともいえよう。もう1つは、最大化モデルであり、修復的司法を、「犯罪によって生じた害を修復することによって司法の実現を志向する一切の活動である」と定義するものである。これは、純粋モデルを否定するものではなく、それを包含しつつなお拡大するものである。たとえば、被害者支援も修復的司法であり、単に被害者を支援するだけでなく、加害者やコミュニティとの関係の修復も問題とすることになる。こうした全体を視野に入れて害の修復を考えるという点に、最大化モデルといわれる所以がある。このモデルをとった場合、英米の損害賠償命令や社会奉仕命令、また、ドイツにおけるような、コミュニティを入れない「加害者と被害者の和解」なども修復的司法のカテゴリーに包含されることになる。また、加害者に対する支援、たとえば、加害者を薬物中毒から立ち直らせるようなシステムも修復的司法のカテゴリーに入ることとなる。さらに、犯罪によるコミュニティの人間関係の破壊や人々の不安も修復の対象となってくる。

　以上のどちらのモデルが支持されるべきかという点については、最大化モデルを前提に、少しずつ純粋モデルに近づけていくというのが、わが国における実現可能性の点から考えて妥当であろう。

このモデル議論は、コミュニティの概念とも密接に関係している。修復的司法において問題とされるコミュニティという概念を分析すると、ミクロ・コミュニティとマクロ・コミュニティとに分けることができる。まず、ミクロ・コミュニティとは、人的関係のネットワークとしてのコミュニティ概念をいう。たとえば、家族や友人、隣人や学校の先生等、被害者または加害者と非常に近い関係にある者との人的なつながりのことである。これに対して、マクロ・コミュニティとは、地域的あるいは会員的なコミュニティの概念をいう。ここで会員的なコミュニティとは、たとえば、大学のゼミのようなものを指す。ミクロ・コミュニティは、純粋モデルと馴染みやすく、親や近隣者が主なメンバーとなる。ただ、その地域の代表者が入るような場合には、マクロ・コミュニティの要素も入ることになろう。修復的司法の目標との関係では、ミクロ・コミュニティでは、加害者によってもたらされた害の修復が第一となる。ここでは、被害者やその遺族の害を修復するのが最大の課題となることから、純粋モデルがよく妥当するといえる。これに対して、マクロ・コミュニティにおいては、個人の問題から地域の問題の解決へと、関心が拡がりを見せることとなる。ミクロ・コミュニティは純粋モデル的で、マクロ・コミュニティは最大化モデル的だといえよう。コミュニティをどのように理解するかは、修復的司法の考え方の基礎となるものであるが、それだけでなく、伝統的なコミュニティが崩壊してしまった現在、新たに人為的なコミュニティとして、どのようなコミュニティを作っていくかが、今後ますます重要となろう。

▶刑事司法・少年司法と修復的司法との関係
　修復的司法と刑事司法・少年司法との関係については、次のようないくつかの考え方がある。単一モデル（Unified model）は、刑事司法・少年司法は、徐々に修復的司法に一本化されていくことになるという非常にラジカルな考え方である。この考え方は、現在の刑事司法システムは、未熟な段階にあると捉えているが、刑罰廃止論にもつながり、現実的なものとはいえない。2元モデル（Dual track model）は、修復的司法と刑事司法・少年司法を、それぞれ作っておき、相互利用・相互補充していくという考え方である。これは、わが国でも取り入れやすいものではないかと思われる。実際ドイツの和解プログラムにおいて、こうしたモデルが取り入れられている。安全ネットモデル（Safety net model）は、

両者の関係を主従関係、すなわち、修復的司法を主とし、刑事司法を従とみるもので、ニュージーランドのモデルはこれに当たるが、わが国においては採用するのは困難と思われる。混合モデル（Hybrid model）は、裁判の段階までは刑事司法で、矯正等の行刑の段階で修復的司法を取り入れようというモデルである。更生関係者等の意見を聞いても、刑務所や少年院、保護観察の段階ならば、処分への影響がそれ程強烈でないことから、修復的司法を取り入れることは不可能ではないとのことである。たとえば、被害者や遺族の希望で加害者と会うことによって、被害者の意向がその後の仮釈放の処分に影響することになる場合は比較的慎重に運用し、死刑囚のように判決にまったく影響しないような場合は当然実施可能だろうということである。ベルギーなどでは、こうしたモデルが取り入れられている。これは結局、サンクションの段階に修復的司法を置くというものである。

これらのモデルをどう考えるかが問題となるが、修復的司法は刑事司法を補完するものと位置づけるべきであろう。近代の刑事司法システム自体は、基本的に妥当なものであり、ただ、あまりにも形式的かつ儀式的になってしまい、忘れ去ったものがあり、それが、被害者およびコミュニティの問題なのである。修復的司法を刑事司法から完全に独立したもの、あるいはそれに取って代わるものとして考えるのではなく、刑事司法システムのどの段階で修復的司法を入れるのがよいのか、という方向で考えていくべきであろう。

▶被害者支援と修復的司法の関係

前述のように、修復的司法は被害者の害から出発する考え方であるにもかかわらず、被害者（遺族）の側から、修復的司法に対する誤解に基づく批判が見受けられる。被害者支援と修復的司法との関係について、次のようなモデルが考えられる。

統合モデルは、和解プログラムを、さまざまな形態の被害者関係措置（たとえば、刑事手続における被害者の地位の強化、物質的・精神的支援の提供、損害回復の提供など）を含む被害者支援のアプローチのひとつとして位置づけるものである。これは、被害者支援のシステムの中に、和解等の修復的司法を取り入れようというものであり、被害者支援を重視する人々からも支持を得やすいものと思われる。パラレル・モデルは、被害者支援と和解プログラムが別々に展開さ

れ、両者がまったく関係なく独立して発展しているものをいう。オーストラリアやニュージーランドで採用されているモデルである。これに対し、日本では、被害者支援が遅れていたことがあり、とりあえず被害者支援を充実させ、それが完成した後に、和解プログラム等の修復的司法的なものを取り入れる方がよいのではないかという見解が強い。しかしながら、諸外国では、両者が別々に展開され、それらがあるときには融合し、またあるときは対立しながらも、さまざまな様相を呈している。たとえば、ドイツでは、被害者支援プログラムの中の「白い輪」と和解プログラムとが数年前に共働作業の合意に至ったのである。このように、それぞれが別々に発展し、それらが互いにつながると、さらなる拡がりを見せるように思われる。包括的和解モデルは、刑事司法システムの外部に広範な和解プログラムを設けるというものであるが、こうしたモデルを採用している国（ノルウェー）もある。

　わが国では、当面、一方で、被害者支援、他方で、修復的司法というように、独立して展開させていけばよいだろう（パラレルモデル）。

▶**修復的司法の実現可能性**

　刑事司法に限界があるように、修復的司法にも当然限界はある。すなわち、犯罪問題をある程度私的な事柄にすることは、犯罪の公共的側面を隠蔽する危険性があること、当事者間に力の不均衡がある場合に仲介者の手腕に依存するだけで良いか疑問であること、参加への当事者の自律性が確実に保障できるかが疑問であること、地域社会が抑圧的に機能する場合に歯止めをかける必要もあることなどの問題がこれである。したがって、修復的司法を現行の刑事手続や少年手続とどのように調和させるかが重要な課題なのである。

4　関連文献

▶ジョン・ブレイスウェイト［細井洋子ほか訳］『修復的司法の世界』（成文堂、2008年）

　本書は、社会学および犯罪学者として世界的に著名なジョン・ブレイスウェイト（オーストラリア国立大学教授）のこれまで執筆された数多くの著作の中から、修復的司法に関する論文を選定し、体系的に整序したものである。すなわち、「修復的司法」とは何

かから始まり、「恥と刑事司法」、「責任と修復的司法」、「法全体に対する修復的かつ応答的な司法（正義）」、「青少年育成サークル」、「男性性、暴力と共同体主義的制御」、「修復的司法と薬物濫用の新たな刑法」、「修復的司法と企業規制」、「共和主義と修復的司法」、「民主制、コミュニティ及び問題の解決」、「修復的司法の原理」という11本の論文が訳出されている。彼の考え方の基礎には、「熟議民主主義」があり、修復的司法の根幹に、被害者・加害者・コミュニティ構成員による熟議を置いている点に特色がある。

▶ゲリー・ジョンストン［西村春夫監訳］『修復司法の根本を問う』（成文堂、2006年）

　本書は、修復的司法（正義）の基本的なテキストといえるものであり、修復的司法について客観的に論述している点に特色がある。すなわち、修復的司法の長所と短所を冷静に分析し、いわば修復的な刑事司法という方向性を模索するものであり、その穏健な立場は、わが国にとって参考に値するといえるであろう。

30 比較刑事司法

●基本文献
ウィリアム・クリフォード(William Clifford)[藤原藤一訳]
「アジアにおける比較刑事司法の発展」
犯罪と非行54号（1982年）59-79頁

朴　元奎

0　原著者紹介

　1918年生まれ。国際的に著名な犯罪学および刑事司法の研究者で、1966年には第3代アジア極東犯罪防止研修所高級顧問に就任した。国連社会防衛局長（1968年）および、第4回犯罪防止刑事司法会議（京都会議1970年）事務局長を歴任した後に、1975年から1983年までオーストラリア犯罪学研究所の初代所長を務めた。主な研究業績としては、Crime Control in Japan（1976年）がある。1986年死去。

1　基本文献の意義と位置づけ

　基本文献は、1980年代に日本の犯罪率が先進諸国の中で例外的に低いことに外国の犯罪学者・刑事司法研究者が関心をもつようになった時期に、執筆されたものである。80年代は、欧米の英語圏を中心とする研究者・刑事実務家間において国際交流が活発化し、とりわけ国際的な議論をリードしているアメリカ犯罪学においては、アメリカ犯罪学理論の国際的な適用可能性についての比較分析に対する新たな関心が高まってきた時期でもあった。

　著者であるウィリアム・クリフォードは、国連アジア極東犯罪防止研修所（略称「アジ研」または「UNAFEI」）の高級顧問および客員専門家としてアジア・太平洋地域における比較犯罪学・刑事司法研究の発展に多大の貢献をしてきた。基本文献は、アジ研20周年を記念して「アジア刑事司法の現代的課題」と題する『犯罪と非行』誌の特集号の中に掲載されたものである。アジ研をはじめと

して国連などの国際的な機関で活躍してきた彼の実務経験に基づき、西洋的視点から日本を中心とするアジア太平洋地域における東洋的犯罪学・刑事司法の実情を興味深く比較考察している。その際に、西洋対東洋といった単純な二項対立的な文化的図式をとらず、むしろ「刑事司法の世界的共通性」という視点から、アジア諸国と西洋諸国との類似点と相違点を分析する比較的アプローチを採用している。この点は、比較犯罪学・刑事司法の存在根拠についてのひとつの見識を示しており、参考に値するところである。

さらに、基本文献において注目すべきもうひとつの論点は、東洋における犯罪学教育の発展と西洋の影響に関するクリフォードの見方である。なぜ西洋において犯罪学教育が制度化された一方で、東洋ではそのような独自の発展は見られないのか。今日のアジア諸国の犯罪学教育の状況は必ずしもクリフォードの指摘するような80年代の状況とは異なるが、日本についていえば、依然としてあてはまる部分が多々ある。比較犯罪学研究を充実発展させていくための前提条件として、きわめて重要な論点といえよう。

いずれにせよ、今日の社会経済のグローバル化と高度情報通信技術の急速な進展・普及の結果、犯罪問題およびそれに対する刑事政策的対応が複数の国家間または地球的規模において取り組むべき課題となっていることは疑いのないところである。その意味で、基本文献が強調する比較犯罪学・刑事司法研究の重要性およびその研究教育体制の整備は、西洋対東洋の文化的対立の図式を越えて、世界的に普遍な共通の問題といえよう。基本文献は、このような課題に直面している日本の犯罪学・刑事政策研究者・刑事実務家にとってひとつの研究指針を提供するものとして貴重な論考といえよう。

2　基本文献（原典）

> Ⅷ 刑事司法の類型
> 1．刑事司法の世界的共通性
> 　東洋と西洋の刑事司法の間の類似性が、どの程度、これまで検討してきた相互の思想の交流の結果であるのか、またどの程度、人間行動をコントロールし秩序に従わない者を罰する方法は世界のどこでも大差がないという事実から来るのかを知るのはむ

ずかしい。犯罪の諸概念の関連性を強調するのが最近の流行であった。ある者にとって犯罪は他の者にとって善行である。ある社会で禁じられているほとんどいかなるものも、他のいずれかの社会では許されている。実際には、この多様性は、殺人、強姦、強盗、暴行傷害、窃盗などの重罪にはあてはまらない。最も単純な部族から思想的に区々である最も発展した社会に至るまで、この種の行動は禁じられており、これを犯す者は罰せられる。故に、世界中の刑事司法が、顕著な共通の性格を有することは驚くにあたらない。道徳的及び法律的規律の形成において、法による政治において、地域社会が自ら警察をして犯罪者を引き渡すのを期待する点において、証人、試罪、取調べなどを含む裁判の形式において、そしてもちろん、身体的刑罰の執行において、それぞれ歴史的な類例がある。過去2世紀にわたり、刑罰のゆるやかな軽減化及び刑事法改正の努力の点での共通の経験もあった。

……

今日、どこの国へ行っても、刑事司法制度は、大変よく似て見える。もちろん、東洋と西洋を基本的に区分するコモンロー・システム（Common Law System）とシビルロー・システム（Civil Law System）との間の相違はあるし、政治的に統制された法律制度を有する共産主義国などがあるが、これらの相違は、世界の法律制度の主要な形態の間にある相違点がむしろ少ないことを、より明らかにしている。実にわずか3～4の主要な制度があるのみである。ほとんどどこでも、法律や認知された慣習があり、警察、地方裁判所、地域的な裁判所及び中央の上級裁判所があり、罰金、賠償、保護観察、懲役・禁固及び死刑の諸規定がある。そして、これは、それが西洋の国であろうと東洋の国であろうとあてはまる。東洋は、立法機関や法的行政のほとんどを西洋から学び、あるいは植民地化によって押しつけられた。従って、外形的な相違は少ない。警察官、保護観察官、弁護士、裁判官及び刑務官は国際的に会議を持ち、彼らが極めて多くのものを共有していることを見出す。同レベルの法制度を持つ国の関係者と会合する時は特にそうである。

2．東洋と西洋における刑務所の相違

東洋と西洋との相違は表面ではなく、その下に見出されうる。同じように見える刑事司法制度は、一般人や法律家によって異なった見方がなされる。公務員もそうであろうが、その理由が全く違う。

いくつかの文化の中では、刑務所収容の性格が大変異なるものであるということを認識するためには、米国、スイス、タイ及び日本における刑務官と被収容者との関係を見るだけで十分である。オーストラリアでは、年に100人以下の脱獄で一般人は不安を抱いている。この半分でも日本人を不安にするだろう。スウェーデンでは年に2,000人をゆうに越す脱獄をゆるしているが国民はこれに抗議しない。西洋の多くの刑務所では、働かない「権利」という新しい概念や、安い刑務労働からの競争に対する民間企業の抵抗のために、労働と規律が現代的な問題である。生産的な刑務所労働

は、改善・更生によいし、規律に必要であると考えられているからである。東洋と西洋における刑務所の状態の間には、このように現代的な違いがあるものの、規律への付属物としての労働倫理に対する東洋の愛着は、大まかにいって19世紀のヨーロッパから輸入されたものであることは誠に興味深い。しかし、日本やシンガポールが刑務所労働を国家開発と結びつけたやり方は、西洋の影響に負うものではない。ここには、有罪とされた少数者を多数者の利益のために奉仕させるという政策に対する、個人的権利からのためらいがないのである。（70-72頁）

3．東洋の旧植民地国家における警察体制の変化……

4．刑事司法におけるいくつかの東洋的特徴

東洋と西洋の対照で極めて重要なのは、西洋文化の外には、強い労働組合主義がないことである。これは、政治組織のレベルが異なることによって派生したものではなく、部分的には国家的強制と、基本的産業内部での労働組合活動を非合法化するという旧植民地型への東洋諸国の誠実な堅持の反映である。そしてこの旧い植民地型は、それ以前のヨーロッパ諸国に存在した旧来の国家的合意を反映していた。

一般化は危険であるが、身分が法による政治の型に及ぼした影響は、多分西洋よりも東洋においてより大きかった。これは身分階級的な伝統の反映である。しかしそれは程度の問題である。だから日本人はウォーターゲート事件のあと、過去の伝統が身分を重んじることによって法の過程に干渉するのを許さずに、ロッキード事件やKDD事件を適切に処理しえたことを大きな誇りとしている。元首相でさえ検挙・起訴されることがある。それは、日本と西洋諸国における刑事司法制度の運営と重要性の違いの反映であって、日本では罪情認否の手続が終わっても、裁判の手続が進行するのを待っている間に何回か国会に再選出され、国会議員として引きつづき尊敬されるのである。実際、彼はなおも与党の最大派閥の指導者である。

5．東洋における矯正

東洋における矯正は19世紀に確立されたが、何年にもわたって改正されてきた西洋の原則は、西洋よりも東洋においてよりよく機能するかに見える。ヨーロッパや米国の典型であり、オーストラリアでも知られている刑務所暴動などは、アジア・太平洋諸国ではほとんど見られない。これは明らかに、収容の物理的、法的条件がこれらの東洋諸国において、一致してすぐれているからではない。犯罪者は警察権力の行使に対して、より黙従し、刑務所収容という裁判所の決定をより受容し、国家権力から職務を委託された刑務官たちを、それが時には厳しく又は腐敗していてさえ、より尊敬する傾向があるように思われる。ヨーロッパや米国で、受刑者は武器を帯びていないが定期的に身体捜索されるが、トンガの受刑者は野らで働くために「なた」を持っている。米国やヨーロッパの受刑者は食物、衣類、トイレ用品、娯楽用具など何でも与えられるが、タイでは、受刑者は、不十分な刑務所での飲食物を補うために彼らの家族から食物などを差し入れてもらわなければならないことを知っている。フィリピン

では、受刑者は、教練を受け、自らの敏活さを誇らしげにはだしで行進してゆく。

これらは、文化的な、また、思想的な相違である。アジア・太平洋地域では、刑務所に代る社会内処遇は、西洋地域ほども広がっていない。東洋の矯正、パロール、保護観察、社会奉仕命令、釈放後一時保護施設、週末帰宅、配偶者面接などは東洋的なものというより西洋的なものである。それでもそれらが適用された場合、極めて有効であり、時には西洋におけるよりもずっと成功している。日本が6万人近い保護司を誇り、スリランカやタイが釈放後の受刑者とその家族を農地に安住させているなどがその例である。しかし、この比較においては、住民登録と前科前歴の記録の制度における相違を見落としてはならない。第三世界の諸国の中には、個人的な記録は、犯罪者が他の地方へ移転することによって前科者のレッテルから逃れることができないようにきちんと整備されていないところもある。時には、犯罪者は、地元の人々がじぶんに対立的であるために、他の地へ移転しなければならないかも知れない。

IX 犯罪学教育の類型
 1．東洋における犯罪学教育の発展と西洋の影響
　長い間、西洋の犯罪学の専門家が、日本やアジア諸国の刑事司法関係者に講義するためにアジ研に招かれてきたことは興味深いことであった。何年か前から、アジアの行政官は犯罪学を身につけ、自分たちの経験にもとづいて、アジ研の研修生としてではなく、客員専門家として招かれるにふさわしいレベルの講義ができるようになった。日本からさえ、専門家は大学の法学部教授であったり法務省の法律家であった。社会学者やソーシャルワーカー（social worker）が講師として招かれるのは時々あっただけで、それも必ずしも犯罪を専門にしている人たちではなかった。

　……それにもかかわらず、アジア人の専門家の不足は、犯罪学が大学で教えられておらず、そうでなくても重要視されておらず、他の専門の学位をとる際に、参考的に読まれるにすぎないという事実の悲しむべき反映である。アジア・極東が海外の大学で教育されたアジア人の犯罪学者を得たとしても、彼らが自分たちの国でこれを発揮する場所を見出すことは困難であった。彼らは犯罪を取扱っている政府の仕事に通常のレベルで入るには余りにも高い資格を持ちすぎてきたし、また大学は法律、行政、心理学、社会学などのコースへの付属物としても犯罪学に追いついていなかったので、そこに職場を見つけることもできなかった。

　勿論、犯罪学の教育に対する西洋の資源の投入が、長い伝統を持っていると考えられるべきではない。1960年代の後半までの犯罪学に対する全ての貢献及び今日における大変多くの貢献は、関連科学で資格をもつ学者たちによってなされてきたし、今もなされているのである。

 2．東洋的犯罪学及び刑事司法の発展
　アジア・太平洋地域が、資源が許せば、そして現在の行政官の世代がより高い資格

を持った者たちに置きかえられるに従って、西洋の犯罪学教育のパターンに従うであろうと予測するのは合理的である。しかし、アジア・太平洋地域が、刑事司法への西洋的アプローチにすっかり幻滅し、彼ら自身の文化や多様な社会制度に基づいた現在の教育方法に、大胆で革新的な発展を期することが望まれる。

　その理由は、アジア・太平洋地域における犯罪への西洋的アプローチは、10世紀の宗教使節の「罪深い」土民に対するアプローチと違わなかったからである。彼らはアジア・太平洋地域へ自分たちの基準を持ち込み、そのために、彼ら自身の立場からの問題を見出したのである。開発途上国の問題の多くの経済的分析を特徴づけるのもこれと同じ態度であったし、それが、より多くの犯罪をかかえている、あるいは少なくとも犯罪を問題としてより関心を払わざるを得ない先進国の専門家を、犯罪がより少なく、少なくともそれほど関心のない発展途上国へ彼らが何をなすべきかを教えるために、長年にわたって送るという国連の方針をもたらしたことはまちがいない。刑事司法制度を西洋的な方法で構築したことによって、解決を見出すために更に問題をもたらすという傾向が顕著となった。……

　今や、これが変わりつつある歓迎すべき兆候がある。海外や国内で教育されたアジア人の専門家で、西洋の経験を批判的に見、家庭及び社会生活における自分たちの強さを肯定的に評価してみている人がますます増えつつある。彼らは、彼らがかかえる問題は、表面的に似たように見えても、西洋におけるそれとはおなじでないことを見抜きつつある。彼らは、精神医学、心理学、社会学及び法の概念でさえ、自分たち自身の文化及び伝統を詳しく考慮にいれるために解釈されなおさなければならないと認識しつつある。彼らは西洋の犯罪の問題を、富の増大にともなう行動基準のより一般的な低下の副産物であると見ている。そして彼らは自身の経済的条件を改善してゆくに伴って、これを回避する方法を探しつつある。この意味で、日本が常にそのモデルとしてある。なぜなら、ここでは、前例のない経済成長が、非常に効果的な人間行動の社会的コントロールを伴って進行しえたからである。富は犯罪の増加を意味しなかったのである。シンガポールもその唯一の資源である人間資源の保護のために非常に独自のアプローチをとり、問題としての犯罪を減少させたようである。

　同時に、西洋では比較犯罪学への関心の復活があった。自分たち自身の犯罪を効果的に扱えないために、多くの西洋の犯罪学者は、世界中の異なった犯罪と犯罪コントロールの形態を見てきた。このようにして集められた情報は、講座に還元され、そのために留学生は西洋と自分たち自身の文化の間に存在する相違をよりよく見ることに自信をもつようになった。西洋の専門家が、犯罪的な行動の概念化とコントロールへの異なった革新的なアプローチを開発するうえで、アジアの犯罪学者を指導したこともある。

　今や、アジア・太平洋地域において、犯罪学的な研究・研修は、以前よりずっと活発である。データはより体系的に収集され、研修はより多く行われ、そして大学はそ

れがまだ犯罪学自体の学位でないとしても、犯罪学を選択科目として取ることのできる学位のためのコースを持っている。それでも、アジア・太平洋地域は、犯罪学が教えられ研究されはしたが犯罪学者としての仕事を見つけるのがなお困難であった1950年代の西洋世界と同様の状態にある。今日でもそれはまだ容易ではなく、オーストラリア犯罪学研究所が、犯罪学者及び上席犯罪学者としてのポストに研究者を実際に任命しているのは、むしろ珍しいことであろう。心理学、社会学、法律又は行政などの関連学問分野からの研究者数名のチームとして任命するのがより一般的である。それにもかかわらず、西洋では、犯罪学が大学で若干軽視され他の学問分野がそれぞれの学問の領域を犯すものであると非難したような時代を通りすぎた。アジア・太平洋地域は、犯罪学の認知においてその時点をまだ通りすぎていないし、この分野は、全てが犯罪学上の原則にさらされることの必要性を理解しているとは言えない刑事司法制度の中の実務家の実質的な保護地域である。

　1960年代及び70年代における西洋での犯罪学の教育の急激な爆発は、富と増加する犯罪の時代を後から追いかけるかのような、犯罪防止と法執行への大量の投資によるものである。典型的に、アジア・太平洋諸国は、前者の豊な富と後者の犯罪防止のための投資への刺激とを欠いていた。なぜなら、仮に犯罪が増加したとしても、生活水準を改善するために懸命に努力しているアジア・太平洋諸国にとって、それは主たる心配事にはならなかったであろうからである。

　西洋は1960年代には、宇宙時代の技術が社会問題に応用され得ると信じていた。人間を月に送れる社会は、貧困や犯罪を確実に処理することができるはずだったのである。しかし、ほとんどの西洋諸国では資源も自信も傾いてしまった。そして、アジア・太平洋地域は社会的改革の実験を維持するのは非常に金がかかることを見せられて、一世代前ほども西洋に感服していない。社会問題の技術的解決は、あいまいなものであることがわかったし、西洋における犯罪はその最も厳格な、そして最も自由な予防法に対しても生き残りこれを追いこしうる能力を明らかにしたのである。

　犯罪学における比較的な教育が非常に重要であるのはそれ故である。この短い概論を、1955年にジューネブで開催された第1回国連犯罪防止・犯罪者処遇に関する会議によって採択された提言をもって終わりとするのが適切であると思われる。将来へのみごとな自信を抱きつつ、会議は、

　「犯罪原因の共通点と相違点を明らかにするために、比較的、協調的、学際的な研究が行われるべきであり、それは、犯罪学を真の科学として進歩させるとともに、比較犯罪学という新分野の発展をもたらすであろう。」と宣言したのであった。(74-79頁)

3 解　説

▶比較犯罪学・刑事司法の意味および目的

　比較犯罪学・刑事司法は、今日、犯罪学理論の普遍的一般化を検証する研究方法としての有用性という理論的・方法論的関心に加えて、犯罪のグローバル化とそこから生ずる国際刑事司法の整備という実際的なニーズから、重要な研究分野のひとつとして注目を集めている。もっとも、比較犯罪学・刑事司法の意味については、従来より厳密な定義づけがなされているわけではないが、基本文献においては、少なくとも外国の犯罪学および刑事司法の単純な紹介記述のレベルを超えて、様々な地域、文化、または諸国家間の比較を通して犯罪原因と刑事司法に関する類似点と相違点を見出すことを目的とする研究作業といった志向性が読み取れる（基本文献79頁）。

　このような意味合いで比較犯罪学・刑事司法を捉えると、犯罪学・刑事司法における比較研究の目標は、次の4点に集約されるであろう。第一は、ある特定の社会において発達した理論が他の社会にも一般化されうるのかを検討することにより、より妥当かつ信頼できる理論の発展に寄与しうるということ。第二は、外国の研究者・実務家との国際協力や情報交換を通して、諸外国の刑事司法制度についての知識を得ることによって、自国の制度の現状を評価し、よって自国制度の理解を高めることに役立つということ。第三は、もし現行の刑事司法制度を改善しようとする場合に、同じような問題に直面している他の国々の経験的知識および教訓から学ぶことによって、自国の制度の改善に役立てようとすることである。第四は、国際的に法の統一および調和を推進するのに役立つということ。法の「統一」とは、異なる国々による同一内容の法の採用であり、法の「調和」は、諸国家間に現存する法的障害を最小限にすることによって法律上の主要な障害を除去することを意味している。国際刑法における世界主義の採用、国連人権規約の批准、EU法などは法の統一化の一例であるし、「国境を越えた犯罪」(transnational crime) における国際刑事司法共助などは、法の「調和」の問題といえる。

▶世界の中における刑事司法の東洋的特徴

　基本文献が指摘しているように、世界中の刑事司法制度は、今日、どこの国にいっても、大変よく似てみえる（基本文献70-71頁）。法制度として英米法系（Common Law System）と大陸法系（Civil Law System）との基本的な相違点はあるが、アジア諸国は近代化のプロセスにおいて、英米法系（シンガポール、香港）または大陸法系（韓国）のいずれか、あるいはその両方を混合した法体系（日本）を採用して今日に至っている。したがって、外形的にみれば西洋の国々と大きな制度的な相違は少ないといってよい。また、過去2世紀にわたり、刑罰の軽減化および刑事法改正の努力の点での共通の経験をもっているといえる。しかしながら、その運用面においては、それぞれの国の文化的、社会的背景の違いを反映して、異なる展開を示しているといえよう。

　そのような相違点として、基本文献は、以下の2点について言及している。第一は、西洋とは異なり、刑事司法職員の労働組合化が東洋諸国においては認められていないことである。その理由としては、「国家的強制と基本的産業内部での労働組合活動を非合法化するという旧植民地型への東洋諸国の誠実な反映である」としている（基本文献74頁）。そして、この旧植民地型とは、「それ以前の時代にヨーロッパ諸国に存在した旧来の国家的含意を反映していた」ものとの理解を示している。つまり、アジア諸国の刑事司法の大きな特徴のひとつをかつての盟主国であったヨーロッパ諸国の前近代性の受容という点に求めている。

　ILOによると、刑務官の団結権および労働組合の結成は多くの国で認められており、むしろ団結権が否定されている国は、アジア諸国にあっては、マレーシア、パキスタン、スリランカなど少数にすぎないという。日本も例外ではない。日本でも警察官や刑務官などの公安職員は国家・地方公務員法制において、ストライキの際の業務への影響を理由として、団結権など労働基本権を否定されているし、刑事収容施設法においても認められていない。果たして、それを旧ヨーロッパ諸国の前近代性の反映ということで説明されうるものなのかは議論の余地があるところではあるが、少なくとも、今日の国際的な人権準則、労働基準の保障に照らせば、今後わが国でも検討されてしかるべき重要な問題でありつづけるであろう。

第二の相違点は、東洋では「身分が法による政治の型に及ぼした影響」が西洋よりも大きいということである。これは身分階級的な伝統の反映と見られている（基本文献74頁）。もっとも東洋と西洋との違いは、程度の問題であり、洋の東西を問わず政治的・経済的権力の地位・身分を濫用した違法行為、とくに政官財の癒着による構造的な汚職事件は、ほどんの国においても問題となっている。もしそうであるならば、その文化的・社会的違いを超えた普遍的な構造的原因と対策について、諸外国の実例の分析を通して比較研究する余地が大きい重要なテーマといえよう。

▶矯正保護の日本的特色

　東洋における矯正の特色として「刑務所暴動」が、欧米諸国と異なりほとんどない、と基本文献は指摘している（基本文献74頁）。そして、その原因を西洋と東洋との文化的思想的な差異に求めている。すなわち、「これは明らかに、収容の物理的、法的条件がこれらの東洋諸国において、一致してすぐれているからではない。犯罪者は警察権力の行使に対して、より黙従し、刑務所収容という裁判所の決定をより受容し、国家権力から職務を委託された刑務官たちを、それが時には厳しく又は腐敗していてさえ、より尊敬する傾向があるように思われる。」と（基本文献74頁）。

　刑務所暴動が起こらない要因について、日本の場合でいえば、いわゆる「日本型行刑」の特色としてよく取り上げられている「工場担当制」と刑務作業を中心とした処遇体制、および権威に対する絶対的な尊敬と服従を重んずる国民性、もめごとに巻きこまれたくない日本人気質などによって、説明されることが多い（長谷川永「なぜ監獄暴動が起こらないか」刑政77巻10号〔1966年〕28-35頁以下、来栖宗孝「日本行刑の特質――日本の刑務所には何故暴動が起きないか」刑政88巻5号〔1977年〕12-20頁）。これらの説明は、基本文献で強調されている「文化的」要因的説明とほぼ同一の論調に立っている。しかし、いずれの見解も、刑事実務家による長年の実務経験に裏付けられた定性的分析に基づいており、その原因を説明するための理論仮設をクロス・ナショナルなデータによって計量分析する試みはなされていない。今後の比較刑事司法の課題としては、クロス・ナショナルなレベルで比較分析ができるように、文化的変数を定量分析可能なレベルに変換しうるようなリサーチ・デザインを設計していくことが必要とされるで

あろう（宮澤節生「計量比較犯罪学の現状とわれわれの課題」犯罪社会学研究15号〔1990年〕134-147頁）。

　次に、基本文献が指摘している東洋的特徴は、犯罪者処遇策の運用面に関するものである。アジア・太平洋地域では、西洋から輸入された各種の施設内における社会的処遇プログラム（週末帰宅、配偶者面接など）、および社会内処遇（パロール、保護観察、社会奉仕命令、釈放後一時保護施設など）が西洋に比べてそれほど広がっていないものの、それでもそれらが適用された場合には、きわめて有効であり、西洋よりも成功しているということである（基本文献75頁）。基本文献は、その例証として、日本における保護司制度の人的な充実さに言及している。しかし、このような理解は、きわめて表層的であり注意を要する。日本の社会内処遇は、制度的には世界にもあまり例を見ない、専門家である保護観察官と民間人の保護司との協働態勢を基本としながらも、「現実には、少人数の『官』が『民間』に依存し、その結果、再犯防止機能の弱さなど問題点が常に内在して今日に至ったという」のが現実であろう（「更生保護のあり方を考える有識者会議」報告書〔2006年〕1頁）。保護司の後継者（担い手）の確保が困難で、近年保護司の充足率（保護司の定数に対する保護司の人員の比率を言う）も減少傾向にあること（2015年現在、全国定員5万2500人中、人員4万7872人）、保護司の高齢化（2015年、平均年齢64.7歳）、保護司に過度に依存していることから生ずる保護司の過重負担など、多くの保護司から、現行の体制の限界が指摘されている。

　それだけに矯正保護の日本的特色とされる「保護司」制度の抜本的見直しがむしろ必要されるのであって、基本文献のようにそれに対して肯定的な評価を下すのは短見ともいえる。比較刑事司法的関心からいえば、保護観察活動における保護司依存といった特殊日本的問題をとりわけ欧米諸国の犯罪者処遇における専門職体制の経験と知識からいかに改善していくことができるのかをむしろ検討すべきであろう。

▶犯罪学教育の東西比較、そして日本の状況

　最後に、基本文献では、犯罪学教育体制における東西比較を検討している。犯罪学・刑事司法研究の担い手であるべき研究者の教育・育成という点において西洋と東洋とでは際立った相違点がある、と基本文献は指摘している（基本文献75-76頁）。欧米諸国では1960年代以降、大学などの研究教育機関において

犯罪学部ないしは刑事司法学部が数多く設置され、多くの犯罪学・刑事司法を専門とする研究者、実務家を育成、輩出してきている。一方、日本やアジア諸国においては、欧米諸国と違って、犯罪学・刑事司法の専門家がほとんど存在していないという問題を抱えている。たとえば、日本では大学の法学部・法学研究科または法科大学院において、刑事法研究者が犯罪学または刑事政策を担当する教育体制であり、犯罪学・刑事司法の専門家を育成するプログラムは皆無といってよい。たとえ欧米の大学で犯罪学・刑事司法の学位を取得した日本人研究者がいたとしても、自国において彼らを受け入れる体制がないために、今日においても犯罪学・刑事政策研究者としての仕事を発揮する場所を見出すことはきわめて困難な状況にある。

なぜこのような犯罪学教育体制の違いが生じたのかについて、必ずしも十分な説明はなされていないが、基本文献では、日本やアジア諸国においては、欧米諸国に比べて、犯罪がより少ないために、犯罪防止と法執行への大量投資の刺激を欠いていたことに、その原因を見出している（基本文献79頁）。このような教育体制の相違の問題は、日本のように犯罪学・刑事司法教育の「後進国」においては、今後とも十分に検討に値する重要な比較研究の課題といえよう。

いずれにせよ、長年、日本やアジア諸国においては、「アジ研」が、日本政府の財政的・人的・物的支援を受けて、日本やアジア諸国の刑事司法関係者を対象に研修員として受け入れ、英米の専門家などによる講義を通して刑事司法実務家の人材育成に力を注いできていることは、一定の評価に値する。しかし、アジ研の国際貢献以上に、アジア諸国の中でもとくに中国・台湾、韓国、香港、シンガポール、インドなどにおいて、近年、犯罪学・刑事司法の専門教育課程が大学などの研究機関において整備されるようになって、欧米の犯罪・刑事司法教育のレベルに近づいているということは、注目すべき進展といえる。これらのアジア諸国においては、英米などに留学して犯罪学・刑事司法の博士号を取得した者が中心となって自国の後継者の育成にあたっており、またその研究成果を着実に蓄積している。近年の「国際犯罪学会」や「アジア犯罪学会」などの国際学会においても明らかなように、これらアジア諸国の研究水準の高さと数多くの研究成果の報告には目を見張るものがある。英米の犯罪学・刑事司法の研究水準に伍して、今後のアジアの犯罪学・刑事司法研究をリードしてい

くものと予想される。

4 関連文献

▶斉藤豊治「犯罪学・刑事司法の総合的教育体制」大阪商業大学論集 9 巻 1 号（2013年）1–16頁

　本論文は、国際犯罪学会第16回世界大会（於神戸、2011年）において「犯罪学・刑事司法の総合的な教育体制」と題するシンポジウムの内容を紹介し、考察したものである。ドイツ、アメリカ、カナダの犯罪学教育体制の状況と日本のそれとを比較考察し、日本における独立した犯罪学の総合的教育体制の確立の可能性を検討している。日本では、犯罪学の教育体制に関する学術的な調査研究は、ほとんど行われていないだけに、本論文はその知識の空隙を埋め合わせる大変有意義な議論を展開している。日本の犯罪学・刑事政策教育の将来を考える上で、必読な文献といえよう。

▶朴元奎「比較犯罪学の当面する諸問題」比較法雑誌 24 巻 1 号（1990年）87–110頁

　本論文は、アメリカにおいて比較犯罪学（刑事政策を含む広い意味の犯罪学）研究が台頭してきた背景を検討した上で、比較犯罪学の意義および存在根拠・目標などについて論じている。そして、比較犯罪学研究の有用性・重要性にもかかわらず、比較犯罪学の現実の企てには、その固有の方法論的諸問題によって多くの困難が伴うことを指摘し、それらの問題を克服するための改善策をいくつか提言する。本論文は、日本での比較犯罪学の方法論的諸問題に焦点をあてた数少ない論考であり、比較犯罪学に興味をもつ者にとって大変有意義な示唆をあたえうるであろう。

著者紹介

朴　元奎（ぼく　うぉんきゅ）	北九州市立大学法学部教授	
中村　悠人（なかむら　ゆうと）	東京経済大学現代法学部准教授	
松宮　孝明（まつみや　たかあき）	立命館大学大学院法務研究科教授	
辻本　衣佐（つじもと　いさ）	明治大学法学部兼任講師	
赤池　一将（あかいけ　かずまさ）	龍谷大学法学部教授	
永田　憲史（ながた　けんじ）	関西大学法学部教授	
川本　哲郎（かわもと　てつろう）	同志社大学法学部教授	
葛野　尋之（くずの　ひろゆき）	一橋大学大学院法学研究科教授	
小木曽　綾（おぎそ　りょう）	中央大学大学院法務研究科教授	
田村　正博（たむら　まさひろ）	京都産業大学法学部教授	
服部　朗（はっとり　あきら）	愛知学院大学法学部教授	
川崎　英明（かわさき　ひであき）	関西学院大学大学院司法研究科教授	
岡本　美紀（おかもと　みき）	帝塚山大学法学部教授	
小池信太郎（こいけしんたろう）	慶應義塾大学大学院法務研究科教授	
太田　達也（おおた　たつや）	慶應義塾大学法学部教授	
安部　哲夫（あべ　てつお）	獨協大学法学部教授	
石塚　伸一（いしづか　しんいち）	龍谷大学大学院法務研究科教授	
浜井　浩一（はまい　こういち）	龍谷大学大学院法務研究科教授	
本庄　武（ほんじょう　たけし）	一橋大学大学院法学研究科教授	
金澤　真理（かなざわ　まり）	大阪市立大学大学院法学研究科教授	
小長井賀與（こながい　かよ）	立教大学コミュニティ福祉学部教授	
川出　敏裕（かわいで　としひろ）	東京大学大学院法学政治学研究科教授	
後藤　弘子（ごとう　ひろこ）	千葉大学大学院専門法務研究科教授	
武内　謙治（たけうち　けんじ）	九州大学大学院法学研究院教授	
伊藤康一郎（いとうこういちろう）	中央大学法学部教授	
辰野　文理（たつの　ぶんり）	国士舘大学法学部教授	
高橋　則夫（たかはし　のりお）	早稲田大学法学部教授	

＊執筆順

■編者紹介

朴　元奎（ぱく・うぉんきゅ）
　1952年生．フロリダ州立大学犯罪学・刑事司法学部博士課程修了／博士（犯罪学）
　現在、北九州市立大学法学部教授
　〔主要業績〕
　　"Trends in Crime Rates in Postwar Japan: A Structural Perspective"（信山社、2005年）

太田　達也（おおた・たつや）
　1964年生．慶應義塾大学大学院法学研究科後期博士課程中途退学
　現在、慶應義塾大学法学部教授
　〔主要業績〕
　　『刑の一部執行猶予──犯罪者の改善更生と再犯防止』（慶應義塾大学出版会、2014年）

Horitsu Bunka Sha

リーディングス刑事政策

2016年4月25日　初版第1刷発行

編　者　朴　元奎・太田達也
発行者　田靡純子
発行所　株式会社 法律文化社

〒603-8053
京都市北区上賀茂岩ヶ垣内町71
電話 075(791)7131　FAX 075(721)8400
http://www.hou-bun.com/

＊乱丁など不良本がありましたら、ご連絡ください。
　お取り替えいたします。

印刷：亜細亜印刷㈱／製本：㈱藤沢製本
装幀：白沢　正
ISBN978-4-589-03715-2
Ⓒ2016　Won-kyu Park, Tatsuya Ota
Printed in Japan

JCOPY　〈㈳出版者著作権管理機構　委託出版物〉

本書の無断複写は著作権法上での例外を除き禁じられています。複写される場合は、そのつど事前に、㈳出版者著作権管理機構（電話 03-3513-6969、FAX 03-3513-6979、e-mail: info@jcopy.or.jp) の許諾を得てください。

前田忠弘・松原英世・平山真理・前野育三著
刑事政策がわかる
A5判・224頁・2300円

刑事政策学の基本問題にとどまらず、思想的・政策的・実務的な課題について、論点を精選してコンパクトにわかりやすく解説。〈厳罰化・社会防衛・監視〉と、〈適正手続・自由・人権〉、〈共生〉という対抗軸のなかで現状と課題を考える。

加藤幸雄・前田忠弘監修／藤原正範・古川隆司編
司法福祉
―罪を犯した人への支援の理論と実践―
A5判・240頁・2900円

刑事政策と社会福祉との専門性を活かし、罪を犯した人びとの社会復帰を支援するためのガイドブック。実務的な視点を重視し具体的なケースを用いてわかりやすく解説。社会福祉士国家試験科目「更生保護制度」にも対応。

西日本新聞社会部著
ルポ・罪と更生
四六判・270頁・2300円

捜査・公判・刑罰の執行・更生など、刑事司法の全過程を概観し、基礎知識についてもわかりやすく解説。取材班渾身のルポを中心に、リアルな現場を徹底取材した大好評連載「罪と更生」の書籍化。司法福祉の入門書としても最適。

今福章二・小長井賀與編
保護観察とは何か
―実務の視点からとらえる―
A5判・274頁・2500円

保護観察制度の体系と実務の実態から、これまでの到達点と限界を示し、課題を確認。現役の保護観察官による実務の現場を紹介し、深く正確な実像の理解ができる。保護観察官や保護司はもちろん、矯正関係者・法曹関係者に必読の書。

比較法研究の基礎となる3国の刑事司法を概観――基本的な用語の対照リストを示し、本格的な研究へと誘う

金 尚均・辻本典央・武内謙治・山中友理著
ドイツ刑事法入門
●A5判・320頁・3800円

島岡まな・末道康之・井上宜裕・浦中千佳央著
フランス刑事法入門
（刊行予定）

渕野貴生・本庄 武・永井善之・笹倉香奈著
アメリカ刑事法入門
（刊行予定）

日本の刑事法学がこれまで蓄積してきた知の財産目録――現在までの到達点を示し、刑事法学の基礎を示す

伊東研祐・松宮孝明編
リーディングス刑法
●A5判・510頁・5900円

川崎英明・葛野尋之編
リーディングス刑事訴訟法
●A5判・430頁・5500円

朴元奎・太田達也編
リーディングス刑事政策
●A5判・400頁・5300円

法律文化社

表示価格は本体（税別）価格です